Ästhetische Erfahrung heute

JÜRGEN STÖHR (Hrsg.)

Ästhetische Erfahrung heute

Mit Beiträgen von Oskar Bätschmann, Andreas Beyer,
Gottfried Boehm, Markus Brüderlin, Umberto Eco,
Stefan Hesper, Michael Hesse, Adolf von Hildebrand,
Richard Hoppe-Sailer, Max Imdahl, Hans Robert Jauß,
Jürgen Stöhr, Michael Wetzel, Herta Wolf, Beat Wyss

Frontispiz: Gerwald Rockenschaub, Installation ›Backstage‹,
Kunstverein Hamburg, 1993
Umschlaggestaltung: Groothuis + Malsy, Bremen, unter Verwendung des
Gemäldes ›Komposition mit Rot, Gelb und Blau‹ von Piet Mondrian

Die Deutsche Bibliothek – CIP-Einheitsaufnahme
Ästhetische Erfahrung heute / Jürgen Stöhr (Hrsg.). Mit Beitr. von Oskar
Bätschmann ... – Orig.-Aug. – Köln : DuMont, 1996
ISBN 3-7701-3811-2
NE: Stöhr, Jürgen [Hrsg.]; Bätschmann, Oskar

Originalausgabe
© 1996 DuMont Buchverlag, Köln, und Autoren
Alle Rechte vorbehalten
Satz: Harten + Gluske, Köln
Druck und buchbinderische Verarbeitung: Clausen & Bosse, Leck

Printed in Germany   ISBN 3-7701-3811-2

Inhalt

Jürgen Stöhr

Der ›Pictorial Turn‹ und die Zukunft ästhetischer Erfahrung – eine Hinführung zum Thema

Überall, wo Menschen der Kunst begegnen, wird ästhetische Erfahrung gemacht. Allerdings zählen die meisten zu den anonymen Praktikern ästhetischer Erfahrung – und das auch dann noch, wenn sie vorgeben, in ihrem Umgang mit Kunst darauf verzichten zu können oder ohne sie ausgekommen zu sein. Die Beschäftigung mit Werken der bildenden Kunst basiert jedoch in dem Maße fundamental auf Anschauung, wie ihre Phänomene eklatant sinnlicher Natur sind und einen »sinnlich organisierten Sinn« (Gottfried Boehm) besitzen. Ist diese sinnliche Präsenz als Grundverfassung bildender Kunst einmal anerkannt, muß auch ebenso unbestritten gelten, daß ein Betrachter in der Kunstanschauung zu einer Erkenntnis gelangt, »die dem Medium des Bildes zugehört und grundsätzlich nur dort zu gewinnen ist« (Max Imdahl). Daß ein Kunstwerk ein Sehangebot ist, »das alle mitgebrachten Seherwartungen oder alle sprachlich mitzuteilenden Ereignisvorstellungen im Ausdruck einer anschaulichen und nur der Anschauung möglichen Evidenz übersteigt« (ders.), ist so als Paradigma schon deshalb heuristisch sinnvoll, weil die gegenteilige Annahme besagen würde, daß wir Bilder nicht benötigen, weil wir schon wissen, was sie bedeuten, bevor wir sie überhaupt gesehen haben, und wenn wir sie betrachten, lediglich wiedererkennen, was wir bereits wissen.

Die Anerkennung der genuinen Unersetzbarkeit des Bildes führt zur prinzipiellen Einsicht in die kommunikative Funktion eines Kunstwerks, das eine konkretisierbare Sinnaussage hat und das als es selbst und durch sich selbst in ein Mitteilungsverhältnis zu einem Betrachter tritt, der »Anschauung als produktive Tätigkeit des Subjekts zur Erfahrung des Bildes« (Oskar Bätschmann) begreift. Diese Rekonstruktion des ästhetischen Zeichens und seiner Verwendung als autoreflexiv, mehrdeutig oder kommunikativ unbestimmt, aber auf Mitteilung gerichtet, macht überhaupt erst eine dialogische Theorie ästhetischer Kommunikation notwendig. Auf ihr basiert der von Hans Robert Jauß initiierte Paradigmenwechsel zur Rezeptionsästhetik, wonach das Kunstwerk nicht mehr unabhängig von seiner Aufnahme bestimmt werden kann, sondern ein dialogisches Verhältnis zwischen Werk und Betrachter angenommen wird.

Durch den Verweis auf das wechselseitige Bedingungsverhältnis von Werk und Betrachter sind auch »die methodischen Grundlagen für eine an den medialen Eigenheiten von Kunst orientierten Kunstwissenschaft« (Richard Hoppe-Sailer) – eben einer Theorie ästhetischer Erfahrung – geschaffen. Basisparadigmen sind dabei die Geschichtlichkeit des Verstehens und die Geschichtlichkeit des Gegenstandes des Verstehens. Diese hermeneutische Einsicht in die doppelte Historizität, die produzierendes und rezipierendes Subjekt einerseits und Werk andererseits umfaßt, in die Dialogizität und Horizontstruktur von Verstehen und in das immer wieder neu und anders befragbare erkenntnisstiftende Kunstwerk überschreitet die Geltungsbedingungen der traditionellen Verfahren der Kunstgeschichte deutlich.

Die Methodologie von Ikonographie und Ikonologie wird von der Frage nach der »Erkenntnis der spezifischen Produktivität der Bilder« (Oskar Bätschmann), ihrem Eigensinn, insofern eingeschränkt, als Ikonographie nun lediglich noch eine Voraussetzung von Verstehen ist und Ikonologie das Bild als Veranlassung einer unvordenklichen Erfahrung verfehlen muß. Aus der Aufforderung nach »Enthaltung von der Suche nach Bedeutung, die jenseits des Bildes liegt, Enthaltung auch davon, im Jenseitigen das Eigentliche des Bildes zu sehen«, geht für eine Theorie ästhetischer Erfahrung die umgekehrte Zielsetzung einer »Erkenntnis der Präsentierung von Sinn im Kunstwerk« (ders.) hervor. Erst damit werden Kunstwerke zu einem »dynamischen Element menschlichen Handelns« (Jan Mukarovsky).

Ästhetische Erfahrung ist eine Theorie, wie auch immer man sie nennen mag – kunstgeschichtliche Hermeneutik, Rezeptionsästhetik oder Ikonik: die Schnittmenge der Begriffe bildet ästhetische Erfahrung. Sie ist eine Theorie anschauender Sinnvermittlung und die Praxis des Vollzugs eines erkennenden Sehens zugleich. Wie aber steht es um die Theorie und Praxis ästhetischer Erfahrung heute, und was ist der aktuelle Anlaß, das vorliegende Lesebuch überhaupt gemacht zu haben?

Um die Theorie ist es in der Kunstwissenschaft still geworden. Man hat sich eingerichtet, alles scheint gesagt. Es herrscht Geschäftigkeit, schließlich muß die Kunstwissenschaft ihrem Gegenstandsbereich atemlos hinterherhinken – und der Abstand vergrößert sich zunehmend mit der fehlenden Bereitschaft, sich in Aktualität zu verwickeln. Was man in diesem Jahrhundert Paradigmenwechsel nannte, als man sich noch für so wichtig nahm, sich zu streiten, kann als abgeschlossen gelten; die großen Dispute zwischen Hermeneutik und Ideologiekritik, zwischen Positivismus und Historismus oder zwischen klassischer Philologie und Rezeptionsästhetik sind mit der Emeritierung oder dem Tod ihrer Protagonisten zum Segen vieler ebenfalls aufs Altenteil abgeschoben worden.

Max Imdahl konnte noch in aller Ruhe – oder sollte man sagen am Rande? – jedenfalls in der Tat akademisch isoliert und wenig diskutiert danach fragen, was wohl passiert, wenn man aus dem Fenster sieht. Nun, da saß der Bochumer in seinem Museum für moderne Kunst und sah nach draußen und konnte konstatieren, »daß die moderne Kunst die Wahrnehmung der außerbildlichen Wirklichkeit inhaltsrelevant innovieren könnte« (Max Imdahl). Um überhaupt auf die Idee zu kommen, eine solche Frage so zu stellen und sie genau so zu beantworten, mußte man schon Kind einer Moderne sein, die die Grenze zwischen Kunst und Leben für überwindbar hielt – und zwar im utopischen Sinne einer ästhetisch-moralischen Transformation der Gesellschaft, nicht im zynischen Sinne einer universell sich ausdehnenden beliebigen Ästhetisierung.

Seither hat sich der Blickwinkel grundlegend geändert: Heute sitzen wir – wenn man so will – *vor* dem Museum und schauen hinein und fragen wieder. Allerdings fragen wir ins Museum zurück, was wohl passiert, wenn wir Kunst betrachten. Und im Gegensatz zu Max Imdahl sind wir nicht mehr sicher, wie die Antwort lautet. Die Frage hat sich heute geändert – nicht weil wir etwas gelernt hätten und ebensowenig weil sich die Hoffnungen des Altrezeptionsästhetikers etwa erfüllt hätten und wir nun in der Lage wären, den Dingen unserer Lebenswelt mit einem veränderten Blick ihre verlorene Würde zurückzugeben. Die Frage mußte sich ändern, weil sich nichts geändert hat. Und wir schauen auch nicht fragend ins Museum, so als ob es dort keine Bilder mehr gäbe, sondern vielmehr weil es mehr Bilder gibt denn je.

Angesichts der inflationären Präsenz von Bildern in einer medialen Umwelt spricht man heute vom ›Pictorial‹ oder ›Iconic Turn‹ und meint die Notwendigkeit einer neuen ernsten Hinwendung auf die Welt der Bilder und deren Analyse. Dieser ›Pictorial Turn‹ wird zwar gegenwärtig von einem Überangebot an Bildlichkeit ausgelöst, zugleich ist aber auch zunehmende Verunsicherung zu konstatieren, weil sich die Problemkonstellationen grundlegend verschoben haben. Jener ›Macht der Bilder‹, von der seit jeher die Angst vor ihnen, Ikonoklasmus und Zensur, zeugte, ist eine Ohnmacht angesichts der Flut der Bilder und ihrer omnipotenten Simulierbarkeit zur Seite getreten. Hatte sich für die Rezeptionsästhetik die weltverändernde Kraft der Kunst aus der fruchtbaren Differenz zwischen Fiktion und Lebenswirklichkeit erst hergestellt, gehen die Text- und Simulationstheorien heute davon aus, daß die Bilder selbst das ›Reale‹ als Ganzes auflösen. In dem Maße wie Bildlichkeit damit übermächtig wird, büßt sie gerade ihre emanzipatorische Macht ein. Entmachtet sich Bildlichkeit so durch ihre Übermacht selbst? Oder können, wie Wolfgang Welsch vermutet, die Betrachter die Innovationen von Bildlichkeit nur nicht mehr wahrnehmen, weil – wie man hinzufügen könnte – sie Bilder konsumieren statt sie zu erfahren und weil Kunstgeschichte Kunstgeschichtsschreibung nach wie vor über die Werke hinwegkonzipieren will, statt sich ihrer zu erinnern.

So hat sich ästhetische Erfahrung heute zuerst auf die Frage einzulassen, ob sie überhaupt noch fragen oder antworten darf, denn der augenfällige Mainstream legt eher nahe, daß zu einer Ästhetik der Erfahrung nicht zurückgekehrt werden könne.

Neu ist nicht die ästhetische Erfahrung, sondern neu ist gegenwärtig vielmehr, daß »dem Unbehagen an der Moderne nun auch ein Unbehagen« an der Hermeneutik zur Seite steht« (Hans Robert Jauß). Vor dem Hintergrund dieser Unkenrufe ist die Zukunft einer Theorie ästhetischer Erfahrung und ihr Leistungsvermögen einzuschätzen – zumal, wenn auch eine Theorie anschauender Sinnvermittlung nicht von dem Eindruck unbetroffen bleibt, daß auf der Weltbühne »schon ein neues Stück spiele, das allerdings vom Publikum mit einem alten Programmheft verfolgt, und folglich mißverstanden werde« (Hans Belting). Aus unserem nachmodernen Erfahrungshorizont erscheint die ästhetische Moderne abgeschlossen und ihre Hoffnungen verfehlt, daß sich – um im Bild zu bleiben – die Mauern des Museums in eine Luftarchitektur würden aufheben lassen. So gilt der Modernismus heute vielfach als realgeschichtlich wirkungslos gebliebene Periode, und sein utopischer Avant-

10

gardismus scheint in eine tiefgreifende Krise geraten. In dem Maße, wie sich die kunstwissenschaftliche Theorie ästhetischer Erfahrung in ihren neueren Entwicklungsschüben parallel zu dieser ästhetischen Moderne entwickelte und sich als deren exponierte Theorie verstand, droht ihr nun zusammen mit dem ästhetischen Modernismus die eigene Historisierung und der frühe Fall in die Abstellkammer der Methodenwerkzeuge.

Dabei ist die Situation ambivalent: Die Theorie ästhetischer Erfahrung gewinnt heute ›nach hinten‹ zunehmend an Kompetenz, weil sich immer deutlicher zeigen läßt, daß ihre Kategorien zwar situativ einmalig *anläßlich,* nicht aber *ursächlich aufgrund* der modernen Kunst gebildet worden sind. Trotz ihres singulären Anlasses haben sie insofern eine die Zeitalter weitgehend übergreifende Relevanz, als die Theorie ästhetischer Erfahrung ikonische Strukturen untersucht als Bedingungen der Möglichkeit einzelner Werkerfahrungen. Die Logik von Bildstrukturen und ihrer Entwicklung verändert sich dabei nicht mit der Geschwindigkeit historischer Abläufe, sondern scheint relativ invariant (Reinhart Koselleck). Daß sich dabei die Regelhaftigkeit ikonischer Strukturen nicht anders als in der konkreten Erfahrung des Einzelwerks überhaupt konstituieren läßt, ist eine Figur des hermeneutischen Zirkels.

Kann die ästhetische Erfahrung so eine wachsende historische Kompetenz beanspruchen, erscheint sie andererseits im Blick ›nach vorne‹ zunehmend ratloser. Hier bröckelt die Kompetenz am genuinen Erprobungsfeld ästhetischer Erfahrung – der Gegenwart –, weil die Veränderung ikonischer Strukturen heute weit gravierender ausfällt, als es in der klassischen Moderne je der Fall war.

Wendet sich eine Theorie ästhetischer Erfahrung aktuellen Architektur- und Kunstformen und konzeptuellen Strategien wie Appropriation Art, Kontextkunst oder Institutional Critique zu, ergeben sich neue Einwände: So scheint sie in den Augen von Kontextualisten und Populär-Dekonstruktivisten nur das abgelaufene Verfallsdatum der Hermeneutik etwa dadurch zu verlängern, daß sie zum Beispiel in Hinsicht auf den Kunstwerkbegriff jene ›List der Aura‹ entdeckt, wonach sich konzeptuell und kontextuell angelegtes Kunstschaffen gleichsam von selbst wieder in den Status der Autonomie zurückversetzt. Diese ›List der Aura‹ dürfe nun aber keine List derselben bleiben, sondern sei statt dessen als List der Hermeneutik zu dekonstruieren, wird gefordert. So steht der Versuch einer

Historisierung und Relativierung ästhetischer Erfahrung ganz oben auf der Zeitgeist-Wunschliste, obgleich die Sondierung gegenseitiger Affinitäten von Hermeneutik und Dekonstruktion wesentlich mehr Effizienz verspricht.

Insgesamt werden die in der ›zweiten Moderne‹ veränderten Strukturen von Bildlichkeit auch die Strukturen ästhetischer Erfahrung verändern, und eine Theorie dieser Erfahrung wird über kurz oder lang nicht unverwandelt bleiben können. Diese Bewegung um den gegenwärtig möglichen Diskussionsstand in einem kritischen Dialog über die Perspektiven einer Fortsetzung ästhetischer Erfahrung gilt es aus dem Vorverständnis der Geschichte der Theorie zu beleuchten.

Während es in den späten sechziger und frühen siebziger Jahren noch darum ging, die verlorene kommunikative Funktion der Kunst und ihre normbildende Wirkung gegen eine verwaltende (Kunst-)Historiographie und einen virulenten methodologischen Positivismus, Objektivismus und Historismus zurückzugewinnen, so haben sich die Fronten heute verschoben. Es scheint legitim, mit dem verloren geglaubten und für gescheitert erklärten modernen Avantgardismus auch die Rückgewinnung der »praktischen Relevanz der Kunst für die Präformation und Motivation gesellschaftlichen Verhaltens« (Hans Robert Jauß) für erledigt zu erklären. In einem Anflug von Methodenindifferenz benutzt man die Errungenschaften von Theorien wie Steinbrüche, während man andererseits gleichzeitig beklagt, wie eine scheinbar eklektizistische Postmoderne das Formenvokabular der ästhetischen Moderne als Warenhaus zur Selbstbedienung nutzt. Tatsächlich aber hat die postmoderne Kunst die Lösung ihrer eigenen Orientierungskrise bereits in Angriff genommen und für die Kunstwissenschaft antizipiert: Sie besteht in einer Selbst- und Neureflexion, in einem Sich-zur-Disposition-Stellen und einer Bewußtmachung des eigenen Standortes. Zu diesem Projekt einer Standortbestimmung gehört auch eine Apologie ästhetischer Erfahrung und die Beantwortung der Frage, was sie weiterhin unverzichtbar macht. Jeder der hier versammelten Einzelaufsätze beantwortet diese Frage spezifisch, gemeinsam ist ihnen die Grundeinsicht, daß die Unverzichtbarkeit ästhetischer Erfahrung in der originären Unersetzbarkeit des Bildes gründet.

Das vorliegende Lesebuch markiert so historische wie gegenwärtige Eckpunkte und Meilensteine einer Theorie ästhetischer Erfahrung, die eine weitere Diskussion gegenwärtiger Tendenzen nicht ignorieren kann. Es möchte deutlich machen, daß ein Sich-Einlassen auf den ›Iconic Turn‹ und die wachsende Relevanz von Bildlichkeit nur dann gelingen kann, wenn weiterhin an der ästhetischen Erfahrung der Einzelwerke angesetzt wird und wenn ferner die gesellschaftsverändernd-emanzipatorische Funktion ästhetischer Erfahrung mit bedacht wird. Erst eine solche Einstellung vermittelt die Ressourcen, heute geeignete Orientierungs- und Bewertungskriterien überhaupt noch bereitstellen zu können. Gerade im Horizontwandel ästhetischer Erfahrung bleibt die Frage,»was ein Kunstwerk als es selbst hervorbringt« (Oskar Bätschmann), zentral. In diese Richtung geht auch Walter Jens' bescheidene Einschätzung, daß, auch wenn sich durch die Kunst nichts geändert hätte, ohne sie doch etwas fehlen würde. Denn wer ästhetische Erfahrung macht, so Hans-Georg Gadamer, den läßt sie eben nicht unverwandelt.

Ob nun der Glaube an den moralischen Anspruch des Ästhetischen weiter aufrechtzuerhalten ist oder ob er in einer Zeit der Kultur-Dienstleister nur noch als Rudiment ästhetischer Bildung von unverbesserlichen Idealisten gepflegt werden kann, muß sich in der Zukunft zeigen. Als Betrachter eine vorurteilsfreie hermeneutische Moral zu beanspruchen wird allerdings immer essentiell bleiben. Wenn gegenwärtig das Interesse nicht mehr den Sinnstrukturen selbst gelten soll, sondern»den Voraussetzungen und Rahmenbedingungen ihrer Entstehung und Verbreitung« (Monika Steinhauser), dann muß man sich darüber klar sein, daß man damit nur dieses Wissen über den Kontext wird erwerben können. Man wird zwar viel über die Bilder wissen, aber man wird sie nicht erfahren und nichts von Bildlichkeit verstehen.

Kündigt sich mit dem Lamento vom scheinbaren»Ende der Malerei«, vom»Ende der Kunst und der Kunstgeschichte« auch der Abschied von der ästhetischen Erfahrung an? In einer Zeit, in der »kaum einer noch vertreten könne, daß noch Hoffnungen auf die in Mißkredit geratene ästhetische Erfahrung gesetzt werden dürfen« (Hans Robert Jauß), ist die Wahrnehmung jedoch gerade nicht suspendiert, sondern zu besonderer Effektivität und Differenzierung gezwungen. Die kommunikative und gesellschaftsrelevante Funktion ästhetischer Erfahrung ist gerade nicht ausgesetzt, sondern in besonderem Maße auf den Plan gerufen. Weil nach wie vor richtig ist, daß sich Kunstgeschichtsschreibung aus der Erfahrung der Ein-

13

zelwerke erst konstituiert, meldet die ästhetische Erfahrung erneut ihren Anspruch an, jede nicht phänomenologische Kunsthistoriographie immer wieder zu provozieren. Die Markierung einiger historischer wie gegenwärtiger Koordinaten dieser Theorie ästhetischer Erfahrung und die Konturierung ihres Methodenprofils sollen hier die Initiative und die erweiterte Kompetenz der Methode einmal mehr empfehlen.

Ein Band wie der vorliegende bewegt sich implizit auf unterschiedlichen Terrains, die er allesamt nur anschneiden kann: im synchronen Kontext der gegenwärtigen Theoriedebatte ebenso wie in begriffs- und problemgeschichtlichen Kategorien wie etwa ›Werk- und Erfahrungsbegriff‹ oder auch ›Autonomiebegriff‹, in den diachronen Entwicklungsfeldern des historischen und des aktuellen Kunstschaffens und deren Erfahrbarkeit wie auch in den Andeutungen eines Querschnitts durch den historischen und den aktuellen Stand der Methode. Es war das vornehmliche Interesse, auf die fundamentalen Leitlinien, Basisprämissen und Entwicklungen einer Theorie ästhetischer Erfahrung in einer Zusammenschau hinzuweisen. Dabei wurde trotz des nicht geringen Umfangs des Bandes dem Interesse, einen möglichst exemplarischen Überblick zu geben und durchaus heterogene Anregungsfelder bereitzustellen, der Vorrang gegeben vor einer auch nur annähernd historischen, personellen oder gar systematischen Vollständigkeit. Nicht zuletzt durch den imaginären Dialog der Texte entstehen statt dessen wertvolle Synergieeffekte, die eine propädeutische Einführung nicht erschließen könnte. Die den Beiträgen vorangestellten Kurzeinführungen verweisen auf übergreifende Zusammenhänge, Problemfelder und Implikationen. Die Literaturhinweise in den Einzelaufsätzen tun ein übriges.

Mein Dank gilt den Autoren, zuallererst Herrn Gottfried Boehm, der das Projekt in seiner Entstehungsphase vertrauensvoll förderte, sowie auch dem Programmleiter des DuMont Buchverlages, Herrn Volker Gebhardt, für wertvolle Hinweise.

14

Hans Robert Jauß

Kleine Apologie
der ästhetischen Erfahrung

Wie sich heute zeigt, hat eine Theorie ästhetischer Erfahrung mehr Väter als es ihren exponierten Vertretern in den sechziger und siebziger Jahren bewußt war. Sie wurden erst sehr viel später aufeinander aufmerksam und begannen nur zögerlich einen produktiven Dialog. Die begonnenen oder bisher verpaßten Diskussionen zwischen Hermeneutik und Rezeptionsästhetik einerseits und der italienischen und französischen Semiotik andererseits gilt es dabei fortzusetzen, um Affinitäten, Kongruenzen und Differenzen weiter zu prüfen.

Als eine der bedeutendsten Initialzündungen muß im deutschsprachigen Raum Hans Robert Jauß' ›Verteidigungsschrift‹ der ästhetischen Erfahrung gelten. Es ist die Verteidigung der ›unausgeschöpften Erkenntnis jener Geschichtlichkeit, die der Kunst eigentümlich ist und ihr Verstehen auszeichnet‹. Ihr wesentliches Charakteristikum ist das Insistieren auf einer ›hermeneutischen Moral‹ und dem ›moralischen Anspruch des Ästhetischen‹. Genau darin besteht auch ihre selektive Perspektive.

Ebenso wie die »Kleine Apologie der ästhetischen Erfahrung« sind die beiden hier angefügten Rezensionen inzwischen historische Dokumente eines noch zu führenden Gesprächs. Sie sind allesamt aktuell geblieben, insofern sie zu einer interdisziplinären Perspektive auffordern. Hoppe-Sailers Jauß-Rezension gibt Hinweise auf die Fruchtbarkeit der Rezeptionsästhetik für die Kunstwissenschaft, deren Umsetzung bis heute noch weitgehend aussteht. Der vorliegende Band mag als Beitrag dazu verstanden werden.

Oskar Bätschmann antwortete seinerzeit mit seiner »Einführung in die kunstgeschichtliche Hermeneutik« auf das Methodendefizit unserer Disziplin. Seine Konzeption blieb ihrerseits nicht unbeantwortet, wie die Entgegnung des Konstanzer Germanisten belegt.   *J.S.*

I

Wer sich verteidigt, gibt nicht gerne zu, daß er damit in den Augen der andern immer schon angeklagt erscheint. Die Theologen, die es wissen müssen, verfügen sie doch von allen Disziplinen über die älteste und längste Erfahrung in Anfechtungen, deren man sich durch Apologien zu erwehren pflegt, empfehlen darum, von der lahmen Verteidigungsrede möglichst gleich zum Angriff und Kampf gegen alle Arten von Scheinwahrheiten überzugehen.[1] Quod licet Iovi, non licet bovi. Politischen Empfehlungen von Theologen soll man mißtrauen, besonders wenn sie autoritär und nicht friedfertig sind. Dies gilt auch, wenn man bedenkt, daß die jüngste Anfechtung der Ästhetik mit der ältesten Anfechtung der Theologie gewisse Ähnlichkeiten aufweist: sie wird nicht einfach ob ihrer Dogmen in Frage gestellt, sondern in ihrer Existenz, Nützlichkeit oder gar Notwendigkeit nicht mehr ernst genommen, was so weit führen kann, daß man ihr bevorstehendes Ende prognostiziert oder – noch publikumswirksamer – als schon eingetreten registriert. Zwar können solcherlei Todesanzeigen mit Fassung eingesteckt werden: von Hegels vielbeschworenem Satz über das ›Ende der Kunst‹ bis zum unlängst proklamierten ›Ende der bürgerlichen Kritik‹ über das mehr oder weniger sanfte, periodische Hinscheiden der Literatur[2] haben alle Delinquenten den ihnen angesonnenen Tod bisher überlebt. Schlimmer als die Guillotine der Ideologiekritik, der nun auch die Ästhetik anheimfallen soll, um das Gedächtnis der Toten vom verklärenden Trug der Kunst zu befreien,[3] ist indes die soziale Rolle, mit der sich abzufinden Literatur- wie Kunstwissenschaftler heute genötigt sind. Dieser Rolle ist eigentümlich, daß sie weder von der bürgerlichen Öffentlichkeit, noch von der antibürgerlichen Revolte einer neuen Generation, noch von heute führenden Wissenschaften, noch von planenden Bürokratien der Kultursministerien ernst genommen wird. Wollte man diese Rolle, die wir in den Augen der anderen spielen, auf einen gemeinsamen Nenner bringen, so müßte man sagen: *ein Kunstwissenschaftler ist ein Zeitgenosse mit der Lebensweise einer Drohne, der das, was alle anderen ehrenwerten, ernst arbeitenden Mitglieder der Gesellschaft nur in ihrer Freizeit genießen können, zu seiner Hauptbeschäftigung machen darf und dafür sogar noch bezahlt wird.*

Dieser Verdacht ist in einer Gesellschaft, die auf dem Gegensatz von *Arbeiten* und *Genießen* auch nach vollendeter Säkularisation noch öffentliche Moral und Sozialprestige begründet, gewiß nicht zu unterschätzen. Nicht viele haben den Mut, sich über diese Schranke hinwegzusetzen und sich wie ein Patriarch meines Faches, der Begründer der Stilistik, Leo Spritzer, zu verhalten, der eines

Tages, als ihn ein Freund am Schreibtisch antraf und mit den Worten: »Du arbeitest gerade?« begrüßte, die denkwürdige Antwort fand: »Arbeiten? Nein, ich genieße!« Meine Apologie soll eigens von diesem Gegensatz ausgehen. Dabei will ich gerade nicht mit der üblichen Rechtfertigung beginnen, daß das genießende Verhalten zur Kunst *eines*, die wissenschaftliche, historische oder theoretische Reflexion über die Erfahrung der Kunst aber *ein anderes* sei. Ich halte vielmehr die klassische Forderung, wissenschaftliche Reflexion über Kunst sei von ihrer bloß genießenden Aufnahme völlig zu trennen, für ein Argument des schlechten Gewissens. Und ich möchte dem genießend reflektierenden Kunstwissenschaftler das gute Gewissen eben dadurch wieder zurückgeben, daß ich die These vertrete:

Das genießende Verhalten, das Kunst auslöst und ermöglicht, ist die ästhetische Urerfahrung; sie kann nicht ausgeklammert, sondern muß wieder Gegenstand theoretischer Reflexion werden, wenn es uns heute darum geht, die gesellschaftliche Funktion der Kunst und der ihr dienenden Wissenschaft gegen die Gebildeten wie gegen die Ungebildeten unter ihren Verächtern zu rechtfertigen.

Zur Erläuterung dieser Problematik lohnt es sich wohl, erst einen Blick auf den Sprachgebrauch zu werfen, in dem heute der Begriff des Genießens offensichtlich weit heruntergekommen ist.

II

Wer heute das Wort *Genießen* im Sinne des bekannten *Faust*-Zitats: *und was der ganzen Menschheit zugeteilt ist, / will ich in meinem innern Selbst genießen* (v. 1770) für eine ästhetische Erfahrung zu verwenden den Mut hätte, würde sich dem Vorwurf des Banausentums oder – schlimmer noch – der Befriedigung bloßer Konsum- oder Kitschbedürfnisse aussetzen. Das Eingeständnis des Kunstgenusses ist heute nicht allein ›auf Reisen‹ verpönt. Die ältere Grundbedeutung von *Genießen*, nämlich ›den Gebrauch oder Nutzen einer Sache haben‹, wird heute nur noch in obsoletem oder fachsprachlichem Wortgebrauch empfunden (wer von denen, die sich als ›Genosse‹ anreden, weiß noch und hörte gerne, daß Genosse von Genießen kommt und ursprünglich denjenigen meint, der Vieh auf der gleichen Weide hat?). Aber auch die bildungsgeschichtliche Gipfelbedeutung, die der davon abgeleitete spezifische Sinn ›sich einer Sache freuen‹ bis

17

zur deutschen Klassik erlangte, dürfte uns heute eher befremden.[4] In der geistlichen Dichtung des 17. Jahrhunderts konnte *Genießen* für ›Gott teilhaftig werden‹ eintreten; im Pietismus verbanden sich die beiden Wortbedeutungen ›Lust und Teilhabe‹ zu einem Akt, in dem sich der Gläubige unmittelbar der Gegenwart Gottes vergewissert; Klopstocks Dichtung führt zu *denkendem Genuß*; Herders Begriff des geistigen Genusses begründet Selbstgewißheit als ein ursprüngliches Sich-Haben, dem gleichursprünglich ein Haben der Welt folgt (*Existenz ist Genuß*); in Goethes *Faust* schließlich konnte der Genuß-Begriff alle Stufen der Erfahrung bis zum höchsten Verlangen nach Erkenntnis umgreifen (vom *Lebens-Genuß der Person* über *Taten-Genuß* und *Genuß mit Bewußtsein* bis *Schöpfungs-Genuß*, nach dem bekannten Schema zu *Faust*).

Von diesem Höhenflug der Bedeutung von Genießen ist im gegenwärtigen Wortgebrauch nichts mehr wiederzuerkennen. Rechtfertigte Genießen als Weise der Weltbemächtigung und Selbstvergewisserung einst den Umgang mit Kunst, so wird heute weithin ästhetische Erfahrung erst dann als genuin angesehen, wenn sie allen Genuß hinter sich gelassen und sich auf die Stufe ästhetischer Reflexion erhoben hat. Die schärfste Kritik an aller genießenden Erfahrung der Kunst findet sich in der hinterlassenen ästhetischen Theorie von Theodor W. Adorno. Wer an Kunstwerken Genuß suche und finde, sei ein Banause: »Worte wie Ohrenschmaus überführen ihn.« Wer den genießenden Geschmack an der Kunst nicht abzuwerfen vermöge, belasse sie in der Nähe von Erzeugnissen der Küche oder der Pornographie. Letztlich sei Kunstgenuß nichts anderes als eine bürgerliche Reaktion auf die Vergeistigung der Kunst und damit die Voraussetzung für die Kulturindustrie unserer Gegenwart, die im kurzgeschlossenen Kreis von gesteuertem Bedürfnis und ästhetischer Ersatzbefriedigung verborgenen Herrschaftsinteressen dient. Kurzum: »Der Bürger wünscht die Kunst üppig und das Leben asketisch; umgekehrt wäre es besser.«[5]

Die avantgardistische Malerei und Literatur nach dem Zweiten Weltkrieg hat zweifellos das Ihrige dazu getan, die Kunst gegen die Üppigkeit der Konsumwelt wieder asketisch und damit für den Bürger ungenießbar zu machen. Man denke nur an die in ihrer Tendenz verwandten Erscheinungen des abstrakten Erhabenen in der Malerei Jackson Pollocks oder Barnett Newmans[6] und in dem zur gleichen Zeit stilbildend gewordenen Theater oder Roman

18

Becketts. Asketische Kunst und Ästhetik der Negativität gewinnen in diesem Kontext das einsame Pathos ihrer Legitimation aus dem Gegensatz zur Konsumentenkunst der modernen Massenmedien.

Adorno, der leidenschaftliche Vorkämpfer der Ästhetik der Negativität, hat die Grenze aller asketischen Kunsterfahrung indes sehr wohl gesehen, wenn er bemerkt: »wäre aber die letzte Spur von Genuß exstirpiert, so bereitete die Frage, wozu überhaupt Kunstwerke da sind, Verlegenheit.«[7] Auf diese Frage gibt seine ästhetische Theorie keine Antwort, so wenig wie die derzeit führenden Theorien der Kunstwissenschaft, Hermeneutik und Ästhetik.

Für die Kunstwissenschaft beginnt die theoriewürdige Erfahrung der Kunst heute zumeist jenseits des betrachtenden oder genießenden Verhaltens, das als subjektive Seite der Kunsterfahrung der daran kaum interessierten Psychologie überlassen oder als falsches Bewußtsein der spätkapitalistischen Konsumkultur eingeklagt werden kann.[8] Das Problem des ästhetischen Genusses, vor dem Ersten Weltkrieg ein Hauptthema der psychologischen Ästhetik und allgemeinen Kunstwissenschaft, zu dem Moritz Geiger das klärende phänomenologische Schlußwort schrieb,[9] interessiert die gegenwärtige, durch H. G. Gadamer repräsentierte hermeneutische Philosophie nurmehr unter dem Aspekt einer Kritik am ästhetischen Bewußtsein, das für das imaginäre Museum der sich selbst genießenden Subjektivität haftbar gemacht und dem die Geschehensstruktur eines vernehmenden Verstehens entgegengesetzt wird, um die »Erfahrung von Wahrheit, die uns durch das Kunstwerk zuteil wird, gegen die ästhetische Theorie zu verteidigen, die sich vom Wahrheitsbegriff der Wissenschaft beengen läßt.«[10] So wenig wie die ontologische bedarf die gesellschaftliche Wahrheit der Kunst jener Vermittlung durch ästhetisches Genießen, die das Verhalten zur Kunst in einer säkularen Erfahrung indes erst freigesetzt hat. Die marxistische Literaturtheorie hat, solange sie von Plechanow bis Lukács auf Widerspiegelung, mithin auf das Mimesisideal des bürgerlichen Realismus verengt war, vom aufnehmenden Subjekt sogleich ein Wiedererkennen der objektiven Wirklichkeit erwartet; erst seit Brecht kann hier von einer Berücksichtigung von Wirkung und Rezeption der Literatur die Rede sein, doch von vornherein in der Absicht, das aufnehmende Subjekt gegen seine Neigung zu ästhetischem Genuß, Einfühlung und Identifikation zu einer denkenden und kritischen Haltung zu erziehen. Schließlich sei zuge-

19

standen, daß auch die Rezeptionsästhetik, die ich selbst mit vertrete, sich bisher allenfalls im Blick auf die Konsumliteratur oder auf den Horizontwandel von der ursprünglichen Negativität zur genießbaren Vertrautheit des sogenannten Meisterwerks mit dem Problem befaßt hat, im übrigen aber ästhetische Reflexion als Grundlage aller Rezeption voraussetzt und damit an der überraschend einmütigen Askese teilnimmt, die sich die Kunstwissenschaft gegenüber der primären ästhetischen Erfahrung auferlegt hat.

III

Worin besteht nun aber die primäre ästhetische Erfahrung? Wie unterscheidet sich das ästhetische Genießen vom Sinnengenuß überhaupt? Wie verhält sich die ästhetische Funktion des Genießens gegenüber anderen Funktionen der Alltagswelt? Die bisherige Beschreibung ergab in der negativen Beleuchtung, daß *Genießen* im Sprachgebrauch sowohl in einem Gegensatz zu *Arbeiten* steht wie auch von *Erkennen* und *Handeln* abgesetzt wird. Dazu ist einerseits zu sagen, daß Genießen und Arbeiten in der Tat einen echten, dem Begriff ästhetischer Erfahrung entspringenden Gegensatz bilden. Insofern ästhetisches Genießen vom praktischen Zwang der Arbeit und den natürlichen Bedürfnissen der Alltagswelt freisetzt, begründet es eine gesellschaftliche Funktion, durch die sich ästhetische Erfahrung von Anbeginn ausgezeichnet hat. Andererseits stand aber ästhetische Erfahrung keineswegs von Haus aus im Gegensatz zum Erkennen und zum Handeln. Die Erkenntnisleistung des ästhetischen Genießens, wie sie noch Goethes *Faust* gegen das abstrakte begriffliche Wissenkönnen ausspielt, ist erst im 19. Jahrhundert mit dem Schritt zur Autonomie der Kunst preisgegeben worden. Auch ist der älteren, vorautonomen Kunst, die auf vielfältige Weise Normen des Handelns vermittelt, jene kommunikative Funktion noch selbstverständlich, die in unserer Zeit von der Ästhetik der Negativität unter den Verdacht der Affirmation von Herrschaftsinteressen gestellt, als bloße Verklärung des Bestehenden mißverstanden und rigoros abgelehnt wird.

Betrachten wir ästhetische Erfahrung näherhin, so unterscheidet sich ästhetisches Genießen vom einfachen Sinnengenuß, wie seit Kants Lehre vom interesselosen Wohlgefallen fast einhellig von aller ästhetischen Theorie bestätigt wird, durch die »Fernstellung von Ich und Gegenstand« oder ästhetische Distanz.[11] Im Unterschied zur theoretischen Einstellung, die gleichfalls Distanznahme voraussetzt, wird beim genießend ästhetischen Verhalten die Freisetzung des Betrachters aus den Verhaftungen seiner alltäglichen Praxis indes durch das *Imaginäre* bewirkt. Im primären Prozeß ästhetischer Erfahrung ist das Imaginäre noch kein Gegenstand, sondern – wie Jean-Paul Sartre zeigte – ein distanznehmender und gestaltschaffender Akt des vorstellenden Bewußtseins. Das imaginierende Bewußtsein muß die vorfindliche Objektwelt verneinen, um selbst nach den ästhetischen Zeichen eines sprachlichen, optischen oder musikalischen Textes eine Wort-, Bild- oder Tongestalt hervorbringen zu können.[12] Ästhetisch genießendes Verhalten, in welchem sich das imaginierende Bewußtsein aus dem Zwang der Gewohnheiten und Interessen löst, ermöglicht eben dadurch, den in seinem alltäglichen Tun befangenen Menschen für andere Erfahrung freizusetzen. Daraus folgt meine zweite These:

Freisetzung durch ästhetische Erfahrung kann sich auf drei Ebenen vollziehen: für das produzierende Bewußtsein im Hervorbringen von Welt als seinem eigenen Werk, für das rezipierende Bewußtsein im Ergreifen der Möglichkeit, die Welt anders wahrzunehmen, und schließlich – damit öffnet sich die subjektive auf intersubjektive Erfahrung – in der Beipflichtung zu einem vom Werk geforderten Urteil oder in der Identifikation mit vorgezeichneten und weiterzubestimmenden Normen des Handelns.

Ästhetische Erfahrung ist demnach immer sowohl Freisetzung *von* und Freisetzung *für*, wie sich schon an der Aristotelischen Lehre von der Katharsis zeigen ließe. Die von der Tragödie erforderte Einstellung auf ein imaginäres Schicksal setzt den Zuschauer von den praktischen Interessen und affektischen Verstrickungen des Lebens frei, um die reineren, von der Tragödie erweckten Affekte des Mitleids und der Furcht in Gang zu setzen. Diese Affekte sind wiederum Bedingung für die Identifikation mit dem Helden; sie sollen den Zuschauer durch tragische Erschütterung in die wünschenswerte Gefaßtheit seines Gemüts und damit zur Einsicht in das Exemplarische menschlichen Handelns bringen.

Für eine Zusammenfassung der Leistungen ästhetischer Erfahrung, auf die sich das Genießen des Schönen wie das Vergnügen an tragischen oder komischen Gegenständen, kurzum das durch die Kunst ermöglichte Verhalten, zurückführen läßt, können wir jetzt drei Grundbegriffe der ästhetischen Tradition einsetzen, nämlich Poiesis, Aisthesis und Katharsis. Dann benennt *Poiesis*, verstanden als »poietisches Können«, die ästhetische Grunderfahrung, daß der Mensch sein allgemeines Bedürfnis, *in der Welt heimisch und zu Hause zu sein*, durch das Hervorbringen von Kunst befriedigen kann, indem er *der Außenwelt ihre spröde Fremdheit* benimmt,[13] sie zu seinem eigenen Werk macht und in dieser Tätigkeit ein Wissen erlangt, das sich sowohl von der begrifflichen Erkenntnis der Wissenschaft als auch von der zweckgebundenen Praxis des sich reproduzierenden Handwerks unterscheidet. Dann benennt *Aisthesis* die ästhetische Grunderfahrung, daß ein Kunstwerk die durch Gewohnheit abgestumpfte Wahrnehmung der Dinge erneuern kann, woraus folgt, daß sich die anschauende Erkenntnis vermöge der Aisthesis gegen den traditionellen Vorrang des Erkennens durch Begriffe wieder ins Recht setzen läßt. Dann benennt *Katharsis* die ästhetische Grunderfahrung, daß der Betrachter in der Aufnahme von Kunst aus seiner Befangenheit in Interessen des praktischen Lebensvollzugs heraus und über das ästhetische Ver-gnügen für kommunikative oder handlungsorientierende Identifikation freigesetzt werden kann.

[…]

V

Ästhetische Erfahrung ging indes immer schon über die Grenzen hinaus, die ihr aus Prämissen der platonischen Methaphysik des Schönen gezogen wurden. Das gilt möglicherweise schon für die Kunsterfahrung der Griechen. Dazu wären die Kunstwissenschaftler und Archäologen zu fragen, ob etwa die griechische Plastik zur Zeit ihrer Entstehung in der Tat, Platos Kunsttheorie gemäß, als Vermittlung eines übersinnlich Wahren oder als Hervorleuchten einer reinen, zeitlosen Idee erfahren worden ist. Die Vermutung liegt jedenfalls nahe, daß die platonische Rechtfertigung des Schönen als Abglanz von Überirdischem nicht geradezu als Schlüssel für die vom religiösen Kult sich ablösende Kunsterfahrung der Griechen genommen werden kann. Eher dürfte Platos' Begriff des transzendenten Schönen die Antwort der Philosophie auf die Aufsässigkeit des Schönen gegen eine Trennung von Idealität und Erscheinung

22

und damit der Versuch gewesen sein, die sich selbst genügende Erfahrung der Kunst wieder philosophischer Autorität botmäßig zu machen.

In der Kunst der Neuzeit jedenfalls ist nicht zu verkennen, daß der mit allen Renaissancen erneuerte Platonismus unter historisch verschiedenen Aspekten den gegenläufigen Prozeß einer Rechtfertigung der Immanenz des Schönen und der Praxis ästhetischer Erfahrung hervorgerufen hat. Die Emanzipation der Kunst seit der Renaissance ließe sich in dreifacher Hinsicht, auf den Ebenen der produktiven, der rezeptiven und der kommunikativen ästhetischen Erfahrung verfolgen. Hier sollen im Blick auf den Dialog zwischen Literatur- und Kunstwissenschaft zunächst die Aspekte der *Poiesis* und *Aisthesis* verdeutlicht und dabei vornehmlich eine noch wenig gewürdigte Parallelentwicklung zwischen Dichtung und Malerei im Lichte der ästhetischen Theorie Paul Valérys[18a] behandelt werden.

Ein solches Unternehmen ist auch gegenüber H. Marcuses These vom affirmativen Charakter der Kultur vonnöten, obschon und gerade weil ich mit ihm die Absicht teile, den ästhetischen Genuß gegenüber einer säkularen Abwertung der Sinnlichkeit wieder ins Recht zu setzen.[19] In der dreistufigen geschichtsphilosophischen Ästhetik Marcuses ist die aristotelische Trennung des Zweckmäßigen und Notwendigen vom Schönen und vom Genuß das entscheidende Ereignis. Denn auf der Trennung von Arbeit und Muße gründe auch der Materialismus der bürgerlichen Praxis, die den Genuß des Wahren, Guten und Schönen − und damit das Glück eines freien menschlichen Daseins − in den geistigen Reservatbereich der Kultur verwiesen habe. Kultur löse sich von Zivilisation als eine idealere Welt jenseits der hinzunehmenden Alltagsrealität ab, in der sich die Reproduktion des materiellen Lebens unter der Herrschaft der Warenform vollzieht. Mit der idealistischen Kultur der bürgerlichen Epoche und ihrem ›Reich der Seele‹, das dem sich befreienden Individuum zum Fluchtweg aus einer mehr und mehr verdinglichten Welt geworden sei, gerät alle ästhetische Erfahrung unter den Verdacht, idealistisch korrumpiert zu sein. Nach Marcuse unterliegt das Verhalten zur Kunst seit der Trennung von Arbeit und Muße dem gleichen Prozeß wie der ursprünglich keineswegs affirmative, sondern durchaus gesellschaftskritische Idealismus. Dieser Prozeß sei nichts anderes als die Geschichte eines unmerklichen Sich-Abfindens mit dem Bestehenden. Der Makel der affirmativen Kultur könne vom Schönen und seinem entsinnlichten Genuß erst mit der »Befreiung vom Ideal« genommen werden, mit dem Erreichen einer neuen Gestalt von Arbeit und Genuß, wenn die zum Subjekt gewordene Menschheit die Materie beherrsche und in der materiellen Praxis selbst Raum und Zeit menschlichen Glücks gefunden habe.

Demgegenüber läßt sich im Rückgang von der kanonischen Ästhetik auf die latente Geschichte ästhetischer Erfahrung zeigen, daß das Schaffen wie die Aufnahme des Schönen weder anfänglich noch in der bürgerlichen Epoche geradezu und gänzlich auf der Seite des Idealismus und seiner affirmativen Kultur vereinnahmt werden kann. Die Ambivalenz der sinnlichen Erfahrung des Schönen, seine Distanz schaffende, befreiende und normbildende Kraft einerseits und seine verführerische, in Sublimierung oder Faszination verfangende Gewalt andererseits, ist nicht erst durch den gesellschaftsgeschichtlichen Sündenfall der Trennung von Arbeit und Muße heraufbeschworen worden. Das genießende Verhalten zur Kunst setzt in seiner entlastenden wie in seiner kognitiven oder kommunikativen Funktion immer schon den Scheincharakter des Schönen voraus. Wer dieses ›Glück am Schein‹ durch den unmittelbaren Genuß sinnlichen Glücks ersetzen will, bedarf der Kunst nicht mehr. Es ist darum nur folgerichtig, wenn Marcuse von der Zurücknahme der Kultur in den materiellen Lebensprozeß einen neuen gesellschaftlichen Zustand erwartet, in dem die Schönheit und ihr Genuß »die Erfüllung selbst wachhalten … und nicht mehr bloß die Sehnsucht«, damit aber »überhaupt nicht mehr der Kunst anheimfallen«.[19a] Solange Platos Utopie vom Staat, aus dem die Dichter rigoros ausgewiesen sind, und Marcuses Utopie von einem dritten Zeitalter, in dem unter dem umgekehrten Vorzeichen befreiter Sinnlichkeit die Kunst als solche gegenstandslos wird, gleichweit von uns entfernt stehen, bleibt der ästhetischen Erfahrung noch ein nutzbarer Spielraum. Wer ihr nur die resignative Rolle zubilligt, die Sehnsucht nach einem glücklicheren Leben wachzuhalten, verkennt gerade die genuin gesellschaftlichen, oft gegenläufig zum philosophischen Idealismus und zur affirmativen Kultur verwirklichten Leistungen ästhetischer Praxis, die nunmehr ansatzweise in den drei Funktionen der Poiesis, Aisthesis und Katharsis beschrieben werden sollen.

VI

Die Emanzipation der ästhetischen Erfahrung kann in der Neuzeit als ein Prozeß beschrieben werden, in dem die ästhetische Praxis des Künstlers wie des Rezipienten ihre aus einer säkularen Tradition überkommene, paradigmatische Bindung an Kosmos, (gottgeschaffene) Natur oder Idee abstreift und sich konstruktiv, als »poietisches Können« versteht.[20] Valéry, dessen ästhetische Theorie 1894 mit einem Traktat über Leonardo da Vinci einsetzt, zeigt diesen Prozeß unter einem doppelten Aspekt: der *produktiven* ästhetischen Erfahrung, die sich der Erkenntnisfunktion des *construire* in einer Verbindung von künstlerischer und wissenschaftlicher Praxis bemächtigt, die von Leonardo insgesamt repräsentiert, mit der späteren Trennung von *arts et sciences* aber vereinseitigt wurde, und der *rezeptiven* ästhetischen Erfahrung, die gegen den traditionellen Vorrang des Erkennens durch Begriffe (*voir par l'intellect*) die durch Mittel der Kunst erneuerte Wahrnehmung (*voir par les yeux*) wieder ins Recht setzt. Was Valéry an der ›Methode‹ Leonardos faszinierte und er als gemeinsame Wurzel der *entreprises de la connaissance et les opérations de l'art* zu erklären suchte, war die ›imaginative Logik‹ der Konstruktion, das heißt derjenigen Praxis, die dem Prinzip des *faire dépendre le savoir du pouvoir* folgt.[21] Leonardo, Inbegriff der schöpferischen Tätigkeit des universellen Geistes, steht für die Wendung vom antiken zum modernen Begriff der Erkenntnis. Denn *construire* setzt ein Wissen voraus, das mehr ist als Rückwendung zu und Betrachtung von präexistenter Wahrheit: ein Erkennen, das vom Können, vom erprobenden Handeln abhängt, so daß Begreifen und Hervorbringen eins werden. Was Valéry hier Leonardo zuerkennt, entspricht in der Tat dem Begriff des poietischen Könnens, den J. Mittelstrass in Anlehnung an die alte aristotelische Unterscheidung einführte, um den exemplarischen Charakter der ›neuen Wissenschaft‹ für die neuzeitliche Entdeckung des Fortschritts seit Bacon zu kennzeichnen.[22] In der damit eröffneten Perspektive gewinnt das poietische Können bei Kant die Funktion, zwischen theoretischer und praktischer Vernunft, das heißt zwischen *Natur als Objekt der Sinne* und *Freiheit* als dem *Übersinnlichen in dem Subjekte* zu vermitteln.[23]

Valéry hat seine Rechtfertigung des theoretischen Anspruchs der ästhetischen Erfahrung später in einen sokratischen Dialog mit dem Titel *Eupalinos ou l'architecte* (1921) eingebracht, der auch für die

Kunstwissenschaft von Interesse sein dürfte. Denn dieses Werk ist nicht alleine eine der schönsten Huldigungen an die Kunst der Architektur, sondern auch eine denkwürdige Abrechnung mit der traditionellen, von Plato geprägten Ontologie des ästhetischen Gegenstandes. Valérys Sokrates gelangt in diesem modernen ›Dialogue des Morts‹ zum Selbstwiderruf seiner geschichtlichen Rolle als Philosoph. Könnte er sein Leben ein zweites Mal beginnen, so würde er die produktive Arbeit des Architekten der kontemplativen Erkenntnis des Philosophen vorziehen. Er ist zu spät zu der Einsicht gelangt, die ›sokratische‹ Kunst entspringe nicht dem *connaître*, das heißt begrifflicher Erkenntnis, sondern dem *construire*, der ästhetischen Produktion. Die Tätigkeit des *construire* zeichnet sich vor dem *connaître* dadurch aus, daß die Tätigkeit des Künstlers ein Handeln ist, das seine eigene Erkenntnis mit sich führt. Die höchste Form des *construire* oder poietischen Könnens sind nicht die mimetischen Künste der Malerei, Plastik oder Dichtkunst, sondern Architektur und Musik, die ihre Werke frei von aller paradigmatischen Bindung an Kosmos, Idee oder Natur hervorzubringen vermögen. Am Tempel, den Eupalinos erbaut, hat Sokrates gelernt, daß die Idee eines Kunstwerks nicht ein vorgegebenes Muster, sondern nichts anderes ist als die erst in seiner Herstellung evident werdende Regel.[24] Das Erkennen, das die ästhetische Produktion mit sich führt, ist kein platonisches Wiedererkennen, sondern die im *construire* oder Machen, das sich dem Unverwirklichten zuwendet, entdeckte Regel des Hervorbringens. Das so geschaffene Schöne der Kunst gibt mit der Mimesis seinen Ewigkeitscharakter auf. Der ästhetische Gegenstand hat nach Valéry nur den Schein der Vollendung. Was dem Betrachter als vollendete Form oder Angemessenheit der Form an den Inhalt erscheint, ist für den Künstler nur eine mögliche Lösung vor einer unendlichen Aufgabe. Darum soll auch der Betrachter das Schöne nicht einfach nach dem platonischen Ideal der ruhenden Anschauung hinnehmen, sondern in die Bewegung eintreten, die das Werk in ihm auslöst, und dabei seiner Freiheit gegenüber dem Gegebenen gewahr werden.

Die skizzierte Position Valérys weist Analogien zu der Theorie und Praxis Cézannes auf. *Construction* ist nach Kurt Badt ein Schlüsselwort Cézannes für den schöpferischen Prozeß der *réalisation*, und steht gleichermaßen im Gegensatz zur mimetischen Malerei: »Von der so gesehenen Natur will er (Cézanne) nur ausgehen, um zu

Konstruktionen, zu Bild-*Architekturen* zu gelangen, in denen das entwickelt ist, was im Modell (wiederum der Natur im Alltagsverständnis) nur als Andeutung, als Hinweis wahrnehmbar ist«.[25] K. Badt hat durch Interpretationen gezeigt, inwiefern für so bedeutende Werke Cézannes wie die *Montagne St. Victoire* oder die *Badenden* eine Tendenz auf das Architektonische wie auf das Musikalische hin leitend wird. In der architektonischen oder musikalischen Landschaft oder den Aktgruppen in der Landschaft erfülle sich das Grundanliegen der ganzen Kunst Cézannes, nämlich »die Einzeldinge der Welt als miteinander unerschütterlich verbunden darzustellen«.[26] Die immer stärkere Hervorkehrung des Architektonischen oder des Musikalischen im Spätwerk Cézannes könnte in unserem Kontext als Überwindung der mimetischen Wirkung im Medium einer von Haus aus mimetischen Kunst verstanden werden. Und Valérys These von der konstitutiven Endlichkeit des Schönen hätte bei Cézanne ihre Entsprechung in der auffälligen Mehrfachbehandlung des gleichen Sujets wie zum Beispiel in den fünf Fassungen der *Kartenspieler*, die man – wie Mallarmés oder Valérys Mehrfachbehandlungen eines poetischen Sujets – gewiß falsch bewerten würde, wenn man sie als schrittweise Annäherung an eine ›vollendete Form‹ bestimmen wollte.

VII

Wenden wir uns nun der *Aisthesis* oder ästhetischen Wahrnehmung zu. Hier hat der Emanzipationsprozeß der ästhetischen Erfahrung im 18. Jahrhundert dazu geführt, die Erkenntnis durch die Sinne (*cognitio sensiva*) der rationalen Erkenntnis entgegenzusetzen und – nach einer Formulierung Baumgartens, des Begründers der Ästhetik als Disziplin der Philosophie – für den ästhetischen Horizont ein eigenes Recht neben dem logischen Horizont zu beanspruchen. Diese Rechtfertigung der ästhetischen Wahrnehmung wurde in der zweiten Hälfte des 19. Jahrhunderts in der Theorie und Praxis der Künstler wieder aufgenommen, diesmal unter Protest gegen die Ideologie des Positivismus und seine vulgärästhetischen Entsprechungen, die auf den ersten Weltausstellungen hervortretende ›industrielle Kunst‹ (*Art industriel*) und den Naturalismus. Der epochale Zusammenhang der Äußerungen, die diese Epoche der ästhe-

tischen Erfahrung charakterisieren, ist von der Kunstgeschichte und
Ästhetik noch nicht übergreifend dargestellt worden. Dazu gehören:
im Bereich der Literatur Flauberts Schritt von der Darstellungs- zu
einer Wahrnehmungsästhetik, die seiner Neubestimmung des Stils
als einer absoluten Sehweise (*manière absolue de voir les choses*) entsprang; im Bereich der Malerei die »Entbegrifflichung der Welt« und
Rückverwandlung des Auges in ein Organ des unreflektierten
Sehens durch den französischen Impressionismus;[27] in den achtziger
Jahren die von Konrad Fiedler ausgebaute Theorie der Kunst als reiner Sichtbarkeit, die über Adolf Hildebrand, Alois Riegl, Heinrich
Wölfflin, Richard Hamann bis in die ästhetische Diskussion unserer
Tage aktuell geblieben ist;[28] fast gleichzeitig mit Fiedler Valérys
erster Leonardo-Essay, der das durch die Kunst erneuerte Sehen
gegen die Erwartungsklischees alltäglicher Wahrnehmung wie auch
gegen die Begriffshypostasen der Philosophen ins Feld führte;
schließlich die von Victor Šklovski und den russischen Formalisten
entwickelte Theorie von der ›Kunst als Verfahren‹, die durch Auto-
matisation der subjektiven Wahrnehmung entstandene Fremdheit
zwischen Subjekt und Objekt aufzuheben – eine Theorie, die Šklovski im Rückgang auf Tolstoi erläuterte[29] und die als Verfahren der
Verfremdung über Bert Brecht auf die Dramaturgie des modernen
Theaters eine noch unabsehbare Wirkung ausgelöst hat. Hier können diese Zusammenhänge nicht ausgeschöpft, sondern nur die
Grundgedanken hervorgehoben werden, die in dieser Epoche
gleichzeitig von der ästhetischen Theorie der Kunst und der Literatur entwickelt wurden.

Fiedlers Theorie der Kunst als reiner Sichtbarkeit von 1876 und
1887 gründet auf der Überzeugung, »daß der Mensch zu einer geistigen Herrschaft über die Welt nicht nur im Begriff, sondern auch
in der Anschauung zu gelangen im Stande sei«.[30] Anschauung meint
hier ein von allem Vorwissen, auch von der ›vorschwebenden
Gestalt‹ oder ›künstlerischen Idee‹ befreites Sehen, das beim Künstler immer schon Anfang des Darstellens, nämlich eine »Sichtbares
gestaltende Tätigkeit« ist.[31] Das ausdrücklich gegen den Platonismus
und seine Scheidung von Erkenntnis und künstlerischem Tun formulierte Prinzip des autonomen Sehens schließt Nachahmung von
Natur (*mimesis*) und Wiedererkennen von schon Erkanntem (*anam-
nesis*) aus und rekurriert auch nicht mehr auf die Vermittlung des
Schönen oder des Gefühls. Die so verstandene ästhetische Wahr-

nehmung soll allein einer Entbegrifflichung der Welt entspringen, um uns die Dinge in ihrer zu reiner Sichtbarkeit befreiten Erscheinung ansichtig zu machen.

Valéry hat unabhängig davon in seinem Leonardo-Essay von 1894 die Erkenntnisfunktion der ästhetischen Wahrnehmung als einen Lernprozeß beschrieben. Unsere Wahrnehmung sei durch Habitualisierung, durch die verfestigten Gewohnheiten des Alltags, so abgestumpft, daß wir nur noch sehen, was wir erwarten: *Au lieu d'espaces colorés, ils prennent connaissance de concepts. Une forme cubique, blanchâtre, en hauteur, et trouée de reflets de vitres est immédiatement une maison, pour eux: la Maison! Idée complexe, accord de qualités abstraites.*[32] Demgegenüber könne uns ein Gemälde lehren, daß wir das, was wir sehen, in Wahrheit noch gar nicht gesehen haben. Ästhetische Wahrnehmung erfordert mithin kein besonderes Vermögen der Intuition, sondern eine durch die Kunst vermittelte Befreiung unseres Sehens von seinen Vororientierungen, die der Sprachgebrauch zum Habitus verfestigt. Valérys Beispiele für sprachlich verdinglichte Gewohnheiten, die Schranken um unsere Wahrnehmung aufgerichtet haben, sind die Begriffe Landschaft (*les beaux sites*) und Natur. Die schönen Landschaften und das Begriffsfeld der Natur hätten so viel Macht über unser Verhalten erlangt, weil man die Dinge lieber durch die Brille eines Lexikons als mit den eigenen Augen wahrnehme und sich damit den Blick auf den größeren Rest des Gegebenen verbaue. Das Prinzip des ›reinen Sehens‹ negiert demnach bei Valéry wie bei Fiedler zunächst die Begriffswelt mit ihrem Lexikon vorgewußter Bedeutungen, um von dieser Reduktion des Gegebenen auf reine Sichtbarkeit aus sodann eine Erweiterung unserer Erkenntnis von Welt in ihrer sinnlichen Erscheinung herbeizuführen, die sich der ästhetischen Wahrnehmung nunmehr in den unerschöpflichen Aspekten ihrer Bedeutung öffnen kann. Für Valéry widersetzt sich das Prinzip des reinen Sehens vor allem dem Begriff der Natur. Verführt durch Dichter wie durch Philosophen sähen wir Natur im Spiegel anthropozentrischer Begriffe wie Grausamkeit, Güte, Ökonomie, als ob wir ihren unvordenklichen Anblick nicht ertrügen: *la vision d'une éruption verte, vague et continue, d'un grand travail élémentaire s'opposant à l'humain, d'une quantité monotone qui va nous recouvrir.*[33] Valérys Kritik steht in der Tradition der zuerst von Baudelaire radikal vollzogenen ästhetischen Umwertung der Natur; sie gipfelt hier in der Forderung, der angemessene Standort zum sehenden Erkennen und neuen Erfahren der Natur könne nur ein beliebiger Winkel (*un coin quelconque de ce qui est*) sein, der die Illusion ihrer Zweckmäßigkeit für den Menschen erst gar nicht mehr aufkommen läßt. Zumindest die Forderung des ›beliebigen Winkels‹ (auch Zola sprach von einem *coin de la nature*) läßt vermuten, daß der literarische Antinaturalismus in der Theorie und Praxis der gleichzeitigen Malerei Parallelen aufweist.

VIII

Die ästhetische Theorie Valérys rückt noch einen zweiten Grundgedanken Fiedlers ins Licht: die Untrennbarkeit von Betrachten und Hervorbringen, Schau und Ausdruck. Das gilt zunächst für Fiedlers Satz:»die geistige künstlerische Tätigkeit hat kein Resultat, sondern sie ist selbst das Resultat«, wie für seine Korrelate:»die künstlerische Tätigkeit ist eine unendliche« und »jedes Erreichte öffnet ihm (dem Künstler) den Blick auf noch Unerreichtes«.[34] Diese beiden Sätze erinnern an ein Kernstück der Ästhetik Valérys. Der erste Leonardo–Essay erläutert über Fiedler hinaus, was aus dem Prinzip des hervorbringenden Sehens für den Betrachter gefolgert werden kann. Wer ein Gemälde ästhetisch wahrnehmen, das heißt sehend zu neuer Erkenntnis gelangen will, muß der Neigung zum vorschnellen Identifizieren oder Wiedererkennen widerstehen und sich statt dessen bewußt machen, wie sich aus den erst bedeutungsfremden Farbflecken für den Betrachter nach und nach Bedeutung und damit ein Gegenstand der Bildwirklichkeit konstituiert: *la méthode la plus sûre pour juger une peinture, c'est de n'y rien reconnaître d'abord et de faire pas à pas la série d'inductions que nécessite une présence simultanée de taches colorées sur un champ limité, pour s'élever de métaphores en métaphores, de suppositions en suppositions à l'intelligence du sujet, parfois à la simple conscience du plaisir, qu' on n'a pas toujours eu d'avance.*[35]

Hier wäre der Kunsthistoriker zu fragen, ob Valérys Beschreibung der Bildwahrnehmung nicht vielleicht einen Lösungsvorschlag für den Streit über Cézannes Farbflecken enthält. Wendet man Valérys Forderung auf die Betrachtung eines Cézanne an, so können seine Farbflecken weder als Wiedergabe eines Zustandes halbwachen Sehens noch als eine der Absicht nach vollendete Konstruktion erklärt werden. Vielmehr müßten sie als Anweisung an den Betrachter verstanden werden, sich des gewohnten Anblicks der Dinge zu entschlagen, am Prozeß der im Gemälde sich neu konstituierenden Welt teilzunehmen (um nicht zu sagen: sie in der tätigen Wahrnehmung des Betrachters zu ›vollenden‹) und so der Möglichkeit solcher ›Dingwerdung des Erscheinenden‹ in dem von Cézanne entworfenen Bezugsrahmen inne zu werden. Dann würde die *réalisation* oder ›Dingwerdung des Erscheinenden‹, wie Kurt Badt das Wesen von Cézannes Kunst beschrieben hat, eine nicht nur rezeptive, sondern selbst mithervorbringende Tätigkeit des Betrachters erfordern und einschließen.

Für die Frage, wie die Kunst die Dignität der Erkenntnisfunktion wiedererlangen kann, die der *Aisthesis* im Horizont des Platonismus abgesprochen wurde, eröffnet Kurt Badts Cézanne-Interpretation noch eine weitere Perspektive. Das Prinzip der Kunst als reiner Sichtbarkeit beschränkt sich im Werk Cézannes nicht darauf, die Wahrnehmung von der Brille vororientierten Wissens zu befreien, um einen Gegenstand in seiner Dinghaftigkeit und Bedeutungsvielfalt wieder fühlbar zu machen. Die wiedergewonnene Erkenntnisfunktion der ästhetischen Wahrnehmung läßt im Prozeß der *réalisation* mit der verlorenen Dinghaftigkeit zugleich einen für uns unkenntlich gewordenen Zusammenhang der Dinge, das »Zusammenbestehen einer Welt«,[36] vor Augen treten. Der modernen Kunst sind durch die Theorie und Dichtung Valérys wie durch die Malerei Cézannes Möglichkeiten eröffnet, ästhetische Wahrnehmung gegen den Zwang instrumentalisierter Erfahrung in einer entfremdeten Lebenswelt aufzubieten. Dabei konnte die kritische Funktion der Aisthesis bis zur Wahrnehmungsaskese und provokativen Leugnung des Schönen verschärft werden. Sie konnte andererseits aber auch wieder dahin geführt werden, dem Kunstwerk über das explorative Vermögen der ästhetischen Wahrnehmung eine neue kosmologische Funktion zu geben.

So hat einerseits der *Nouveau roman* die kritische Funktion der Wahrnehmungsästhetik Flauberts durch den Abbau immer weiterer sinntragender Erzählfunktionen bis zur Aporie gesteigert. Die neutrale Wirklichkeit der Dinge, die Flaubert der vororientierten, zur zweiten Natur verfestigten Wahrnehmung seiner alltäglichen Personen entgegengesetzte, verliert bei Robbe-Grillet die Aura der in ihrer Gleichgültigkeit schönen ›Dingpoesie‹; die Beschreibungen des modernen Antiromans benutzen die geometrisierende Meß-

und Zählwahrnehmung, die dem Leser eine völlig ungewohnte, die Langweiligkeitsgrenze überspielende Wahrnehmungsaskese abnötigt, um den instrumentalen Sprachgestus ad absurdum zu führen, wenn nicht zu mystifizieren. Analogien aus der bildenden Kunst wären noch zu suchen, wie auch zu der anderen, kosmologischen Funktion der Aisthesis, für die hier als Beispiel Marcel Prousts *Suche nach der Verlorenen Zeit* stehen soll. Dieses Werk verbindet die kritische und die kosmologische Funktion der ästhetischen Erfahrung auf einzigartige Weise. Prousts Schreibart, ein Wunder an Genauigkeit, das den Leser durch eine oft bezeugte Verwandlung seines Sehens in Bann schlägt, entspringt letztlich der Entdeckung, daß Erinnerung zum explorativen Vermögen der Kunst werden kann. Der psychoanalytischen Selbstreflexion vergleichbar, vermag der Prozeß des Erinnerns die Oberfläche der habitualisierten Wahrnehmung zu hinterfragen, die verlorene Erfahrung aus dem Bannkreis des Unbewußten zurückzuholen und im Medium der Kunst zur Sprache zu bringen. Die Suche nach der verlorenen Zeit bringt dem Schreibenden und Lesenden die verlorene Identität zurück und läßt im dargestellten Prozeß des Erinnerns zugleich das Ganze einer einmaligen und vergangenen Welt wiedererstehen. Einer subjektiven Welt, gewiß, aber doch zugleich der einen, scheinbar für alle gleichen, doch schon für den nächsten Menschen verschiedenen Wirklichkeit, deren Anderssein in den Augen der Erinnerung erst ästhetische Erfahrung aufdecken und nur Kunst mitteilbar machen kann.

An der Wiedergewinnung der Erkenntnisfunktion für die Kunst war seit der Mitte des 19. Jahrhunderts die produktive wie die rezeptive ästhetische Erfahrung beteiligt. Das ist Gadamers Kritik an der »Abstraktion des ästhetischen Bewußtseins« entgegenzuhalten, die zwar auf die historische Gestalt der aus dem Weimarer Neuhumanismus hervorgegangenen ›ästhetischen Bildung‹ zutreffen mag, aber den hier skizzierten gegenläufigen Prozeß nicht vor Augen bekommt.

In diesem Prozeß – so lautet meine dritte These – *hat die ästhetische Erfahrung auf der Ebene der Aisthesis gegenüber der mehr und mehr instrumentalisierten Lebenswelt eine Aufgabe übernommen, die ihr in der Geschichte der Künste noch nicht gestellt worden war: der verkümmerten Erfahrung und dienstbaren Sprache der Konsumentengesellschaft die sprachkritische und kreative Funktion der ästhetischen Wahrnehmung ent-*

*gegenzusetzen und angesichts der Pluralität sozialer Rollen und wissen-
schaftlicher Weltaspekte den Horizont der allen gemeinsamen Welt gegenwärtig zu halten, die am ehesten noch die Kunst als ein mögliches oder zu
verwirklichendes Ganzes vor Augen zu bringen vermag.*

IX

Abschließend bleibt noch der dritte Aspekt der ästhetischen Erfahrung, ihre kommunikative Funktion, zu erörtern. Da dieser Aspekt
für die verschiedenen Künste weder einzeln noch vergleichend
schon hinlänglich erforscht wurde, kann ich hier nur ein Forschungsprogramm zu der eingangs gestellten Frage skizzieren, wie
der Gegensatz zwischen Genießen und Handeln, ästhetischer Einstellung und moralischer Praxis aufgehoben werden kann. Dieser
Gegensatz liegt nicht notwendig in der Wirkung der Kunst. Er ist
erst empfunden worden, seit alles Lehrhafte, Exemplarische, Vor-
bildgebende vom Standpunkt der autonomen Kunst als Häresie
angesehen und im besonderen jegliche Identifikation des Betrachters oder Lesers mit dem Dargestellten, vor allem aber seine Bewunderung oder Sympathie für den Helden, als banausisch verschrien
wurde. Die gegenwärtig noch ungebrochen herrschende Ästhetik
der Negativität will – wie schon erwähnt – das ästhetische Vergnügen von aller emotionellen Identifikation reinigen, um es ganz auf
ästhetische Reflexion, sensibilisierte Wahrnehmung und emanzipa-
torisches Bewußtsein zurückzuführen. Sie verstrickt sich dabei in
den Widerspruch, das emanzipierte Bewußtsein eines im Umgang
mit Kunst bereits gebildeten Betrachters vorauszusetzen, das durch
den kommunikativen konsensusbildenden Prozeß der ästhetischen
Erfahrung ja allererst freigesetzt werden sollte. Dem setze ich meine
vierte These entgegen: *Ästhetische Erfahrung wird gerade um ihre primäre
gesellschaftliche Funktion verkürzt, wenn das Verhalten zum Kunstwerk im
reflexiven Zirkel von Werkerfahrung und Selbsterfahrung beschlossen bleibt
und sich nicht auf jene Fremderfahrung öffnet, die sich in der ästhetischen Praxis seit eh und je auf der Ebene primärer Identifikationen wie: Bewunderung,
Erschütterung, Rührung, Mitweinen, Mitlachen vollzieht und die nur ästhetischer Snobismus für vulgär halten kann.*
　Gerade in solchen Identifikationen und nicht erst in der davon
abgelösten ästhetischen Reflexivität vermittelt Kunst Normen des

33

Handelns, und zwar auf eine Weise, die zwischen dem Imperativ der Rechtsvorschriften und dem unmerklichen Zwang der Sozialisierung durch gesellschaftliche Institutionen einen Spielraum menschlicher Freiheit offenzuhalten vermag.

Eine historische Untersuchung der kommunikativen Funktion der ästhetischen Erfahrung müßte dem Prozeß ihrer Emanzipation von der Ablösung der Katharsis aus kultischer Partizipation über verschiedene Stufen und Weisen normbildender Identifikation bis zur Verweigerung kommunikativer Identifikation folgen, wie sie die Reflexivität gegenwärtiger Kunsterfahrung übt. Die kunsttheoretische Reflexion, die diesen Emanzipationsprozeß begleitet, wäre am ehesten in der Geschichte der Aristoteles-Rezeption zu fassen; sie bleibt verdeckt, wo immer die ästhetische Theorie stärker an der Dignität des Kunstwerks als an seiner Wirkung auf den affizierten Betrachter orientiert ist, wie im Platonismus der Renaissance und in der Ästhetik des deutschen Idealismus, oder wo der Standpunkt autonomer Kunst – wie auch sein Widersacher, die materialistische Orthodoxie – die Frage nach Rezeptionsweise und ›Konkretisation‹ subjektiver Erfahrung und öffentlicher Bedeutung von Kunstwerken als Psychologismus oder bloße Soziologie des Geschmacks abzufertigen genötigt ist. Eine systematische Untersuchung der kommunikativen, durch ästhetische Erfahrung vermittelten Identifikationsmuster könnte von der historischen Diskussion nicht allein die Grundbestimmung und Grundambivalenz der Katharsis erben, sondern auch eine in verschiedenen Epochen und Kunstgattungen reich entfaltete, aristotelische Typologie des ›Helden‹ aufnehmen.

Katharsis als Grundbestimmung der ästhetischen Erfahrung erklärt, warum die Vermittlung sozialer Normen durch Vorbilder der Kunst gegenüber dem Imperativ der Rechtsvorschriften und dem Zwang der Institutionen Distanznahme und damit einen Spielraum der Freiheit ermöglicht: der kommunikativen Erfahrung geht im Medium der Kunst eine Freisetzung des Betrachters von und vor der Objektwelt durch das Imaginäre voraus. In dem Maße nämlich, wie der Zuschauer einer Tragödie die realen Interessen seiner Lebenswelt negiert und die ›ästhetische Einstellung‹ zu der Handlung der Tragödie gewinnt, kommen nach Aristoteles Mitleid und Furcht, die Bedingungen der Identifikation von Zuschauer und Held, ins Spiel. Katharsis als Antithese zum praktischen Lebensvollzug steht also keineswegs im Widerspruch mit ästhetischer Identifikation, sie setzt diese vielmehr als kommunikativen Vollzugsrahmen für das imaginierende Bewußtsein voraus. Die emotionelle Identifikation des Betrachters mit dem ›Helden‹ kann als kommunikativer Vollzugsrahmen demnach Verhaltensmuster tradieren, neu bilden oder auch eingespielte Verhaltensnormen im Dienste neuer Handlungsorientierungen durchbrechen. Sie kann den Betrachter aber auch in der einsamen Befreiung seines Gemüts ein rein individuelles Genügen finden oder in der bloßen Schaulust verharren lassen. Der durch das ›Vergnügen am tragischen Gegenstand‹ freigesetzte Betrachter kann sich über die Identifikation das Exemplarische der Handlung zu eigen machen; er kann die Fremderfahrung der Identifikation aber auch auffangen und ethisch neutralisieren, wenn er im naiven Staunen über die Taten des ›Helden‹ verbleibt.

Die Zweideutigkeit der ästhetischen Einstellung kann als der Preis dafür angesehen werden, daß die freisetzende Katharsis durch die Vermittlung des Imaginären erkauft ist. Diese Grundambivalenz ist denn auch in der Geschichte der ästhetischen Erfahrung immer wieder neu zum Angriffspunkt einer im Namen der christlichen Ethik oder der praktischen Vernunft geführten Polemik gegen die Wirkung der Kunst geworden. Für die Frage nach dem Verhältnis von ästhetischer Identifikation und kommunikativer Praxis war der Neueinsatz der christlichen Literatur und Kunst von besonderer Bedeutung. Denn die Autorität der christlichen Kirche und Lehre hat in dem Maße, wie sie sich der Lebenspraxis bemächtigte, nicht allein die platonische Kritik an der Lügenhaftigkeit der Dichter übernommen, sondern nach und nach für die Legitimation der eigenen, christlichen Dichtung Argumente entwickelt, die den Spielraum der ästhetischen Erfahrung neu abgesteckt haben: dem *Imaginären* wird das *Exemplarische*, der *Reinigung* durch Katharsis das in die Tat überleitende *Mitleid*, dem ästhetischen Vergnügen an der *Nachahmung* das appellative Prinzip der *Nachfolge* gegenübergestellt. [...]

XII

Wie kann ästhetische Erfahrung ihre Bedeutung für die praktische Vernunft in einer Zeit wiedererlangen, in der sich die Kunst einer schrumpfenden Bildungselite vor der Kulturindustrie einer wachsenden Konsumentenmasse auf einem heillosen Rückzug befindet und im Gefolge davon die ästhetische Theorie gegenüber den begünstigteren Methoden der Semiotik, Informationstheorie und Ideologiekritik mehr und mehr das Nachsehen hat? Adorno, dem man die wesentliche Einsicht in diesen Prozeß, in die Maschinerie der »Kulturindustrie« und ihren Gesamteffekt einer »Anti-Aufklärung« verdankt,[40] hat für unsere Frage nur die puritanische Antwort parat: »Der Praxis sich enthaltend, wird Kunst zum Schema gesellschaftlicher Praxis.«[41] Die damit dem Produzenten wie dem Rezipienten von Kunst auferlegte Askese kann zwar das entmündigte Bewußtsein des Einzelnen aus der schlimmen, mit der Verwandlung von Kunst in Ware eingetretenen Praxis ästhetisch manipulierten Verhaltens freisetzen. Doch sieht man nicht, wie mit Rezepten der reinen Negativität, das heißt der verweigerten Identifikation mit dem gesellschaftlichen Zustand, die auch für eine materialistische Ästhetik von der Art der Tel Quel-Gruppe der Weisheit letzter Schluß sind, ein neues Schema gesellschaftlicher Praxis begründet werden soll. Die These, daß gerade das autonome Kunstwerk den unversöhnlichsten Widerspruch zu gesellschaftlicher Herrschaft artikuliere, erbt mit dem wieder zu Ehren gebrachten Prinzip des L'art pour l'art zugleich den Praxisverlust, den die errungene Autonomie der Kunst im 19. Jahrhundert ineins mit der Trennung der Bereiche ›hoher‹ (zweckfreier) und ›niederer‹ (nützlicher) Kunst zur Folge hatte.[42] Soll der Anti-Aufklärung der Kulturindustrie eine neue Aufklärung durch ästhetische Erfahrung entgegengesetzt werden, so darf die Ästhetik der Negativität nicht länger vor einer Positivierung der ästhetischen Erfahrung zurückschrecken, sondern muß – in meiner Terminologie formuliert – ihre normbrechenden Formen verweigerter oder ironisierter Identifikation in eine wieder normbildende Funktion der Kunst überführen.

Für die Frage, wie Kunst gegenüber gesellschaftlicher Wirklichkeit Negativität wahren und gleichwohl normbildend werden kann, gibt es das Rezept eines als Autorität über alle Zweifel erhabenen Aufklärers aus dem 18. Jahrhundert. Es steckt in Kants Erläuterung des Geschmacksurteils: »Das Geschmacksurteil selber postuliert nicht jedermanns Einstimmung (denn das kann nur ein logisch allgemeines, weil es Gründe anführen kann, tun); es sinnet nur jedermann diese Einstimmung an, als einen Fall der Regel, in Ansehung dessen er die Bestätigung nicht von Begriffen, sondern von anderer Beitritt erwartet.«[43] Ästhetische Erfahrung zeichnet sich also nicht allein nach der Seite ihrer Produktivität als *Hervorbringung durch Freiheit*,[44] sondern auch nach der Seite ihrer Rezeptivität als ein ›Aufnehmen in Freiheit‹ aus. Insofern die ästhetische Urteilskraft sowohl das Muster eines uninteressierten, durch kein Bedürfnis erzwungenen Urteils,[45] als auch das Muster eines offenen, nicht vorgängig durch Begriffe und Regeln bestimmten Konsensus[46] abgeben kann, gewinnt das ästhetische Verhalten mittelbar auch Bedeutung für die Praxis des Handelns. Es ist das Exemplarische, von Kant als Verhalten der *Nachfolge* vom bloßen *Mechanismus der Nachahmung* abgehoben, das zwischen theoretischer und praktischer Vernunft, logischer Allgemeinheit von Regel und Fall und apriorischer Geltung des Sittengesetzes vermittelt und damit eine Brücke vom Ästhetischen zum Moralischen zu schlagen vermag.[47] Was erst als Mangel des ästhetischen Urteils erscheinen könnte: daß es *nur exemplarisch* und nicht logisch notwendig sein kann, erweist sich als seine besondere Auszeichnung; die Angewiesenheit des ästhetischen Urteils auf Beistimmung anderer ermöglicht die Teilnahme an einer sich erst bildenden Norm und konstituiert zugleich Gesellschaftlichkeit. Denn Kant erkannte in dem notwendigermaßen *pluralistischen* Geschmacksurteil[48] zugleich das *Beurteilungsvermögen alles dessen, wodurch man sogar sein Gefühl jedem andern mitteilen kann,* und er führte dieses empirische Interesse am Schönen, obschon beiläufig, so doch auf ein denkwürdiges Analogon zu Rousseaus *Contrat social* zurück: *Auch erwartet und fordert ein jeder die Rücksicht auf allgemeine Mitteilung von jedermann, gleichsam als aus einem ursprünglichen Vertrage, der durch die Menschheit selbst diktiert ist.*[49]

Kants Argument, daß das ästhetische Urteil *Rücksicht auf allgemeine Mitteilung* von jedermann fordern könne und damit ein höchstes Interesse befriedige, das die Vorstellung der Einlösung eines ursprünglichen Gesellschaftsvertrags wachrufe, kann einer Apologie der ästhetischen Erfahrung in unseren Tagen gewiß mehr als einen würdigen rhetorischen Abschluß geben. Denn Kants Kritik der Urteilskraft hat durch die Subjektivierung der Ästhetik Epoche gemacht, während sein *pluralistischer* Begriff des auf Beipflichtung angewiesenen ästhetischen Urteils im 19. Jahrhundert dem Individualismus (oder um Kants Formulierung aufzugreifen: der *egoistischen* Idee) der ästhetischen Bildung anheimfiel und auch von der modernen Ästhetik und Theorie der Kunst nicht wieder aufgenommen wurde. Für den Versuch, in unserer mehr und mehr verwalteten und instrumentalisierten Lebenswelt der ästhetischen Erfahrung gegenüber der herrschenden Kulturindustrie und Wirkung der Massenmedien wieder die verlorene kommunikative Funktion zurückzugewinnen, hat Kants Bestimmung des konsensusbildenden Urteils gewiß wieder an Aktualität gewonnen. Zeigt sie doch, daß die normbildende Funktion der Kunst nicht unvermeidlich in ideologisch gesteuerte Anpassung abgleiten muß, wenn die vom Kunstwerk geforderte Identifikation dem Vermögen praktischen Handelns nicht als vorbestimmte Norm auferlegt ist, sondern ihm wie Kants Exempel nur eine Richtung oder unbestimmte Norm vorgibt, die durch die Beipflichtung anderer selbst weiterbestimmt wird. Ästhetische Erfahrung in ihrer kommunikativen Funktion zeichnet sich aber auch gegenüber logisch orientierter Rede aus, insofern sie nur *Rücksicht auf allgemeine Mitteilung*, nicht aber schon Einsicht in die Vernünftigkeit der Vernunft voraussetzen muß. Darum dürfte es ihr leichter fallen, Gesprächspartner über die noch offene Bildung oder Weiterbestimmung einer Norm zum inhaltlichen Konsens zu bringen als der propädeutischen Logik, deren Modell dialogisch-logischer Argumentation über den unstrittigen Verfahrenskonsens vielmehr – wie schon die Terminologie von »Gewinnstrategie«, Angriff und Verteidigung verrät – über vorentschiedene Wahrheiten zu befinden vermag.

Am Ende bin ich es meinen Lesern schuldig, offenzulegen, daß meine weithin in Auseinandersetzung mit der Ästhetik der Negativität geführte Apologie der ästhetischen Erfahrung zugleich die schwache Seite der rezeptionsästhetischen Theorie trifft, die ich in meiner Konstanzer Antrittsvorlesung entwickelt habe.[50] Diese Theorie, derzufolge das Wesen des Kunstwerks auf seiner Geschichtlichkeit, das heißt auf seiner auf den fortschreitenden Dialog mit dem Publikum angewiesenen Wirkung beruht, das Verhältnis von Kunst und Gesellschaft in der Dialektik von Frage und Antwort faßbar werden muß und die Geschichte einer Kunst im Horizontwandel zwischen naturwüchsiger Tradition und verstehender Rezeption, zurückbleibender Klassizität und fortschreitender Kanonbildung ihre Eigentümlichkeit gewinnt, teilt mit der Evolutionstheorie der Formalisten wie mit der Ästhetik der Negativität und aller auf Emanzipation gerichteten Theorie (die marxistische inbegriffen) die Überzeugung vom Primat des ereignishaften Neuen über das prozeßhafte Gewordensein, der Negativität oder Differenz über affirmative oder institutionalisierte Bedeutung. Diese Prämissen sind zwar der Geschichte und gesellschaftlichen Rolle der Kunst nach dem Erlangen ihrer Autonomie gemäß, können aber – wie wir sahen – ihren praktischen, kommunikativen und normbildenden Funktionen im Bereich der vorautonomen Kunst nicht gerecht werden. Darum lautet meine letzte These:

Ästhetische Erfahrung wird um ihre primären gesellschaftlichen Funktionen verkürzt, solange sie im kategorialen Rahmen von Emanzipation und Affirmation, Innovation und Reproduktion belassen und die konstitutive Negativität des Kunstwerks nicht mit Identifikation als ihrem rezeptionsästhetischen Gegenbegriff vermittelt wird.

In dieser Richtung sehe ich Aufgaben und Möglichkeiten literatur- und kunstwissenschaftlicher Forschung, die sich selbst aufgeben würde, wenn sie aus ihrer apologetischen Situation den Rückweg in antiquarisches Sammeln oder monumentalisches Vervollständigen des Wißbaren einschlagen wollte, statt aus der Verteidigung ihrer angestammten, doch fadenscheinig gewordenen Rechte in die Begründung neuer, nicht zuletzt dank ihrer Anfechtung sichtbar gewordenen Pflichten einzureten.

Anmerkungen

1   Vgl. *Die Religion in Geschichte und Gegenwart,* s. v. Apologetik, Tübingen 1957, Sp. 490.
2   Zur vorläufig letzten Todeserklärung der Literatur und dem Autodafé der bürgerlichen Literaturkritik von Karl Markus Michel, Hans Magnus Enzensberger und Walter Boehlich siehe K. H. Bohrer, *Zuschauen beim Salto mortale – Ideologieverdacht gegen die Literatur,* in: Die gefährdete Phantasie, oder Surrealismus und Terror, München 1970.
3   O. K. Werckmeister, *Ende der Ästhetik,* Frankfurt 1971, p. 79.
4   Nach H. Paul, *Deutsches Wörterbuch,* 5. Aufl., ed. W. Betz, s.v. *Genieß* und *Genosse,* Tübingen 1966, und W. Binder, Vortrag über den Begriff ›Genuß‹ *in Dichtung und Philosophie des 17. und 18. Jahrhunderts* (gehalten am 25. 1. 1966 in der Gesellschaft für deutsche Sprache und Literatur; erscheint demnächst im *Archiv für Begriffsgeschichte).*
5   Th. W. Adorno, *Ästhetische Theorie,* in: Gesammelte Schriften, Bd. 7, Frankfurt 1970, 26/27.
6   M. Imdahl, Einführung zu Barnett Newman *Who's afraid of red, yellow and blue,* Stuttgart 1971 (Werkmonographien zur bildenden Kunst in Reclams Universal-Bibliothek, Nr. 147).
7   A. a. O., p. 27.

8 Um nur zwei Antipoden zu nennen, vgl. K. Badt, *Kunsttheoretische Versuche*, Köln 1968, p. 103, und O.K. Werckmeister, a. a. O., p. 83.

9 *Beiträge zur Phänomenologie des ästhetischen Genusses*, in: Jb. für Philosophie und phänomenologische Forschung, Bd. I, Teil 2, 1913, p. 570 ff.

10 *Wahrheit und Methode, Grundzüge einer philosophischen Hermeneutik*, Tübingen 1960, p. XV.

11 M. Geiger, a. a. O., p. 632; dazu die Kritik von L. Giesz, *Phänomenologie des Kitsches*, München ²1971, 26–35. Die folgende Argumentation richtet sich auch gegen die These von M. Geiger:»Genuß ist, solange er dauert, sich selbst genug. Es führt keine Brücke zum übrigen Leben« (p. 27). Obschon der ästhetische Genuß eine »Erlebnis-Enklave« ist, steht er doch adversativ (Freisetzung von) und projektiv (Freisetzung für) durch den Vollzugsrahmen des Imaginären für das genießende Bewußtsein im Kontext lebensweltlicher Motivationsketten.

12 J. P. Sartre, *L'imaginaire – Psychologie phénoménologique de l'imagination*, Paris 1940, p. 234.

13 Nach Bestimmungen in Hegels *Ästhetik* (ed. Bassenge, Berlin 1955), vgl. im besonderen: *Der Mensch tut dies, um als freies Subjekt auch der Außenwelt ihre spröde Fremdheit zu nehmen und in der Gestalt der Dinge nur eine äußere Realität seiner selbst zu genießen* (S. 75) und: *Das allgemeine Gesetz … besteht darin, daß der Mensch in der Umgebung der Welt müsse heimisch und zu Hause sein, daß die Individualität in der Natur und in allen äußeren Verhältnissen müsse eingewohnt und dadurch frei erscheinen* (S. 266). Zum »poietischen Können« siehe J. Mittelstrass, *Neuzeit und Aufklärung*, Berlin/New York 1970, bes. § 10.2.

[...]

18a Zur philosophischen Bedeutung Valérys kann jetzt auf die Darstellung von K. Löwith: *Paul Valéry – Grundzüge seines philosophischen Denkens*, Göttingen 1971, verwiesen werden, die sich auch dadurch auszeichnet, daß sie die noch wenig gewürdigten *Cahiers* einbezieht.

19 H. Marcuse, *Über den affirmativen Charakter der Kultur*, in: Kultur und Gesellschaft, Frankfurt 1965, 56–101.

19a Ibid., S. 99.

20 Hier folge ich J. Mittelstrass, *Neuzeit und Aufklärung*, Berlin/New York 1970 (bes. § 10.2: *Die neuzeitliche Entdeckung des Fortschritts – Theoretische Sicherheit und poietisches Können*), der in einem gemeinsamen Konstanzer Seminar über Valéry und die Theorie der ästhetischen Erfahrung, dem diese Abhandlung wesentliche Anregung verdankt, den Begriff des poietischen Könnens im Blick auf Kant weiterentwickelt hat.

21 *Oeuvres*, éd. de la Pléiade, Paris 1960, I 1192–96, 1201, 1252–3.

22 A. a. O., p. 349: »Während das theoretische Können darin beruht, wahre Sätze aufzustellen, und das praktische Können darin, Handlungen nach besser und schlechter zu beurteilen, gibt das poietische Können an, was sich überhaupt *machen* läßt.«

23 *Kritik der Urteilskraft*, Einl. IX.

24 Hier und im weiteren folge ich der Interpretation von H. Blumenberg, *Sokrates und das »objet ambigu«: Paul Valérys Auseinandersetzung mit der Tradition der Ontologie des ästhetischen Gegenstandes*, in: Epimeleia, Festschrift H. Kuhn, ed. F. Wiedmann, München 1964.

25 K. Badt, *Die Kunst Cézannes*, München 1956, p. 163.

40

26 *Das Spätwerk Cézannes,* Konstanz 1971 (Konstanzer Universitätsreden, 40), p. 11.
27 Nach M. Imdahl, *Die Rolle der Farbe in der neueren französischen Malerei – Abstraktion und Konkretion,* in: Poetik und Hermeneutik II, ed. W. Iser, München 1966, 195.
28 Dazu M. Imdahl, *Marées, Fiedler, Hildebrand, Riegl, Cézanne,* in: Literatur und Gesellschaft, Bonn 1963, 142–195.
29 Nach J. Striedter, *Poetik und Hermeneutik* II, ed. W. Iser, München 1966, 263/288.
30 K. Fiedler, *Schriften zur Kunst,* 2 Bde., ed. G. Boehm, München 1971 (Theorie und Geschichte der Literatur und der Schönen Künste, 16) I 44; dazu Imdahl (cf. Anm. 28), p. 153.
31 Ibid., p. 326; dazu K. Badt, *Kunsttheoretische Versuche,* Köln 1968, p. 126.
32 *Oeuvres,* éd. de la Pléiade, Paris 1960, I 1165/67.
33 Ibid., p. 1167.
34 Fiedler, a. a. O., I 57–59.
35 Op. cit., I 1186.
36 K. Badt (cf. Anm. 25), p. 170 f.
[...]
40 *Résumé über Kulturindustrie,* in: Ohne Leitbild – Parva Aesthetica, Frankfurt 1967, p. 60–70.
41 *Ästhetische Theorie,* a. a. O., p. 339.
42 Gegen Adorno, der in seinem *Résumé über Kulturindustrie* (a. a. O., p. 60) offenbar übersah, daß die Bereiche hoher und niedriger Kunst keineswegs »jahrtausendelang getrennt«, sondern in praktischer Funktion bis zur Emanzipation der ›schönen Künste‹ ungeschieden waren.
43 *Kritik der Urteilskraft,* § 8.
44 Ibid., § 43.
45 Ibid., § 5.
46 Ibid., § 8.
47 Ibid., § 32; hier folge ich der Interpretation von G. Buck, *Kants Lehre vom Exempel,* in: Archiv für Begriffsgeschichte 11 (1967), 148–183, bes. 181.
48 Ibid., § 29.
49 Ibid., § 41.
50 *Literaturgeschichte als Provokation der Literaturwissenschaft,* Konstanz 1967 (Konstanzer Universitätsreden, 3); später in: Literaturgeschichte als Provokation, Frankfurt 1970.

Der Text basiert auf einem öffentlichen Vortrag, gehalten am 11. April 1972 auf dem XIII. Deutschen Kunsthistorikertag in Konstanz; dieser gekürzte Nachdruck folgt der Ausgabe Hans Robert Jauß, *Kleine Apologie der Ästhetischen Erfahrung,* Druckerei und Verlagsanstalt Konstanz, Universitätsverlag, Konstanz 1972.

Richard Hoppe-Sailer

Rezension zu Hans Robert Jauß, Ästhetische Erfahrung und literarische Hermeneutik

In letzter Zeit ist ein nahezu vergessenes Gespräch innerhalb der Kunstgeschichte wieder in Gang gekommen, die Diskussion über die Methoden des Faches. Angesichts der Widersprüchlichkeit dieser Methodendiskussion empfiehlt sich ein Blick über die Grenzen des Faches hinaus. Hans Robert Jauß hat mit seinem bereits in der vierten Auflage vorliegenden Buch *Ästhetische Erfahrung und literarische Hermeneutik* für die Standortbestimmung der Kunstgeschichte hilfreiche Impulse gegeben. Der unbestreitbare Nutzen dieses Buches für die kunsttheoretische Diskussion liegt in seiner Theorie der ästhetischen Erfahrung. Auch wenn der Romanist und Mediävist Jauß seinen Fachinteressen gemäß sich in weiten Teilen des Buches mit literarhistorischen und literaturtheoretischen Fragestellungen befaßt, ist es überraschend, auf wie viele Fragen gerade kunstwissenschaftlicher Theoriebildung dieses Buch Antworten gibt.

Jauß beginnt seine Darstellung mit einer Abgrenzung gegen die »Ästhetische Theorie« Adornos. Er bestimmt diese als eine »Ästhetik der Negativität« und konzediert ihre unbestrittenen methodologischen Vorzüge zur Reflexion der Kunsterfahrung im 20. Jahrhundert. Jauß bemerkt, »daß Negativität das Kunstwerk in seiner Konstitution wie in seiner Geschichtlichkeit, als Struktur und auch als Ereignis zu bestimmen vermag« (S. 44). Zudem kennzeichne die Negativität im Sinne Adornos die Wirkweisen des geschichtlichen Prozesses der Produktion und Rezeption von Kunst. Dennoch bleibt für Jauß die Frage, »ob Leistung, Horizontwandel und gesellschaftliche Funktion der ästhetischen Erfahrung mit alledem schon zureichend beschrieben sind« (S. 45). Des weiteren wendet sich Jauß gegen Adornos Feststellungen zu den sogenannten positiven und affirmativen Kunstwerken der Tradition. Jauß akzentuiert an dieser, wie er selbst sagt, Schwachstelle der Adornoschen Ästhetik der Negativität seine Kritik: »Zum einen, weil Negativität und Positivität in der gesellschaftlichen Dialektik von Kunst und Gesellschaft keine feste Größe sind [...]. Zum anderen, weil die Bahn fortschreitender Negativität als kategorialer Rahmen das Soziale der Kunst unangemessen vereinseitigt, nämlich um ihre kommunikativen Funktionen verkürzt, die mit dem bloßen Gegenbegriff der Affirmation weder für die ältere Kunst einfach abgetan noch für die moderne Kunst unserer Gegenwart einfach preisgegeben werden können« (S. 47). Er fordert, daß man »die gesellschaftliche Funktion der Kunst nicht von vornherein in der *Negation,* sondern auch und zunächst in der *Formierung* objektiv verpflichtenden Sinnes sehen und anerkennen« muß (S. 50). Gerade gegen diese Auffassung hat sich Adorno gewehrt, sieht er in ihr doch die Gefahr der zu schnellen Verwertbarkeit von Kunst, der Entschärfung ihrer subversiven Potenz und ihre Preisgabe an die allwaltenden Gesetze des Kapitalismus: »Denn Kommunikation ist die Anpassung des Geistes an das Nützliche, durch welche er sich unter die Waren einreiht, und was heute Sinn heißt, partizipiert an diesem Unwesen« *(Ästhetische Theorie,* Frankfurt a. M. 1970, S. 115). Und als wäre es contra Jauß formuliert, bemerkt Adorno, das Wesen der Kunstwerke »[...] muß erscheinen, ihr Erscheinen ist wesentlich, keines für ein Anderes, sondern ihre immanente Bestimmung. Demgemäß ist keines, gleichgültig, wie der Hervorbringende darüber denkt, auf einen Betrachter, nicht einmal auf ein transzendentales apperzipierendes Subjekt hin angelegt; kein Kunstwerk ist in Kategorien der Kommunikation zu beschreiben und zu erklären« *(Ästhet. Theorie,* S. 167). Jauß setzt dagegen sein Konzept der ästhetischen Erfahrung als einer grundlegend kommunikativen, wobei dem Begriff der Katharsis eine Schlüsselstellung zukommt.

Die nun folgenden Abschnitte zur ästhetischen Erfahrung leitet Jauß mit Reflexionen über den Genuß ein. Er erhofft sich von dieser »Begriffsgeschichte des Genießens« Aufschlüsse über die elementaren Wirkweisen ästhetischer Erfahrung, welche selbst den Aspekt des Genusses nicht von vorneherein diskreditiert. Gerade die Bewirkung genießender Anschauung sei eine Aufgabe der Kunst, wie ihre Erhellung eine Aufgabe der Kunstgeschichte. Heutzutage aber habe sich die Kunstgeschichte dieser Aufgabe entzogen. »Für die Kunstwissenschaft beginnt die theoriewürdige Erfahrung der Kunst heute zumeist jenseits des betrachtenden oder genießenden Verhaltens, das als subjektive Seite der Kunsterfahrung der daran kaum interessierten Psychologie überlassen oder als falsches Bewußtsein der spätkapitalistischen Konsumkultur eingeklagt werden kann« (S. 79). Für Jauß wird das Spannungsverhältnis von Selbstgenuß und Fremdgenuß zum Schlüssel seiner Bestimmung des Genusses. »Das ästhetische Genießen vollzieht sich [...] stets in der dialektischen Beziehung von Selbstgenuß im Fremdgenuß. Die Formulierung *Selbstgenuß im Fremdgenuß* habe ich gewählt, um [...] eine Hin- und Herbewegung zu charakterisieren, in der das Ich mit seinem irrealen Objekt, dem ästhetischen Gegenstand, zugleich sein Korrelat, das gleichfalls irrealisierte, aus seiner vorgegebenen Realität freigesetzte Subjekt, genießen kann [...]« (S. 84). Diese Definition muß von fundamentaler Bedeutung sein für eine Kunstwissenschaft, die sich den Erscheinungen und nicht substituierbaren Erfahrungseigenheiten ihres Gegenstandes aussetzen will, ohne in den Eskapismus vermeintlich eindeutiger wissenschaftlicher Begrifflichkeit zu verfallen oder in der händescheidenden Detailbesessenheit der Stilkritik zu erstarren. Die Werke selbst verlangen nach einer in dieser Weise grundgelegten Methode, denn nur so ist zu sichern, daß die unleugbar ablaufende Interaktion zwischen Bild und Betrachter Gegenstand der Interpretation bleibt und nicht im Glauben an falsche Objektivität geleugnet wird. Aus der Erkenntnis der Naturwissenschaften, daß jede Beobachtung eines Prozesses bereits einen Eingriff in diesen Prozeß darstellt, könnte die Kunstwissenschaft, die sich gerade mit der Beobachtung und der Analyse von Beobachtungen im mehrfachen Sinne beschäftigt, Kapital schlagen. Wo sonst tritt das Feld wechselseitiger Beeinflussung von Beobachtetem, Beobachtung und Beobachter so offen und vielschichtig zu Tage? Das Wissen um dieses Wechselspiel ist Allgemeingut der Künstler seit langem. Die Impressionisten, insbesondere die Kubisten haben es zum Thema ihrer bildnerischen Erforschung von Wirklichkeit und Wirklichkeitsaneignung gemacht.

In Hinsicht auf die Malerei Cézannes hat Max Imdahl, den Jauß mehrfach zitiert, mit dem Begriffspaar von »sehendem Sehen« und »wiedererkennendem Sehen« auf diesen Sachverhalt aufmerksam gemacht. »An die Stelle des gegenstandsabbildenden tritt ein gegenstandshervorbringendes Malen, das nicht mehr im herkömmlichen Sinne vom sehend wiedererkannten Gegenstand ausgehend und diesen idealisierend oder anders modifizierend mimetisch ist, sondern das den Gegenstand durch die optisch immanente Zusammenhangbildung von an sich gegenstandsfreien, nichts außer sich bedeutenden Sichtbarkeitswerten neu erschafft. Eben auf diese Weise wird der Gegenstand, mit Cézanne selbst zu reden, ›realisiert‹« (Max Imdahl, Cézanne − Braque − Picasso. Zum Verhältnis zwischen Bildautonomie und Gegenstandssehen. In: ders. *Bildautonomie und Wirklichkeit.* Mittenwald 1982, S. 16/17). Gerade in dieser ›realisation‹ steckt mehr als nur die Beschreibung eines künstlerischen Sichvergewisserns von Realität, auf das oft verwiesen wurde (siehe a. a. O., S. 17, Anm. 25), hierin steckt auch der Schlüssel zur Bestimmung der Interaktion Werk − Betrachter im Jauß'schen Sinne. Der Begriff der ›realisation‹ gibt folgerichtig auch eine Leseanweisung für das Bild. Daß das wiedererkennende Sehen dem sehenden Sehen nachgeordnet wird oder, anders formuliert, daß das sehende Sehen die *conditio sine qua non* für den Prozeß des wiedererkennenden Sehens und der sehenden Neukonstitution der Bildgegenstände ist, gerade darin wird dieser Prozeß der Interaktion zwischen Bild und Betrachter thematisch. Durch die Fremdsetzung vertrauten Sehens wird die kreative und sinnstiftende Leistung des eigenen Sehens auch und gerade dem Betrachter bewußt. Hierin liegt die emanzipatorische Kraft der Bilder Cézannes. Cézanne legt durch seine Komposition eine spezifische Distanz zwischen Betrachtetes und Betrachter. Diese Distanz ist Voraussetzung für die Reflexion des Sehaktes. Der Betrachter ist Mitautor, insoweit er durch die Malerei Cézannes aufgefordert wird, im Wechselspiel von sehendem Sehen und wiedererkennendem Sehen sich selbst Rechenschaft abzulegen über die Mechanismen seiner visuellen Weltaneignung. Mitautor kann er aber nur werden, wenn er selbst bereit ist, sich angesichts des Bildes von Cézanne, mit Jauß zu reden, in die »Schwebe zwischen uninteressierter Kontemplation und erprobender Teilhabe« (S. 85) zu begeben. Nur dann kann er am anderen eine Erfahrung seiner selbst machen, nur dann erfährt er »Selbstgenuß im Fremdgenuß«. Dann wird ihm das Bild Cézannes zur Erfahrung. Zu einer Erfahrung, die in der Einheit von »verstehendem Genießen und genießendem Verstehen« gründet. Nur eine solche Theorie der ästhetischen Erfahrung ermöglicht es mithin, die Leistung Cézannes angemessen darzustellen. Es ist eine Leistung, die gerade darin besteht, daß sie selbst als künstlerische Leistung nur durch die produktive Teilnahme des Betrachters voll sich zur Entfaltung bringen kann. Nur wenn der Betrachter immer wieder in dieses Wechselspiel zwischen »uninteressierter Kontemplation und erprobender Teilhabe« eintritt, entfaltet sich die Bildwelt Cézannes.

Dieser von Jauß so bestimmte ästhetische Genuß vollzieht sich im Dreischritt von Poiesis, Aisthesis und Katharsis. Das hat zur Folge, daß allen einseitigen Produktions-, Rezeptions- oder Wirkungsgeschichten eine Absage erteilt wird. Denn: »Poiesis, Aisthesis und Katharsis als die drei Grundkategorien der ästhetischen Erfahrung sind nicht hierarchisch als ein Gefüge von Schichten, sondern als ein Zusammenhang von selbständigen Funktionen zu denken: sie lassen sich nicht aufeinander zurückführen, können aber wechselseitig in ein Folgeverhältnis treten« (S. 89). Jauß entwickelt nun eine Begriffsgeschichte dieser drei Kategorien ästhetischer Erfahrung und zeigt, wie sie zu einer Neubestimmung des ästhetischen Genusses nutzbar gemacht werden können. Dem Poiesis-Begriff kommt dabei als Grundlegung einer Produktionsästhetik, die einer Rezeptionsästhetik erst die Regeln der Betrachtungsweise vorgeben kann, eine besondere Bedeutung zu. So legt Jauß auch insbesondere in der Darstellung des Poiesis-Begriffs im 19. und 20. Jahrhundert zu Recht besonderen Wert auf die neu entstehende enge Verknüpfung zwischen Autor, Werk und Rezipient. Er verweist auf Valéry, dessen Theorie »den Betrachter selbst an der Konstitution des ästhetischen Gegenstandes beteiligt: Poiesis meint nunmehr einen Prozeß, in dem der Rezipient zum Mitschöpfer des Werkes wird« (S. 117/118). Den Schlüsselbegriff bildet für ihn dabei Valérys ›objet ambigu‹. Jauß sieht dieses ›objet ambigu‹, das die Grenze zwischen Kunst und Wirklichkeit überspielt in Duchamps »Fahr-Rad« (1913), in Jaspers Johns' »Flag« (1954), in der optical art von Victor Vasarely, in Darstellungsformen moderner Kunst also, die, so Jauß, »durch die traditionelle Darstellungsästhetik nicht mehr angemessen zu begreifen [sind]. Ihr Verständnis erfordert die Entwicklung einer Rezeptionsästhetik, die über die traditionellen Bestimmungen der kontemplativen Einstellung hinaus die vom Betrachter geforderte ästhetische Tätigkeit in neuen Bestimmungen einer Poiesis des aufnehmenden Subjekts zu erfassen vermag« (S. 119). Dieser Ansatz eines den Betrachter empanzipierenden Poiesis-Begriffes ist für die Interpretation zeitgenössischer Kunst von großem Gewinn. Mit diesem methodologischen Modell ist es möglich, interpretatorisch auf die Auflösung der klassisch festgefügten Werkbegriffe durch die

Kunst der Avantgardebewegung des beginnenden 20. Jahrhunderts zu antworten. An Duchamps ready-mades erläutert Jauß dies. »[In ihnen] kehrt sich das Verhältnis von theoretischer und ästhetischer Einstellung um [...]: da der Betrachter die Unbestimmtheit des Ready-made nicht auf sich beruhen lassen, sondern sie erst genießen kann, wenn er den provokanten Reiz des Fragens, Bestimmens und Wiederverwerfens aufnimmt [...], wird das theoretische Verhalten zum ästhetischen« (S. 120). Damit gelingt es Jauß, den unabschließbar dynamischen Charakter der Avantgardekunst deutlich und für einen neuen Theorieansatz nutzbar zu machen. Hier ist es denn auch tatsächlich gelungen, eine Methode zu entwickeln, die auf die vorgängigen Innovationen der Kunst angemessen reagieren kann, ohne diese durch Rückfälle in alte methodische Ansätze zu unterbieten.

Im zweiten Schritt seiner Bestimmung der ästhetischen Erfahrung, in der Untersuchung der Aisthesis, versucht Jauß der Leitfrage nachzugehen, »wie die Kluft zwischen Massenkunst und esoterischem Avantgardismus wieder überbrückt werden kann« (S. 127). Noch Walter Benjamin sah im Verlust der Aura, wie dieser aus den Massenmedien der Photographie, des Films und anderer reproduzierender Künste folgt, eine Bedingung zur Politisierung von Kunst überhaupt. Indessen bestanden Adorno/Horkheimer in der »Dialektik der Aufklärung« darauf, daß gerade in der Kultur der Massenmedien Kunst den Gesetzen der Verwertbarkeit unterworfen wird wie jede andere Ware auch. »Alles hat nur Wert, sofern man es eintauschen kann, nicht sofern es selbst etwas ist. Der Gebrauchswert der Kunst, ihr Sein, gilt ihnen als Fetisch, und der Fetisch, ihre gesellschaftliche Schätzung, die sie als Rang der Kunstwerke verkennen, wird zu ihrem einzigen Gebrauchswert, der einzigen Qualität, die sie genießen« (Theodor W. Adorno/Max Horkheimer, *Dialektik der Aufklärung*. Frankfurt a. M. 1971, S. 142). Jauß teilt diesen Standpunkt nicht, er hofft vielmehr, mit D. Henrich, daß die Kunst der Gegenwart als die Bemühung begriffen werden kann, »eine Welt von Apparaten [...] und einer universalen, alle Sprachen durchherrschenden und verformenden Information, der überkommene Lebensweisen nicht gewachsen sind, ertragbar, vertraut und zur Grundlage eines sich erweiternden Lebensgefühls zu machen« (S. 126). Dabei droht allerdings gerade die widerständige und utopische Kraft der Kunst aus dem Blick zu geraten. Gerade in der derzeitigen gesellschaftlich-kulturellen Situation sowohl der Künste als auch der sich mit ihnen beschäftigenden Wissenschaften ist es verstärkt notwendig, die quer zur allgemeinen Vereinheitlichung durch neue Technologien und Medien und die quer zu allgegenwärtigen affirmativen Tendenzen stehenden Möglichkeiten von Kunst und Theorie zu fördern und weiter zu entwickeln.

Die normsetzende Aufgabe, die Jauß der Kunst auch heute noch und heute wieder zuweist, muß dabei nicht negiert werden, im Gegenteil: eine neue norm- und sinnstiftende Kraft bekommt Kunst erst dadurch, daß sie gerade negativ zur Gesellschaft und den sie stabilisierenden Wahrnehmungsmechanismen steht. In der Erweiterung unserer scheinrationalen Erfahrungsweise von Realität hat Kunst die Aufgabe, gerade neue und völlig andersartige Erfahrungen zu vermitteln, die sich nicht affirmativ an die herrschenden Verdrängungsmechanismen anpassen, sondern diese fortwährend zu konterkarieren suchen. Pollocks Sich-Überlassen an das Chaos künstlerischer Produktivität steht dafür ebenso wie Cy Twomblys Versuch einer immer wieder neuen malerischen Regression im Dienste des Ich, die es ermöglicht, gerade den verdrängten, nichtrationalen Erfahrungsformen auf der Spur zu bleiben. Gottfried Boehm hat im Zusammenhang der Diskussion der Arbeiten Jackson Pollocks auf die Art und Weise der mythopoetischen Kraft einer solchen Kunst hingewiesen. Auf die dabei anklingende Verbindung von Aisthesis und Erinnerung weist Jauß selbst hin:»Erinnerung als ästhetisches Vermögen, das die verlorene Wahrheit des Vergangenen [...] im Niederschlag des affektiven, unbeobachteten Lebens sucht, taucht seit Rousseau in der ästhetischen Praxis auf« (S. 152). Und an anderer Stelle:»Ästhetische Anschauung, die ›den Stein wieder steinern machen‹, die sinnliche Erkenntnis der Welt in ihrer entfremdeten Wirklichkeit wiederherstellen soll, kann nicht durch, sondern nur gegen das Wiedererkennen von schon Bekanntem gewonnen werden« (S. 160). Die Frage bleibt, ob dies durch Kunst wirklich zu leisten ist oder ob Kunst nicht vielmehr über die, wie Badt für Cézanne formuliert,»Dingwerdung des Erscheinenden« hinaus gerade eine Chiffre für den unwiederbringlichen Verlust von Unmittelbarkeit und Freiheit von Entfremdung zu sein hat. Nicht diese Unmittelbarkeit im Erinnern scheinbar zu rekonstruieren kann Aufgabe der Kunst sein, sondern die Darstellung der unüberbrückbaren Distanz, der Differenz zur Erfahrung unmittelbaren Sin-

48

nes muß ihr Ziel sein. Im Aufzeigen dieser Differenz liegt ihre Kontingenzbewältigung, im prozeßhaften Offenhalten der Distanz zu falscher Unmittelbarkeit, nicht in vorschneller, ideologischer Sinnstiftung. Nur auf diese Weise kann es Kunst heute gelingen, wie es Jauß fordert, »der ›Kulturindustrie‹ die sprachkritische und kreative Funktion der ästhetischen Wahrnehmung entgegenzusetzen und [...] die Erfahrung von Welt in den Augen des anderen und damit einen gemeinsamen Horizont zu bewahren, den am ehesten noch die Kunst an der Stelle des entschwundenen kosmologischen Ganzen gegenwärtig zu halten vermag« (S. 165).

In einem dritten und letzten Schritt, der Bestimmung der Katharsis, versucht Jauß die kommunikative Leistung der ästhetischen Erfahrung aufzuzeigen. Er bedient sich dabei eines nicht nur auf Aristoteles und Augustinus, sondern insbesondere auch auf Gorgias gegründeten Katharsisbegriffs, den er definiert als »Genuß der durch Rede oder Dichtung erregten eigenen Affekte, der beim Zuhörer oder Zuschauer sowohl zur Umstimmung seiner Überzeugung wie zur Befreiung seines Gemüts führen kann« (S. 166). Auch hier findet sich wieder der Anspruch an die Kunst, normsetzend zu wirken. Schon in Hinsicht auf das Kommunikative der ästhetischen Erfahrung kommt Normativität zum Ausdruck, wie ebenso der Anspruch, ästhetische Erfahrung dem sozialen Diskurs zugänglich zu machen. Eng verbunden mit dieser erweiterten Katharsis-Definition ist die Bestimmung des Wechselspiels von Selbstgenuß und Fremdgenuß in der ästhetischen Erfahrung. Mit der Katharsis aristotelischer Provenienz ging Adorno in seiner *Ästhetischen Theorie* hart ins Gericht. Er warf ihr »Ersatzbefriedigung« vor und vertrat die Auffassung, Katharsis sei bei Aristoteles nicht Reinigung der Affekte, sondern: »eine Reinigungsaktion gegen die Affekte, einverstanden mit Unterdrückung« (*Ästhet. Theorie*, S. 354). So verstanden dient jedes kathartische Erleben den Interessen der Kulturindustrie, ein verändernder, den Betrachter aktivierender Aspekt im Jauß'schen Sinne ist ihr nach Adorno fremd. Adorno setzt dagegen, sich an Kants Begriff des Erhabenen anlehnend, die Erschütterung. Damit kritisiert er auch jeden identifikatorischen Erlebnisbegriff und es stellt sich die Frage, ob nicht auch Jauß' Bestimmung des ästhetischen Genusses als »Selbstgenuß im Fremdgenuß« diesem Verdikt zum Opfer fiele? Adorno läßt allein Erschütterung als emanzipativen Erfahrungsmodus gelten, denn »Erschütterung, dem üblichen Erlebnisbegriff schroff entgegengesetzt, ist keine partikulare Befriedigung des Ichs, der Lust ähnlich. Eher ist sie ein Memento der Liquidation des Ichs, das als erschüttertes der eigenen Beschränktheit und Endlichkeit innewird« (*Ästhet. Theorie*, S. 364). Und er spitzt diesen Gedanken weiter zu, wenn er schreibt: »Die subjektive Erfahrung wider das Ich ist ein Moment der objektiven Wahrheit von Kunst. Wer dagegen Kunstwerke erlebt, indem er sie auf sich bezieht, erlebt sie nicht; was fürs Erlebnis gilt, ist kulturell angedrehtes Surrogat« (*Ästhet. Theorie*, S. 365). Jauß seinerseits sind diese Bedenken nicht fremd, wenn er davor warnt, die Fremderfahrung der Identifikation aufzufangen, zu neutralisieren und im naiven Staunen über die Taten des Helden befangen zu bleiben (vgl. S. 171).

Bereits Gadamer bezeichnete die Anwendung, die Applikation, als das zentrale Problem der Hermeneutik überhaupt, das es aus der hermeneutischen Tradition wiederzugewinnen gelte. Voraussetzung für die Applikation eines Textes respektive eines Werkes der bildenden Kunst ist das Bewußtsein der Horizontdifferenz zwischen Autor und Rezipient. Erst im Bewußtsein dieser Differenz ist es möglich, dem beliebigen Genuß eines scheinbar zeitlosen Kunstwerkes zu entgehen, und nur so ist es für den Rezipienten möglich, die lebensweltliche Bedeutung, die das Werk für ihn in seiner spezifischen historischen Situation hat, zu realisieren.

In der Diskussion dieser spezifischen Struktur historischen Verstehens schließen sich die Darlegungen von Jauß zur ästhetischen Erfahrung zusammen. »Die Arbeit geschichtlichen Verstehens ist der bewußte Vollzug der Vermittlung beider Horizonte«, des Horizonts des Autors und des Horizonts des Lesers (S. 658), mit diesem Leitsatz beginnt Jauß seine Überlegungen zur Horizontstruktur. Der Horizontbegriff wird ihm dabei »zur fundamentalen Kategorie der philosophischen wie der literarischen und historischen Hermeneutik« (S. 658). Immer wieder muß es darum gehen, in differenzierter Abhebung der historischen Horizonte der Produktion, der Geschichte der Rezeption und des aktuellen historisch-gesellschaftlichen Betrachterstandpunktes die besonderen Fragen herauszuarbeiten, auf die die Werke in unterschiedlichen historischen Situationen Antworten geben. Damit wird ein grundsätzlich prozeßhaftes Verstehen gefordert, das tiefgreifende erkenntnistheoretische Folgerungen nach sich zieht: »Hermeneutisch entspricht der Schwelle zwischen dem geschlossenen Erwartungshorizont innerweltlicher Erkenntnis und dem offenen Horizont weiterschreitender Erfahrung die Schwelle zwischen Verstehen als Wiedererkennen und Auslegen einer vorgegebenen oder geoffenbarten Wahrheit einerseits und Verstehen als Suchen oder Erproben eines möglichen Sinns andererseits« (S. 661). Gerade zur Analyse moderner Kunst, in der dieses Suchen und Erproben von Sinn thematisch ist, erweist sich ein solcher methodischer Ansatz als äußerst fruchtbar.

Die Jauß'sche Rezeptionsästhetik zeichnet sich dadurch aus, daß sie sich nicht auf soziologische Analysen der Wirkungsgeschichte von Kunst zurückzieht, sondern daß sie durch den doppelten Blick auf das Werk und den Betrachter sowie durch den Verweis auf deren wechselseitiges Bedingungsverhältnis die methodischen Grundlagen für eine an den medialen Eigenheiten von Kunst orientierte Kunstwissenschaft legen kann. Erst im Bezug auf die spezifischen, nicht zu substituierenden Erfahrungen von Kunst werden die Werke freigesetzt aus ideologischen Bindungen und können sie ihre emanzipatorischen Wirkungen entfalten. In dem Maße aber auch, wie die Reflexion des eigenen Betrachterstandpunktes und seiner historisch-gesellschaftlichen Bedingtheit Voraussetzung eines solchen interpretatorischen Verfahrens ist, kann es nicht mehr möglich sein, dem je besonderen Werk eine überzeitlich-ahistorische Gültigkeit zu attestieren.

Beiden Seiten des Interpretationsprozesses gilt also die Aufmerksamkeit der hier vorgestellten Methode: dem Werk wie dem Interpreten. Erst im Rahmen einer solchen Metareflexion kann es gelingen, den sprachlichen Zugang zu Werken der bildenden Kunst zu eröffnen. Denn durch sie wird sowohl Rechenschaft abgelegt über die Erfahrungseigenheiten der Kunst als auch über die Vorurteilsbildung, ihre Tradierung und Brechung auf Seiten des jeweils historischen Interpreten.

Richard Hoppe-Sailers Rezension zu Hans Robert Jauß, *Ästhetische Erfahrung und literarische Hermeneutik,* erschien zuerst in: *Kunstchronik,* Oktober 1986, 39. Jg., S. 436–442.

Hans Robert Jauß

Rezension zu Oskar Bätschmann, Einführung in die kunstgeschichtliche Hermeneutik

Bescheidenheit ist eine Zier – warum diese Einführung nur ein Lernbuch, noch kein Lehrbuch, sondern erst das Projekt einer Hermeneutik sein könne, »in der Theorie, Methode und Praxis des Auslegens von Kunstwerken zusammenwohnen« (S. 1), führt der Verfasser auf den Rückstand seiner Disziplin zurück, die sich bisher mehr oder minder mit der immanenten Theorie ihrer Praxis begnügt, aber noch keine eigenständig kunstgeschichtliche Hermeneutik entwickelt habe. Sie teilt dieses Schicksal mit der literarischen Hermeneutik, die bis in die sechziger Jahre ihre Theorie auf die Auslegung von Texten verkürzt, ihre Prämissen des Verstehens ungeklärt belassen und sich das Problem der Applikation nicht mehr gestellt, d. h. der in Deutschland außerakademischen Kritik anheimgegeben hat. Von der durch H.-G. Gadamer (*Wahrheit und Methode,* 1960) eingeleiteten Wende zur Grundlagenreflexion aller hermeneutischen Praxis waren beide Disziplinen gleichermaßen betroffen. Seine Historismuskritik, seine Theorie der Geschichtlichkeit und Horizontstruktur der Erfahrung, seine Bestimmung des Werks aus seiner Wirkung (statt aus der Intention seines Autors), seine These von der Dialogizität allen Verstehens, sein Postulat der wiederzugewinnenden Einheit der drei Momente von Verstehen, Auslegen und Anwenden waren für die literarische wie für die kunstgeschichtliche Hermeneutik aufzuholen, am Gegenstand der ästhetischen Erfahrung zu erarbeiten und auch wieder zu revidieren. Bätschmanns Unternehmen ist darum ein durchaus anspruchsvolles theoretisches Projekt und zugleich in seiner praxisnahen Exemplifikation ein seltenes Paradigma geglückter, spannend zu lesender Didaxis, wie der fachfremde Rezensent wohl am besten bestätigen kann.

Der Literaturwissenschaftler wird in diesem Buch zunächst eine Reihe gemeinsamer Positionen wiederfinden, die der Kunstwissenschaftler in der Auseinandersetzung mit Panofsky, Sedlmayr,

Badt u. a. m. bezog. »Die Erfahrung der Moderne sollten wir als Chance ergreifen, unser eingeübtes Verhalten auch vor den älteren Werken zu revidieren« (S. 56). Bätschmann hat diese Chance vorzüglich genutzt. So zum Beispiel, wenn er in Teil II die Befreiung des Sehens und des Bildes an der Zurückweisung der ikonologischen Kodierung (Ripa) durch Poussin (§ 16) wie andererseits an der Konfrontation von Bellori und von Ittens ›Analysen alter Meister‹ (§ 19) exemplifiziert und dabei Gombrichs Deutung von Dürers Mönch (in: ›Die große Hure von Babylon‹) aufgreift, um die Reduktion des Bildes auf den eindeutigen Sinn einer ›Aussage‹ in Frage zu stellen. Die Abkehr vom Primat der Aussage, von der Inhaltsdeutung der im 20. Jh. herrschenden Ikonographie und Ikonologie, die »mit der Anamnese des Sinns oder der Konstruktion eines zeitlosen Sinns auf die Erfahrung der historischen Distanz zwischen uns und den Werken (antwortete)« (§ 27), hatte auch schon die literarische Hermeneutik vollzogen. Dort ging der erste Angriff gegen den Objektivismus der philologischen Auslegungspraxis, den Susan Sontag (*Against Interpretation,* 1966) eröffnete, von dem Widerspruch aus, der zwischen moderner Literatur und traditioneller Interpretation aufbricht, wenn versucht wird, die Bedeutungsvielfalt des ›offenen Werks‹ auf *einen*, vermeintlich vorgegebenen, im Text verborgenen oder hinter ihm zu suchenden ›eigentlichen‹ Sinn zu reduzieren.

Die gegen Panofsky gerichtete Frage: »Verstehen wir ein Bild, wenn wir erkennen, was dargestellt ist?« (§ 9) führt O. B. zu einer fundierten Kritik an der heute – bei der Hochkonjunktur der Semiotik – wieder gängigen Meinung, Bilder seien zu lesen, wie wir auch Texte lesen. Damit werde implizit die Unterordnung des Bildes unter die Sprache anerkannt und metaphorisch verbrämt: »Wir versuchen, unseren Platonismus oder schlechten Idealismus zu kaschieren, indem wir so sprechen, als ob die Bilder den Texten gleichwertig wären, während unser Sprachgebrauch gegen uns zeugt« (§ 20). Für die Semiotik selbst fällt dabei der wichtige Hinweis ab, sich auch einmal für die Anstrengungen zur Kodifikation der Affekte wie für ihren Mißerfolg in der Malerei zu interessieren (§ 17), der im Zusammenhang mit dem Aufbrechen der Differenz zwischen Sprache und Bild zu sehen ist. Demnach wurde die Episteme der Repräsentation in der Kunsttheorie des 17. Jahrhunderts früher außer Geltung gesetzt, als es Foucault wahrhaben wollte.

Wenn Panofskys Auffassung vom Verstehen, mit der er sich zu Unrecht auf Heidegger beruft (§ 21), in Gadamers These vom Primat des Sachverstehens eine nachträgliche Bestätigung zu erhalten schien (§ 9), ist dazu anzumerken, daß auch die literarische Hermeneutik nicht auf das dialogische Sich-Verstehen in einer Sache, sondern auf eine zweite, gleichursprüngliche Modalität des Verstehens baut: das Sich-Verstehen im Andern. Das verstehende Lesen eines poetischen Textes läßt sich so wenig wie die verstehende Wahrnehmung eines Bildes auf seine ›Aussage‹ reduzieren: es ist das *Wie* eines Gedichtes, nicht das *Was*, das uns das Verstehen des Früheren im Späteren, des Anderen in seinem eigenen Horizont ermöglicht, vermöge der Leistung der ästhetischen Erfahrung, uns die Fremdheit des Textes als ein Anderssein und Andersseinkönnen zu erschließen. Der »Übergang von der Frage nach der Bedeutung zu der Frage nach dem, was die Bilder als sie selbst hervorbringen« (§ 55), ist auch für den poetischen Text gefordert, wie schon die Methode Paul Valérys bezeugt, auf dessen ›Poetik‹ O. B. zur Freude des Literarhistorikers rekurriert, um sie hernach – nach Max Imdahl – am Übergang vom bloß wiedererkennenden zum sehenden Sehen zu erläutern (§ 11). Eine gemeinsame Autorität ist ferner Paul Ricoeur, dessen Theorie der Metapher nach Gottfried Boehm auch dazu dienen kann, die gemeinsame Sprachverfassung des Wortes und des Bildes als semantischen Prozeß der Hervorbringung eines zweiten, metaphorischen Sinns zu klären und damit »vieles in den produktiven Vorgang hereinzuholen, was heute unter Begriffen wie Symbolik stillgelegt ist« (wie O. B. §§ 53/54 an der Umkehrung einer Erfindung Michelangelos durch Raffael eindrucksvoll erläutert).

Die Wege der kunstgeschichtlichen und der literarischen Hermeneutik trennen sich dort, wo O. B. die Weiterführung von Gadamers Prinzip der Wirkungsgeschichte zur Dialektik von Wirkung und Rezeption – den beiden vom Text respektive vom Adressaten bedingten Momenten der Konkretisation des ästhetischen Gegenstands – noch nicht zu übernehmen bereit ist. Das Problem wird eingangs nur in der verkürzten Formulierung angesprochen, daß die Vermittlung von kunsthistorischen Erkenntnissen an einen Adressaten nicht die Hauptaufgabe einer kunstgeschichtlichen Hermeneutik sei. Nach den Teilen I bis III, in denen die Kritik an der traditionellen, auf den Sinn festgelegten Interpretation am Bildverstehen und seinen Reduktionen expliziert wird, sollen die folgenden Teile demonstrieren, »was es heißen könnte, wenn die Auslegung ihren Gegenstand nicht im Sinn, sondern im Bild findet. Das Bild ist Werk, ein Produkt von Arbeit. Hier ist weiterzufahren« (§ 28). Das Bild, Produkt der Arbeit des Malers, wird indes als Werk erst voll bestimmbar durch seine Wirkung und Rezeption, durch die mitkonstitutive Arbeit des Betrachters. Warum fehlt ein korrelates Kapitel zu Teil IV: »Die Arbeit des Malers« (vorzüglich expliziert an Pollock, Varchi, David, Hodler, Kandinsky)? Obschon auch O. B. Anschauung als »produktive Tätigkeit des Subjekts am Bild« bestimmt (§ 44), bringt er dafür nur das eher marginale Beispiel von Butors Interpretation des ›Früchtekorbs‹ von Caravaggio und später G. Boehms Interpretation der ›Montagne Sainte-Victoire‹ von Cézanne (§ 130). O. B.'s neue Kunstlehre einer Auslegung, die herausfinden will, »was das Bild als es selbst hervorbringt und wie davon gesprochen werden kann« (§ 46), bleibt in den folgenden Teilen V bis VII primär noch produktions- und werkästhetisch orientiert. Sie benötigt die produktive Rezeption des Betrachters so wenig wie sein Kontrahent Kurt Badt, der sich nur für die gelenkte Wahrnehmung in einer Bildkomposition interessierte (§ 41 von O. B. kritisiert), die produktive, den Sinn mit konstituierende Tätigkeit des Betrachters rigoros aus seiner (von O. B. nicht erwähnten) »Wissenschaftslehre der Kunstgeschichte« (1971) ausschloß: »Nun erhebt sich die Frage: *was eröffnet ein Kunstwerk?* Und da gilt als erster eingrenzender Grundsatz: *nie mehr als es selbst zeigt,* also nie eine von einem Betrachter an seine Erscheinungen angeknüpfte Einsicht« (S. 27).

Bätschmann, der die Frage nach der Wahrheit, die sich durch Kunst ins Werk setzt, längst verabschiedet hat und seine Hermeneutik mit dem »Nachdenken über das, was man mit und vor Werken tut« (§ 5) beginnen läßt, setzt das Subjekt der ästhetischen Wahrnehmung noch sehr zögernd in seine historische Funktion ein. Seine Analyse der »Bildprozesse« (Teil VI), die mit den Relationen von Licht und Schatten, Linie und Figur, Farbbeziehungen und Komposition, Ausdruck und Repräsentierung ein vorzügliches Instrumentarium der Erkenntnis erstellt, benötigt nurmehr *ein* erkennendes Subjekt: die kritische Instanz des Kunstwissenschaftlers (§ 57). Die apriorische Bestimmung der »Befähigung des Subjekts zur Erfahrung des Bildes« (ebd.) verkürzt die Arbeit des Betrachters nicht weniger, als die Kategorie der Anschauung seine ästhetische Erfahrung auf eine Rolle verkürzt, die der des impliziten Lesers analog ist, den die literarische Hermeneutik indes in der Interaktion mit dem expliziten, d. h. historischen Leser begreift. Erst die Anerkennung des Betrachters als verstehendes Subjekt im historischen Wandel der Auslegung würde O. B. auch das entscheidende Argument beibringen, wenn er das objektivistische Postulat der ›adäquaten Interpretation‹ entkräften will. Das zeigt am schärfsten der Fall Sedlmayrs, den O. B. zu Recht rügt, weil er in seiner Beschreibung von Breughels Farbflecken das Subjekt der Wahrnehmung ausschließe, seine Interpretation des sich selbst dekomponierenden Bildes de facto der zeitgenössischen Erfahrung des Surrealismus verdanke (§ 12), gleichwohl – seine historische Position negierend – das letzte Wort in der Auslegung haben wolle – mit der dogmatischen Behauptung, daß es nur eine einzige richtige Auslegung geben könne, nämlich die vom Künstler intendierte und als solche vom Kunstwissenschaftler rekonstruierte (§ 58). Sedlmayr verletzt hier die Regeln der wissenschaftlichen Interpretation nicht einfach darum, »weil er die Argumentationsgemeinschaft negiert«, sondern vielmehr darum, weil er mit der Möglichkeit der fortschreitenden Sinnkonstitution, die das Werk immer wieder anders verstehen läßt, zugleich die notwendige Partialität seiner eigenen Erfahrung verleugnet. Die Geschichte der Auslegungen hat ihre eigene, historische Logik, in der die einzelne Auslegung nicht an der »logischen Vollständigkeit« ihrer Argumentation (§ 58), wohl aber am Kriterium der Bereicherung oder Verarmung des geschichtlich entfalteten Sinns zu bemessen ist, der die ursprüngliche Intention des Autors immer schon überschießt, wenn man die Auffassung teilt, daß gerade dieser ästhetische ›Mehrwert‹ den Kunstcharakter eines Werks ausmacht.

Das Schlußwort: »Geschichte der Kunst aus der Auslegung?« (§ 60) kann sich darum noch nicht mit vollem Recht auf Walter Benjamins Hermeneutik vom »Jetzt der Erkennbarkeit« berufen. Ihr Postulat, »die gelassene kontemplative Haltung dem Gegenstand gegenüber aufzugeben, um der kritischen Konstellation sich bewußt zu werden, in der gerade dieses Fragment der Vergangenheit mit dieser Gegenwart sich befindet« (ebd. zitiert), würde vorab erfordern, daß eine kunstgeschichtliche Arbeit ihre historische Bedingtheit selbst mitreflektiert, wie O. B. an anderer Stelle Sedlmayr vorhält (§ 12), aber in seiner Hermeneutik noch nicht eigens einzulösen scheint. Wissenschaftliche Erkenntnis und historische Selbstreflexion sind hier letztlich noch unvermittelt, wie die Erwartung des Schlußworts verrät,»daß wir *nach* der Auslegung wieder Geschichte machen müssen« (§ 60). So gewiß Benjamins messianische Geschichtsphilosophie das Problem noch nicht gelöst hat, wie vom »Jetzt der Erkennbarkeit« aus nicht nur ein korrelates Fragment des Vergangenen, sondern die ganze Vergangenheit als Vorgeschichte der Gegenwart und Hoffnung der Zukunft begriffen werden und die verfestigte Tradition wieder zur erfahrenen Geschichte umgeschrieben werden kann, so gewiß können wir nicht erst *nach*, sondern müssen wir *in* der Auslegung selbst ›Geschichte machen‹! Diese Geschichte hat nicht *zwei* Subjekte: den schaffenden Künstler einerseits und das,»was die Werke als sie selbst hervorbringen«, andererseits (§ 60). Was O. B. in seinem Schaubild als »Geschichte der Malerei A und B« trennt, ist schon darum abstrakt, weil der Schriftsteller oder Künstler immer schon Leser und Betrachter ist, wenn er zu schreiben oder zu malen beginnt, und weil ihr Produkt immer erst durch seine Aufnahme und Auslegung zum Werk werden kann, das über seine Zeit hinaus zu wirken und zu dauern vermag. Darum können die Geschichten der Autoren und der Werke in die eine Geschichte der ästhetischen Erfahrung aufgelöst werden, die nur *ein* Subjekt benötigt: die hervorbringende, aufnehmende und damit Kommunikation stiftende Tätigkeit des Menschen, die sich in den nur vermeintlich für sich selbst sprechenden Werken der Kunst erneuert und bewahrt.

Nach diesem Vorschlag, wie die noch weiß belassenen Felder in O. B.'s Schaubild zu ergänzen wären, bleiben mir noch zwei Randbemerkungen. Das *trompe-l'oeil* erhält in der Auffassung des 18. Jhs. eine neue Funktion: es interessiert hier kaum noch als Täuschung durch vollkommene Nachahmung, die in der Desillusionierung nach O. B. den Betrachter zur Einsicht in die Hervorbringung als produktive Kraft der Malerei führen soll, sondern als Vorschein einer höheren Wirklichkeit. Wie die Debatte zwischen Diderot und Goethe über die ›Trauben des Zeuxis‹ lehrt, sollte das Paradox vom Schein des Wahren nunmehr die Einsicht in die Differenz zwischen dem Naturwahren und dem Kunstwahren eröffnen, wobei für Diderot die wahre Natur bereits jene *höhere Wirklichkeit* (die geheime Harmonie des *système de la nature*) einbegriff, die bei Goethe der Künstler erst als eine *zweite Natur* hervorzubringen vermag (s. Vf. in:

Germ.-roman. Monatsschrift 11, 1961, S. 400 ff.). – O. B.'s Interpretation von Davids ›Brutus‹ erläutert sehr überzeugend, wie ein Maler das visuell Vorgegebene wörtlich zitieren (im Fall der Pallas-Roma), aber daraus auch eine Figur als neue Erfindung (im Fall der Niobe) schaffen kann (§ 34/52). Die Kritik am traditionellen Verständnis von ›Quelle‹ und ›Einfluß‹ würde noch vollständiger, wenn die doppelte Funktion des Zitierens genutzt würde: die Legitimation des Neuen durch den Rückgriff auf das Alte, die zugleich auf das Alte ein anderes Licht werfen kann. Die literarische Hermeneutik diskutiert solche Relationen neuerdings unter dem Titel der »Intertextualität«, womit die alte, metaphorische Rede von Quelle und (ursprünglich astralem) Einfluß im Gegensinn aufgehoben wird: im Vorgang der Rezeption verändert schon das scheinbar nur wörtliche Zitat die Bedeutung des Zitierten und kann die produktive Erneuerung des Alten paradoxerweise zugleich die ›Quelle‹ bereichern.

Hans Robert Jauß' Rezension zu Oskar Bätschmann, *Einführung in die Kunstgeschichtliche Hermeneutik*, erschien zuerst in: *Kunstchronik*, Juni 1985, 38. Jg., S. 229–233.

Umberto Eco

Theorien interpretativer Kooperation

Versuch zur Bestimmung ihrer Grenzen

Obwohl die Disziplin der ›Ästhetik‹ sich mit dem ›Wissen vom Sinnenhaften‹, von sinnenhaften Phänomenen und der Struktur dieser Phänomene, beschäftigen sollte, ist die Kunstgeschichte ihrem Gegenstandsbereich merkwürdig fern, so als wäre er ihr nur äußerlich. Kunstgeschichtliche Forschung steht in vielerlei Traditionen: Vitenschreibung, Geschichte eines Ideals, Stilgeschichte, Ikonographie und Ikonologie bis zur Kunstsoziologie oder schlichtem Positivismus. Die nächstliegenden Bezugspunkte der Nachkriegs-Kunsttheorie zur Semiotik wurden stets durch einseitige Animositäten seitens der traditionellen Kunsthistoriker verdeckt, weil diese einerseits mit der angelsächsischen Sprachphilosophie nichts anfangen konnten und andererseits die Debatte zwischen Hermeneutikern und französischen Semiologen in den letzten Jahren die Gräben eher vertieft hat.

Demgegenüber hatte die italienische Semiotik mit Umberto Eco und dem ›offenen Kunstwerk‹ die Semiotik des ästhetischen Codes schon früh pragmatisch und dialogisch konzipiert und damit einer Rezeptionsästhetik kompatibel gemacht. Dennoch ist der ›Iconic Turn‹ bisher nicht ins allgemeine Bewußtsein der Kunstgeschichte getreten und eine ›Kultur der (visuellen) Kommunikation‹ erst in ihren Anfängen. Noch immer ›gebraucht‹ die Kunstgeschichte ihre Gegenstände, während Eco ›das Recht der Interpretation gegen das des reinen Gebrauchs verteidigt‹ und nach Kriterien adäquater ästhetischer Erfahrung fragt.

Ersetzt man bei der Lektüre der Abhandlung Ecos ›Leser‹ durch ›Betrachter‹ und ›Text‹ durch ›Bild‹, erkennt man schnell die kunstwissenschaftliche Relevanz dieser Arbeit, die nicht erst mit der Figur des ›impliziten Betrachters‹ Erfolge gezeitigt hat.   *J.S.*

Während der letzten Jahrzehnte wurden wir Zeugen eines Paradigmawechsels auf dem Gebiet der Theorien zur Textinterpretation. Die Rolle des Adressaten in Rechnung zu stellen mußte in einem strukturalistischen Rahmen als störendes Eindringen gelten, da die herrschende Lehrmeinung vorsah, daß die Textstruktur nur immanent und um ihrer selbst willen analysiert werden sollte mit dem Ziel, die formalen Strukturen herauszupräparieren.

Im Gegensatz dazu hatten Literaturtheoretiker sowie Linguisten und Semiotiker während der siebziger Jahre ihr Interesse auf den pragmatischen Aspekt des Lesens konzentriert. Die Dialektik von Autor und Leser, Sender und Empfänger, Erzähler und Erzähltem hat eine wahrlich beeindruckende Menge von semiotischen oder extrafiktionalen Erzählern, Subjekten der geäußerten Äußerung *(énonciation énoncée)*, Vokalisatoren, Stimmen, Metaerzählern erzeugt sowie eine gleichermaßen beeindruckende Menge von virtuellen, idealen, impliziten oder implizierten, von projektierten, angenommenen und informierten Lesern, von Metalesern, Archilesern etc.

In der Folge haben verschiedene kritische Theorien wie die Rezeptionsästhetik, die Hermeneutik, semiotische Theorien der »interpretativen Kooperation«, die Wirkungstheorie bis hin zu dem – kaum homogen zu nennenden – Archipel des Dekonstruktivismus nicht so sehr die empirischen Resultate tatsächlicher individueller oder kollektiver Leseakte (wie sie die Soziologie der Rezeption studiert) zum Hauptgegenstand der Forschung gemacht, sondern vielmehr die genaue Funktion eines Textes bei der Konstruktion – oder Dekonstruktion – durch seinen Interpreten daraufhin untersucht, inwieweit diese Funktion durch den linear festgelegten Text oder die Natur des Verweisungsprozesses selbst vollzogen, ermuntert, vorgeschrieben oder erlaubt ist.

Mir scheint die all diesen Theorien zugrundeliegende Annahme die folgende zu sein: Das Funktionieren von Texten (inklusive der nichtverbalen) kann erklärt werden, indem man nicht nur ihre generierende Kraft in Betracht zieht, sondern auch (und einige radikale Theorien tun dies ausschließlich) die Rolle, die der Adressat spielt, sowie (zumeist) die Art und Weise, in der der Text diese Art interpretativer Zusammenarbeit vorhersieht und lenkt.

Es muß auch betont werden, daß ein solcher am Adressaten orientierter Ansatz nicht allein literarische und künstlerische Texte betrifft, sondern jede Art von Phänomenen mit Verweisungscharakter, d. h. alltägliche sprachliche Äußerungen, visuelle Signale etc. Mit anderen Worten, die auf den Adressaten ausgerichtete Theorie nimmt an, daß die Bedeutung jeder Botschaft von der interpretativen Wahl des Rezipienten abhängt. Selbst die Bedeutung einer höchst eindeutigen Botschaft, die in einem gänzlich normalen Kommunikationsakt geäußert wird, hängt von der Reaktion des Adressaten ab und ist auf gewisse Weise kontextsensibel. Natürlich ist diese angeblich offene Art der Botschaften in künstlerischen Texten evidenter, die entworfen wurden, um Verweisungsmöglichkeiten zu erhöhen. Ich insistiere auf diesem Punkt, weil in früherer Zeit ausschließlich künstlerische Texte herangezogen wurden, um die noch immer nicht anerkannte Unabschließbarkeit der Texte provozierend herauszustellen. Im Gegensatz hierzu wurde dieses Phänomen in den letzten Jahrzehnten als jedem Text eigen theoretisch begründet. Mit anderen Worten, vor dem Paradigmawechsel galten künstlerische Texte als die einzigen, in denen das semiotische System der verbalen oder andersartigen Verweisung die Rolle des Adressaten gewichtiger machte, während die grundlegende und normale Funktion eines solchen Systems die war, im Idealfall eine von den Idiosynkrasien eines Empfängers unabhängige Eindeutigkeit zu gewährleisten.

Im Gegensatz dazu haben in den letzten Jahrzehnten semiotische Theorien darauf beharrt, daß die Dialektik zwischen Sender, Adressat und Kontext das Kernstück jeder Semiose ausmache – und dies, obwohl wir im Alltagsleben gezwungen sind, viele eindeutige Botschaften auszutauschen, die auf die Reduktion von Ambiguität abzielen.

Wie dem auch sei, dieser Beitrag soll ganz auf den Paradigmawechsel innerhalb der Literaturtheorie konzentriert sein. Die Gründe dafür werden im Verlauf der nächsten Abschnitte deutlich: angesichts des neuen Paradigmas werde ich furchtlos einen »moderaten« Standpunkt einnehmen, um gegen einige Entartungen der sogenannten Wirkungstheorie zu argumentieren. Ich werde behaupten, daß eine Theorie der Interpretation – auch wenn sie davon ausgeht, daß Texte offen für multiple Lesarten sind – auch von der Möglichkeit ausgehen muß, einen Konsens zu erreichen; wenn schon nicht in bezug auf die unterschiedlichen Bedeutungen, die der Text er-mutigt, so doch zumindest in bezug auf jene, die der Text ent-mutigt. Da literarische Texte heute als Phänomene endloser Semiose par excellence betrachtet werden, lohnt es, das Problem der Textualität an der Stelle zu diskutieren, wo sich der eigentliche Begriff von »Text« in einem Wirbel von individuellen Lektüren aufzulösen scheint.

1. Archäologie

Ohne jeden Zweifel spukte in den letzten Jahren der Geist des Lesers im Universum der Literaturwissenschaft herum. Um diese Annahme zu beweisen, ist es zunächst interessant festzustellen, wie und in welchem Ausmaß solch ein Geist von einzelnen, aus unterschiedlichen theoretischen Traditionen herkommenden Theoretikern beschworen wurde.

Der erste, der explizit von einem »impliziten Autor« sprach (und dabei den Leser mit auf den Plan brachte), war sicherlich Wayne Booth im Jahre 1961. Nach ihm können wir zwei unabhängige Forschungsströmungen ausmachen, die bis zu einem bestimmten Punkt nicht voneinander wußten: die semiotisch-strukturelle Richtung und die hermeneutische.

Der Ausgangspunkt der ersten Linie findet sich in *Communications 8*, wo Barthes (1966) von einem »materiellen Autor« sprach, der nicht mit dem Erzähler identifiziert werden kann, wo Todorov das Paar »Bild des Erzählers – Bild des Autors« aufrief und die angelsächsischen Point-of-view-Theorien (von James, Lubbock und Forster bis zu Pouillon, 1946) mit in die Diskussion brachte, und wo Genette begann, die Kategorien von Stimme und Fokussierung zu erarbeiten (mit denen er dann 1972 definitiv arbeitete). Stimuliert durch einige Beobachtungen Kristevas (1970) zur »textuellen Produktivität«, durch einige anregende Seiten von Lotman (1970), durch das immer noch empirische Konzept des *archilecteur* Riffaterres (1971) sowie durch die Diskussionen über den konservativen Standpunkt von Hirsch (1967) kulminierte die Debatte schließlich in dem elaborierten Konzept des *implied reader* bei Corti (1976) und Chatman (1978). Es ist interessant festzustellen, daß die beiden letztgenannten Autoren ihre Definition direkt von Booth ableiteten, ohne die von Iser 1972 vorgeschlagene ähnliche Definition zur Kenntnis zu nehmen. Das gleiche passierte mir, als ich meinen Begriff vom Modell-Leser in Anlehnung an die semiotisch-strukturalistische Hauptströmung ausarbeitete und deren Resultate mit einigen Vorschlägen koordinierte, die ich verschiedenen Diskussionen über die modale Logik von Narrativität (in der Hauptsache von Dijk, Petöfi und Schmidt) und Hinweisen von Weinrich entnommen hatte – von der Idee des »idealen Lesers«, die Joyce in *Finnegans Wake* entworfen hatte, ganz zu schweigen.

Ebenfalls Interesse verdient die Tatsache, daß Corti (1976) die Diskussion über den nichtempirischen Autor zurück zu Foucault (1969) verfolgt, der in einer poststrukturalistischen Atmosphäre das Problem des Autors als eine »Weise, innerhalb des Diskurses zu sein«, als Feld konzeptueller Kohärenz, als stilistische Einheit gelöst wissen will, womit er die korrespondierende Idee eines Lesers als der Möglichkeit, dieses Mitten-im-Diskurs-Stehen zu erkennen, geradezu hervorlockte.

Die zweite Linie ist repräsentiert durch Iser (1972). Iser beginnt mit dem Vorschlag von Booth, arbeitet aber sein eigenes Modell auf der Basis einer anderen Tradition aus (Ingarden, Gadamer und natürlich Jauß – der seinerseits einige Vorstellungen des russischen Formalismus und der Prager Schule weiterentwickelte). Iser wurde auch (wie die bibliographischen Referenzen von *Der implizite Leser* zeigen) stark beeinflußt von den angelsächsischen Narrativitätstheoretikern, die allgemein bekannt waren durch Todorov und Genette sowie durch die Joyce-Forschung. In Isers erstem Buch finden sich nur wenige Hinweise auf die strukturalistische Richtung (die einzige wichtige Quelle ist Mukařovsky). Erst im *Akt des Lesens* (1976) unternimmt Iser auf brillante Weise den Versuch (dabei besser informiert als seine strukturalistischen Mitstreiter), die zwei Strömungen zu vereinen; er tut dies mit Hinweisen auf Jakobson, Lotman, Hirsch und Riffaterre sowie auf einige meiner Bemerkungen aus den frühen sechziger Jahren.

Ein solches Insistieren auf der Wichtigkeit des Lesens, dazu noch aus ganz verschiedenen Richtungen, scheint eine geglückte Absicht des Zeitgeistes zu offenbaren. Und wenn wir gerade vom Zeitgeist reden, ist es doch merkwürdig, daß zu Beginn der achtziger Jahre Charles Fillmore, der von der autonomen und andersgearteten Richtung der (kritisch überarbeiteten) generativen Semantik herkommt, über »ideale Leser und reale Leser« schreiben konnte – ohne jegliche bewußte Referenz auf die oben erwähnten Diskussionen.

Sicherlich haben nicht alle dieser Autor/Leser-Paare denselben theoretischen Status (einen hervorragenden Katalog ihrer wechselseitigen Unterschiede und Gemeinsamkeiten erstellte Pugliatti 1985). Jedoch scheint mir das vorrangigste Problem zu sein festzustellen, ob eine solche leserorientierte Atmosphäre wirklich einen neuen Trend in der ästhetischen und semiotischen Forschung einleitete oder nicht. Während ich nun unter den Befürwortern dieses

Trends herumstöbere, schätze ich mich sehr glücklich, mich und meine Mitverbündeten mit einer äußerst respektablen historischen Tradition verbunden zu wissen.

Die ganze Geschichte der Ästhetik kann auf eine Geschichte der Interpretationstheorien und eine Geschichte der Wirkungen, welche ein Kunstwerk bei seinem Adressaten hervorruft, zurückgeführt werden. Ich betrachte Aristoteles' Poetik als ein solches wirkungsorientiertes System, ebenso die Ästhetik des Erhabenen von Pseudo-Longinus; die mittelalterlichen Theorien des Schönen, die sich aus einer *visio* ableiten; ferner die neue Lesart des Aristoteles durch die Dramentheoretiker der Renaissance; viele Theorien der Kunst und des Schönen im 18. Jahrhundert; das meiste von Kants Ästhetik; und nicht zuletzt viele zeitgenössische kritische und philosophische Ansätze, insbesondere

a) die russischen Formalisten mit ihrem Begriff des »Verfahrens« (priëm) als der Weise, in der ein Kunstwerk eine bestimmte Art der Perzeption auslöst;

b) Ingardens Beachtung des Leseprozesses, sein Begriff vom literarischen Werk als Skelett bzw. Struktur »schematisierter Ansichten«, die vom Leser zu komplettieren seien, sowie seine Idee – die er Husserls Einfluß verdankt – von der Dialektik zwischen dem Werk als Invariante und der Vielzahl seiner möglichen Konkretisationen durch den Interpreten;

c) die Ästhetik Mukařovskys;

d) Gadamers Hermeneutik; und

e) die frühe deutsche Literatursoziologie (vgl. Holub 1984, 2).

Was die zeitgenössischen semiotischen Theorien betrifft, so zogen diese von Anfang an das pragmatische Moment mit in Betracht. Selbst wenn man nicht von der zentralen Rolle der Interpretation spricht, die Peirces Denken bestimmte, würde der Hinweis auf Morris genügen, der in *Foundations of a Theory of Signs* (1938) daran erinnert, daß die Bezugnahme auf die Rolle des Interpreten den griechischen und lateinischen Rhetoriken, der Kommunikationstheorie der Sophisten sowie den Schriften des Aristoteles inhärent ist; ganz zu schweigen von Augustinus, für den Zeichen dadurch charakterisiert waren, daß sie im Geist der Empfänger eine Vorstellung erzeugen.

Während der sechziger Jahre wurden viele semiotische Ansätze in Italien durch soziologische Studien zur Rezeption der Massenmedien beeinflußt. Auf einem Kongreß über das Verhältnis zwischen dem Fernsehen und seinem Publikum, der 1965 in Perugia abgehalten wurde, haben außer mir auch Paolo Fabbri und andere darauf bestanden, daß es nicht genüge, die Aussage einer Botschaft anhand des Codes ihres Senders zu studieren, sondern daß dazu auch der Code des Adressaten notwendig sei. Die Idee der »abweichenden Decodierung«, die damals in Umlauf kam, habe ich in *La struttura assente* (1968; deutsch 1972) weiter ausgearbeitet. So formulierten die Semiotiker in den sechziger Jahren das Problem der Rezeption in Reaktion auf

a) die strukturalistische Vorstellung, derzufolge ein Textobjekt etwas von seiner Interpretation Unabhängiges sei; sowie auf

b) die Starrheit mancher formalen Semantiken, wie sie im Angelsächsischen blühten, wonach die genaue Bedeutung eines Terminus oder Satzes unabhängig vom Kontext untersucht wurde.

Erst später wurden die »Lexikon-Semantiken« durch die »Enzyklopädie-Modelle« herausgefordert, die in den Kern der semantischen Repräsentation auch pragmatische Elemente einführten. Und erst in jüngster Zeit haben die Erkenntnistheorie und die Theorie der künstlichen Intelligenz befunden, daß das enzyklopädische Modell am besten geeignet scheint, Bedeutung wiederzugeben und Texte zu produzieren (vgl. zu dieser Debatte Eco 1972; 1984, deutsch 1985; 1987).

Um dieses Problembewußtsein zu erlangen, war es nötig gewesen, daß die Linguistik pragmatische Phänomene beachtete, und in dieser Hinsicht darf die Rolle der Sprechakt-Theorie nicht unterschätzt werden. Auf dem literarischen Feld war Wolfgang Iser (1972) vermutlich der erste, der die Annäherungsmöglichkeit der neuen linguistischen Perspektiven an die der literarischen Rezeptionstheorie erkannte. In *Der Akt des Lesens* widmet er ein ganzes Kapitel den Problemen, die Austin und Searle artikuliert haben − fünf Jahre bevor die erste systematische Anstrengung gemacht wurde, eine Theorie des literarischen Diskurses auf der Sprechakt-Theorie zu begründen (vgl. Pratt 1977).

Was Jauß also bereits im Jahr 1969 als einen entscheidenden Wechsel im Paradigma der Literaturwissenschaft ankündigte, war tatsächlich ein Wechsel des allgemeinen semiotischen Paradigmas − auch wenn, wie ich sagte, dieser Wechsel keine brandneue Entdeckung, sondern mehr ein komplexes Austüfteln verschiedener ehrenwerter Methoden war; eine Entwicklung übrigens, wie sie schon öfter für die Geschichte der Ästhetik und der Semiotik charakteristisch gewesen ist. Trotzdem stimmt es nicht, daß *nihil sub sole novi* sei. Alte (theoretische) Gegenstände können bei Sonnenbestrahlung je nach Jahreszeit ein anderes Licht reflektieren.

Ich erinnere mich, wie empört viele über mein Buch *Opera aperta* (1962; deutsch 1973) waren, in dem ich konstatierte, daß künstlerische und literarische Werke versuchen, einen – wie Joyce sagte – »idealen Leser«[1] zu schaffen, indem sie ein System psychologischer, kultureller und historischer Erwartungen auf seiten ihrer Adressaten vorhersehen.

Offenbar war ich damals, als ich von Kunstwerken sprach, an der Tatsache interessiert, daß ein solcher idealer Leser gezwungen war, an einer idealen Schlaflosigkeit zu leiden, damit er das Buch *ad infinitum* befragen konnte. Wenn es einen grundsätzlichen Unterschied zwischen *Opera aperta* (1962) und *Lector in fabula* (1979; deutsch 1987) gibt, dann liegt er in dem Umstand, daß ich in meinem zweiten Buch die Wurzeln der künstlerischen »Offenheit« ebenso in der Eigenheit eines jeden kommunikativen Prozesses wie in der Eigenheit eines jeden Systems der Bedeutungen zu finden suche.

1962 jedenfalls bestand mein Problem darin, wie weit und in welchem Umfang ein Text die Reaktionen seines Adressaten vorhersehen sollte. In *Opera aperta* – zumindest zu der Zeit, in der ich an der ersten italienischen Fassung, also zwischen 1957 und 1962, schrieb – bewegte ich mich noch auf vorsemiotischem Feld, damals inspiriert von der Informationstheorie, der Semantik von Richards, der Epistemologie von Piaget, Merleau-Pontys Phänomenologie der Wahrnehmung, der Transaktionspsychologie und der ästhetischen Theorie der Interpretation von Luigi Pareyson. In diesem Buch schrieb ich in einem Jargon, dessen ich mich heute schäme:»Wir müssen unsere Aufmerksamkeit jetzt von der Botschaft als einer Quelle möglicher Information verlagern auf die kommunikative Beziehung zwischen Botschaft und Adressaten, in der die interpretative Entscheidung des Rezipienten zur Erstellung des Wertes der möglichen Information beiträgt [...] Wenn man die Möglichkeiten der kommunikativen Struktur analysieren will, muß man den Rezipientenpol in Betracht ziehen. Nimmt man diesen psychologischen Pol ernst, dann bedeutet dies die Anerkennung der formalen Möglichkeit – die als solche zur Erklärung sowohl der

Struktur als auch der Wirkung der Botschaft unerläßlich ist –, wonach eine Botschaft nur insoweit etwas bedeutet, als sie vom Standpunkt einer gegebenen Situation – und d. h. sowohl psychologischer wie historischer, sozialer und anthropologischer Art – interpretiert wird«[2] (S. 131 f.).

All diese Annahmen klangen in den sechziger Jahren ziemlich polemisch, denn die strukturalistische Orthodoxie stand immer noch unter den Standards des »ästhetisch-formalistischen« dritten Paradigmas, das Jauß 1969 beschrieben hatte. Als Claude Lévi-Strauss im Jahre 1967 im Rahmen eines Interviews über mein gerade ins Französische übersetztes Buch *Opera aperta* sprach, sagte er, daß es ihm widerstrebe, meine Perspektive zu akzeptieren, denn ein Kunstwerk »ist ein Gegenstand, der mit präzisen Merkmalen ausgestattet ist, die es analytisch zu isolieren gilt, und dieses Kunstwerk kann gänzlich auf der Grundlage solcher Merkmale definiert werden. Als Jakobson und ich selbst eine Strukturanalyse eines Baudelaireschen Sonetts unternahmen, haben wir uns ihm nicht als einem ›offenen Werk‹ genähert, in dem wir alles finden konnten, womit es in den folgenden Epochen aufgefüllt worden war; wir näherten uns ihm vielmehr als einem Gegenstand, der, einmal geschaffen, sozusagen die Starrheit eines Kristalls hatte; wir beschränkten uns darauf, diese Merkmale evident zu machen« (Lévi-Strauss 1967, S. 10).

Ich habe diese Meinung bereits im Eingangskapitel von *Lector in fabula* diskutiert und dabei klargestellt, daß die Betonung der Rolle der interpretativen Wahl bei der Sinnherstellung des Textes für mich nicht bedeutet, daß man in einem offenen Werk »alles« finden kann, was durch seine unterschiedlichen empirischen Leser unabhängig von den Merkmalen des Textgegenstandes hineingelegt wurde. Ich bin im Gegenteil davon ausgegangen, daß ein künstlerischer Text, neben anderen wichtigen analysierbaren Merkmalen, bestimmte strukturelle Strategien enthält, die interpretative Entscheidungen ermutigen und evozieren. Ich zitiere diese alte Diskussion nur zur Veranschaulichung, wie wagemutig es in den sechziger Jahren war, das interpretative Moment oder den Akt des Lesens in Beschreibung und Bewertung des zu lesenden Textes einzubringen.

Obwohl ich in *Opera aperta* die Rolle des Interpreten betont habe, der das Risiko idealer Schlaflosigkeit zum Zwecke der unendlichen Interpretation einzugehen bereit ist, habe ich doch auf dem

67

Umstand insistiert, daß man einen Text stets als einen Gegenstand zu befragen habe und nicht allein auf Grundlage der eigenen Vorlieben. Da ich seinerzeit von Luigi Pareysons Ästhetik der Interpretation abhängig war, sprach ich dauernd von einer Dialektik von Texttreue und Freiheit. Ich betone diesen Umstand, weil meine adressatenorientierte Position (die ja weder so provokativ noch so untragbar originell war) in den »strukturalen Sechzigern« reichlich radikal schien, während sie heute ziemlich konservativ klingt, zumindest aus dem Blickwinkel der meisten radikalen Wirkungstheorien.

2. Ein Netz kritischer Optionen

Die Opposition zwischen der generativen Methode (derzufolge die Regeln der Textproduktion unabhängig von der Wirkung des Textes beschreibbar sind) und der interpretativen Methode deckt sich nicht mit jenen drei konträren Positionen, die ausführlich in der literaturkritischen Jahrhundertdebatte diskutiert wurden, nämlich zwischen derjenigen, die Interpretation versteht als die Suche nach der *intentio auctoris*, und derjenigen, die Interpretation versteht als die Suche nach der *intentio operis* sowie derjenigen, die Interpretation versteht als das Einbringen der *intentio lectoris*. Diese klassische Debatte setzte sich zum Ziel, an einem Text herauszufinden, was sein Autor zu sagen beabsichtigte oder was der Text unabhängig von den Absichten des Autors aussagte.

Erst nachdem man sich für die zweite Möglichkeit in dieser Zwickmühle entschieden hatte, entstand die Frage, was man in einem Text findet:
1. Ist es das, was er aufgrund seiner Kohärenz und eines ihm unterliegenden selbständigen Bedeutungssystems aussagt, oder ist es
2. das, was die Adressaten in ihm finden aufgrund ihres eigenen Bedeutungssystems oder ihrer Wünsche und Antriebe?

Diese Debatte ist von überragender Bedeutung, aber ihre Terminologie überschneidet sich nur teilweise mit dem Oppositionspaar Generierung/Interpretation. Man kann einen Text als nach bestimmten Regeln generiert beschreiben, ohne die Annahme machen zu müssen, daß sein Autor ihnen intentional und bewußt folgte. Man kann einen hermeneutischen Standpunkt annehmen und offenlassen, ob die Interpretation herausfinden muß, was der Autor meinte oder was das Sein durch die Sprache sagt; wobei in letzterem Fall keine Vorentscheidung darüber getroffen wird, ob die Stimme des Seins durch die Antriebe des Adressaten beeinflußt ist oder nicht. Wenn man das Oppositionspaar Generierung/Interpretation mit der Dreiheit der Intentionen kreuzt, kann man sechs potentiell unterschiedliche Theorien und kritische Methoden erhalten.

Angesichts der Möglichkeit, die ein Text entwirft in Hinsicht auf die Evokation unendlicher oder unbestimmter Interpretationen, reagierte das Mittelalter und die Renaissance mit zwei verschiedenen hermeneutischen Optionen. Die mittelalterlichen Interpreten schauten nach einer Pluralität der Sinne unter Beibehaltung einer Art von Identitätsprinzip (ein Text kann nicht widersprüchliche Interpretationen stützen), während die Symbolisten der Renaissance – der Idee der *coincidentia oppositorum* folgend – den idealen Text als den definierten, der der meisten widersprüchlichen Lesarten zuläßt (vgl. Eco 1985).

Die Aneignung des Modells der Renaissance erzeugt zudem eine zweite Widersprüchlichkeit, da ein hermeneutisch-symbolisches Lesen in einem Text entweder die Unendlichkeit der Sinne, wie sie der Autor geplant hat, oder die Unendlichkeit der Sinne, die der Autor ignorierte, suchen kann. Denn die zweite Option führt natürlich zu einer weiteren Entscheidung, nämlich der, ob die unvorhergesehenen Bedeutungen entdeckt werden aufgrund der *intentio operis* oder ob sie durch eine willkürliche Entscheidung des Lesers dem Text aufgezwungen werden.

Selbst wenn man mit Valéry sagt: »Il n'y a pas de vrai sens d'un texte«, so hat man noch nicht entschieden, welche der drei obengenannten Intentionen für die Unendlichkeit der Interpretation verantwortlich ist. Die Kabbalisten des Mittelalters und der Renaissance hielten daran fest, daß die Thora für unendliche Interpretationen offen sei, weil sie auf unendliche Weisen durch das Kombinieren ihrer Buchstaben umgeschrieben werden könne. Aber eine solche Unendlichkeit der Lesarten (wie auch der Schreibarten) war – auch wenn sie von der Initiative des Lesers abhing – dennoch vom göttlichen Autor geplant. Die geistige Selbständigkeit des Lesers zu privilegieren heißt nicht, daß man die Unendlichkeit der Lesarten garantiert. Eine solche Privilegierung muß die Möglichkeit einkalkulieren, daß es einen aktiven Leser gibt, der sich entscheidet, den Text eindeutig zu lesen: es ist ein Privileg der Fundamentalisten, die Bibel allein im literalen Sinne zu lesen.

Wir können uns eine Ästhetik vorstellen mit dem Anspruch, poetische Texte unendlich zu interpretieren, weil ihre Autoren wollten, daß sie auf diese Weise gelesen würden; oder eine Ästhetik mit der Forderung, daß Texte eindeutig gelesen werden müssen gegen die Intentionen ihrer Autoren, da sie ja durch die Gesetze der Sprache gelenkt wurden, und wir nun gehalten sind, das Geschriebene in dem einzig autorisierten und möglichen Sinn zu lesen. Man kann einen als absolut eindeutig konzipierten Text lesen, als sei er unendlich interpretierbar (vgl. z. B. Derridas Lesart eines Textes von Searle in *Marges*), und ebenso kann man psychedelische Trips anhand eines Textes unternehmen, der gemäß der *intentio operis* nur eindeutig gelesen werden kann (so z. B. wenn man verträumt über einem Fahrplan sinnt). Andererseits könnte man auch einen Text im Lesen vereindeutigen, den sein Autor auf unendliche Interpretierbarkeit hin angelegt hat (dies wäre etwa bei Fundamentalisten der Fall, falls zufälligerweise die Kabbalisten recht hätten), oder man könnte einen Text, der aus der Sicht linguistischer Regeln als reichlich ambiguos betrachtet werden müßte, in einer einzigen Bedeutung lesen (dies etwa träfe zu, wenn man *Oedipus rex* als ein reines Kriminalstück lesen würde, in dem es nur darum ginge, den Schuldigen herauszufinden).

Viele der heutigen Richtungen der Literaturkritik, die man oberflächlich alle in die Rubrik der antwortorientierten Theorien einreihen könnte, sollte man im Licht dieser verwirrend riesigen Typologie einer neuen Betrachtung unterziehen. Klassische Literatursoziologie beispielsweise zeichnet auf, was Leser mit einem Text tun, und braucht sich im Grunde nicht dafür zu interessieren, welche Absichten die Leser lenken, da sie schlicht sozialen Gebrauch, sozialisierte Interpretationen und den aktuellen öffentlichen Effekt von Texten beschreibt, nicht aber die formalen Schemata oder die hermeneutischen Mechanismen, auf denen diese beruhen. Im Gegensatz dazu behauptet die Rezeptionsästhetik, daß ein literarisches Werk mit den verschiedenen Interpretationen, denen es im Laufe der Jahrhunderte unterzogen wird, angereichert wird, und sie leugnet nicht – während sie die Dialektik zwischen

Textstrategien und dem Horizont der Lesererwartung in Betracht zieht –, daß jede Interpretation mit dem Textgegenstand und mit der *intentio operis* verglichen werden kann und muß. Ähnlich gehen semiotische Theorien der interpretativen Kooperation, wie meine Theorie des Modell-Lesers, vor, wenn sie die Textstrategie als ein System von Instruktionen ansehen mit dem Ziel, einen möglichen Leser zu produzieren, dessen Profil durch und im Text entworfen ist, das sich aus ihm extrapolieren läßt und unabhängig von und sogar vor einer empirischen Lektüre beschrieben werden kann.

In gänzlich anderer Weise privilegieren die höchst radikalen Praktiken der Dekonstruktion die Initiative des Lesers und reduzieren den Text auf ein mehrdeutiges Bündel ungestalteter Möglichkeiten. So werden Texte zu reinen Stimuli für ein interpretatives Sichtreibenlassen.

3. Eine Apologie des literalen Sinnes

Jede Rede von der Freiheit der Interpretation muß mit einer Verteidigung des literalen Sinnes beginnen. 1985 sagte Ronald Reagan, während er ein Mikrophon vor einer öffentlichen Rede testete, *p* (nämlich: »In wenigen Minuten werde ich den roten Knopf drücken und die Bombardierung der Sowjetunion beginnen« oder etwas ähnliches). *p* war – als linear manifester Text – ein englischer Satz, der gemäß den allgemeinen Codes genau das bedeutet, was er intuitiv bedeutet. Oder falls Sie eine intelligente Maschine mit Paraphrasenregeln vorziehen, könnte diese *p* übersetzen als »die Person, die das Pronomen ›ich‹ geäußert hat, wird in den nächsten 200 Sekunden amerikanische Raketen gegen sowjetisches Territorium starten«. Falls Texte Intentionen haben, dann hatte *p* die Absicht, sich so auszudrücken.

Die Journalisten, die *p* hörten, bezweifelten, ob der Urheber dieses Satzes auch wirklich die Absicht hatte, dieses auszusagen. Daraufhin befragt, sagte Reagan, daß er gescherzt habe. Diese Aussage bezog sich auf die *intentio operis*, aber in bezug auf die *intentio auctoris* war dies nur eine prätendierte Aussage. Diejenigen irrten also, die dem *common sense* gemäß glaubten, daß die Satzbedeutung mit der vom Autor intendierten Bedeutung zusammenfiel. Einige Journalisten, die Reagans Scherz scharf kritisierten, versuchten daraus ein *innuendo (intentio lectoris)* zu machen und folgerten, daß es Reagans wirkliche Absicht gewesen sei, sich nonchalant als ein harter Bursche darzustellen, der – falls er es wolle – tatsächlich das getan haben könnte, was er nur vorgab zu tun (dies natürlich auch, weil er die ausübende Gewalt besitzt, Dinge mit Worten zu tun). Diese Geschichte ist kaum für meine Zwecke zu verwenden, weil es sich um einen Bericht über ein Faktum handelt, d. h. über einen »realen« kommunikativen Austausch, währenddem Sender und Adressaten die Möglichkeit hatten, die Diskrepanzen zwischen Satzmeinung und Autorenmeinung zu prüfen. Wir wollen daher einmal annehmen, daß diese Geschichte nicht von einem Faktum handelt, sondern eine reine Erzählung ist (erzählt in der Form: »Ein Mann sagte einmal dieses und jenes, und die Leute glaubten dies und das, und dann fügte der Mann das und das hinzu ...«). In diesem Fall haben wir jede Garantie für die Autorenintention verloren, da der Autor einer der Charaktere der Erzählung geworden ist. Wie interpretiert man diese Geschichte? Es kann sich um die Geschichte eines Mannes handeln, der einen Spaß macht, oder die Geschichte eines Mannes, der Späße macht, was er aber nicht sollte, oder die Geschichte eines Mannes, der vorgibt, einen Spaß zu machen, tatsächlich aber eine Drohung ausspricht, oder die Geschichte einer tragischen Welt, in der sogar harmlose Scherze ernst genommen werden, oder die Geschichte über die Veränderung der Bedeutung eines spaßigen Satzes je nach dem Status und der Rolle dessen, der ihn äußert ... Würden wir nun behaupten, daß diese Geschichte einen einzigen Sinn hat oder alle die hier genannten, oder etwa, daß nur einige von ihnen als die »korrekten« Bedeutungen betrachtet werden können?

Vor zwei Jahren schrieb mir Derrida einen Brief und teilte mit, daß er und andere Leute dabei wären, in Paris ein Collège International de Philosophie einzurichten. Gleichzeitig bat er mich um ein Befürwortungsschreiben. Ich wette, daß Derrida dabei folgende Annahmen machte:

– ich sollte davon ausgehen, daß er die Wahrheit sprach;

– ich sollte sein Programm als einen eindeutigen Diskurs lesen in Hinsicht sowohl auf die aktuelle Situation als auch die von ihm genannten Projekte;

– die von mir am Ende meines Briefes erbetene Unterschrift würde ernster genommen werden als diejenige von Searle am Ende von *Marges*.

Natürlich hätte Derridas Brief in meinem *Erwartungshorizont* viele andere zusätzliche Bedeutungen annehmen können, sogar höchst widersprüchliche, und er hätte viele zusätzliche Ableitungen seiner intendierten Bedeutung hervorlocken können; dennoch sollte jede zusätzliche Ableitung auf der ersten Schicht einer vermeintlichen literalen Bedeutung begründet sein. Ich denke, Derrida konnte nicht anders, als mit mir übereinzustimmen: In seiner grammatologie erinnert er den Leser daran, daß »ohne all die Instrumente der traditionellen Kritik [...] die kritische Produktion sich in alle Richtungen zu entwickeln droht und sich dabei selbst autorisiert, nahezu alles zu sagen. Aber dieses unerläßliche Schutzgitter hat immer nur geschützt, es hat nie eine Lektüre erschlossen« (Derrida 1967, S. 227). Ich sympathisiere mit dem Vorhaben, Lesarten zu erschließen, aber ich empfinde auch die fundamentale Pflicht, sie zu schützen, um sie erschließen zu können, denn ich halte es für riskant, sie zu erschließen in der Absicht, sie zu schützen. So ziehe ich nun – mit Rückgriff auf Reagans Geschichte – folgenden Schluß: Um aus ihr jeden möglichen Sinn zu extrapolieren, muß man zunächst erkennen, daß sie einen literalen Sinn hat, nämlich, daß an einem bestimmten Tag ein Mann *p* sagte und daß *p* entsprechend dem englischen Code das bedeutet, was es intuitiv bedeutet.

4. Zwei Ebenen der Interpretation

Bevor wir mit dem Problem der Interpretation fortfahren, gilt es, zunächst eine terminologische Frage zu klären. Wir müssen unterscheiden zwischen der *semantischen* und der *kritischen* Interpretation (oder, falls man es vorzieht, zwischen einer *semiosischen* und *semiotischen* Interpretation). Semantische Interpretation ist das Resultat eines Vorgangs, bei dem der Adressat den linear manifestierten Text mit einer gegebenen Bedeutung auffüllt. Jede antwortorientierte Methode handelt zunächst vor allem von diesem Typ der Interpretation, die ein natürliches semiosisches Phänomen ist. Im Gegensatz dazu ist kritische Interpretation eine metalinguistische Aktivität – ein semiotischer Ansatz –, der darauf abzielt, die formalen Gründe zu beschreiben und zu erklären, aus denen ein gegebener Text eine gegebene Antwort produziert (und in diesem Sinne kann die Interpretation auch die Form einer ästhetischen Analyse annehmen).

So ist also jeder Text dafür empfänglich, sowohl semantisch wie kritisch interpretiert zu werden, aber nur einige Texte sehen bewußt beide Arten der Antwort voraus. Gewöhnliche Sätze (wie sie der Laie äußert:»Gib mir diese Flasche« oder»Die Katze sitzt auf der Matte«) erwarten nur eine semantische Antwort. Im Gegensatz dazu setzen ästhetische Texte oder Sätze wie»Die Katze sitzt auf der Matte«, wenn sie von einem Linguisten als Beispiel einer möglichen semantischen Vieldeutigkeit geäußert werden, auch einen kritischen Interpreten voraus. Auch wenn ich sage, daß jeder Text seinen eigenen Modell-Leser entwirft, impliziere ich in der Tat, daß viele Texte zwei Modell-Leser produzieren wollen: auf der ersten Ebene einen naiven, der semantisch das verstehen soll, was der Text sagt, und auf der zweiten oder kritischen Ebene einen Leser, der die Art und Weise der Textaussage zu würdigen versteht. Ein Satz wie »*They are flying planes*« setzt einen naiven Leser voraus, der sich fragt, welche Bedeutung er wählen soll, der vermutlich das Textumfeld absucht oder die Umstände der Äußerung, um zu einer bestmöglichen Wahl zu gelangen; daneben aber auch einen kritischen Leser, der in der Lage ist, eindeutig und formal die syntaktischen Gründe dafür zu erklären, die diesen Satz vieldeutig machen. In ähnlicher Weise entwickelt eine Kriminalgeschichte eine scharfsinnige Strategie, die einen naiven Modell-Leser produzieren soll, begierig, in die Fallen des Erzählers zu gehen (Furcht zu empfinden oder den Unschuldigen zu verdächtigen); gewöhnlich aber möchte die Kriminalgeschichte auch einen kritischen Modell-Leser produzieren, der in der Lage ist, bei einer zweiten Lektüre die brillante Erzählstrategie, die auf der ersten Ebene den naiven Leser entworfen hatte, zu genießen[3].

Im Lichte der oben gemachten Erläuterungen möchte ich nun die Unterscheidung zwischen zwei interpretativen Theorien unserer Zeit diskutieren, wie sie von Richard Rorty in seinem Essay»Idealism and Textualism« (in *Consequences of Pragmatism*, 1982) gemacht worden sind. Er sagt, daß es im gegenwärtigen Jahrhundert»Leute gibt, die schreiben, als gäbe es nichts als Texte«, und leitet hieraus die Unterscheidung von zwei Arten der Textualität ab. Die erste findet sich bei denen, welche die Autorenintention mißachten und im Text nach einem Prinzip der internen Kohärenz suchen und/oder nach einem hinreichenden Grund für bestimmte, sehr präzise Effekte, die er auf einen angenommenen idealen Leser hat.

Die zweite Art von Textualität finden wir bei jenen Kritikern, die jede Lektüre als eine Fehllektüre betrachten (die *misreaders*). Über diese sagt Rorty: »Der Kritiker fragt weder den Autor noch den Text nach ihren Intentionen, sondern schmiedet den Text in eine Form, die seinen eigenen Absichten entspricht. Er bezieht den Text auf was immer dieser Absicht dient« (Rorty 1982, S. 151). In diesem Sinne sei ihr Modell »nicht das eines neugierigen Sammlers, der auf sinnreiche Teilchen aus ist und diese aussondert, um festzustellen, wie sie funktionieren, und dabei sorgfältig jeden extrinsischen Zweck, den sie haben könnten, ignoriert, sondern das des Psychoanalytikers, der einen Traum oder einen Scherz heiter als Symptom einer mörderischen Manie interpretiert« (Rorty 1982, S. 151).

Rorty glaubt, daß beide Positionen Formen von Pragmatismus darstellen (wobei Pragmatismus für ihn die Zurückweisung einer Korrespondenz zwischen Wahrheit und Realität bedeutet – und Realität, wie ich vermute, für ihn sowohl der externe Referent des Textes wie die Intention des Autors ist). Rorty gibt daher zu verstehen, daß der erste Typ des Theoretikers ein schwacher Pragmatiker sei, weil »dieser glaubt, daß es wirklich ein Geheimnis gibt und daß, wenn es einmal entdeckt sei, man auch den Text in der richtigen Weise besitze« (Rorty 1982, S. 152), woraus für ihn folgt, daß »Kritik eher Entdeckung ist als Schöpfung«. Im Gegensatz dazu macht der starke Pragmatiker keinen Unterschied zwischen Finden und Machen.

Ich kann diese Charakterisierung – wenn auch mit zwei Berichtigungen – akzeptieren. Zunächst einmal frage ich, in welchem Sinne ein schwacher Pragmatiker den Text richtig versteht, wenn er das Geheimnis des Textes herauszufinden versucht. Man muß sich entscheiden, ob »einen Text richtig verstehen« auf eine richtige semantische oder eine richtige kritische Interpretation hinausläuft. Diejenigen Leser, die – einer Metapher von James folgend, die Iser (1976, Kap. 1) vorgeschlagen hat – in den Text schauen, um in ihm *the figure in the carpet* zu finden, eine einzelne unentdeckte geheime Bedeutung, sind – wie ich glaube – auf der Suche nach einer Art von »verborgener« semantischer Interpretation. Der Kritiker aber, der nach dem »Geheimcode« sucht, sucht vermutlich *kritisch* nach einer beschreibbaren Strategie, welche unendliche Weisen ermöglicht, einen Text semantisch richtig zu verstehen. Die Textstrategien des *Ulysses* zu analysieren und zu beschreiben, heißt aufzuzeigen, wie

Joyce vorging, um viele alternative Muster in seinen Teppich zu weben, ohne entscheiden zu können, wie viele es sein können und welche von ihnen die besten sind. Da es offensichtlich ist, daß – wie ich später sagen werde – sogar eine kritische Lektüre immer Konjekturen vornimmt, kann es auch viele Wege geben, den Geheimcode zu finden. Nach ihm zu suchen bedeutet aber nicht, daß man den Text auf eine eindeutige semantische Lesart reduzieren will. Daher bin ich nicht der Meinung, daß der erste von Rorty skizzierte Textproduzent ein »schwacher« Pragmatiker ist.

Außerdem vermute ich, daß viele »starke« Pragmatiker gar keine Pragmatiker sind – zumindest im Sinne von Rorty; denn der »Fehlleser« benutzt den Text, um etwas zu erfahren, was außerhalb des Textes steht – und dies ist in gewisser Weise realer als der Text selber, nämlich der unbewußte Mechanismus der Signifikantenkette (*chaîne signifiante*). Jedenfalls ist dieser Fehlleser, selbst wenn er ein Pragmatiker ist, gewiß kein »Texthersteller«. Vermutlich glauben Fehlleser, wie Rorty annimmt, daß es nichts außer den Texten gäbe, und sie sind an jedem möglichen Text interessiert mit Ausnahme desjenigen, den sie gerade lesen. Es ist eine Tatsache, daß »starke« Pragmatiker nur an den unendlichen semantischen Lektüren des Textes interessiert sind, den sie gerade »zurechtklopfen«; aber ich vermute, daß sie kaum daran interessiert sind, wie er funktioniert.

5. Interpretation und Gebrauch

Ich kann die Unterscheidung, die Rorty vorschlägt, akzeptieren und halte die Opposition zwischen kritischer *Interpretation* und dem bloßen *Gebrauch* eines Textes für annehmbar. Einen Text kritisch zu interpretieren heißt, ihn in der Absicht zu lesen, im Vollzug der eigenen Reaktionen auf ihn etwas über seine Natur zu entdecken. Einen Text zu gebrauchen heißt dagegen, mit einem Stimulus zu beginnen, der auf weiteres abzielt, und dabei das Risiko zu akzeptieren, den Text vom semantischen Gesichtspunkt aus fehlzuverstehen. Wenn ich aus einer Bibel Seiten herausreiße, um meinen Pfeifentabak einzupacken, dann gebrauche ich diese Bibel, aber es wäre gewagt, mich einen Textualisten zu nennen – obwohl ich, wenn schon kein starker Pragmatiker, sicherlich eine sehr pragmatische Person bin. Wenn ich sexuellen Genuß aus einem pornographischen Buch ziehe, benutze ich es nicht, da ich seine Sätze semantisch interpretieren mußte, um meine sexuellen Phantasien auszuleben.

Oder nehmen wir ein konträres Beispiel: wenn ich die *Elemente* von Euklid mit der Folgerung anschaue, daß ihr Autor ein »Skopophilist« war, besessen von abstrakten Bildern, dann benutze ich dieses Buch aus der Ablehnung heraus, seine Definition und Theoreme semantisch zu interpretieren.

Die quasipsychoanalytische Lektüre, die Derrida (1980) an Poes *Purloined Letter* in *Le facteur de la vérité* vornimmt, stellte eine gute kritische Interpretation dieser Geschichte dar. Derrida unterstreicht den Umstand, daß er nicht das Unbewußte des Autors, sondern eher das Unbewußte des Textes analysiert. Er interpretiert, weil er die *intentio operis* respektiert. Wenn er eine Interpretation aus dem Umstand ableitet, daß der Brief in einem Papierhalter gefunden wurde, der an einem Nagel auf halber Höhe des offenen Kamins hing, dann nimmt er die mögliche Welt der Erzählung ebenso »wörtlich« wie den Sinn der Worte, die Poe zur Darstellung dieser Welt benutzt. Dann versucht er eine zweite »symbolische« Bedeutung zu isolieren, die dieser Text, vermutlich jenseits der Intentionen seines Autors, mit sich führt. Ob nun zu Recht oder Unrecht, jedenfalls unterstützt Derrida seine Interpretation der zweiten semantischen Ebene mit evidenten Textstellen. Auch bei diesem Vorgehen handelt es sich um eine kritische Interpretation, weil Derrida zeigt, wie der Text diese semantische Bedeutung der zweiten Ebene produziert.

Schauen wir uns nun dagegen das Vorgehen von Marie Bonaparte an, wenn sie Poes Werk analysiert. Teile ihrer Lektüre geben ein gutes Beispiel für die Interpretation ab. Zum Beispiel liest sie *Morella, Ligeia* und *Eleonora* und zeigt, daß diesen drei Texten die gleiche »Fabel« zugrunde liegt: Ein Mann liebt eine ungewöhnliche Frau, die an Schwindsucht stirbt, worauf er ewige Trauer schwört; er hält seinen Vorsatz jedoch nicht ein und liebt eine andere Frau; schließlich kommt die Tote zurück und umhüllt die neue Frau mit dem Mantel ihrer Grabeskraft. Auf einem nichttechnischen Wege identifiziert Marie Bonaparte in diesen drei Texten die gleiche Aktantenstruktur. Sie spricht von der Struktur einer Obsession, liest aber diese Obsession als eine textliche und enthüllt so die *intentio operis*. Unglücklicherweise ist diese schöne Textanalyse durchwoben von biographischen Bemerkungen, die Schlüssigkeiten, die aus dem

Text zu gewinnen sind, mit Aspekten von Poes Privatleben verbindet (die aus außertextlichen Quellen gewonnen werden). Wenn sie sagt, daß Poe von jenem Bildeindruck beherrscht gewesen sei, den er als Kind empfing, als er seine Mutter, die an Schwindsucht gestorben war, auf dem Katafalk liegen sah; wenn sie behauptet, daß er in seinem Erwachsenenleben und seinem Werk auf morbide Weise von Frauen mit Gesichtszügen von Toten angezogen wurde; wenn sie seine Geschichten so liest, als seien sie von lebenden Leichen bevölkert, um auf diese Weise seine persönliche Nekrophilie zu erklären – dann gebraucht sie seine Texte anstatt diese zu interpretieren.

6. Interpretation und Konjektur

Es sollte klar sein, daß ich versuche, eine dialektische Verbindung zwischen der *intentio operis* und *intentio lectoris* zu halten. Das Problem besteht in der Schwierigkeit, abstrakt zu definieren, was »Intention des Textes« heißt, auch wenn man vielleicht weiß, was mit der »Leserintention« gemeint ist.

Die Intention des Textes wird nicht durch die lineare Manifestation des Textes entfaltet; oder, falls sie hervorgekehrt wird, geschieht dies etwa so wie im *Purloined Letter*. Man muß sich dann entscheiden, sie zu »sehen«, und kann daher von der Intention des Textes nur sprechen als dem Resultat einer Konjektur seitens des Lesers. Die Initiative des Lesers besteht im wesentlichen darin, Konjekturen über die Intention des Textes zu machen.

Ein Text ist ein Schema, das konzipiert wird, um seinen Modell-Leser zu produzieren. Ich wiederhole, daß dieser Leser nicht die *einzig richtigen* Konjekturen macht. Ein Text kann einen Modell-Leser vorhersehen, der berechtigt ist, unendliche Konjekturen anzubringen. Der empirische Leser ist nur ein Akteur, der Konjekturen zu der Art von Modell-Leser anbringt, wie ihn der Text postuliert. Da es die wesentliche Absicht des Textes ist, einen Modell-Leser zu produzieren, der an ihm Konjekturen vornehmen kann, besteht die Initiative des Modell-Lesers darin, einen Modell-Autor (der nicht der empirische ist) auszudenken, und dies fällt letztlich mit der Intention des Textes zusammen. So ist der Text mehr als ein Parameter, den man gebraucht, um Interpretation zu rechtfertigen; der

Text ist ein Objekt, das die Interpretation im Verlaufe ihrer zirkulären Anstrengungen um die eigene Schlüssigkeit bildet auf der Basis dessen, was sie als ihr Resultat erschafft. Ich schäme mich nicht, daß ich auf diese Weise den alten und immer noch gültigen hermeneutischen Zirkel definiere. Die Logik der Interpretation ist die Peircesche Logik der »Abduktion« (vgl. Eco und Sebeok, 1985). Eine Konjektur anzustellen heißt, ein Gesetz auszudenken, das ein Resultat erklären kann. Der »geheime Code« eines Textes ist ein solches Gesetz. Man könnte sagen, daß in den Naturwissenschaften die Konjektur allein das Gesetz zu überprüfen hat, da das Resultat jedermann vor Augen liegt, während in der Textinterpretation nur die Entdeckung eines »guten« Gesetzes das Resultat akzeptabel macht. Aber ich glaube nicht, daß der Unterschied so eindeutig ist. Selbst in den Naturwissenschaften kann kein Faktum als ein signifikantes Resultat gelten, ohne daß nicht zunächst und vage entschieden worden wäre, daß dieses Faktum unter unzähligen anderen als ein ungewöhnliches Resultat ausgewählt werden kann, das es zu erklären gilt. Ein Faktum als ungewöhnliches Resultat zu isolieren bedeutet, daß man bereits dunkel an ein Gesetz gedacht hat, wovon das Faktum das Resultat sein könnte. Wenn ich einen Text zu lesen beginne, weiß ich am Anfang nicht, ob ich mich ihm vom Standpunkt einer tragbaren Intention aus nähere. Meine Initiative beginnt aufregend zu werden, wenn ich entdecke, daß meine Intention die Intention des Textes treffen könnte.

Wie beweist man die Richtigkeit einer Konjektur zur *intentio operis*? Der einzige Weg besteht darin, sie am Text als einem kohärenten Ganzen zu überprüfen. Auch diese Idee ist alt und stammt von Augustinus (*De Doctrina Christiana*): jede Interpretation, die ein bestimmter Textteil nahelegt, kann akzeptiert werden, wenn sie Bestätigung findet, bzw. muß zurückgewiesen werden, falls sie durch einen anderen Teil des Textes widerlegt wird. Auf diese Weise kontrolliert die interne Textkohärenz die ansonsten unkontrollierbaren Antriebe des Lesers.

Borges war der Meinung, daß es aufregend sein würde, die *Imitatio Christi* so zu lesen, als sei sie von Céline geschrieben. Das Spiel ist amüsant und könnte intellektuell fruchtbar sein. Bei bestimmten Texten könnte es neue interessante Interpretationen nahelegen. Es funktioniert allerdings nicht bei Thomas a Kempis. Ich habe es versucht und entdeckte Sätze, die von Céline hätten geschrieben sein können (»Die Gnade liebt niedrige Dinge und ekelt sich nicht vor dornigen; sie mag schäbige Kleider [...]«). Diese Art der Lektüre bietet ein annehmbares Raster für nur wenige Sätze der *Imitatio*. Der Rest aber, der größte Teil des Buches, widersetzt sich dieser Lektüre. Wenn ich das Buch hingegen gemäß der christlich-mittelalterlichen Enzyklopädie lese, dann erscheint es in allen seinen Teilen textlich kohärent. Im übrigen hat bisher kein verantwortlicher Dekonstruktivist eine solche Position bestritten. Hillis Miller (1980) sagt, daß »die Lektüren des Dekonstruktivismus nicht bedeuten, daß eine Subjektivität den Texten eine Theorie willkürlich aufzwingt, sondern daß sie durch die Texte selbst erzwungen werden« (S. 611). Und an anderer Stelle (*Thomas Hardy, Distance and Desire*) schreibt er: »Es ist nicht wahr [...], daß alle Lektüren in gleicher Weise gerechtfertigt sind [...]. Einige Lektüren sind sicherlich falsch [...]. Einen Aspekt am Werk eines Autors zu enthüllen bedeutet oft, daß andere Aspekte abgeschattet werden [...]. Einige methodische Ansätze reichen tiefer in die Struktur des Textes als andere« (Miller 1970, S. IX).

7. Die Falsifizierbarkeit von Fehlinterpretationen

Wir können daher eine Art von Popper-Prinzip akzeptieren, wonach, wenn es schon keine Regeln gibt, die uns versichern, welche Interpretationen die »besten« sind, es doch zumindest eine Regel gibt festzustellen, welche »schlecht« sind. Wie ich oben sagte, besagt diese Regel, daß die interne Kohärenz des Textes als Parameter für seine Interpretation genommen werden muß. Aber um dies zu tun, benötigt man zumindest für eine kurze Zeit eine Metasprache, die den Vergleich zwischen dem gegebenen Text und den semantischen oder kritischen Interpretationen erlaubt. Da jede neue Interpretation den Text bereichert und da der Text aus seiner objektiven linearen Manifestation plus den Interpretationen, die er im Laufe der Geschichte enthielt, besteht, sollte die Metasprache auch den Vergleich zwischen einer neuen Interpretation und den alten erlauben.Ich verstehe, daß vom Standpunkt einer radikalen dekonstruktivistischen Theorie aus eine solche Annahme unerfreulich neopositivistisch klingt und Derridas Begriff der Dekonstruktion und des Driftens die Wirklichkeit einer Metasprache überhaupt bestreitet. Aber eine Metasprache braucht nicht von der gewöhnlichen Sprache unterschieden und mächtiger zu sein. Die Idee der Interpretation verlangt, daß ein »Stück« der gewöhnlichen Sprache gebraucht wird als Interpretant (im Sinne von Peirce) eines »anderen Stückes« der gewöhnlichen Sprache. Wenn man sagt, daß *Mann* »menschlich männlicher Erwachsener« bedeutet, dann interpretiert man gewöhnliche Sprache durch gewöhnliche Sprache, und das zweite »Zeichen« – so sagt Peirce – ist der Interpretant des ersten, wie auch das erste der Interpretant des zweiten werden kann.

Die Metasprache der Interpretation ist nicht unterschieden von ihrer Objektsprache. Sie ist ein Teil der gleichen Sprache, und in diesem Sinne ist Interpretation eine Funktion, die jede Sprache ausübt, wenn sie von sich selbst spricht. Es ist keine Frage, ob dies getan werden kann; wir tun es, und zwar jeden Tag. Die provokative Offensichtlichkeit meines letzten Arguments legt nahe, daß es sich nur beweisen läßt, indem wir zeigen, daß seine Alternativen in sich selbst widersprüchlich sind. Wir wollen daher annehmen, daß es eine Theorie gibt, die *wörtlich* (nicht metaphorisch) versichert, daß jede Interpretation eine Fehlinterpretation sei.

Wir gehen von dem Text α und dem Text β aus und davon, daß einer von ihnen (wir wissen welcher) einem Leser vorgelegt wurde, damit dieser ihm die als Text aufgezeichnete Fehlinterpretation ε entlocke. Dann nehmen wir ein gebildetes Subjekt X, das zuvor darüber informiert wurde, daß jede Interpretation eine Fehlinterpretation sein muß, und geben ihm die drei Texte α, β und ε. Dann fragen wir X, ob ε α oder β mißinterpretiere. Angenommen X sagt, daß ε die Fehlinterpretation von α sei, würden wir dann sagen, daß X recht hat? Oder angenommen, X sagt, ε sei die Fehlinterpretation von β, würden wir dann sagen, daß X unrecht hat?

In beiden Fällen bedeutet die Anerkennung oder Widerlegung der Antworten von X nicht nur, daß ein Text seine eigenen Interpretationen kontrolliert und relegiert, sondern auch seine eigenen Fehlinterpretationen. Wer die Antworten von X anerkennt oder widerlegt, handelt wie jemand, der nicht wirklich daran glaubt, daß jede Interpretation eine Fehlinterpretation ist, da er/sie den Originaltext als Parameter für die Unterscheidung zwischen Texten gebraucht, die den Originaltext fehlinterpretieren, und Texten, die etwas anderes fehlinterpretieren. Dieser Zug würde eine vorhergehende Interpretation von α als dem einzig korrekten Text voraussetzen sowie das Vorhandensein einer Metasprache, welche beschreibt und aufzeigt, warum ε dessen Fehlinterpretation ist bzw. nicht ist. Es wäre verwirrend zu behaupten, daß ein Text nur Fehlinterpretationen hervorlockt außer in dem Fall, daß er korrekt interpretiert wird aus der Vollmacht der Fehlinterpretationen anderer Leser. Das aber genau passiert in einer radikalen Theorie der Fehlinterpretation. Es gibt noch einen anderen Weg, dem Widerspruch zu entkommen. Man nehme an, daß jede Antwort von X gut sei. ε kann sowohl die Fehlinterpretation von α, von β und von jedem anderen möglichen Text sein. Warum aber sollte man an diesem Punkt ε (der unzweifelhaft ein Text eigenen Rechts ist) als die interpretation von etwas anderem definieren? Wenn er die Fehlinterpretation von allem ist, dann ist er die Fehlinterpretation von nichts. Er existiert aus eigenem Recht und muß nicht mit irgendeinem anderen Text verglichen werden.

Die Lösung ist elegant, aber sie erzeugt ein wenig Unbehagen. Sie zerstört definitiv die Kategorie der Textinterpretation selbst. Zwar gibt es Texte, aber von diesen kann niemand sprechen. Oder, falls jemand spricht, kann niemand sagen, welche Aussage gemacht wird. Texte werden zumeist als Stimuli benutzt, um andere Texte zu produzieren, aber sobald ein neuer Text produziert wird, kann er nicht auf seinen Stimulus zurückbezogen werden.

8. Schlußfolgerungen

Das Recht der Interpretation gegen das des reinen Gebrauchs zu verteidigen, wie ich es getan habe, bedeutet nicht, daß Texte niemals gebraucht werden dürfen. Wir gebrauchen Texte jeden Tag, und wir müssen dies aus vielen respektablen Gründen tun. Es ist nur wichtig, den Gebrauch von der Interpretation zu unterscheiden.

Ein kritischer Leser könnte auch sagen, warum bestimmte Texte auf eine gewisse Weise gebraucht werden, und in ihrer Struktur die Begründung für ihren Gebrauch oder Mißbrauch finden. In diesem Sinne kann eine soziologische Analyse des freien Gebrauchs von Texten ihren weiteren Interpretationen förderlich sein.

Auf jeden Fall sind Gebrauch und Interpretation abstrakte theoretische Möglichkeiten. Jede empirische Lektüre ist immer eine unvorhersehbare Mixtur aus beidem. Es kann passieren, daß das Spiel als Gebrauch beginnt und mit dem Hervorbringen einer fruchtbaren neuen Interpretation endet – oder umgekehrt. Manchmal bedeutet der Gebrauch von Texten auch, sie von vorhergehenden Interpretationen zu befreien, neue Aspekte an ihnen zu entdecken; man realisiert, daß sie zuvor unrechtmäßig interpretiert wurden, man findet eine neue und aussagefähigere *intentio operis*, sieht, daß zu viele unkontrollierte Leserintentionen (vielleicht verkleidet als die getreue Suche nach der Autorenintention) sie beschmutzt und verdunkelt hatten.

Es gibt auch eine *vortextliche* Lektüre, die nicht ausgeübt wird, um den Text zu interpretieren, sondern um zu zeigen, wieviel unbegrenzte Semiosis die Sprache produzieren kann. Solche vortextliche Lektüre hat eine philosophische Funktion, und viele der dekonstruktivistischen Beispiele, die Derrida liefert, gehören zu dieser Art von Aktivität. Auf diese Weise wurde eine legitime philosophische Praxis zum Modell für die Literaturkritik und einen neuen Trend der Textinterpretation. Unsere theoretische Pflicht war es, auf dieses Geschehen aufmerksam zu machen und zu zeigen, warum es nicht hätte passieren dürfen.

Anmerkungen

1 Ich erkenne jetzt, daß meine Idee von einem System der Erwartungen – auch wenn sie aufgrund anderer theoretischer Einflüsse gebildet wurde – dem Jaußschen Begriff des *Erwartungshorizontes* nicht so unähnlich ist.
2 In *Opera aperta* habe ich unter »Kunstwerk« nicht nur literarische Texte verstanden, sondern auch Gemälde, Kino und Fernsehen. Ich bin dankbar für Wolfgang Isers Beobachtungen (1976), wonach nicht nur einige meiner Bemerkungen zur nichtverbalen Kunst für die Literatur relevant waren (Kap. 5), sondern daß auch (in Kap. 3) meine Überlegungen zu den ikonischen Zeichen (Eco, 1968) die Idee unterstützten, daß sogar literarische Zeichen »die Bedingungen der Konzeption und Perzeption, welche den Betrachter in die Lage versetzten, das vom Zeichen intendierte Objekt zu konstruieren«, bezeichnen und daher »eine Organisation von Zeichenträgern konstituieren, die nicht dazu dienen, das gemeinte Objekt zu bezeichnen, sondern statt dessen *Instruktionen* für die *Produktion* des Gemeinten sind«.
3 Man könnte sagen, daß der semantische Leser durch die verbale Strategie geplant oder instruiert wird, während der kritische Leser ein solcher aufgrund einer rein interpretativen Entscheidung ist, da nichts im Text als eine explizite Aufforderung zu einer Lektüre auf der zweiten Ebene auffordert. Man muß aber zur Kenntnis nehmen, daß viele artistische Strategien, wie z. B. die Verletzung der stilistischen Norm oder die Verfremdung, eben genau als

selbstfokussierende Appelle arbeiten: der Text ist so gearbeitet, daß er die Aufmerksamkeit eines kritischen Lesers anzieht. Außerdem gibt es Texte, die explizit eine Lektüre auf der zweiten Ebene verlangen. Nehmen wir z. B. Agatha Christies *The Murder of Roger Ackroyd,* eine Geschichte, die von einem Charakter erzählt wird, der am Ende von Poirot als der Mörder entlarvt wird. Nach seinem Geständnis informiert der Erzähler die Leser, daß sie bei entsprechender Aufmerksamkeit die Tatzeit herausgefunden hätten, weil er diesen Umstand auf zurückhaltende Art und Weise berichtet habe. Vgl. auch meine Analyse von Allais' *Un drame bien parisien* (Eco 1979; deutsch 1987), wo ich zeige, wie sehr der Text, während er den naiven Leser Stufe um Stufe täuscht, zur gleichen Zeit eine Menge von Schlüsseln liefert, die es ihm erspart hätte, in die Textfallen zu geraten. Offensichtlich können diese Schlüssel erst im Verlauf einer zweiten Lektüre entdeckt werden.

Abgekürzt zitierte Literatur

Barthes 1966
  Barthes, Roland, »Introduction à l'analyse structurale des récits«, in: *Communications 8,* 1966.
Booth 1961
  Booth, Wayne, *The Rhetoric of Fiction,* Chicago 1961.
Chatman 1978
  Chatman, Seymour, *Story and Discourse,* Ithaca 1978.
Corti 1976
  Corti, Maria, *Principi della communicazione letteraria,* Mailand 1976.
Derrida 1967
  Derrida, Jacques, *De la grammatologie,* Paris 1967.
Derrida 1972
  Derrida, Jacques, *Marges,* Paris 1972.
Derrida 1980
  Derrida, Jacques, *La carte Postale de Socrate à Freud et au-delà,* Paris 1980.
Eco 1962
  Eco, Umberto, *Opera aperta. Forma e indeterminazione nelle poetiche contemporane,* Mailand 1962; dt.: *Das offene Kunstwerk,* Frankfurt 1973.
Eco 1968
  Eco, Umberto, *La struttura assente,* Mailand 1968.
Eco 1972
  Eco, Umberto, *Einführung in die Semiotik,* München 1972.
Eco 1979
  Eco, Umberto, *Lector in fabula,* Mailand 1979; dt.: München 1987.
Eco 1984
  Eco, Umberto, *Semiotica e filosofia del linguaggio,* Turin 1984; dt.: *Semiotik und Philosophie der Sprache,* München 1985.
Eco 1987
  Eco, Umberto, *Semiotik,* München 1987.
Eco und Seboek 1985
  Eco, Umberto, und Seboek, T. A. (Hrsg.), *Der Zirkel oder Im Zeichen der Drei: Dupin, Holmes, Peirce,* München 1985.

Fillmore 1981
Fillmore, Charles, *Ideal Readers and Real Readers*, Perugia 1981.
Foucault 1969
Foucault, Michel, »Qu'est-ce qu'un auteur?«, in: *Bulletin de la societé française de philosophie*, Juli - Sept. 1969.
Genette 1983
Genette, Gérard, »Frontières du récit«, in: *Communications 8*, 1966.
Hirsch 1967
Hirsch, Eric D., *Validity in Interpretation*, New Haven/London 1967.
Holub 1984
Holub, Richard, *Reception Theory*, London 1984.
Iser 1972
Iser, Wolfgang, *Der implizite Leser*, München 1972
Iser 1976
Iser, Wolfgang, *Der Akt des Lesens*, München 1976.
Jauß 1969
Jauß, Hans Robert, »Paradigmenwechsel in der Literaturwissenschaft«, in: *Linguistische Berichte 3*, 1969.
Kristeva 1970
Kristeva, Julia, *Le texte du roman*, Den Haag 1970.
Lévi-Strauss 1967
Lévi-Strauss, Claude, Interview mit Polo Caruso, in: *Paese Sera*, 20.1.1967.
Lotman 1970
Lotman, Jury, *La structure du texte artistique*, Paris 1970.
Miller 1970
Miller, J. Hillis, *Thomas Hardy, Distance and Desire*, Cambridge 1970
Miller 1980
Miller, J. Hillis, »Theory and Practice«, in: *Critical Inquiry 6*, 1980.
Morris 1938
Morris, Charles, *Foundation of a Theory of Signs*, Chicago 1938.
Pouillon 1946
Pouillon, Jean, *Temps et roman*, Paris 1946
Pratt 1977
Pratt, Mary Louise, *Toward a Speech act Theory of Literary Discourse*, Bloomington 1977.
Pugliatti 1985
Pugliatti, Paola, *Lo sguardo nel racconto*, Bologna 1985.
Riffaterre 1982
Riffaterre, Michael, *Essais de stylistique structurale*, Paris 1971.
Rorty 1982
Rorty, Richard, *Consequenses of Pragmatism*, Minneapolis 1982.
Todorov 1966
Todorov, Tsvetan, »Les catégories du récit littérare«, in: *Communications 8*, 1966.

Umberto Eco, »Theorien interpretativer Kooperation«, erschien zuerst in: ders., *Streit der Interpretationen*, Universitätsverlag Konstanz, Konstanz 1987, S. 31–48.

Michael Wetzel

Ästhetik der Wiedergabe

Heideggers Ursprungstheorie des Kunstwerkes und ihre Dekonstruktion

Während die ersten vier Texte dieses Bandes die Kunstwissenschaft an die besondere Relevanz sowohl der deutschen Rezeptionsästhetik wie auch der italienischen Semiotik erinnern, rückt Michael Wetzel zwei weitere Positionen ins Blickfeld, deren Bedeutung für eine Theorie ästhetischer Erfahrung ebenfalls wesentlich ist: Martin Heideggers Ursprungstheorie des Kunstwerks mit der ›Zentralformel vom Wesen der Kunst als ein Sich-ins-Werk-Setzen der Wahrheit‹ und daran anknüpfend Jacques Derrida, der sein Verfahren der Dekonstruktion auf Heideggers ›Entbergung von Sein‹ anwendet.

Dabei setzt Derrida dort an, wo sich Heideggers Zugang zur Kunst radikalisieren läßt: Daß ›das Werk einzig in den Bereich (gehört), der durch es selbst eröffnet wird‹ − was im übrigen Heideggers ›große Nähe zur werkinterpretierenden Kunstgeschichte‹ (Lorenz Dittmann) auszumachen scheint − diese ›Darstellung des Seienden in seinem Sein‹ entfaltet Derrida in seiner Heidegger-Lektüre als unaufhebbares Spiel von An- und Abwesenheit, als Differenz zwischen ›Lichtung‹ und ›Verbergung‹. Genau in diesem Moment von ›Nicht-Bestimmtheit, von Nicht-Erscheinen und vom Abschied von einer authentischen Bedeutung der Dinge‹ und der Illusion einer endgültigen Sinnfindung nämlich werden die Energien der Derridaschen ›Dekonstruktion‹ für das Verständnis von Kunst freigesetzt.

Demnach gäbe es keine Verfügbarkeit oder letzte Entschlüsselbarkeit, sondern ästhetische Erfahrung wäre hier gerade die Erfahrung der Widerständigkeit. Die ›disseminale Lektüre‹, in der sich die Unausdeutbarkeit eines Werkes immer wieder inszeniert, ist die Art der ästhetischen Erfahrung, die man mit Derrida als Radikalisierung der Rezeptionsästhetik ins Auge zu fassen hätte: Dekonstruktion als mögliche Praxis ästhetischer Erfahrung.

Die wechselseitigen Mißverständnisse zwischen Hermeneutik und Poststrukturalismus − bis hin zu der Position, daß die Hermeneutik durch die Dekonstruktion erst verwirklicht worden sei − können nicht ausgeräumt werden; zuallererst ist es nötig, eine präzise Vorstellung von dem zu gewinnen, was mit ›Dekonstruktion‹ tatsächlich gemeint ist.

J.S.

86

»Ich empfehle jedem die Öffnung innerer Falltüren, eine Reise in die Dichte der Dinge, eine Invasion an Eigenschaften, eine Revolution oder einen Umsturz, vergleichbar jenem, den der Pflug oder die Schaufel hervorrufen, wenn plötzlich und zum erstenmal Millionen von Stückchen, Streublättchen, Wurzeln, Würmern und kleinen Tieren, die bisher verborgen waren, ans Tageslicht gebracht werden. O unendliche der Dichte der Dinge, *zurückgegeben* durch die unendlichen Hilfsmittel der semantischen Dichte der Worte!«

(Francis Ponge)

»Kunst gibt nicht das Sichtbare wieder, sondern macht sichtbar.«

(Paul Klee)

In einem berühmt gewordenen Brief an Emile Bernard schrieb Paul Cézanne 1905 den folgenden vieldeutigen Satz: »Ich schulde Ihnen die Wahrheit in der Malerei *[je vous dois la vérité en peinture]*, und ich werde sie Ihnen sagen.«

Das hier zugestandene beziehungsweise auf sich genommene Schuldverhältnis scheint auf einen verschwiegenen Kontrakt des Zeichners Cézanne zu verweisen, der nicht nur eine Verpflichtung gegenüber dem Betrachter oder – im Falle dieses Briefes – dem Kollegen attestiert, sondern der generell eine nahezu ontologische Schuld seinem Gegenstand gegenüber empfindet und damit zugleich gegenüber seinem Medium: der Malerei. Diese Schuld hat einen Namen, sie heißt *Wahrheit,* wobei einmal dahingestellt sei, ob es die Wahrheit der Malerei, in der Malerei oder über die Malerei ist. Rätselhaft aber ist die vom Künstler projektierte Weise, diese Schuld abzutragen. Sie, die er – seinen eigenen Worten entsprechend – im Zusammenhang der Malerei oder *als* Malerei schuldet, will er *sagen,* also mit *Worten* oder, übertragen gesprochen, in Analogie zu einem *sprachlichen Repräsentationssystem* abtragen. Wie aber kann man eine malerische Wahrheit *sagen,* wie kann man mit Worten wiedergeben, was in der eigenen Weise der Malerei schon zu den Augen gesprochen hat? Was ist der Unterschied zwischen einer sichtbaren und einer sagbaren Wahrheit?

Bei Cézanne wird auf besonders dramatische Weise der Bruch mit dem traditionellen Künstlerbegriff im 19. Jahrhundert offenbar. Was er in die Waagschale der beruflichen Verpflichtung wirft, ist nicht sein Können, nicht sein Name oder seine Signatur als Garantien einer authentischen und originellen Weltsicht und Produktivität. Der Künstler tritt zurück hinter dem Kunstwerk, seine Aufgabe ist es, die Wahrheit des Ästhetischen aufzuzeichnen; das Kunstwerk wird zum Ort eines Wahrheitsgeschehens, das sich zwischen dem Objekt und seiner Wiedergabe abspielt und für das der Künstler die Verantwortung trägt. Cézannes leidenschaftliche Arbeit an seinem »Objekt«, das heißt die immer wieder neu beginnende und wiederholte Anstrengung, die »Wahrheit« der Montagne Sainte-Victoire und zwar »*in* Öl« – so könnte man das *en* der Formulierung *en peinture* übersetzen – zu sagen, dieser Kampf zwischen dem Maler und seinem Berg zeugt von einer neuen ästhetischen Konzeption: der Verpflichtung zur Wiedergabe, zur Restitution einer ontologischen Wahrheit, die als Ursprung des Kunstwerkes anzusehen ist.

Niemand ist Cézanne in diesem Selbstverständnis näher gekommen als gerade Martin Heidegger, der sich dem Werk des provençalischen Malers zwar erst spät genähert hat; die Zentralformel seiner Bestimmung des Wesens der Kunst als *Sich-ins-Werk-Setzen der Wahrheit* ist aber ganz im Geiste jenes eingangs zitierten Briefes geprägt und öffnet eine der fruchtbarsten Perspektiven auf das ästhetische Grundproblem Cézannes. Gleichwohl scheint Heideggers Beschäftigung mit Kunst überhaupt einen nur marginalen Stellenwert einzunehmen. Sein erstes Interesse galt weniger der Malerei Cézannes als vielmehr derjenigen van Goghs. 1930 sah er bei einer Ausstellung in Amsterdam eines der Schuhbilder van Goghs, das er dann in seiner ab 1935 mehrfach vorgetragenen Abhandlung *Der Ursprung des Kunstwerkes* als herausragendes Beispiel für die Entbergung der Wahrheit im Kunstwerk anführt. Zwanzig Jahre später lernte er im neuen Kröller-Müller-Museum in Otterlo das Werk des von ihm verehrten Künstlers genauer kennen. Auf Cézanne hingegen wurde seine Aufmerksamkeit erst 1947 im Zusammenhang der Vorbereitung einer Gedenkrede zum zwanzigsten Todestag von Rainer Maria Rilke gelenkt, dessen Cézanne-Briefe ihn von der Wahlverwandtschaft des in ihnen vermittelten Kunstkonzepts überzeugten. Bei späteren Aufenthalten in der Provence konnte er diesen Eindruck in der Begegnung mit den Schauplätzen von Cézannes

›Kampf um das Motiv‹ vertiefen. Die Berufung auf Cézannes Malerei wird nunmehr ein tragendes Motiv im Denken Heideggers, obwohl er ihr keine eigene Studie gewidmet hat. Es war keine Theorie, nicht ein Gegenstand, den sie teilten, sondern ein Weg, der sie gemeinsam »auf einen Stern zugehen«[1] läßt.

Überhaupt hat Heidegger keine *Ästhetik* im engeren Sinne geschrieben, ja genaugenommen war seine Position dem ästhetischen Zugang zur Kunst gegenüber eher von Vorbehalten gekennzeichnet. Die Beschäftigung mit dem Kunstwerk steht im Rahmen einer generellen ontologischen Analyse des Zeug- und Werkcharakters. Daher hat Heideggers Kunstlehre über den engeren Rahmen seiner philosophischen Rezeption kaum eine Ausstrahlung auf die Kunstgeschichte oder -theorie erfahren. Zu vermerken bleibt vielmehr, daß die seltenen Reaktionen, wie etwa diejenige des nicht unbedeutenden amerikanischen Kunsthistorikers Meyer Schapiro, eher ablehnend waren: Mit dem hermeneutischen Instrumentarium seiner Disziplin griff er die Unseriosität von Heideggers van-Gogh-Interpretation als rein philosophisch-spekulative Assoziation an, die sich weder um eine Einordnung des ausgewählten Gegenstandes im Gesamtwerk des Künstlers noch um dessen Verhältnis dazu bekümmert und somit gerade die Differenz der künstlerischen Darstellung gegenüber der Realität des dargestellten Gegenstandes vernachlässigt.[2]

Die Angemessenheit dieser Kritik sei zunächst einmal dahingestellt – zu einem entscheidenden Wechsel der Fronten kam es, nachdem der französische Philosoph Jacques Derrida 1987 in seiner der Frage des Ästhetischen gewidmeten Aufsatzsammlung *Die Wahrheit in der Malerei* diesen Streit um van Goghs Schuhe wieder aufgriff und den Philosophen Heidegger kunstvoll gegen den Kunsthistoriker Meyer Schapiro ausspielte, die beide die Wahrheit des Kunstwerks zu restituieren vorgaben: Vor dem Hintergrund von Derridas Ansatz einer *Dekonstruktion* der Kunst erfuhr Heideggers Kunstwerkaufsatz – nicht zuletzt im Rahmen der vor allem im amerikanischen Bereich heftig diskutierten kulturellen Konsequenzen einer postmodernen Ästhetik – eine verstärkte Aufmerksamkeit, die zu einer schier unübersehbaren Publikationsfülle unter anderem in bezug auf die politischen Implikationen, die Frage nach einem Ende der Kunst und den Möglichkeiten ästhetischer Darstellung im Zeitalter der technischen Reproduktion des Kunstwerkes führte.[3]

Bevor diese *Dekonstruktion* des Wahrheitsanspruches der Kunst in den Mittelpunkt gerückt wird, gilt es zunächst einmal, eine *Rekonstruktion* von Heideggers Kunstwerkanalyse vorzunehmen, um sein Konzept einer *Wiedergabe* der Wahrheit im Werk zu verdeutlichen. Die verstärkte Publikation von Manuskripten aus dem Nachlaß Heideggers erlaubt es heute, das werkgeschichtliche Umfeld des dabei zentralen Aufsatzes *Der Ursprung des Kunstwerkes* genauer zu beleuchten. Darüber hinaus liegen die meisten der in seine Entstehungszeit fallenden Vorlesungen jetzt in der Gesamtausgabe vor, so *Vom Wesen der Wahrheit* (Wintersemester 1931/32), über *Hölderlins Hymnen* (Wintersemester 1934/35) sowie über *Nietzsche: Der Wille zur Macht als Kunst* (Wintersemester 1936/37). Neben einem Nachvollzug der argumentativen Schritte des Kunstwerkaufsatzes spielt aber auch Heideggers Gegenüberstellung von Kunst und Technik in den späteren Schriften eine wichtige Rolle für die Rekonstruktion seines ästhetischen Denkens. Gerade für die von Derridas Dekonstruktion ausgelöste Rezeption Heideggers stellt diese kulturkritische Diskussion eine besondere Herausforderung dar, die zugleich ein Schlaglicht auf die bislang noch völlig unaufgearbeitete Nähe zum Werk des Zeitgenossen Walter Benjamin wirft. Auf dieser Basis wird der Ansatz für Derridas Relektüre des Kunstwerkaufsatzes deutlicher, die im Bereich der amerikanischen *culture studies* nachgerade zu einer Entdeckung Heideggers als postmodernem Philosophen wider Willen führte. Daß es bei diesen Deutungen aber immer auch um Geistergeschichten geht, um Gespenster, phantomartige Doppelgänger und *cadavres exquis* einer unendlichen Geschichte des Bedeutens, in der sich die Bilder in ihre stumme Dinglichkeit zurückziehen, ist schon im Ausgangspunkt, im Ursprung des Kunstwerkes angelegt, jedenfalls so, wie ihn Heidegger erschließt.

Die Frage, die sich durch all diese Wendungen der Argumentation hindurchzieht, ist, ob man überhaupt wiedergeben kann, ob Darstellen in der Pflicht gegenüber einem Orignal, einem Ursprung oder einer Authentizität steht, beziehungsweise was Kunst überhaupt als *Ereignis,* als Ins-Werk-Setzen ist. Von Cézanne wird eine entscheidende Einsicht überliefert, die ihn vom Zwang des Kopierens befreit habe: »Ich war zufrieden mit mir, als ich entdeckte, daß man die Sonne nicht *wiedergeben* kann, sondern daß man sie mit etwas anderem *darstellen* muß […] mit der Farbe.«[4] Die *Ästhetik der Wiedergabe* ist also eine *Kunst des Übersetzens*. Aber auch Übersetzen ist nicht frei von den genannten Fragen: *tradutore traditore* (der Über-setzer ist Verräter) sagen die Italiener, und in diesem Sinne gerät auch die künstlerische Darstellung in die Nähe des Verrats, von dem sie sich nur löst durch ein Wunder, das Wunder der Transsubstan-tiation – wie Cézanne nicht zögert zu behaupten:»Das Wasser wan-delt sich in Wein, die Welt ist in Malerei verwandelt. Man taucht ein in die Wahrheit der Malerei.«[5] Die Wahrheit in der Malerei ist die Wahrheit der Malerei, was aber bleibt, ist die Schwierigkeit über sie zu reden: die Wahrheit *und* die Malerei. Eine immer wieder gern erzählte chinesische Legende berichtet von einem berühmten alten Maler, der vor den Augen seiner verwunderten Schüler in sein Bild selbst hineinging, um auf dem darin dargestellten Pfad für immer zu verschwinden. Dem heutigen Leser dieser Geschichte fällt es schwer, nicht an eines der letzten Bilder van Goghs zu denken, auf dem der durch das Kornfeld mit den schwarzen Krähen verlaufende Pfad den Weg eines solchen Verschwindens weist. Auch dies ist eine Weise, in die Wahrheit der Malerei einzutauchen, es ist kein Ankommen bei einer Präsenz, sondern das Gehen eines Weges, ein Unterwegssein, das Maler und Denker teilen. Das Motiv des Pfades war es auch, das Heidegger die Nähe Cézannes spüren ließ. In einem seiner dem Maler gewidmeten Denkgedichte greift er es auf, um in seinem Namen ein Zusammengehören, eine geheimnisvolle Identität zu beschwören. Dieses Geheimnisvolle, Kryptische der Identität mußte aber die Gespenster der Differenz herbeirufen, die alle nur das eine wollen: dem Kunstwerk seine Wahrheit restituie-ren:

»Das nachdenksam Gelassene, das inständig
Stille der Gestalt des alten Gärtners
Vallier, der Unscheinbares pflegte am
chemin des Lauves.

Im Spätwerk des Malers ist die Zwiefalt
von Anwesendem und Anwesenheit einfältig
geworden, ›realisiert‹ und verwunden zugleich,
verwandelt in eine geheimnisvolle Identität.

Zeigt sich hier der Pfad, der in ein Zusammengehören des Dichtens und des Denkens führt?«[6]

Heidegger hat seinen Vortrag über den Ursprung des Kunstwerks mehrfach gehalten: zum ersten Mal im November 1935 vor der Kunstwissenschaftlichen Gesellschaft zu Freiburg, im Januar 1936 dann in Zürich und schließlich Ende 1936 in drei Teilen vor dem Deutschen Hochstift zu Frankfurt. Diese letzte Fassung wurde dann 1950 in den *Holzwegen* publiziert, in der Zwischenzeit sind aber auch eine Urfassung aus den Jahren 1931/32 sowie Aufzeichnungen aus den Jahren 1934 ff. erschienen, die einen stärkeren Zusammenhang der kunsttheoretischen Überlegungen mit dem Gesamtwerk herstellten und deren Bedeutung für die Entwicklung des Heideggerschen Denkens gerade im Umkreis der sogenannten Kehre herausstellen.[7]

Wie schon der Titel der Aufzeichnungen, *Zur Überwindung der Ästhetik,* andeutet, ist Heideggers Ansatz kein ästhetischer im Sinne der philosophischen Tradition einer Ästhetik, die er in der Nietzsche-Vorlesung von 1936 als »Wissen vom sinnlichen, empfindungs- und gefühlsmäßigen Verhalten des Menschen und von dem, wodurch es bestimmt wird«,[8] definiert. Ästhetik als Beschäftigung mit der subjektiven Perspektive des Kunstwerkes ist für ihn eine Verfallserscheinung. Sie taucht zum Beispiel in Griechenland erst in dem Moment auf, als die Epoche der großen Kunst zuende geht. Kunst ist für ihn aber auch nicht einfach nur Objekt, das in seiner Dinglichkeit seine Bedeutung offenbart, sondern das, was ihren Werkcharakter ausmacht, das Wesen der Kunst ist das »Geschehnis der Wahrheit«, das »Werksein« als »Offenbarung«.[9] In der frühen Vorlesung zum Wesen der Wahrheit hat Heidegger diese theologisch klingende Formel auf eine vorsichtig vortastende Weise entfaltet. Schon hier steht am Anfang die Ablehnung des subjektiven Standpunktes eines künstlerischen Ausdrucks oder Eindrucks, die beide allenfalls als nachträgliche Phänomene zum Kunstwerk hinzutreten. Dessen Leistung bemißt sich am Möglichen, das in ihm sichtbar, enthüllt wird, am Lichtblick als Öffnen des Blicks für die Dinge, wie Heidegger am thematischen Horizont von Platons Höhlengleichnis ausführt:

»Das Wesen der Kunst ist nicht Ausdruck von Erlebnis, besteht nicht darin, daß der Künstler im Werk sein ›Seelenleben‹ ausdrückt, damit spätere Zeiten [...] zu fragen haben, wie sich in der Kunst die Kunstseele einer Zeit bekundete. Auch nicht darin, daß der Künstler die Wirklichkeit genauer und schärfer als andere abbildet oder etwas herstellt (darstellt), woran andere ein Vergnügen, einen Genuß höherer oder niederer Art haben. Sondern darin, daß er den Wesensblick für das Mögliche hat, die verborgenen Möglichkeiten des Seienden zum Werk zu bringt und dadurch die Menschen erst sehend macht für das Wirklich-seiende, in dem sie sich blindlings herumtreiben.«[10]

Die Strenge, mit der Heidegger hier die Wesensanalyse des Kunstwerks angeht, ist auch im Vortragszyklus von 1936 spürbar. Heidegger verweilt zunächst bei dem, was er das »Dinghafte« des Kunstwerks nennt, das heißt seine Stofflichkeit als pures Ding, die von jeder als Rahmenvorstellung buchstäblich marginalisierten allegorischen oder symbolischen Deutung immer als Träger der Bedeutung zugrunde gelegt werden muß. In ihr liegt zwar nicht das Wesen der Kunst, aber es gilt zunächst einmal, diese Dinglichkeit vor ihren Verdeckungen durch die in der abendländischen Metaphysik üblichen Übersetzungen zu retten. Gegen ihre Lesart zum Beispiel als *subjectum* oder als *aistheton,* die ihr beide Gewalt antun, indem sie das Ding einem Fürsichsein überantworten oder in eine distanzlose Unmittelbarkeit des Empfindens zerren, sucht Heidegger diejenige Auslegung, die das Ding in sich ruhren läßt und zugleich seine Synthese von Stoff und Form als *Dienlichkeit* umgreift. Mit dieser den Übergang zur Kunstwerkanalyse ganz entscheidend vorbereitenden Kategorie bezeichnet er diejenige interne Formbestimmtheit der Dinge, die über das bloß Stoffliche der Dingheit hinausgeht, ohne nachträglich als Nützlichkeit aufgesetzt oder als Zweck vor- oder übergeordnet zu werden. Sie ist es, die – ausgehend vom Erzeugtsein – eine spezifische Gruppe von Dingen als Zeug erweist, das dank seiner ontologischen Eigenschaft der Dienlichkeit als »dieses Seiende uns anblickt d. h. anblitzt und damit anwest« – wie das plötzlich als Leitmotiv auftauchende oder besser gesagt aufblitzende Schuhzeug:

»Das Zeug, zum Beispiel das Schuhzeug, ruht als fertiges auch in sich wie das bloße Ding, aber es hat nicht wie der Granitblock jenes Eigenwüchsige. Andererseits zeigt das Zeug eine Verwandtschaft mit dem Kunstwerk, sofern es ein von Menschenhand Hervorgebrachtes ist. Trotzdem gleicht das Kunstwerk in seinem selbstgenügsamen Anwesen eher wieder dem eigenwüchsigen und zu nichts gedrängten bloßen Ding. Dennoch rechnen wir die Werke nicht unter die bloßen Dinge. Überhaupt sind die Gebrauchsdinge um uns herum die nächsten und eigentlichen Dinge. So ist das Zeug halb Ding, weil durch die Dinglichkeit bestimmt, und doch mehr; zugleich halb Kunstwerk und doch weniger, weil ohne die Selbstgenügsamkeit des Kunstwerkes. Das Zeug hat eine eigentümliche Zwischenstellung zwischen dem Ding und dem Werk, gesetzt daß eine solche verrechnende Aufreihung erlaubt ist.«[11]

Der Übergang vom *Dinghaften* des Dinges zum *Zeughaften* des Zeuges stellt einen entscheidenden Schritt zur Analyse des Werkhaften der Kunst dar. Einerseits wird deutlich, daß vom Dinghaften nur die Rede sein kann im defizitären Sinne einer Entblößung von seinem Zeugcharakter, einer Restbestimmung nach Abzug der Dienlichkeit, andererseits wird diese im Kunstwerk wie ein Ding als autonome Seinsqualität erlebt, die sich nicht auf subjektive Bestimmung reduzieren läßt, sondern etwas vom Sein des Seienden offenbart. Dieser dinghafte *Entzug* ist gleichsam der Motor von Heideggers Suche nach dem Offenbarenden im Kunstwerk jenseits subjektiver oder intersubjektiver Sinngebungen. Damit stellt sich aber zugleich das größte Problem beim Zugang zu Heideggers Idee von Ursprung, die sich nämlich nicht ohne Rekurs auf seine auch die ästhetischen Fragestellungen bestimmende Fundamentalontologie verstehen läßt.

Gemeint ist der daseinsanalytische Ansatz von *Sein und Zeit,* der, an Edmund Husserls Phänomenologie anknüpfend, bei der Beschreibung der Welt als *Phänomen* ansetzt, um *sehen zu lassen,* was sich *an* Seiendem innerhalb der Welt *zeigt.*[12] In diesem *Zeigen* zeigt oder offenbart sich die fundamentale Unterscheidung zwischen *Seiendem und Sein,* die »ontisch–ontologische Differenz«, die an den Dingen als Phänomenen immer auch etwas geltend macht, das über den Kontext ihrer bloßen Gegebenheit hinausverweist. Ihr Anspruch ist also, das Seiende hinsichtlich seiner Vernetzung mit anderem Seienden, das heißt hinsichtlich der gemeinsamen Bestimmung als Sein zu begreifen. Eine primäre Form solcher Vernetzung ist für Heidegger das »*Besorgen*« als existentielle Erfahrung der Sorge um das, was er »Umwelt« nennt.[13] In ihr, beziehungsweise in dem vom Präfix ›*Um-*‹ eröffneten Handlungsspielraum des *Um-zu* stellt sich erstmals die Frage nach der möglichen Verwendbarkeit von Dingen über ihre bloße Faktizität hinaus – nämlich als pragmatische, ja utilitaristische, das heißt auf eine Benutzerebene zugeschnittene Konkretion der ontologischen Ding-Frage. Insofern nämlich die

Ebene einer subjektiven Sinngebung von vorneherein ausgeblendet wird, muß das Interesse in Richtung der Frage gehen, inwiefern die *Dienlichkeit* des Dings in dessen Sein selbst angelegt ist.

Heidegger erinnert in diesem Kontext auch an den altgriechischen Begriff für Dinge, *pragmata,* den er nun durch den Begriff des *Zeugs* übersetzt.[14] In ihm kommt der Aspekt der Dienlichkeit, eines ›Wozu‹ schon etymologisch zum Ausdruck, insofern Zeug nicht etwa auf Zeugenschaft verweist, sondern seine semantische Wurzel im Wort *ziehen* und damit im Modell des Ur-Zeugs, des Pfluges hat. Heidegger nennt Schreib-, Näh-, Werk-, Fahr- und Meßzeug neben dem legendären *Schuhzeug,* wobei an allen Beispielen des graphischen, handwerklichen und Fortbewegungs- oder Transportbereiches der gemeinsame Zug auffällt, daß in ihnen linear ein Weg gebahnt wird. In diesem Sinne ist Zeughaftigkeit ursprünglich mit Zeichenhaftigkeit verbunden: Das Bahnen des Weges als Realisierung beziehungsweise Bewerkstelligung des impliziten, virtuellen ›Um-zu‹ ist gleichsam eine Urform des *Verweisens,* das im Zeichen dann von der repräsentativen Spaltung in An- und Abwesendes geleistet wird: als Verweisen des anwesenden (graphischen, malerischen oder lautlichen) Bezeichnenden auf ein abwesendes Bezeichnetes.

Heidegger führt in diesem Zusammenhang einen weiteren wichtigen Begriff oder besser Begriffsgegensatz ein, der zugleich den Unterschied zwischen der praktisch-pragmatischen, im Handeln sich erschließenden Verweisung von Zeug und der theoretisch repräsentierenden Verweisung von Zeichen erhellt: die *Zuhandenheit* als Ausdruck der im Umgang mit den Dingen sich erschließenden Dienlichkeit im Gegensatz zur *Vorhandenheit* der Dinge in ihrer Dingheit. Entscheidend ist dabei, daß die Zuhandenheit dem Zeug als Form eingeschrieben ist, die eine entsprechend dienliche Anordnung des Stoffes hervorbringt.[15] Dies gilt für Zeichenhaftes nicht. Abgesehen einmal von dem keinesfalls paradigmatischen Fall der Onomatopoetik steht weder das sprachliche noch das bildende oder plastische Kunstwerk in der Verpflichtung, die Eigenschaften des von ihm Dargestellten im Stoff der Darstellung selbst mitdarzustellen. Das war es ja gerade, was Cézanne als befreiende Einsicht formulierte, als Befreiung vom Zwang der Wiedergabe und zur Übersetzung in ein anderes Darstellungsmedium. In *Sein und Zeit* unterscheidet Heidegger daher das im zeichenhaften Verweisen herrschende Prinzip der *Übertragung,* das sich bis in die Sprachfigur der *Metapher* fortsetzt – die stilistische Funktion, Unbegreifliches durch anschauliche Vergleichung *greifbar* zu machen –, von der *Umsicht,* eine »eigene Sichtart, die das Hantieren führt und ihm seine spezifische Dinghaftigkeit verleiht.«[16] Anders als die theoretische *Einsicht* versteht sich diese praktische *Umsicht* nicht als Repräsentation einer gegebenen und vergangenen Präsenz. Ihre Ab-Sicht sieht vielmehr vom Gewesenen der Dinge ab und hebt gerade das ab, was sich an ihnen als *Disposition* zeigt, als das Mögliche einer Zukunft.

Umsicht schafft so eine *Vertrautheit* mit der Welt, durch die sich die Fremdheit der Dinge in ihrer Sinnhaftigkeit als Zuhandenes verliert.[17] Damit ist nicht gesagt, daß dieser Umgang der Vorhandenheit der Dinge gerecht wird, ja er rechnet sogar in einem gewissen Maße mit einem Entzug des Ansichseins. Als Zeug werden die Dinge nicht in ihrer Dinghaftigkeit, sondern in ihrer Dienlichkeit vorgestellt, während ihre bloße *Vorhandenheit* erst dort wieder eine Rolle spielt, wo gewissermaßen eine *Störung* der Zuhandenheit und damit der Verweisung vorliegt. Gemeint ist die ganz pragmatische Erfahrung, daß sich Dinge als zu einem bestimmten Gebrauch nicht dienlich erweisen, nicht zuhanden sind, oder sich sogar einer solchen Verwendung verweigern, wie in den drei von Heidegger diskutierten Formen, der »auffälligen« *Unverwendbarkeit* von Zeug für das Besorgen, dem »aufdringlichen« *Fehlen* von Dingen an ihrem Platz und der »Aufsässigkeit« derjenigen Dinge, die *im Wege liegen* und auf den Anruf der Verweisung hin »sich nicht melden«[18]. Der positive Effekt solcher Störungen ist also, daß durch *Auffälligkeit, Aufdringlichkeit* und *Aufsässigkeit* die Aufmerksamkeit auf die Vorhandenheit des Abwesenden gelenkt wird und an seine Stelle eine neue Art von Zeug tritt, das Abwesendes repräsentiert, das *Zeigzeug.*

Für Heidegger stehen auch die Zeichen zunächst im Zusammenhang einer besorgenden Praxis. Sie sind wie »Wegmarken, Flursteine, der Sturmball für die Schiffahrt, Signale, Fahnen, Trauerzeichen und dergleichen«[19] von einer bestimmten Dienlichkeit, indem auf Vorhandenes, wenngleich momentan nicht Zuhandenes verwiesen wird: Sie sind *Zeigzeug,* sie dienen zum Zeigen. In dieser *deiktischen* Funktion bringt das Zeigzeug die Dinge nicht näher, sondern vertritt als Ding ein anderes Ding. Durch diese Vertretung wird das abwesende Ding nicht wiedergegeben, nicht in seinem Sein restituiert, es wird repräsentiert oder – um noch einmal an Cézannes Äußerung zu erinnern – durch etwas anderes dargestellt. Eine der entscheidensten Konsequenzen, die sich aus diesem Transfer auf den Schauplatz des Zeigzeugs ergibt, ist die Unendlichkeit oder Unabschließbarkeit dieses Repräsentationsprozesses. Das Zeichen ist endlos offen für *Reproduktion;* als gesprochenes kann es aufgeschrieben, gemalt oder in Stein gehauen werden, ohne seine Dienlichkeit als Zeigzeug zu verlieren, während das Wort »Schuh« ebenso wenig zum Gehen geeignet ist wie gemaltes Schuhzeug den Fuß schützt. Zeigzeug vermittelt *Information,* es dient im weitesten Sinne des Wortes zur *Steuerung* und *Kommunikation,* weshalb eines der populärsten Beispiele Heideggers für solches Zeigzeug dem modernen Bereich der *Kybernetik* im buchstäblichen Sinne von Verkehrsregelung entnommen ist, nämlich der an Kraftwagen angebrachte Winker oder Fahrtrichtungsanzeiger.[20]

Im Kunstwerkaufsatz, also fast zehn Jahre nach *Sein und Zeit,* bedient sich Heidegger zwar nicht mehr des Begriffs *Zeigzeug* zur Spezifizierung ästhetischer Verweisung, im Zusammenhang der Frage nach dem Aspekt der *Wiedergabe* durch das Kunstwerk geht er aber auf den besonderen Zeichencharakter ein. Was er ablehnt, ist die naive Vorstellung, Kunst sei Nachahmung oder Kopie des Wirklichen. Zwar werde eine gewisse Übereinstimmung mit dem Seienden verlangt, aber es ist keineswegs das bloß Vorhandene, das im Kunstwerk abgebildet werde. Einer solchen realistischen Auffassung erteilt er deutlich eine Absage: »Also handelt es sich im Werk nicht um die Wiedergabe des gerade jeweils vorhandenen einzelnen Seienden, wohl dagegen um die Wiedergabe des allgemeinen Wesens der Dinge.«[21] Das Argument ist – betrachtet man es näher – zweischneidig. In ihm wird der Gedanke der Wiedergabe eigentlich abgelehnt, um dennoch wiederholt zu werden, allerdings mit einer signifikanten semantischen Verschiebung. Diejenige Wiedergabe nämlich, die Heidegger affirmiert, die Wiedergabe des *allgemeinen Wesens der Dinge,* ist genaugenommen gar keine Wieder-Gabe, sondern eine ursprüngliche beziehungsweise erste Gabe, das heißt die Eröffnung einer wesenhaften Dimension, die in der Wiedergabe der äußeren Erscheinung verdeckt blieb.

In der künstlerischen Darstellung radikalisiert sich das im Zusammenhang der Störung aufgetauchte Phänomen des Seinsentzuges gerade auf der pragmatischen Ebene von Zuhandenheit, deren *Durchstreichung* hier nachgerade konstitutiv wird. Die ästhetische Anschauung lebt gewissermaßen vom Ausnahmezustand, der das

97

praktische Besorgen von Zuhandenheiten suspendiert. In besonderem Maße hat die moderne Kunst sich diesem Spiel der gebrochenen Verweisung gewidmet. Das spektakulärste Beispiel gab Marcel Duchamp, der mit seinen *Ready-mades* – dem Flaschentrockner, dem Pissoir etc. – exemplarisch die Dysfunktionalisierung von Zuhandenem als Ursprung des Kunstwerks demaskierte. Ein anderes berühmtes Beispiel ist René Magrittes *Ceci n'est pas une pipe,* ein Bild, das mit der widersprüchlichen Aussage zweier Repräsentationssysteme – nämlich Sprache und Malerei – spielt und auf die Autonomie oder stärker noch Arbitrarität einer jeden Ordnung des Symbolischen aufmerksam machen will, aber auch Joseph Beuys' Objekt *Messer ohne Griff, an dem die Klinge fehlt,* das den Entzug von konkreter Vorhandenheit in der kontradiktorischen Bestimmung von Zuhandenheit in ein- und demselben Repräsentationssystem vorführt. Schon der Meister der Moderne selbst, Paul Cézanne, hat – dem Verständnis Rilkes folgend – die Kunst der Darstellung auf der Ebene eines Seinsentzugs entfaltet. Angesichts der Äpfel auf einem der vielen Stilleben schreibt Rilke: »Bei Cézanne hört ihre Eßbarkeit überhaupt auf, so sehr dinghaft wirklich werden sie, so einfach unvertilgbar in ihrer eigensinnigen Vorhandenheit.«[22]

Heideggers Sichtweise der Kunst erweist sich in dieser Hinsicht als sehr modern, bezieht sich auf die Emanzipation der modernen Kunst vom kultischen Zusammenhang, vom portraitierenden oder mythologisch-narrativen Genre zur Darstellung des Seienden in seinem Sein. An diesem Punkt oder bei der Bewertung dieses Zusammenhangs scheiden sich aber die Geister beziehungsweise zeichnet sich in Heideggers ontisch-ontologischer Differenz mit ihrer Ablösung des Kunstwerkes von einer phänomenologischen Wirklichkeit eine Bewegung ab, die das Gleiten der semantischen Supplementarität auf den Bezirk der genannten Wesenhaftigkeit beschränken möchte und Aussagekraft des Werkes doch wieder an einer Seinsursprünglichkeit authentifiziert. Was das Zeugsein des Zeugs ausmacht, ist seine Dinglichkeit als Zuhandenes, die jetzt auf der Ebene der Repräsentation in einen scharfen Gegensatz zum *bloßen* Dingsein des Dings gesetzt wird. ›Bloß‹ versteht sich hier nicht nur als einschränkendes Adjektiv, sondern auch als Eröffnung des Blicks auf das Residuale, das nach dem Akt der Entblößung, dem *Abzug* aller Dienlichkeit und Anfertigung vom Ding übrigbleibt, allerdings zugleich seine Bestimmung einbüßt:

»Das bloße Ding ist eine Art von Zeug, nur eben das seines Zeugseins entkleidete Zeug. Das Dingsein besteht in dem, was dann noch übrigbleibt. Aber dieser Rest ist in sich gar nicht eigens bestimmt.«[23] In letzterer Hinsicht ist das Kunstwerk also mehr und führt weiter als die nur negative Bestimmung einer Abwesenheit oder Entzogenheit. Insofern es aber als seinerseits Geschaffenes dieses Moment gleichgültigen Insichruhens mit dem Ding teilt, ist es wie geschaffen dazu, die Spannung zwischen dem rein Stofflichen des auf sich beruhenden Dingseins und dem Formprinzip des hervorgebrachten Zeugseins zu vermitteln. Kunst ist die Darstellung des Zeugseins von Zeug in seiner Dienlichkeit, die aber nicht durch den Gebrauch vorgeführt wird, sondern »in der Fülle seines wesentlichen Seins« als die stofflich-dingliche Voraussetzung herausgestellt wird, die Heidegger »*Verläßlichkeit*« nennt.[24] Das Kunstwerk übernimmt damit nur vordergründig die Rolle zeichenhafter Verweisung, leistet zugleich aber mehr als etwa Wort und Schrift, insofern es nicht nur auf Vorhandenes weist. Es gibt nicht einfach Informationen, um den Verkehr mit und in der Welt kollektiv zu steuern; es *versöhnt* das Produzieren mit dem Sein, Ökonomie mit Ontologie gleichsam im Zeichen einer Ökologie: In der Verläßlichkeit geht das Ding gleichsam einen Bund mit dem Besorgen ein, es verspricht – schweigend allerdings, wie Heidegger präzisiert –, dienlich zu sein.

Der Beschwörungston dieses Versöhnungsgetus, der – wie schon Annemarie Gethmann-Siefert hervorhebt – immer mit pathetischen »psychischen Charakteristika« von Kampf und Streit einhergeht[25], bricht bei Heidegger besonders dann durch, wenn er ausführlicher auf das schon lange im Hintergrund lauernde Beispiel zu sprechen kommt. Es ist van Goghs Gemälde eines Schuhpaares, das Heidegger von Anfang an mit einer gewissen Selbstverständlichkeit – die zu heftigen Diskussionen geführt hat – als »ein Paar Bauernschuhe« identifiziert.[26] Der amerikanische Kunsthistoriker Meyer Schapiro hat – wie bereits gesagt – als erster auf diese Selbstverständlichkeit der Verbindung von van Goghs Schuhen mit der Welt des Bäuerlichen reagiert und sich seinerseits zu der ikonographischen Richtigstellung provoziert gesehen, daß es sich im angegebenen Falle um die Schuhe des Malers selber zur Zeit seines Paris-Aufenthaltes handelt. Erstaunlicherweise reagiert der Kunsthistoriker nicht auf die befremdliche Weise, mit der der Philosoph das Beispiel einleitet.

Heidegger geht es um das Zeughafte des Zeugs, das ihm im »Gebrauchszeug« der Bauernschuhe am angemessensten verkörpert zu sein scheint, so angemessen, daß es eigentlich keines Beispiels bedarf. Daß er dennoch ein solches als Veranschaulichung gebraucht, rückt die Kunst ins Zwielicht einer bloßen – wörtlich – »Nachhilfe«. Das Kunstwerk ist also eine Art didaktische Illustration dessen, was der philosophische Geist unmittelbar ohne Hilfe bildlicher Darstellung faßt.

Aber Meyer Schapiro scheint sich insgesamt nicht weiter mit Heideggers Kunstauffassung beschäftigt zu haben. Sein Argument, daß van Goghs Schuhe als dessen eigene die Rolle eines ganz persönlichen Gegenstandes spielen, einer Art von fetischistischem Doppelgänger, in dem als Teil oder Zeugnis des täglichen Lebens sich dieses wie in einem Selbstporträt spiegelt, ist Heideggers Konzept des Kunstwerkes diametral entgegengesetzt, ohne jedoch diesen Gegensatz – etwa in der Aussage, Heidegger habe einen wichtigen Aspekt des Kunstwerkes vernachlässigt, nämlich die Anwesenheit des Künstlers im Werk – zur Sprache zu bringen.[27] Schapiro, der die *Geister* einer Reflexion Knut Hamsuns über Schuhe beschwört und sich auf eine Anekdote Paul Gauguins über van Goghs Verhältnis zu den Schuhen seiner Zeit als Prediger in Belgien bezieht, geht auf Heideggers Argumente und Text nicht ein und nutzt auch die Neuveröffentlichung des Textes und eine Nachschrift nur dazu, seine Position zu bekräftigen und neue Belege für Schuhe als Gegenstände der Selbsterfahrung zu sammeln.[28] Heidegger dagegen nimmt die Wiederveröffentlichung seines Aufsatzes in der Gesamtausgabe seinerseits zum Anlaß, die Nichtzugehörigkeit der Schuhe zum Künstler van Gogh noch einmal zu unterstreichen. Im Kunstwerkaufsatz schrieb er:

»Solange wir uns dagegen nur so im allgemeinen ein Paar Schuhe vergegenwärtigen oder gar im Bilde die bloß dastehenden leeren, ungebrauchten Schuhe ansehen, werden wir nie erfahren, was das Zeugsein des Zeuges in Wahrheit ist. Nach dem Gemälde von van Gogh können wir nicht einmal feststellen, wo diese Schuhe stehen.« Und hier fügt er die spätere, in der Reclam-Ausgabe handschriftlich vermerkte Ergänzung an: »und wem sie gehören.«[29]

1 Vincent van Gogh, Darstellungen von Schuhen, um 1885-1888

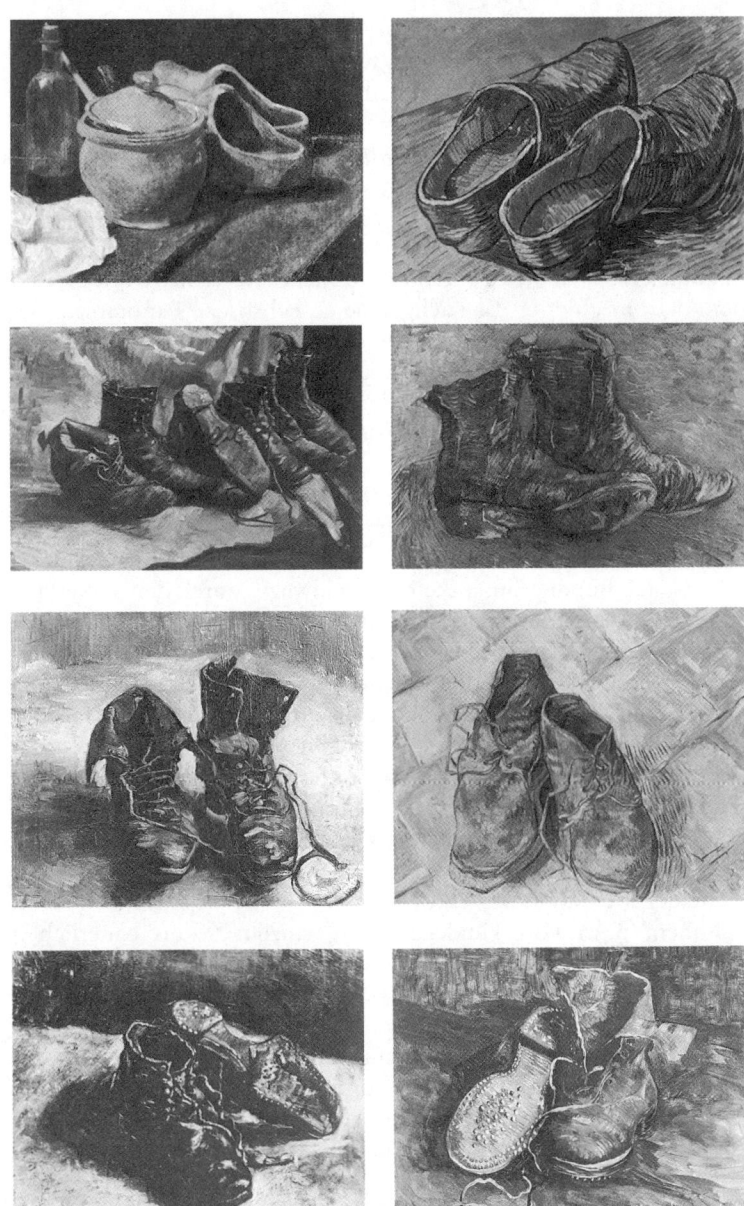

Heidegger bleibt also seiner entschiedenen Ablösung des Kunstwerkes von seinem Produzenten wie auch Rezipienten getreu. Das Kunstwerk steht für sich in seinem Bedeuten, in seiner Verweisung auf das Zeughafte des Zeugs. Heidegger fährt fort: »Um dieses Paar Bauernschuhe herum ist nichts, wozu und wohin sie gehören könnten, nur ein unbestimmter Raum.« Aber dieser unbestimmte Raum gilt ihm als die Tabula rasa, auf der er nun die wie bei einem analytischen Urteil im Subjekt »Paar Bauernschuhe« komprimierte und präjudizierte Bedeutung entfaltet. Mit der rhetorischen Formel »und dennoch« eröffnet er das nachgerade gespenstische Panorama einer großartigen Vision, die auf der Projektionsoberfläche des unschuldigen Bildes die halluzinierte Welt des Bäuerlichen erscheinen läßt.

»Aus der dunklen Öffnung des ausgetretenen Inwendigen des Schuhzeuges starrt die Mühsal der Arbeitsschritte. In der derbgediegenen Schwere des Schuhzeuges ist aufgestaut die Zähigkeit des langsamen Ganges durch die weithin gestreckten und immer gleichen Furchen des Ackers, über dem ein rauher Wind steht. Auf dem Leder liegt das Feuchte und Satte des Bodens. Unter den Sohlen schiebt sich hin die Einsamkeit des Feldweges durch den sinkenden Abend. In dem Schuhzeug schwingt der verschwiegene Zuruf der Erde, ihr stilles Verschenken des reifenden Korns und ihr unerklärtes Sichversagen in der öden Brache des winterlichen Feldes. Durch dieses Zeug zieht das klaglose Bangen um die Sicherheit des Brotes, die wortlose Freude des Wiederüberstehens der Not, das Beben in der Ankunft der Geburt und das Zittern in der Umdrohung des Todes. Zur Erde gehört dieses Zeug und in der Welt der Bäuerin ist es behütet. Aus diesem behüteten Zugehören ersteht das Zeug selbst zu seinem Insichruhen.«[30]

In der Beschreibung eines Kunstwerkes, eines Gemäldes von Schuhen, beschwört Heidegger den ganzen Zyklus bäuerlichen Besorgens (das reifende Korn, die winterliche Öde des Feldes), und steigert sich von dort aus zu metaphysischen Dimensionen von Tod und Leben, in denen überschwenglich die Verbindung von Erde und Arbeit gefeiert wird. Das Zeug, das den Acker furcht, erstrahlt im Lichte seiner Zugehörigkeit zum heimatlichen Bestellen, zum *oikos,* dem heimatlichen Herd. Seine wärmende Flamme verdankt sich zwar dem, was die Erde ihm zuspricht, aber er behütet es auch vor Zerstörung und Verlust: Er eröffnet der in sich verschlossenen Erde eine Welt. Dieses ökonomische, ja *ökologische* Wechselspiel von

Gabe und Behütung, diese innige Gemeinschaft von Natur und Kultur soll nun in der Kunst *offenbar, vernehmbar* werden. Im Kunstwerk sieht Heidegger den verschwiegenen Zuspruch der Erde zum *Sprechen* gebracht: »Dieses hat gesprochen. [...] Das Kunstwerk gab zu wissen, was das Schuhzeug in Wahrheit ist.«[31]

Für Schapiro handelt es sich hierbei um pure Projektion, in der er überdies einen Sinn für das Spezifische des Kunstwerkes vermißt, weil sie sich genausogut an einem realen Gegenstand entzünden könnte. Zugleich weist er in seiner Nachschrift darauf hin, daß sich die Welt des Bäuerlichen eher im Werk Millets findet, das van Gogh bewunderte und dessen Motive er wiederholt aufgegriffen hat. Überhaupt ist für Schapiro die auch von Heidegger am Rande vermerkte Tatsache einer gewissen obsessiven Wiederkehr von Schuhen auf van Goghs Bildern von großer Bedeutung, zeugt sie doch von der wiederholten Anstrengung, die Spuren des sich entziehenden Daseinsverlaufes festzuhalten und zu sichern. Er übersieht dabei aber das entscheidende Moment von Heideggers Analyse, die sich nicht einfach nur auf das Zeug als Zeug bezieht, sondern auf seine Übersetzung ins Werk, auf das Werkhafte des Werks, das auf eine allerdings von Heidegger in diesem Kontext nicht bedachte Weise von Zeitlichkeit ebenfalls den Duktus des Wiederholenden, Wiederkehrenden, ja Seriellen hat. In der früheren Fassung seiner Analyse ist Heidegger noch klarer:

»Das ist ja gerade das eigenste Wesen des Werkseins, daß es nie am jeweils Vorhandenen und vermeintlich eigentlichen Wirklichen gemessen werden kann, sondern selbst das Richtmaß des Seienden und Unseienden ist. Daher gibt es keine zeitgemäßen Werke, die Kunstwerke wären, sondern nur jene Werke sind solche der Kunst, die so am Werke sind, daß sie ihre Zeit *sich* gemäß machen und verwandeln.[32]

Das Kunstwerk erhält so eine erstaunliche Bedeutung, die in seiner gewissermaßen erkenntnisleitenden Funktion liegt, Offenbarendes, Enthüllendes, die Wahrheit zur Sprache Bringendes zu sein. Es ist aber etwas Gemaltes, das hier wie bei Cézanne eingangs erwähntem Wiedergeben der Wahrheit *spricht,* und diese Dialektik von *Akustischem* und *Visuellem* beherrscht das gesamte Wahrheitsgeschehen des Heideggerschen Kunstdenkens. Sie folgt durchaus abendländischen Traditionen, wobei Heidegger in der griechischen Etymologie mit *aletheia* als »Unverborgenheit« aber zunächst von einem visuellen Modell ausgeht.[33] Auch sonst herrschen optische Metaphern vor, wie zum Beispiel die »Lichtung« als Weise des Entbergens von Sein; immer steht dieses Spiel von An- und Abwesenheit aber im Zeichen des Wortes als des *sprachlichen* Kunstwerks, das die Dinge bei ihrem Namen nennt und so »das Seiende als ein Seiendes allererst ins Offene«, das heißt »zum Wort und zur Erscheinung« bringt.[34] Eine nicht unwichtige Rolle spielt dabei auch das Denken des Ursprungs als *logos,* den Heidegger konsequent als Wort versteht, um damit wieder zur Wesenhaftigkeit einer Wahrheit des Wortes hinzulenken. Das Nennen der Sprache bricht mit der zeughaften Verweisung und vollzieht sich als Einkehr in die ursprüngliche Wahrheit des Wortes als Entbergen der Wahrheit des Seienden im Werk. Der Weg führt also vom Dinghaften des Dings in seiner bloßen Vorhandenheit über die Zeughaftigkeit des Zeugs in seiner Zuhandenheit zum Werkhaften des Werks als Enthüllung der Wahrheit des Seins des Seienden. In dem Maße, wie das Kunstwerk die Welt im Schönen als dem sozusagen ›Ansprechenden‹ lichtet, entzieht es also das Sein seiner dinglichen Verweisung als Phantom eines bloßen Scheins, um an seine Stelle die symbolische Ordnung der Sprache zu setzen: als *Epiphanie,* das heißt als lichtende Vernichtung der Dinge:

»Was aber als ein Schönes west, was kann es anderes als schmückend-lichtend eine Welt in ihrem Wesen (verbal) erscheinen lassen? Dies vermag das Schöne nur, insofern es in ihm selbst leuchtend lichtet, das heißt: scheint. [...] Die Bedeutung des Scheinens im ›scheint‹ weist nicht in die Richtung von Phantom, sondern in diejenige von Epiphanie. *Das Kunstgebilde echter Art ist selbst die Epiphanie der von ihm gelichteten und in ihm gewahrten Welt.*«[35]

Es fällt schwer, die Lichtmetaphorik und Transitivität einer Befreiung zum Sprechen mit der erdigen Schwere der persönlichen Offenbarung in Verbindung zu bringen, die Heidegger angesichts eines oder auch mehrerer Schuhbilder van Goghs zuteil wurde. Die Frage nach dem, was sich im Kunstwerk lichtet und wie, hat wesentlich mit dem *Ursprung* zu tun, dem Heidegger nachzudenken vorgibt. In diesem Zusammenhang ist eine auffällige Nähe seines Ansatzes zu dem Benjamins zu konstatieren, der sein Buch *Ursprung des deutschen Trauerspiels* bereits in den zwanziger Jahren veröffentlicht hatte. Affinitäten finden sich zahlreiche, nicht nur in der gemeinsamen Frage nach dem Ursprung, sondern auch im Motiv der Transfiguration der Phänomene in der Konstellation der Ideen. Zu nennen wäre auch die von Heidegger allerdings nur kurz und marginal erwähnte Gegenüberstellung von *Symbol* und *Allegorie,* die durch Benjamin eine ausführliche Diskussion erfährt. Daß Heidegger über diese Differenz hinweggeleitet und sie als bloße Rahmenbestimmung abtut, rächt sich in seiner Argumentation, die nämlich unentschieden bleibt, ob sie das Kunstwerk als Verweisung von Sinnlichem auf nichtdarstellbares Übersinnliches oder als Inkarnation des Wesens in seiner Erscheinung begreifen soll.

Genaugenommen muß Heidegger überhaupt der Tatsache gegenüber sprachlos bleiben, daß van Gogh dem Sujet der Schuhe ebenso seriell verfallen war wie Cézanne in seiner schier endlosen Kette von Bildern der Montagne Sainte-Victoire. Das Pathos des Offenbarens von Wesentlichem erfüllt sich entsprechend seiner Dialektik von Entbergung *nicht* in *einem Bild* – wie dem von Heidegger auratisch mit Bäuerlichkeit und Erdigkeit aufgeladenen. Jedes weitere Bild zeugt aber entweder vom Scheitern der geforderten Lichtung oder enthüllt eine andere Wesenhaftigkeit des Schuhzeuges, die dann in ihrer spezifischen Differenz zum früheren Bild von Interesse ist. Das Geschehen der Wahrheit im Kunstwerk vollzieht sich genauer gesehen als räumliches Geschehen, als *Verräumlichung* im plastischen und im bauwerklichen Sinne.[36] Das Kunstwerk, so radikalisiert Heidegger sein Verständnis des Verhältnisses von Werk und Wahrheit, stellt eigentlich nicht dar, sondern es stellt eine Welt ›auf‹: »Werksein heißt eine Welt aufstellen«[37], wobei das leitende Modell jetzt weniger Schuhzeug ist als das architektonische Modell des Tempels. Das Aufragen des Gebäudes erschließt die Verborgenheit des Seienden, indem es aufstellend einen Platz eröffnet, der zugleich das erschließt, was Heidegger als das Sichverschließende der Erde bezeichnet. Das Kunstwerk steht in dieser Spannung zwischen dem *Aufstellen* einer Welt und dem *Herstellen* der Erde als wesentlich verschlossener; in ihr besteht der Streit, den das Kunstwerk überwindet wie einen Abgrund von Verborgenheit.

Was Heidegger dabei nahelegt und was in der Rezeption eines Meyer Schapiro überhaupt nicht mehr auftaucht, ist die »Verweigerung«, die sich in dieser Entbergung durchhält:

»Im Gemälde van Goghs geschieht die Wahrheit. Das meint nicht, hier werde etwas Vorhandenes richtig abgemalt, sondern im Offenbarwerden des Zeugseins des Schuhzeugs gelangt das Seiende

Paul Cézanne, La Montagne Sainte-Victoire, 1885–1887

Paul Cézanne, La Montagne Sainte-Victoire vue des Lauves, 1904–1906

Paul Cézanne, La Montagne Sainte-Victoire, 1904–1906

Paul Cézanne, La Montagne Sainte-Victoire, 1900–1902

im Ganzen, Welt und Erde in ihrem Widerspiel, in die Unverborgenheit. Im Werk ist die Wahrheit am Werk, also nicht nur ein Wahres. Das Bild, das die Bauernschuhe zeigt, das Gedicht, das den römischen Brunnen sagt, bekunden nicht nur, sie bekunden streng genommen überhaupt nicht, was dieses vereinzelte Seiende als dieses sei, sondern sie lassen Unverborgenheit als solche im Bezug auf das Seiende im Ganzen geschehen. [...] Dergestalt ist das sich verbergende Sein gelichtet. Das so geartete Lichte fügte sein Scheinen ins Werk. Das ins Werk gefügte Scheinen ist das Schöne. Schönheit ist eine Weise, wie Wahrheit west.«[38]

Genaugenommen zeigt das Kunstwerk als reines *Ereignis* damit also überhaupt nur etwas Abstraktes, Scheinhaftes, das in dem, was im naiven Sinne bleibt, nur unwesentlich, scheinhaft vergegenständlicht wird. Oder anders formuliert: Die Wahrheit kommt nur »als der Streit zwischen Lichtung und Verbergung in der Gegenwendigkeit von Welt und Erde« zum Vorschein, sie bleibt zwischen symbolischer Offenbarung und allegorischer Indirektheit aufgeschoben, ereignet sich in dieser Differenz, die Heidegger als *Riß* in den Erscheinungsweisen von »Grundriß«, »Auf-riß«, »Durch- und Umriß« apostrophiert.[39] Im Phänomen reißt etwas auf, das die Geschlossenheit des Wahrheitsgeschehens gerade wieder aus den Fugen bringt, und zwar in einem von Heidegger durchaus positiv gesehenen Sinne einer »Offenheit des Seienden«, einem Entwerfen des Sinns im Ursprung der Kunst als Entspringen.[40] Wiederum klingen Benjamin nahe Formulierungen an: der Ursprung, der nicht einen Anfang meint, sondern ein im Strudel des Werdens stehendes Entspringen; immer noch aber bleibt Heidegger im Bereich der bildenden Kunst dem monolithischen Block des Erscheinens verpflichtet, ohne der von ihm selbst im Riß angelegten Serialität des Lichtens Rechnung zu tragen.

Heideggers Blindheit versteht sich aus seiner letztendlichen Fixiertheit auf das gesprochene Wort, das in seiner Linearität alle Momente der supplementären Restitution erfüllt. Was ihm nicht in den Sinn kommt, ist die Umsetzung des linearen Prinzips der Sprache im seriellen Fluß des Bildlichen. Ohne an die affinen Experimente Warhols und früherer surrealistischer Künstler zu erinnern, sei auf die quasi-bewegten Bilder Picassos verwiesen, von denen Rosalind Krauss schrieb: »Die Produktionsweise, deren sich Picasso hier bedient, hat nichts mit einer immer wieder aufwallenden Inspiration zu tun; hier handelt es sich um eine rein mechanisch reproduzierte Serie, von der jedes Element jene winzige Abweichung enthält, welche die Gruppe als Ganzes zu beleben scheinen.«[41] Eine heideggerianische Interpretation dieses Zusammenhanges liegt nahe, sie hätte auf das gewissermaßen von keinem Seienden angemessen dargestellten Sein einzugehen, das sich in der Supplementarität der Schuhe, der Berge, aber auch der Texte verliert. Und so schreibt auch Gottfried Boehm in diesem Sinne über das Bild als autonome Daseinsweise des Abgebildeten:

»Das Bild als Doppel der Realität ist zweigeteilt und in seiner ikonischen Kraft gebrochen, in sich gespalten als das Irreale des Wirklichen, in sich als Spiegel und das wahre Dasein des Gespiegelten [...] Matrix des Bildlichen [...]. Deren Wesen, das terminologisch als Grund, Bildlichkeit, Ur-Bild, Grenze oder Spur gefaßt werden kann, besteht darin, nicht abzubilden, sondern sichtbar zu machen, was, ohne das Bild und von ihm ablösbar, nicht sichtbar wäre.«[42]

Wenn aber die Daseinsweise des Bildlichen sich als eigene, vom Abgebildeten völlig abgelöste erweist, so wird die ästhetische Grenze selbst »vieldeutig, in dem Sinne, daß sie der Übergang zwischen der Kontingenz sinnlicher Eigenschaften und allgemeiner Bedeutungen bleibt und als dieser *Übergang* existiert.«[43] Boehm, der in seiner Lektüre Heideggers implizit auch die Spuren der Derridaschen Dekonstruktion sichert, hebt vor allem die zeitliche Dimension des Wahrheitsgeschehens hervor, die zugleich über den Kontext des Gegebenen hinausverweist und verbindet, wo sie trennt, sowie trennt, wo sie verbindet:

»Die Temporalität des Werkes ist das zentrale Bemühen des Kunstwerkaufsatzes. Ihm dient auch die mit dem Streit verbundene Begrifflichkeit des *Risses*. [...] Heidegger arbeitet mit der Doppeldeutigkeit der Linie, die trennt und verbindet. Ihr Streit ist ein Riß, der ›auseinander‹ und ›zusammen‹ meint.«[44]

So gelesen muß das Aufstellen und Herstellen im Kunstwerk immer wieder abbrechen und neu anfangen beziehungsweise das Kunstwerk als daseiendes sich selber wieder durchstreichen und mit diesem Strich supplementieren: Es ist als Ereignis dieser Strich, Zug, oder es west – wie Heidegger sagen würde – nur auf der Linie. Vergleicht man das Konzept des Zeigzeugs in *Sein und Zeit* mit *Der Ursprung des Kunstwerkes,* so ist zugleich eine Kritik an der früheren Begrifflichkeit feststellbar: Die zeichenhafte Verweisung von Zeug droht in der dinglichen Bedeutung einem Phantom zu verfallen, das andererseits durch die Zuhandenheit gerade verstellt, was das Kunstwerk als ursprüngliche Wahrheit entbirgt. In der Spätphase seines Denkens geht Heidegger daher gezielter auf das moderne Verständnis von Technik ein, um gegen dessen Hybris der erschließenden und entziffernden Verfügung über Naturkräfte die Kunst des Vernehmens als Einspruch des offenbarenden Dichter-Wortes zu setzen. Entsprechend geraten Begriffe wie *Information, Kommunikation* und *Steuerung,* die für das Zeigzeug noch stiftend waren, zunehmend in ein technikkritisches Zwielicht. Er stellt jetzt die »Frage nach der Technik« als Frage nach den instrumentellen Produktionsmitteln der *Entbergung,* beschränkt sich mit dieser Frage aber keineswegs auf einen instrumentalistischen Technikbegriff, der nur um den Gebrauch von Werkzeugen kreiste. Schon das Zeigzeug war, zwischen dem Zeughaften und dem Werkhaften einer im Wort geoffenbarten Wahrheit stehend, an apparative Zusammenhänge gebunden. Datenverarbeitung beruht auf Geräten, in denen Information entsprechend der Verweisung hergestellt wird. Selbst einfachste Signalanlagen und Nachrichtenapparate weisen diese Funktionalität auf, derzufolge Zeigzeug kein *ergon,* kein Werk, sondern *energeia,* Schaffendes, ist. Doch diese Energie schafft es nicht aus sich heraus, sondern es entnimmt sie dem Strom des Seins, indem es sich an ihn ankoppelt, ihn unterbricht, umschaltet, transformiert etc. Dies nennt Heidegger die Herausforderung der modernen Technik, *Energie* zu liefern – und *Information.* Das Entbergen der Technik ist also im Gegensatz zur Gelassenheit dichterischer Schau ein Akt direkter *Intervention,* und darin sieht Heidegger auch eine Gefahr. Er bezeichnet diese Intervention als ein »Stellen«, wobei ihm dieser Begriff am besten geeignet zu sein scheint, die vielen Aspekte dieses technischen Umgangs mit den Dingen zu umfassen – vom Auf-, Ein- und Anstellen der Apparatur über das Durch- und Umstellen von Informationen bis hin zum Nachstellen beziehungsweise Stellen der Jagd:

»Das Entbergen, das die moderne Technik durchherrscht, hat den Charakter des Stellens im Sinne der Herausforderung. Diese geschieht dadurch, daß die in der Natur verborgene Energie aufgeschlossen, das Erschlossene umgeformt, das Umgeformte gespeichert, das Gespeicherte wieder verteilt und das Verteilte erneut umgeschaltet wird. Erschließen, umformen, speichern, verteilen, umschalten sind Weisen des Entbergens. [...] Die Steuerung selbst wird überall gesichert. Steuerung und Sicherung werden sogar Hauptzüge des herausfordernden Entbergens.«[45] Damit kommt ein im doppelten Sinne des Wortes vermessenes Moment der modernen Technik ins Spiel, mit dem das Entbergende selbst wieder dem Verbergen verfällt beziehungsweise das Entborgene sich im Moment seiner Sicherung entzieht. Den Komplex dieses Abstellens auf Berechenbarkeit und Bestand umreißt Heidegger in dem Neologismus »Ge-stell« als »das Versammelnde jenes Stellens, das den Menschen stellt, d. h. ihn herausfordert, das Wirkliche in der Weise des Bestellens als Bestand zu entbergen.«[46] In einem mechanistischen Sinne ist das Ge-stell als *Programm* einer Montage zu verstehen: Es stellt nicht dar, sondern *vor,* greift im berechnenden Zugriff immer schon dem vor, was wirklich sichergestellt werden kann. Was in der referentiellen Verweisung photo- und filmtechnischer Montage noch als »Errettung der (äußeren) Wirklichkeit« (Siegfried Kracauer) auslegbar ist, stellt sich in der computer-animierten *Simulation* letztlich als virtueller Zug des Gestells heraus.[47] Die synthetische Apperzeption des *cyber-space* wird des pejorativen Anteils an der Heideggerschen Wortprägung des Gestellten als Unnatürlichem geständig und bekennt sich zu der hierin symptomatisierten neuzeitlichen *Seinsvergessenheit.* Ihr gegenüber zeigt sich Heideggers Modell der Montage als »Gestänge« und »Geschiebe« noch ganz dem Übertragungsmechanismus eines fahrzeugtechnischen Getriebes verhaftet, das eine vorhandene Antriebsgeschwindigkeit in eine zuhandene Fahrgeschwindigkeit übersetzt.

Heidegger konnte diese jetztzeitliche Entwicklung nur ahnen, doch er wußte bereits um das nicht mehr besorgende, sondern nur noch ordnende »Rasen der Bestellung« in der telematischen Erzeugung falscher Nähe, die alles »in das gleichförmige Abstandlose zusammenschwemmt«, wobei »trotz allem Überwinden der Entfernungen die Nähe dessen, was ist, ausbleibt«.[48] Der Irrglaube, im technisch Reproduzierten, Übertragenen oder Berechneten Sein sichergestellt zu haben, täuscht sich nicht allein über den unaufhebbaren Seinsentzug hinweg, sondern stellt mit dieser Verstellung des Abstandes, dieser Verstellung der Dinge als Dinge in ihrer *Vor*stellung als Gegenstände, eine besondere Gefahr dar: Denn in dem, worin das »Dinghafte des Dinges«, unerachtet der »Gegenständlich-

111

keit des Gegenstands« beruht[49], *west* das *Geschick* des Seins als gerade unberechenbare Schickung. Hierin bekundet sich ein unvorgreifliches Moment immer schon bereitgestellter Potentialität, deren Unberechenbarkeit der sichernde Bestand des Ge-stells prinzipiell verfehlt.

Für den späten Heidegger offenbart sich der von ihm selbst abgeschrittene Weg von der pragmatischen Verweisung über die zeichenhafte Beziehung zur technischen Abstellung auf Verfügbarkeit als Bewegung eines repräsentativen *Seinsentzuges,* dem er nur ein *Geschick des Seins* entgegenzusetzen weiß, so wie man von der Schicklichkeit der Rede spricht. Sicherlich ist es die der vorstellenden Ver- und Entstellung bare, unentstellte Reinheit des ungestellten, das heißt nichttechnifizierten Wortes, um die er fürchtet, aber er weiß sie in dieses Geschick eingelassen:

»Ich spreche nicht von einer Verfallsgeschichte, sondern nur vom Geschick des Seins insofern, als es sich mehr und mehr im Vergleich zu der Offenheit des Seins bei den Griechen entzieht – bis zur Entfaltung des Seins als bloßer Gegenständlichkeit für die Wissenschaft und heute als bloßer Bestand für die technische Bewältigung der Welt. Also: Es ist nicht eine Verfallsgeschichte, sondern es ist ein Entzug des Seins, in dem wir stehen.«[50]

Der Entzug hebt bei aller Lichtung und Offenbarung aber nie den letzten Schleier der Abwesenheit beziehungsweise weiß er, daß dieser mit dem ehernen Gesetz der Zeitlichkeit immer wieder über die Szene der Exposition fällt. An diesem Punkt einer radikalisierten Leseart eines Entzuges im Auf- und Her-Stellen setzt Derrida mit dem ein, was unter dem Begriff der Dekonstruktion legendär werden sollte. In bezug auf die Frage des Kunstwerkes greift er besonders die Kontroverse zwischen Heidegger und Schapiro um die Schuhe van Goghs auf, um in einer minutiösen, von mehreren Teilnehmern eines fiktiven offenen Gesprächs durchgeführten Analyse zu zeigen, daß beide Interpreten in der Besessenheit ihres Zuschreibungswahnes sich das Kunstwerk beziehungsweise die Schuhe eigentlich *aneignen* wollen.[51] In der Spannung zwischen dem Werkhaften als *ergon* und dem Dinglichen als ›Beiwerk‹, *parergon,* verschlingen sich ihre Diskurse wie die Schuhbänder der gemalten Stiefel, um beide in einen unausgesprochenen Kontrakt zu verwickeln, die Schuld, die Wahrheit der Malerei wiederzugeben. Dieser Versuch aber, so läßt Derrida deutlich werden, nämlich einen sich prin-

zipiell der Enthüllung seines kryptischen Geheimnisses entziehenden Fetisch an seinen eigentlichen Platz wieder zu stellen, führt nur
– im wörtlichen wie psychischen Sinne – zu einem *double bind*, das
Phantome beschwört, die wechselseitig ihre Wette um die Schuhe
erhöhenden Kontrahenten in die Spiegelgefechte des impliziten
Doppelgängertums verwickelt und gespenstische Wiedergänger auftauchen läßt.[52]

Zwei Ökonomien der Gabe stehen sich unversöhnlich gegenüber: die *allgemeine* der aufschiebenden Spur als Verausgabung und
die *beschränkte* der verfügenden Präsenz als Aneignung. Die Entscheidung scheint bei Heidegger bisweilen schwankend. Die Rede
vom Wort als der Heimat oder dem Haus des Seins beschränkt sich
auf die reduzierende Restitution des Eigentlichen, mit der supplementären Unendlichkeit ihrer Verweisung weiß sie aber, daß das
Sein sich ihr vorenthalten muß und in seiner Wahrheit als Anwesen
von Abwesenheit nicht zu trennen ist. Jede Repräsentation von
etwas *als* etwas überschreitet jedoch schon tropisch gewunden die
einfache Präsenz der Dinge in ihrer physischen Vorhandenheit:
»Die Metaphysik *als* Tropik, genauer: als metaphorischer Um-
weg, würde einem wesentlichen *Entzug* des Seins entsprechen. Das
Sein würde sich allein in einer metaphorisch-metonymischen Verschiebung oder Abweichung nennen lassen, weil es sich nicht offenbaren, nicht zeigen kann, ohne sich in einer epochalen Bestimmung
zu verhüllen, in einem ›als‹, welches das ›als solches‹, dem es
zugehört, durchkreuzt.«[53]

Was sich in dieser Wendung, die Derrida am Heideggerschen
Gedankengang vornimmt, vollzieht und was er selbst als Dekon-
truktion bezeichnet, ist nichts anderes als die Radikalisierung des
Motivs, das die Entbergung in ihrer Ambiguität von Ab- und
Anwesenheit hält. Die überbordende, disseminative Tendenz der
Verweisung kommt im Entzug selbst zum Zuge: Mit der Entgrenzung des metaphorischen Übertragens von Zuhandenheit, des
metonymischen Verschiebens von Vorhandenheit, des supplementären Sagens der Wahrheit etc., das heißt mit dem rückhaltlosen
Eingeständnis von Mißbrauch entschränkt sich der Sicherungsrah-
men einer auf Bestand geeichten Ökonomie:
»[...] dieser Entzug würde aber keineswegs für etwas Raum
schaffen, was sich dem Metaphorischen *entgegensetzen* ließe; er
würde jeden metaphorischen Zug über die Grenzen hinausziehen

und mit einem zusätzlichen Mehrwert versehen. [...] die verallgemeinernde und supplementäre Rückkehr einzig in der Gestalt einer quasi-katachretischen Gewalt, in der Art eines Mißbrauchs, den ich der Sprache aufzwinge.«[54]

Das damit gegebene Moment von Nicht-Bestimmtheit, von Nicht-Erscheinen, würdigt das Geschick in der Geste eines vorbehaltlosen Abschieds von der Vorstellung einer authentischen Bedeutung der Dinge. Es geht den umgekehrten, paradoxen Weg der *Auslöschung* aller Markierung, um die Chance dieser unaufhebbaren Abwesenheit zu nutzen, die man Spur heißt. Denn in ihr kommt nur an, was in ihr verschwindet, sich auslöscht, oder anders formuliert: Die Spur ist als Anwesen immer die Spur einer Spur beziehungsweise die Spur ihres eigenen Verschwindens, das als Besiegelung der irreduziblen Absenz des von ihr Verwiesenen zugleich die Chance eines darauf verweisenden Supplements einräumt:

»Die Inschrift einer solchen Spur in den metaphysischen Text hat auf eine so undenkbare Art zu geschehen, daß sie als Erlöschen der Spur selbst zu beschreiben ist. Die Spur entsteht als ihr eigenes Erlöschen. Der Spur eignet, sich selbst auszulöschen und das selbst zu entziehen, was sie als Anwesenheit enthalten könnte. Die Spur ist weder sichtbar noch unsichtbar.«[55]

Die Thematik des Sehens, des Sichtbaren und Unsichtbaren in der Kunst hat in den Arbeiten Derridas schon lange einen zentralen Stellenwert. Insbesondere dem Motiv der Blindheit in der Malerei – als Phänomen, Gegenstand, Sujet – hat er im Sinne von Friedrich Nietzsches Eröffnung eines »dritten Auges« eine ganze Ausstellung im Louvre gewidmet.[56] Was in diesem Zusammenhang gefordert wird, ist eine größere Hellsichtigkeit, wenn Derrida immer wieder die Strukturen des Zeugnisses, der Evidenz, des Testamentarischen, der Spur und der Bevollmächtigung auf ihr Funktionieren und ihre Legitimität hin befragt, die eine »Autorität der Präsenz und der Sichtbarkeit, eine Autorität des Blicks, eine Autorität des Optischen, des Eidetischen, des Theoretischen« unterstellt.[57] Es geht um das, was sich im dekonstruktiven Perspektivenwechsel zugleich in philosophischen, literarischen oder künstlerischen Texturen freisetzt: Es geht um Übertragung, Übersetzung, Verschiebung, um »Traduktion *(Übersetzung),* Metapher *(Übertragung),* ›Transfers‹, ›Transpositionen‹, analogische Konversionen und vor allem Transfers von Transfers: *Über, meta, tele:* diese Worte transkribieren die selbe formale Ordnung, dieselbe Kette, und da unser Diskurs über diese Passage passiert im Lateinischen, füg auch *trans* zu Deiner Liste hinzu.«[58]

Was beim Dekonstruieren nicht vollzogen werden soll, ist das Überschreiten der Grenze in Richtung auf ein Jenseits ursprünglichen Bedeutens, das mit einem Ankommen der Sinnsuche rechnet. Derrida schließt sich hier Heidegger darin an, daß es auch ihm um das *de linea* und nicht und das *trans lineam* geht. Anders ausgedrückt: Dekonstruierend soll eine Erfahrung der Grenze als Medium vermittelt werden, das Repräsentations- oder Kommunikationsprozesse durch sein technisches Funktionieren als telematisches Relais und zwar unter Einschluß aller Momente der Verschiebung, des Widerstandes, des Rauschens und der Verzerrung der mitgeteilten Botschaften möglich macht. Dekonstruktion meint *Unterwegssein,* das Durchlaufen einer intensiv markierten Passage, ohne daß jedoch ein Punkt dieser Passage zum Ort einer privilegierten Ankunft würde. Insbesondere insistiert Derrida darauf, daß keiner dieser Punkte der Linie als *Präsenz* festgehalten oder wiedergegeben werden kann.

Schon der Versuch diesen Begriff zu übersetzen, sieht sich mit mehreren Wahlmöglichkeiten konfrontiert: Präsenz umfaßt Gegenwärtigkeit im zeitlichen Sinne ebenso wie Anwesenheit im räumlichen Sinne, in ihr schwingt der Gedanke einer Parusie, das heißt einer Offenbarung von Ideenhaftem in der Erscheinung, mit, aber auch – verfolgt man die Bewegung des Darbietens und Vor-Stellens in dieser Enthüllung von Verborgenem – die Geste des Gebens, die im englischen Ausdruck *present* für Geschenk anzutreffen ist. Anders als die metaphysische Begründung dieser Präsenz oder genauer des geregelten Zugangs zur Präsenz setzt das dekonstruktive Verfahren beim *Artefaktcharakter* dieses – anders gesprochen – Effekts an, das heißt zeigt dessen Gemachtsein und damit Nichtursprünglichkeit und Überdeterminiertheit auf.

So wie Adorno einmal der dialektischen Methode Lukács' gegenüber von einer erpreßten Versöhnung sprach, kann man Derridas Vorbehalt der Präsenz gegenüber auf den Begriff einer erpreßten Erscheinung oder Eigentlichkeit bringen: nämlich die durch *Aneignung.* Die dekonstruierende Umgangsweise versucht dagegen, das andere als anderes zu respektieren, diese Alterität nicht durch Zuschreibung an einen ursprünglichen Ort der Herkunft oder einen

Bestimmungsort zu reduzieren. Dekonstruieren heißt damit auch, eine geschichtliche Dimension im radikal räumlichen Sinne dieses Wortes eröffnen: die Vorgeschichte oder den Unterbau des begrifflichen Gerüstes aufdecken als gegenwärtige Abwesenheit, dem sich der Illusionseffekt der Präsenz verdankt. Entsprechend dieser *Logik der Voraussetzung* fragt Derrida immer auch nach der materiellen Trägerschaft der Zeichen, nach den vergessenen Materialitäten der Kommunikation: dem Rahmen und dem Träger in der Exposition, durch die das Kunstwerk sprechend wird, oder dem *Subjektil* – so der französische Ausdruck für die Oberfläche, auf der das Bild erscheint – wie zum Beispiel in den Zeichnungen Antonin Artauds mit ihrer Verschränkung von Schriftzug und Zeichnung zur Spannung von Trägeroberfläche und subjektivem Entwurf, der wie ein Projektil auf dieselbe trifft und sie wie die punktierende Einschreibung und zugleich Durchstoßung der malerischen Oberfläche, der Leinwand des Gemäldes, in den *Concetti spaziali* Lucio Fontanas als plane Fläche aufhebt und ihr die bildnerische Kraft einer Trauerarbeit am Entschwundenen verleiht.[59]

Die Bewegung der Dekonstruktion ist also eine zweifache: das Nachzeichnen oder Wieder-Markieren (wobei *re-marquer* im Französischen auch einfach nur »bemerken« heißt) einer begriffsgeschichtlichen Zugehörigkeit und genau dadurch das In-Frage-Stellen dieser Verbindung, dieser Verbindlichkeit, dieses Kontrakts im Sinne einer Freisetzung für neue Aussageverkettungen. »Die Dekonstruktion besteht nicht darin, von einem Begriff zu einem anderen überzugehen, sondern darin, eine begriffliche Ordnung ebenso wie die nicht-begriffliche Ordnung, an der sie sich artikuliert, umzukehren und zu verschieben.«[60] Entsprechend eines Lieblingsausdrucks Derridas besteht Dekonstruieren in einem Entdecken der Falte, des Kniffs *(pli)* im Gewebe der Sinnkonfiguration, einer Verräumlichung der Windungen und Wendungen oder – um ein Bild aus der Analyse von Heideggers und Schapiros van-Gogh-Interpretationen zu wählen – in einem ständigen Entwirren und Wiederverknoten der bindenden Bänder von Schuhen oder Verträgen. Die Freisetzung des bedeutungsmäßigen Überschusses in jedem Sinngebilde hängt dabei entscheidend von der Nichtentscheidbarkeit eines Sowohl-Als-Auch ab, das heißt von der Aussetzung eines dezisionistischen Urteils über den semantischen Stellenwert.

Insofern ist Dekonstruktion nicht das Nonplusultra analytischen Raffinements, sondern nur paradigmatische Metapher für eine Fülle von komplexen Konstellationen, deren Heterogenität und Aporetik vom strukturalen beziehungsweise systematischen Denken im Sinne einer Komplexitätsreduktion überwunden und angeeignet wird. Derrida nennt in erster Linie das Phänomen der *Spur,* die nicht aufbewahrt, wovon sie zeugt, sondern erzeugt, was sie bewahrt – mit anderen Worten: die ein Gedächtnis in der Weise einer Abweichung oder aufschiebenden Differenz des Ursprungs schreibt, die im Neologismus *différence* zum Ausdruck gebracht werden soll. Weitere Analogien stellen die Modelle der *Supplementierung* oder der *Propfung* dar, in denen sich Iteration auf Innovation reimt, die *Asche,* die von dem zeugt, was in ihr erloschen ist, der *double bind* oder die *Dissemination* einer unentscheidbaren Doppel- beziehungsweise Mehrdeutigkeit des Begrifflichen so wie die *mise en abyme,* die wiederholte Spiegelung der Darstellung im Dargestellten, wie sie Derrida zum Beispiel anhand der monochromatischen Erzählweise von Photographien verfolgt.[61]

Und in einem Punkt ist Derrida sich sozusagen mit Heidegger beziehungsweise dessen radikaler Verlagerung des künstlerischen Sprechens in das Werk selbst hinein einig – daß es nämlich keine Dekonstruktion gibt ohne die dekonstruktive Bewegung im zu Dekonstruierenden selbst:

»Die Dekonstruktion ist keine *nachträglich* von außen her eines schönen Tages sich ereignende Operation, sie ist immer schon am Werk im Werk; es reicht aus, daß man das gute Stück vom schlechten Stück, den guten Stein vom schlechten Stein unterscheiden kann, zu unterscheiden weiß, wobei sich gerade das, was gut ist, immer als das schlechte herausstellt. Wenn die auseinander-setzende Kraft der Dekonstruktion sich *immer schon* in der Architektur des Werkes verortet findet, so käme es angesichts dieses *immer schon* insgesamt gesehen nur noch darauf an, das Gedächtnis ins Werk zu setzen, um dekonstruieren zu können.«[62]

In der Entfaltung oder Re-Markierung der Bahnung einer Spur wird also die Referenz als Nicht-Ursprüngliches dekonstruiert, die als Spur den Aufschub von etwas bewirkt, das in diesem Aufschub aber gerade verschwindet beziehungsweise verschwunden ist. Im gleichen Maße bricht auch die Geschlossenheit des Kontextes von ihren Rändern her auf und wird in ihrer testamentarischen Funk-

117

tion vom Zug oder Sog der Verräumlichung beziehungsweise Verzeitlichung erfaßt. Diese Ent-Stellung gilt für die Ordnung der Repräsentation allgemein, die nicht der Duplizität des Aufschubs entkommt, also nicht wiedergeben kann beziehungsweise in der vermeintlichen Wiedergabe das, was sie wiedergibt, schon überflüssig gemacht hat – denn, so könnte man Schiller paraphrasieren, was soll ewig bestehen, muß im Leben untergehen.[63] So oszilliert sie zwangsläufig zwischen *Vorstellung* und *Einbildung,* das heißt artikuliert sich als der widersprüchliche Anspruch zu vergegenwärtigen, was verborgen ist, und wiederherzustellen, was erst in dieser Vergegenwärtigung – nachträglich – deutlich und sichtbar wird, wie Derrida formuliert:

»Ich habe versucht, jenseits einer Geschlossenheit der Repräsentation [...] einen für ein Denken der Sendung offenen Weg aufzuzeigen [...]. Diese prä-ontologische Sendung versammelte sich nur, indem sie sich teilt, sich aufschiebt. Sie ist nicht ursprünglich und nicht ursprünglich Sendung-von [...]. Sie ist nicht eins und beginnt nicht bei sich selbst, obgleich ihr keine Präsenz vorhergeht; sie sendet nur, indem sie schon entzieht, sie sendet nur ausgehend vom anderen, vom anderen in ihm und ohne es. Alles beginnt mit dem Entzug.«[64]

Diese Weise eines dekonstruierenden Vorgehens impliziert natürlich eine Voraussetzung, nämlich Bilder oder Kunstwerke allgemein als Text zu lesen. Gemeint ist damit nicht eine sprachliche Übersetzung des semantischen Gehaltes, sondern eine besondere Aufmerksamkeit für die strukturalen Zeichenträger, die semiologische Faktur des Werkes: »[...] there is text as soon as deconstruction is engaged in fields said to be artistic, visual or spatial. There is text because there is always a little discourse somewhere in the visual arts, and also because even if there is no discourse, the effect of spacing already implies a textualisation.«

Und Derrida fährt mit der Demonstration dieser These anhand des (gewissermaßen immer schon kinematographischen, das heißt einem *travelling* unterzogenen) Körperbildes fort:

»The body is, how should I say, an experience in the most instable *[voyager]* sense of the term; it is an experience of frames, of dehiscence, of dislocations.«[65]

Aus der Betonung der Unmöglichkeit von Präsenz folgt zwangsläufig ein Sehen als zeitlicher Entzug des Sichtbaren, so wie in jedem textuellen System sich die Bedeutung nicht durch die direkte Referenz auf den Gegenstand, sondern durch den supplementären Verweis auf andere Zeichen herstellt. Mit einer simplifizierenden Analogie zum Film kann man sagen, daß wir ein Bild nur in der Weise sehen, wie es durch ein anderes Bild verdeckt wird. Aber genau durch dieses Überblenden sehen wir. Übertragen gesprochen wird die Verfehlung im doppelten Sinne des Augenblicks in seiner Gegenwärtigkeit die Chance des Daseins, daß etwas bleibt, überlebt, daß es (etwas) gibt:

»Presence would mean death. If presence were possible, in the full sense of a being that is there where it is, that gathers there where it is, if that were possible, there would be neither Van Gogh nor the work of Van Gogh, nor the experience we can have of the work of Van Gogh. If all these experiences, works or signatures are possible, it is to the extent that presence hasn't succeeded in being there and in assembling there. Or, if you wish, the thereness, the being there only exists on the basis of this work of traces, that dislocates itself.«[66]

Wenn Derrida den Film oder das Bewegungs-Bild als Paradigma, als demonstratives Medium der A-Präsenz, des Aufschubs wählt, in dem jede Präsenz sich auflöst in die Sequenz von Bewegungen und Handlungsabläufen, eine Mobilität oder Kinetik, in der jedes Auftauchen ein Wiederauftauchen ist, eine gespenstische Wiederkehr, eine Spektralität von geisterhaftem Wiedergängertum: eine Welt von Geistern, für die Derrida in dem spektakulären Interview in McMullans Film *Ghost Dance* optiert, so unterstreicht er damit noch deutlicher die Krise der Repräsentation, Reproduktion, Restitution, die schon bei der Malerei beginnt und in den gegenwärtigen Diskussionen der postmodernen Architektur einen Höhepunkt erreicht hat. Es ist kein Wunder, daß Architekten wie Bernard Tschumi, Peter Eisenman und Daniel Libeskind sich auch auf Derrida beziehen und umgekehrt Derrida angesichts der Versuche, den aufgerissenen, entbergenden Raum zu bauen (wie etwa in den *voids* der Libeskind-*Extension* des Berliner Museums), eine neue Ver-Wendbarkeit von Heideggers Kunstwerktopoi und ihrem Konzept der Raum-Gabe findet.[67]

Das Versprechen des Films hingegen, die aufreißende Wunde der Zeit zu schließen, indem er sich ihr ganz überantwortet, rechnet erst gar nicht mit einer Wiederherstellung des Ursprungs. Die Darstellung ist immer eine aufgeschobene, eine Bildfolge, eine *Passage de l'image,* wie die von Raymond Bellour, Catherine David und Christine van Assche organisierte Ausstellung hieß, wobei im französischen Wort *passage* neben dem Vorübergleiten auch das Idiom *se passer* mitschwingt, was auf das sich einer Sache entledigen hinweist. In der Passage wird deutlich, daß kein Bild mehr für sich beanspruchen kann, die Wahrheit des Sichtbaren zu entbergen, sondern daß seine Wahrheit in der Eröffnung des Übergangs zum nächsten Bild, also in der Konsequenz der Folge liegt: der Augenblick der Bildaufnahme ist nie von einem sich auf- oder herstellenden gesättigt, sondern immer der Aufriß einer ›vollendeten Zukunft‹ *(futur antérieur),* in der nicht etwas ist oder gewesen ist, vielmehr gewesen sein wird *(ça aura été),* zugleich als »Chance einer neuen Aura«.[68]

Letztlich zeichnet sich für Derrida in der dekonstruktiven Perspektive auch eine *Verantwortung* oder eine *Ethik* ab, die das Aushalten von Unentscheidbarkeit fordert, um dem Bild, dem Kunstwerk nicht als gewesenes, sondern als kommendes Raum zu geben. Dekonstruktion kann die Gegebenheit systematischer Bindungen nicht leugnen, aber sie kann ihren aleatorischen, kontingenten Charakter aufzeigen und damit ihre Ersetzbarkeit beziehungsweise Relativierung bewirken. Insofern spricht Derrida auch davon, daß Dekonstruieren weder als analytisches noch als kritisches und schon gar nicht als methodisches Geschäft systematisiert und monopolisiert werden kann: denn es geht nicht darum, auf analytisch einfache und ursprüngliche Elemente zurückzuführen oder ein kritisches Urteil zu fällen oder den richtigen Weg (griech. *hodos)* zum Wahren aufzuzeigen.[69] Der Aufschub der Differenz enthüllt die Vielheit der Möglichkeiten, die Möglichkeit des Wechsels, der *Übersetzung,* linguistisch gesprochen, das babylonische Prinzip. Man spricht immer in mehr als einer Sprache, einer Sprache unter Sprachen, für die es Übersetzungen gibt, auch Übersetzungen in nicht menschliche Sprachen wie die der elektronischen Bilder: ein Anders-Sagen, das nie ohne Störung, Rauschen, Verschiebung, Entstellung fungiert. Ein Beispiel einer solchen Entfesselung der Übertragung hat Gary Hill in seiner Video-Installation *Between Cinema and a Hard Place* gegeben. Das Band zeichnet die Lektüre von Heidegger-Texten auf und zeigt so in der Verfremdung die Vielheit der Zeichenströme, die geschriebenen Bilder ebenso wie das Tonband der Stimme, und die vielversprechende Spannung der Interferenzen und Widersprüche zwischen beiden.[70] So wie ein Bild das vieldeutige Versprechen eines Mundes einlösen kann, gibt es auch für das stumme Bild das erlösende Wort des anderen und vom anderen her: »une autre voix«[71], und in diesem Sinne hat Derrida erst jüngst in einer Kunstwerkinterpretation (der Arbeiten von Salvatore Puglia) betont, daß es darauf ankomme, die Erscheinungen zu retten. Die Dekonstruktion des Symbolischen oder das Symbolische in Dekonstruktion will nicht, wie Heidegger, die Zeit sich angleichen, sondern die Zeit geben als das unberechenbare einer *Unzeit,* zu der die Stimme weniger das Sichtbare sich unterwerfen will als vielmehr in ihm widerhallen: als »Implosion der Stimme selbst, die zu denken (auf)gibt, indem sie Raum beziehungsweise statt-gibt.«[72]

Anmerkungen

1   Mit dieser Zeile aus Heideggers Spruchsammlung *Aus der Erfahrung des Denkens* überschreibt Heinrich Wiegand Petzet seine Monographie, die zuerst am breitesten über Heideggers Verhältnis zur Kunst informierte; vgl. ders., *Auf einen Stern zugehen. Begegnungen und Gespräche mit Martin Heidegger 1929–1976,* Frankfurt am Main 1983, S. 141 ff.(vgl. ders., *Aus der Erfahrung des Denkens,* Gesamtausgabe I. Abt. Bd. 13, Frankfurt am Main 1983, S.76).
2   Meyer Schapiro, »The Still Life as a Personal Object – A Note on Heidegger and Van Gogh«, in: M. L. Simmel (Hrsg.), *The Reach of Mind. Essays in Memory of Kurt Goldstein,* New York 1968, S. 203 ff. (wiederabgedruckt mit leichten Modifikationen und einer Nachschrift in: Meyer Schapiro, *Theory and Philosophy of Art: Style, Artist, and Society, Selected Papers IV,* New York 1994, S. 135 ff.). Zur allgemeinen Würdigung von Heideggers kunstwissenschaftlicher Bedeutung siehe u. a. Wilhelm Perpeet, »Heideggers Kunstlehre«, in: Otto Pöggeler (Hrsg.), *Heidegger. Perspektiven zur Deutung seines Werkes,* Frankfurt am Main 1984, S. 217 ff.; Annemarie Gethmann-Siefert, »Martin Heidegger und die Kunstwissenschaft«, in: dies. und Otto Pöggeler (Hrsg.), *Heidegger und die praktische Philosophie,* Frankfurt am Main 1989, S. 251 ff., sowie die Beiträge der Gedächtnisschrift zum 100. Geburtstag von Martin Heidegger: Walter Biemel und Friedrich-Wilhelm von Herrmann (Hrsg)., *Kunst und Technik,* Frankfurt am Main 1989; Werner Jung,*Von der Mimesis zur Simulation. eine Einführung in die Geschichte der Ästhetik,* Hamburg 1985, S. 178 ff.; Norbert Schneider, *Von der Aufklärung bis zur Postmoderne,*Stuttgart 1996, S. 154 ff.
3   Vgl. Jacques Derrida, *La vérité en peinture,* Paris 1978, dt.: *Die Wahrheit in der Malerei,* Wien 1992, S. 301 ff. Anstelle einer überbordenden Literaturliste sei hier nur auf die Bibliographie von Heidegger und Derrida in: Udo Kultermann, *Kunst und Wirklichkeit. Von Fiedler bis Derrida – Zehn Annäherungen,* München 1991, verwiesen, der – trotz einer gewissen Oberflächlichkeit der Darstellung – durch seine imposante Auflistung der einschlägigen Sekundärliteratur imponiert.
4   Cézanne zu Maurice Denis in: Michael Doran (Hrsg.), *Gespräche mit Cézanne,* Zürich 1982, S. 211.

5   Ebd., S. 166. Vgl. die emphatische Aufnahme dieses Motivs durch Peter Handke: »Und so sehe ich jetzt auch Cézannes ›Verwirklichungen‹ […]: Verwandlungen und Bergung der Dinge in Gefahr – nicht in einer religiösen Zeremonie, sondern in der Glaubensform, die des Malers Geheimnis war«, in: *Die Lehre der Sainte-Victoire,* Frankfurt am Main 1980, S. 66.

6   Heidegger, »Gedachtes«, in: *Denkerfahrungen,* Frankfurt am Main 1983, S. 163; vgl. auch den Gedichtzyklus in *Aus der Erfahrung des Denkens* (wie Anm. 1), S. 75ff.

7   Vgl. Heidegger: »Der Ursprung des Kunstwerkes«, in: *Holzwege,* Frankfurt am Main 1950, S. 7 ff.; ders.: »Vom Ursprung des Kunstwerkes. Erste Ausarbeitung«, in: *Heidegger-Studies* Vol. 5, Berlin 1989, S. 5 ff.; ders.: »Zur Überwindung der Ästhetik. Zu ›Ursprung des Kunstwerks‹, in: *Heidegger-Studies* Vol. 6, Berlin 1990, S. 5 ff. Auf die konstitutive Funktion von Heideggers Beschäftigung mit dem Kunstwerk für seine Kehre hat auch Gethmann-Siefert (wie Anm. 2), S. 282, hingewiesen.

8   Heidegger, *Nietzsche I. Der Wille zur Macht als Kunst,* Pfullingen 1961, S. 92; vgl. die ähnlich lautende Bestimmung in: ders., »Zur Überwindung der Ästhetik« (wie Anm. 7), S. 5.

9   Ebd., S. 7; und ders., »Vom Ursprung des Kunstwerkes« (wie Anm. 7), S. 8.

10   Heidegger, *Vom Wesen der Wahrheit. Zu Platons Höhlengleichnis und Theätet,* Gesamtausgabe II. Abt., Bd. 34, Frankfurt am Main 1988, S. 63 f.

11   Ders., »Der Ursprung des Kunstwerkes« (wie Anm. 7), S. 18.

12   Vgl. ders., *Sein und Zeit,* Tübingen 1927, S. 63.

13   Vgl. ebd., S. 66.

14   Ebd., S. 68.

15   Vgl. ders., »Der Ursprung des Kunstwerkes« (wie Anm. 7), S. 17 f.

16   Ders., *Sein und Zeit* (wie Anm. 12), S. 69.

17   Vgl. ebd., S. 76.

18   Vgl. ebd., S. 73 ff.; vgl. auch ders., *Prolegomena zur Geschichte des Zeitbegriffs,* Gesamtausgabe, II. Abteilung (Vorlesungen), Bd. 20, Frankfurt am Main 1979, S. 256.

19   Ders., *Sein und Zeit* (wie Anm. 12), S. 77.

20   Ebd., S. 78. Vgl. hierzu Michael Wetzel, »Vom Umgang mit den Dingen. Oder: ›How to do things with photographs‹ als eine heideggerianische Fragestellung«, in: *Camera Austria* Nr. 38, Graz 1992.

21   Heidegger: »Der Ursprung des Kunstwerkes« (wie Anm. 7), S. 26.

22   Rainer Maria Rilke, *Briefe über Cézanne,* Frankfurt am Main 1983, S. 29. Vgl. zum Verhältnis von Heidegger und Rilke auch: Eckhard Heftrich, *Die Philosophie und Rilke,* Freiburg 1962, S. 109 ff.

23   Vgl. Heidegger, »Der Ursprung des Kunstwerkes« (wie Anm. 7), S. 19.

24   Vgl. ebd., S. 23.

25   Vgl. Gethmann-Siefert (wie Anm. 2), S. 262; vgl. auch John Protevi, »The Stilling of the *Aufhebung: Streit* in ›The Origin of the Work of Art‹ « in: *Heidegger-Studies* Vol. 6, Berlin 1990, S. 67 ff.

26   Vgl. Heidegger, »Der Ursprung des Kunstwerkes« (wie Anm. 7), S. 22.

27 Meyer-Schapiro (wie Anm. 2), S. 206 f.

28 Vgl. den Nachdruck des Heidegger-Aufsatzes in: *Theory and Philosophy of Art* (wie Anm. 2), S. 141, wo Schapiro den ursprünglichen Schlußsatz »the shoes were a piece of his own life« durch die bekräftigende Formel »the shoes were memorable piece of his own life, a sacred relic« ersetzt; sowie: »Further Notes on Heidegger and van Gogh«, ebd., S. 143 ff., wo Schapiro noch einmal Gauguin zu Wort kommen läßt und weitere Beispiele für Schuhe als Symbol individueller Lebenserfahrungen und für van Goghs Suche nach Vergegenständlichung der Brüche seiner Biographie versammelt. Erstaunlich ist in diesem Zusammenhang, daß Schapiro sich anläßlich der Wiederaufnahme des Themas 1994 auf die französische Zeitschrift *Macula* bezieht, in der Derridas Aufsatz über Heidegger und Schapiro zuerst erschienen war, der jedoch bei dem ansonsten nicht mit Textreferenzen geizenden Kunsthistoriker keine Erwähnung findet.

29 Heidegger, »Der Ursprung des Kunstwerkes« (wie Anm. 7), S. 22; sowie ders.: *Holzwege,* Gesamtausgabe I. Abt., Bd. V, Frankfurt am Main 1977, S. 18.

30 Vgl. ebd., S. 22 f.

31 Heidegger, »Der Ursprung des Kunstwerkes« (wie Anm. 7), S. 24. Vgl. van Goghs eigene Ausführungen zu seiner Maltechnik: »Ich sehe, daß die Natur zu mir gesprochen hat, daß sie mir etwas gesagt hat, was ich in Schnellschrift aufgeschrieben habe.« Fritz Erpel (Hrsg.), *Als Mensch unter Menschen. Vincent van Gogh in seinen Briefen an seinen Bruder Theo,* Bd. 1, Berlin 1959, S. 181.

32 Heidegger, »Vom Ursprung des Kunstwerkes« (wie Anm. 7), S. 15.

33 Vgl. ders., »Der Ursprung des Kunstwerkes« (wie Anm. 7), S. 25.

34 Ebd., S. 60 f.

35 Heidegger, Brief an E. Staiger, in: Emil Staiger, *Die Kunst der Interpretation,* München 1977, S. 40 (Hervorhebung von mir). Zum Scheinen des Lichts bei Heidegger, auch und gerade im Verhältnis zur monumentalen Dichte des Steins, vgl. John Salis, *Stone,* Bloomington 1994, S. 5 u. 94 ff.

36 Zum Plastischen und zum Raumbegriff bei Heidegger vgl. ders., »Die Kunst und der Raum« in: *Aus der Erfahrung des Denkens* (wie Anm. 1), S. 204 ff; sowie ders. »Bauen Wohnen Denken« in: *Vorträge und Aufsätze,* Pfullingen 1954, S. 154 ff. Heidegger hat gerade mit diesen Denkfiguren Einfluß auf die Gegenwartskunst gewonnen, vgl.: *Bauen Wohnen Denken. Martin Heidegger inspiriert Künstler,* hrsg. v. Hans Wielens, Münster 1994.

37 Heidegger, »Der Ursprung des Kunstwerkes« (wie Anm. 7), S. 33.

38 Ebd., S. 43 f.

39 Ebd., S. 51.

40 Ebd., S. 55 ff.

41 Rosalind Krauss, *Der Impuls zu sehen,* Bern 1988, S. 27.

42 Gottfried Boehm, »Zu einer Hermeneutik des Bildes«, in: Hans-Georg Gadamer und Gottfried Boehm (Hrsg)., *Die Hermeneutik und die Wissenschaften,* Frankfurt am Main 1978, S. 457.

43 Ders., »Die Dialektik der ästhetischen Grenze«, in: *Neue Hefte für Philosophie,* 5 (1973), S. 123.

44   Ders., »Im Horizont der Zeit. Heideggers Werkbegriff und die Kunst der Moderne«, in: *Kunst und Technik* (wie Anm. 2), S. 267.Vgl. auch Schneider (wie Anm. 2), der den Geschehnischarakter dieser Wahrheit betont (S. 163).

45   Heidegger, »Die Frage nach der Technik«, in: *Vorträge und Aufsätze,* Pfullingen 1954, S. 24.

46   Ebd., S. 28.

47   Vgl. Heidegger, *Vier Seminare,* Frankfurt am Main 1977, S. 104: »Das Ge-stell ist gleichsam das photographische Negativ des Ereignisses.«

48   Ders., »Das Ding«, in: *Vorträge und Aufsätze* (wie Anm. 44), S. 164.

49   Vgl. ebd., S. 165.

50   Heidegger: Im Gespräch mit Richard Wisser, in: *Antwort. Zum 100. Geburtstag von Martin Heidegger,* Pfullingen 1989, S. 23.

51   Vgl. Derrida, »Restitutionen. Von der Wahrheit nach Maß«, in: *Die Wahrheit in der Malerei* (wie Anm. 3), S. 307.

52   Vgl. ebd., S. 396 u. 435 ff. Zur Fetisch-Bedeutung vgl. die Interpretationen von Nancy J. Holland, »Heidegger and Derrida Redux. A Close Reading«, in: Hugh H. Silverman und D. Ihde (Hrsg.), *Hermeneutics and Deconstruction,* Albany 1985, S. 223 ff.; und Gayle Orniston, »Binding Withdrawal«, ebd., S. 247 ff.

53   Jacques Derrida, »Der Entzug der Metapher«, in: Volker Bohn (Hrsg.): *Romantik. Literatur und Philosophie,* Frankfurt am Main 1987, S. 337.

54   Ebd., S. 340.

55   Derrida, »Ousia und grammé«, in: *Randgänge der Philosophie,* Frankfurt am Main 1976, S. 85 f.

56   Vgl. Friedrich Nietzsche, *Morgenröte,* Werke, hrsg. v. K. Schlechta, Bd. I, München 1969, S. 1251; und ders.: *Jenseits von Gut und Böse,* ebd. Bd. II, S. 713; und Derrida, *Aufzeichnungen eines Blinden. Das Selbstporträt und andere Ruinen,* München 1996; vgl. zum Thema auch Jay Martin, *Downcast Eyes. The Denigration of Vision in Twentieth-Century French Thought,* Berkeley 1994. Zur Frage der Visibilität bei Derrida vgl. die Arbeiten von Hugh Silverman, u. a. »Interrogation and Deconstruction«, in: *Phänomenologische Forschung* Bd. 18, Freiburg 1986; und »Textualität und Visibilität«, in: Michael Wetzel und Herta Wolf (Hrsg.), *Der Entzug der Bilder. Visuelle Realitäten,* München 1994.

57   Vgl. Derridas Vortrag »Le sacrifice«, in: *La Métaphore* No. 1, Paris 1993.

58   Derrida, *Telepathie,* Berlin 1982, S. 23.

59   Vgl. in Derrida, *Die Wahrheit in der Malerei* (wie Anm. 3), die Analysen zu den Installationen von Titus-Carmel und den Zeichnungen Adamis; sowie ders.: »Das Subjektil ent-sinnen«, in: Paule Thévenin und Jacques Derrida, *Antonin Artaud. Zeichnungen und Portraits,* München 1986, S. 51 ff.; und Hubert Damisch, *Traité du trait,* Paris 1995, S. 18 f.; zur Trauerarbeit des Bildnerischen vgl. Derrida, »Kraft der Trauer. Die Macht des Bildes bei Louis Marin«, in: *Der Entzug der Bilder* (wie Anm. 56).

60   Derrida, »Signatur Ereignis Kontext«, in: *Randgänge der Philosophie,* Frankfurt am Main 1976, S. 155; vgl. ders., *Positionen,* Wien 1986, S. 87, 95ff. Von daher verfehlen auch alle Verdinglichungen von Derridas Ansatz zum »Dekonstruktivismus« eines »anarchisch-offenen Systems« (vgl. Schneider, *Geschichte des Ästhetik* [wie Anm. 2], S. 253 ff.) ihn von vornherein.

124

61   Vgl. zum Prinzip der Propfung Derrida, *La Dissémination,* Paris 1972, S. 395; sowie Derrida, *Feuer und Asche,* Berlin 1988; Derridas »Lektüre« von Marie-Francoise Plissarts, *Recht auf Einsicht,* Wien 1985. Vgl. zum Begriff der Unentscheidbarkeit der bildlichen Spiegelung bes. Rodolphe Gasché, *The Tain and the Mirror,* New York 1987, S. 241 ff.

62   Derrida, *Mémoires. Für Paul de Man,* Wien 1988, S. 103. Zum Anschluß an Heidegger vgl. Robert Bernasconi, *Heidegger in Question. The Art of Existing,* Atlantic Highlands 1993, S. 99 ff.

63   Die zynische Verarbeitung des Motivs in Mark Tansays *Stillife* läßt sich diesbezüglich mit einer von Derrida in *Die Wahrheit in der Malerei* besprochenen Installation von Titus Carmel vergleichen, wo dieser in *La grande Bananerie* unter eine Phalanx von Plastikbananen eine echte, während der Ausstellung langsam vor sich hinfaulende Banane gemischt hat. Zur Überwindung einer bloß verdoppelnden *Mimesis* vgl. auch Derrida, *Economimesis,* in: Sylviane Agaçinski u. a., *Mimesis des articulations,* Paris 1975, S. 68.

64   Derrida, »Envoi«, in: *Psyche. Inventions de l'autre,* Paris 1987, S. 141 (eigene Übersetzung).

65   Derrida, »The spatial arts. An interview with Peter Brunette and David Wills«, in: *Deconstruction and the Visual Arts. Art, Media, Architecture,* hrsg. v. P. Brunette u. D. Wills, Cambridge 1994, S. 15. In diesem Sinne impliziert auch Derrida schon das differentielle Moment der *fort*gezogenen Linie, das Damisch (wie Anm. 59, S. 153) reklamiert. Zur Applikation Derridas auf moderne Kunst vgl. auch Gregory Ulmer, *Applied Grammatology. From Derrida to Beuys,* Indiana 1985, S. 112 ff.; sowie Benjamin: *Art, Mimesis and the Avantgarde,* London 1991 (dort auch die Diskussion des Zusammenhangs von Dekonstruktion, Postmoderne und Architektur), sowie Mark Wigley, *The Arcitecture of Deconstruction. Derrida's Haunt,* Cambridge MA 1993.

66   Ebd., S. 16.

67   Und zwar auch – im Sinne einer Politik der Wiedergabe – gegen die Gefahr einer »Nationalästhetik«, von der Philippe Lacoue-Labarthes in: *La fiction de la politique. Heidegger, l' art et la politique,* Paris 1987, S. 92 ff., spricht.Vgl. u. a. Derrida, »Am Nullpunkt der Verrücktheit: Jetzt die Architektur«, in: Wolfgang Welsch (Hrsg.), *Texte der Postmoderne,* Weinheim 1988; vgl. auch Michael Wetzel, »La capitale à double tête. Berlin sans frontières«, in: *Le passage des frontières. Penser à partir de Jacques Derrida,* hrsg. v. M.-L. Mallet, Paris 1994.

68   Vgl. Jean-François Chevrier und Catherine David, »Actualité de l'image«, in: *Passages de l'image,* Paris 1990, S. 22; und Derrida, »Videor«, ebd., S. 161, im Zusammenhang seiner Ausführungen zu den Videos von Gary Hill.

69   Vgl. Derrida, »Lettre à un ami japonais«, in: *Psyche* (wie Anm. 64), S. 390.

70   Vgl. Gary Hill, *Arbeit am Video,* Ostfildern 1995 (darin auch: Gottfried Boehm, »Zeitigung. Annäherung an Gary Hill«), sowie Lynne Cooke, »Gary Hill au-delà de Babel«, in: *Gary Hill,* hrsg. v. C. v. Assche, Paris 1993, S. 98.

71   Carole Bouquet et Jacques Derrida, *Feu la cendre, La bibliothèque des voix,* prés. p. A. Fouque, Paris 1987; im Text-Bild des Begleit-Heftes von Derrida fehlt dieser wiederholt und erstaunt ergehende Ausruf!

72   Derrida, »Sauver les phénomènes«, in: *Contretemps* Hiver 1995, S. 15 (eigene Übersetzung).

Stefan Hesper

Kristalle der Zeit

Zur Anachronie der Wahrnehmung bei David Hockney und Gilles Deleuze

Ist ästhetische Erfahrung unmittelbare Evidenzerfahrung eines zeitlos oder überzeitlich gegenwärtigen, simultanpräsenten Werks? Vielfach gibt sie sich so. Und in dem Maße wie sie dies tut, ist sie eine am ästhetischen Modernismus ausgerichtete ›Simultanästhetik‹. Ästhetische Erfahrung nimmt durch diese Selbsteinsicht in den historisch relativen Charakter einiger ihrer Theoriebausteine jedoch keinen Schaden, sondern Selbstreflexion ist im Gegenteil die Voraussetzung für ihre künftige Kompetenzerhaltung, Fortsetzung und Weiterentwicklung.

Der Hinweis auf eine Prozessualität der Anschauung oder die Einführung einer ›vermittelten Unmittelbarkeit‹ reicht allerdings nicht aus, wenn die Dimension der Zeit dennoch eine externe Rahmenbedingung ästhetischer Erfahrung bleibt. Denn ästhetische Erfahrung ist immer auch Zeiterfahrung innerhalb des Akts der Erfahrung selbst. Die ›innere Uhr‹ der Zeitstruktur ästhetischer Erfahrung läuft dabei anders als die lineare Realzeit – und sie ist erfahrungskonstitutiv.

Zeit wird von der Rezeptionsästhetik so als historische Kategorie reflektiert, nicht aber als anachrones erfahrungsimmanentes Moment. Die Hermeneutik hat mit ihren heuristischen Kategorien wie Erwartungs- und Erfahrungshorizont, Horizontabhebung und -verschmelzung stets die historischen und kollektiven Distanzen und individualistischen (Prä-)Dispositionen als Bedingung der Möglichkeit von Verstehen entfaltet. Sie hat aber den eigentlichen Akt ästhetischer Erfahrung selbst als Black box behandelt und nicht selten ›die Achronie als Anker der rezeptiven Subjektivität‹ ausgeworfen.

Stefan Hesper bietet dagegen zur Markierung der Zeitstruktur ästhetischer Erfahrung die Metapher des ›Zeitfensters‹. Er zeigt, wie in den Arbeiten David Hockneys Aspekte einer Zeittheorie der sogenannten poststrukturalistischen Ästhetik explizit werden und gibt erste Hinweise, wie die ästhetische Erfahrung über jene französische Lehre der Kunsterfahrung ihre Zeittheorie bereichern könnte.

J.S.

126

»but so is depth
surface
is illusion«[1]

I

Ästhetische Erfahrung – was ist das?

Ästhetik: Ist das die Erfahrung der Kunst oder die Erfahrung der Sinne, Erfahrung des Schönen oder Erfahrung der Wahrnehmung selbst, Lehre von der Ordnung der Sinne oder Lehre von der Beurteilung der Sinne? Erfahrung der Distanz, der Beobachtung und Steuerung oder Erfahrung der Unabwendbarkeit dessen, was zu uns durch die Haut und die Sinne dringt?

Erfahrung: Was ist das? Wahrnehmung einer Gegenwart, einer Erscheinung oder Gegenwärtigkeit der Wahrnehmung (im Unterschied zum Bewußtsein), gleichzeitig oder nachträglich zum ›Geschehen‹? Gibt es Wahrnehmung(en)? »Nun weiß ich nicht, was Wahrnehmung ist, und ich glaube nicht, daß es so etwas wie Wahrnehmung gibt. [...] Ich glaube nicht, daß es Wahrnehmungen überhaupt gibt«, sagte Jacques Derrida schon 1966 überraschend. Und was die Erfahrung anbetrifft: Ist sie nicht eher eine »Durchquerung, eine Reise, eine Strecke, ein Weg« als eine synchrone, punktuelle, schockhafte Präsenz?[2] Wahrnehmung und Erfahrung in ihrer ästhetischen Form: Eine Reise durch die Sinne mit Hilfe der Sinne, eine Reise durch die Zeit in der Zeit?

Wollte man Merkmale einer sogenannten poststrukturalistischen Ästhetik im Sinne einer Lehre der Erfahrung von Kunst und ihrer Beurteilung formulieren, so könnte man auf zwei wichtige Merkmale aufmerksam machen: die Zeitstruktur der ästhetischen Erfahrung und die Position des Beobachters/Rezipienten im Hinblick auf die Wahrnehmung von Kunst. Man könnte dabei, und das soll im folgenden geschehen, aufmerksam machen auf die Bedeutung der Gleichzeitigkeit, der Simultaneität, und der Anachronie.

Hinreichend bekannt und oft genug mißverstanden ist Derridas Kritik der traditionellen Kontamination von Gegenwart und Anwesenheit, von Präsenz und Präsens. Seine Kritik der Metaphysik ist zugleich der Beschreibungsversuch einer differenztheoretischen

Analyse der Zeit und der Bedeutung der Gleichzeitigkeit in ihr. Beispielhaft ist seine Analyse des Gespenstischen und der »Ungleichzeitigkeit der gegenwärtigen Zeit mit sich selbst«, der stetigen Anachronie und Verzögerung gegenüber jeder Synchron-Zeit.[3] Ebenso verweist der Begriff des Kristalls bei Deleuze auf eine besondere Form der Gleichzeitigkeit, der gespenstischen und zugleich objektiven »Ununterscheidbarkeit von Realem und Imaginärem, von Gegenwärtigem und Vergangenem, von Aktuellem und Virtuellem«.[4] Auch Michel Serres führt den Begriff der Zeit zuallererst auf die Gleichzeitigkeit des Verschiedenen zurück, auf Konfusion und Mischung: Die Zeit »fließt nicht, sie sickert; oder besser, sie fließt, weil sie sickert.«[5] Er entwirft zusätzlich zur Geometrie der linearen Zeit eine Topologie der Simultan-Zeit, in der sich die Dinge und Umstände berühren, bevor sie getrennt und vermessen werden können. Serres ersetzt ein »rationales oder abstraktes Panorama« durch »tausend Landschaften mit ihren kombinatorischen Spektren«: »das nichtlineare Denken toleriert — Gipfel der Ironie — das lineare Denken als einen seiner Sonderfälle.«[6]

Jede Wahrnehmung, auch die von Kunst, hat ihren eigenen Zeitindex, sie ist eingebettet in zeitliche Beziehungen zu den ablaufenden Ereignissen in der Umwelt, zur eigenen bewußten Gegenwärtigkeit oder zur eigenen Unbewußtheit. Eine Theorie der ästhetischen Erfahrung ist auch, egal ob sie sich nun vornehmlich mit Kunst oder mit Wahrnehmungen im allgemeinen beschäftigt, eine Theorie der Zeit und der Subjektivierung in der Zeit.

Die deutsche Rezeptionsästhetik interessierte in den siebziger und achtziger Jahren im Hinblick auf die Gegenwartskunst weniger die Analyse der Zeit der Gleichzeitigkeit von gespenstischen Unentscheidbarkeiten und Ununterscheidbarkeiten, sondern vor allem der zeitlose »ekstatische Moment der ästhetischen Erfahrung«[7]. Sie interessierte sich nicht für das Paradox einer »Erwartung ohne Erwartungshorizont«[8], sondern für die »überraschend innovatorische Unterbrechung eines Erwartungszusammenhangs«[9], durch die sich uns die »Präsenz einer sinnlichen Erscheinung« mitteilen soll.[10] Die Zeittheorie der Rezeptionsästhetik war so vor allem modernistische Theorie des selber zeitlosen Augenblicks und der Plötzlichkeit in der Kunst und zugleich eine Theorie der nicht selten heroischen Subjektivität auf der Seite der Rezeption dieser Kunst.

Kunst scheint es im Sinne der Rezeptionsästhetik nur durch Distanznahme und Überwindung von Schocksituationen zu geben. Die Massenmedien sind keine Kunst, so schreibt Hans Robert Jauß, denn sie »bedrohen mit dem Vorrang des Zeichens über das Wort, mit der Schockwirkung und Überflutung durch aufzunehmende Reize, mit der manipulativen Gewalt von Informationen, die sich nur noch speichern, kaum mehr in persönliche Erinnerung integrieren lassen, zugleich die Bildung von ästhetischer Erfahrung im traditionellen Sinn.«[11] Wenn Massenmedien wie Avantgardekunst funktionieren heißt das, ist ästhetische Bildung nicht mehr möglich. Die Flut der Reize und die schockhafte Erfahrung der Gleichzeitigkeit kann nur dann als Kunst empfunden werden, wenn in der Flüchtigkeit der Reize noch ein Geschmack der Ewigkeit und Zeitlosigkeit zu empfinden ist.[12] Bei Autoren wie Deleuze, Derrida, Serres gibt es, trotz immanenter Unterschiede, einen anderen Akzent in der Zeittheorie und folglich auch in der Beziehung von Subjektivität, Kunst und Massenmedien. Sie brauchen nicht die Achronie als Anker der rezeptiven Subjektivität, sondern sie verweisen auf die stetige ›Anachronie der Wahrnehmung‹, die singuläre Dauer und Weile des Gegenwärtigseins, die in der Kunst stillgestellt oder in den Massenmedien entschieden zu werden droht.

II

Was ist ein Photo? Aufzeichnung einer Anwesenheit oder Sichtbarmachung von ›Zeitspannen‹ nach variablen technischen Parametern?[13] Oder vielleicht muß man noch ergänzend fragen: Gibt es überhaupt ein und nur ein Photo, wenn man ein Photo sieht? Ist nicht jedes gegebene, gemachte Bild supplementierbar, virtuell offen für weitere Bilder, die es rahmen oder korrigieren oder verbessern?

Zu jedem gegebenen, gemachten Bild ist ein weiteres hinzuzufügen ebenso wie jedes Bild/Photo bereits das Ergebnis einer virtuell unendlichen Auswahl ist. Jedes Bild/Photo ist ein Zwischen-Bild zwischen vergangenen und noch kommenden Bildern, verworfenen und noch zu machenden.

»Es ist ein Irrtum zu glauben, der Maler stehe vor einer weißen Fläche. [...] Der Maler hat viele Dinge im Kopf oder um sich im Atelier. Nun ist all das, was er im Kopf hat oder um sich hat, schon in der Leinwand, mehr oder weniger virtuell, mehr oder weniger aktuell, bevor er seine Arbeit beginnt. All das ist auf der Leinwand gegenwärtig, als aktuelle oder virtuelle Bilder. So daß der Maler keine weiße Fläche zu füllen hat, er müßte sie vielmehr leeren, räumen, reinigen.«[14]

Was für die Malerei gilt, gilt sicherlich auch für die Bild-Kunst schlechthin: Sich nicht auf Klischees einlassen, Klischees abtragen oder auslassen. Einen Eindruck darstellen oder erfinden heißt zugleich, falsche Eindrücke vermeiden, keinen falschen Eindruck hinterlassen. Aber kann man das garantieren, kontrollieren?

Jedes Bild, jedes Photo hat eine besondere Zeitstruktur. Bilder sind nicht zeitlos wahrnehmbar, jeder Blick, der das ganze Bildfeld wahrnehmen will, braucht Zeit. Auf einen Blick, simultan ist ein Bild unmöglich wahrzunehmen. Es gibt keinen simultanen Blick und kein Bild der Simultaneität, nur eine Als-ob-Gleichzeitigkeit. Jedes Bild ist trotz seiner Bewegungslosigkeit ein Zeit-Bild und ein Zwischen-Bild.

III

Bis in die achtziger Jahre galt David Hockney vor allem als Maler der Oberflächen, und seine Bilder wurden gelobt als »kontinuierliche Hautberührung«.[15] Doch die Wahrheit der Oberfläche ist prinzipiell nicht tiefer als die Wahrheit des Untergrundes: Ohne die Beobachtung oder Betrachtung eines Bildes, eines Photos, ohne eine Menge an Unterscheidungen und eine bestimmte Geometrie läßt sich über Wahrheiten nichts entscheiden.

Ende der siebziger, Anfang der achtziger Jahre kommt für Hockney etwas Neues ins Bild und in den Blick: die Zeit und die Wahrnehmung der Bewegung des Betrachtens im Bild. Paradoxerweise mit den Mitteln der Photographie entwickelt Hockney eine Auflösung des stillgestellten, monoperspektivischen und figurativen Blicks, indem er Photoserien collagiert. Er führt den Betrachter und die Zeit des Betrachtens in auffälliger Weise ins Bild ein.

»In der Theorie der Perspektive ist der Fluchtpunkt die Unendlichkeit und der Betrachter ist ein unbeweglicher Punkt außerhalb des Gemäldes. Wenn die Unendlichkeit Gott ist, werden wir ihr niemals begegnen, aber wenn die Perspektive umgekehrt wird, ist die Unendlichkeit überall [...] und der Betrachter ist jetzt in Bewegung.«[16]

Hockneys Experimente mit der Photographie, seine Photocollagen und Zeit-Bilder machen den zerstreuten und schweifenden, sich bewegenden Blickpunkt der Wahrnehmung zum Thema. Ohne den Betrachter gibt es keine Oberflächlichkeit und keine Tiefe, doch der Betrachter kann hier nicht mehr außerhalb des Bildes bleiben, sondern er muß dem Bildaufbau folgen, in ihn hineingleiten, nicht jedoch, um »zur Rekonstruktion einer modernen Erfahrung des Ganzen« zu gelangen, sondern zur Unendlichkeit des Bildaufbaus.[17]

Ein Beispiel ist der Stuhl aus dem Jardin du Luxembourg (1985), einmal als Photo-Montage (Abb. 1), einmal als Malerei (Abb. 2). Der Photo-Stuhl besteht aus 20 Einzelaufnahmen aus verschiedenen Perspektiven mit unterschiedlichem Abstand, aus verschiedener Höhe. Die Photo-Montage als ganze betrachtet, erzeugt einen neuen, einen technisch falschen Stuhl. Er ist zwar noch Stuhl, aber in ungewohnter Weise, vorne sehr eng, hinten sehr breit, mit ungleich langen Beinen und durchbrochener Rückenlehne, kein bequemer Stuhl. Was ist passiert – mit dem Stuhl?

Hockney selbst beschreibt diese Bildtechnik als Reise um den Gegenstand. Der Folge der Bilder zu folgen heißt für ihn, daß »du dich selbst bewegen siehst – du siehst dein eigenes Gedächtnis«.[18] 20 Photos von einem Stuhl sind 20 Zeit-Fenster zu einer Welt, in der ein Stuhl steht und die wir wahrnehmen. 20 Partikel für unser Gedächtnis, das unsere Wahrnehmung filtert. 20 Löcher in einem Sieb, durch das hindurch wir auf die Welt blicken. Oberflächenstruktur, Form, Farbe, Dimensionalität des Gegenstandes werden hier in einer kleinen Bildauswahl abgetastet. 20 angehaltene Bewegungen und Expositionen eines Objektes, um es für eine Betrachtung sichtbar zu machen. Die Auswahl der Bilder und ihre Anzahl ist ebenso motiviert wie zufällig: Sie ist virtuell unendlich, statt 20 könnten auch 2000 Bilder des einen Objektes montiert werden.

Was passiert mit unserem Blick, wenn wir so azentrisch und multiperspektivisch zu sehen genötigt werden? Wir sehen, wie unser tastender Blick ein Objekt aus der Summe der Details konstruiert, wie er vergleicht, anpaßt, korrigiert und doch irritiert bleibt. Jeder Punkt des Objektes könnte zur Referenz eines eigenen Bildes

1 David Hockney, Chair, Jardin du Luxembourg, Paris 10th August 1985

gemacht werden, jedes Bild ergibt einen Bildpunkt. 20 Bilder ergeben eine Komposition, die bestimmte Ansichten erlaubt, eine Art
Panorama-Schwenk, der jedoch zugleich seine Distanz zum Objekt
beliebig verändern kann. Das Gemälde des Stuhls bietet, anders als

2 David Hockney, The Chair, 1985

die Photocollage, mehr Kontinuität in Farben und Linien, es homogenisiert den Eindruck des Objekts, ohne den Stuhl zu naturalisieren. Der Skandal der Deformation und Faltung der Perspektiven bleibt bestehen.

IV

Pearblossom Highway, 11.–18. April 1986, # 2: Ein Autobahn-Bild,
ein Zeit-Bild (Abb. 3). »Ich habe nie so glatte liebenswürdige Land-
straßen gesehen wie jene, die vor uns über den verrückten Quilt der
achtundvierzig Staaten hinstrahlten. Gefräßig verschlangen wir diese
endlosen Fernstraßen, glitten in entrücktem Schweigen über ihre
glänzend schwarzen Tanzböden.«[19] *Pearblossom Highway,* die
umfangreichste und komplexeste Photocollage von David Hockney, war ursprünglich als Illustration für einen Artikel über die Reise
von Dr. Humbert und Lolita quer durch die Vereinigten Staaten
vorgesehen. Ein photographisches Road-Movie über eine ab-
schweifende Fahrt, »ein mühsames, gewundenes, teleologisches
Gewächs«, allein der Erfüllung des Begehrens dienend.[20] Das Bild
dieser Fahrt flieht die Straße entlang und läßt es auf den Horizont zu
beschleunigen: Wüste, Himmel, Asphalt, Kakteen, Sand, Müll am
Rand. Jenseits der Straße als wirklicher Fluchtlinie des Paares Humbert und Lolita treten Details hervor und unterbrechen die Homo-
genität der Bewegung nach vorne. Bei genauerem Hinsehen des
zerstreuten, abschweifenden Blicks zeigen sich ständige Variationen:
Je nach Beleuchtung und Perspektive wechseln Himmel und Erde

3 David Hockney, Pearblossom Highway, 11. -18. April 1986, # 2

Form und Farbe, mal ist der Asphalt sandfarben, mal hell-, mal dunkelgrau, mal grob- mal feinkörnig. Jedes Photo innerhalb der Collage aus mehreren Hundert Photos wirkt wie eine Linse, die ihren Ausschnitt sichtbar macht. Aus der Totalität des Bildes wird beim Näherkommen eine Mannigfaltigkeit oder ein Mosaik von Fenstern. Hockney sagt über den Blick auf dieses Bild und über den Betrachter:

»Du bist dir der flachen Oberfläche völlig sicher, aber zur gleichen Zeit beginnst du, einen Raum in deinem Kopf herzustellen. Und der Raum ist nicht von der illusionistischen Art, bei der du denkst ›Oh, da könnte ich hineingehen‹, [...] wenn du das versuchen würdest, würdest du dich umbringen oder irgendwie verletzen; du würdest in eine Ziegelwand laufen. Nein, hier fühlst du dich nicht genötigt hinein zu gehen, weil du bereits drin bist.«[21]

Der Betrachter ist im Bild, weil er die Bild–Fenster abtasten muß. Einerseits scheint jedes Fenster auf die Welt da draußen zu verweisen, andererseits aber verschwindet die Sicherheit der eindeutigen Referenz in der Vielfalt kontrastierender Bilder. Das Bild als Ganzes flimmert wie die Hitze über dem Asphalt. Das Bild ist referentiell und zugleich interferentiell in der Kombination und wechselseitigen Störung seiner zahlreichen, variierenden Fenster. Unser Blick auf das Bild wählt aus, vergleicht, kombiniert, versucht den

4 Pearblossom Highway, Palmdale, California, 1985

Einzelheiten zu folgen. Wir erfahren, daß wir ein Gedächtnis brauchen, um vom Detail her einen Zusammenhang zu ›erfahren‹, um zu wissen, was wir nicht mehr/noch nicht sehen, um Wahrnehmungen zu synchronisieren oder um im Ablauf unterschiedlicher Bilder unterschiedliche Zeiten wahrzunehmen.

Hockneys Montage ist das Gegenteil eines Panoramas: Sie zentriert nicht oder nur scheinbar, um im gleichen Zug den Blick prismatisch zu zerlegen. Sie integriert, nicht ohne zugleich zu differenzieren und die Unendlichkeit der Bilder wie die Perspektivität des Betrachters ins Bild zu injizieren. Sie holt die Zeit des Betrachters ins Bild.

V

Was ist der Hockney-Effekt, die ästhetische Erfindung Hockneys? Welche Begriffe ließen sich finden, um das zu bezeichnen, was seine Bilder an Wahrnehmung sichtbar machen können?

Bei der Suche nach einem Begriff geht es nicht um die Suche nach einer Klassifikation im Sinne einer Reduktion auf typologische Merkmale und auch nicht um eine Analogie. Begriffe in der Kunst für die Kunst sind singulär. Eine Begriffserfindung gleicht weniger einem Akt der Diagnose (das ist also das), sondern eher einem Akt der Prophetie: »Der Begriff ist die Kontur, die Konfiguration, die Konstellation eines kommenden Ereignisses.«[22] Ein möglicher Begriff, den man für die bereits beschriebenen Bilder David Hockneys erfinden könnte, wäre der Begriff Prisma oder Spektrum: Eine scheinbar zeitlose, objektive Wahrnehmung wird zerlegt in den unabschließbaren Prozeß, in die Anachronie einer Wahrnehmung.

Aufgabe der Perspektive, insbesondere der Zentralperspektive in der Kunst war es, Sehen kontingenzlos sichtbar zu machen. »Die Perspektive macht den Beobachter sichtbar – und zwar genau in dem Punkt, in dem er für sich selbst unsichtbar ist. Aber sie weist ihm eine einzig richtige Position zu – und macht es gerade dadurch überflüssig, ihn noch eigens zu beobachten. [...] Man fragte zwar schon nach latenten Bedingungen des Sehens, aber nur, um diese im Bild gleichsam wieder verschwinden zu lassen«.[23] In seiner Photocollagetechnik wiederholt und erneuert Hockney den Bruch mit dem unbeobachteten oder indifferenten Beobachter im 19. Jahrhundert.[24] Der Blick auf das Bild wie der Blick in der Wirklichkeit wird als kontingent erfahren, das heißt, er läßt sich als Beobachtung beobachten und verändern. »Der Beobachter wird angeleitet, sein Beobachten zu beobachten und damit auch eigene Eigentümlichkeiten, Vorurteile, Beschränktheiten zu bemerken, die ihm vorher als eigene gar nicht aufgefallen waren.«[25] Hockney selbst beschreibt zwar seine Collage (Abb. 3) als »panoramatischen Angriff auf die Zentralperspektive«[26], aber seine neue Panoramatik erinnert nicht mehr an den Illusionismus der bildnerischen ›Totalvisionen‹ des 19. Jahrhunderts, der nicht nur die Bewegungen in der Wahrnehmung, sondern auch die Zeit der Wahrnehmung hat indifferent werden lassen.[27]

Das klassische Panorama ist »nicht auf Betrachter, sondern auf Besucher ausgerichtet«: »Dem korrespondiert der Ersatz des betrachtenden Blicks durch den schweifenden Blick. Wenn die traditionelle Perspektive das stillgestellte Auge voraussetzt, verlangt das Rundgemälde den ruhelosen Blick. [...] Dem schweifenden Blick in die Runde entspricht der fortbewegte Blick des Reisenden.«[28] Der Betrachter scheint am Panorama in kontrolliertem Abstand entlang zu reisen, um sich einen Überblick zu verschaffen, nicht um sich faszinieren oder in seinen Total-Visionen unterbrechen zu lassen. Die scheinbar panoramatischen Visionen von Hockney dagegen geben dem Betrachter etwas ganz anderes zu sehen: Der Betrachter braucht nicht um das Bild herumzugehen, um einen Über-Blick zu bekommen, sondern er sieht unterschiedliche Blickweisen im Bild. »Wir sehen die Welt nicht aus der Distanz, sondern befinden uns mittendrin, und genauso fühlen wir uns auch.«[29] Hockneys Collagen sind in diesem Sinne Zeit-Bilder, Bilder eines schweifenden Kamera-Auges in der Zeit, die uns ohne Illusionismus in das Bild verwickeln, die uns Zeit als sinnliche Wahrnehmung anbieten, die sich durch uns und in uns konstruiert.[30] Das Gesamtbild, die Summe der Einzel-Photos in der Collage, ergibt weniger ein Panorama als ein ›Zwischenbild‹, zwischen Gesamtsicht und Einzelsicht, zwischen virtueller Unendlichkeit und aktualisierter Singularität.[31]

137

VI

Mit der Geschichte der Simultaneität in Kunst, Religion und Philosophie ist auch eine Geschichte der ästhetischen Subjektivität verbunden, die sich auf unterschiedliche Weise mit Formen von Gleichzeitigkeit konfrontiert sieht, zum Beispiel in der Form von Ewigkeit, Plötzlichkeit, Dialektik, Ambivalenz oder prismatischer, spektraler Diaphanie. Jeder Erscheinungsform der Gleichzeitigkeit, und das heißt auch jeder Zeittheorie, entsprechen geradezu unterschiedliche Typen der ästhetischen Rezeption.

Die moderne Begriffsgeschichte der Simultaneität im Sinne einer Gleichzeitigkeit des Ungleichartigen geht zurück auf eine Untersuchung des Farbtheoretikers, Physikers und Färbers Michel Eugène Chevreul[32] aus dem Jahre 1839. Chevreul hat die Wirkung und Herstellung solcher Kontraste untersucht, die die Wirkung von Komplementär-Farben bei ihrem Aufeinandertreffen verstärken oder schwächen. Ergänzend zu Goethes Farbenlehre interessiert sich Chevreul nicht nur für die sukzessiven Komplementärkontraste, sondern auch für das, was er den Simultankontrast nennt und was auch schon Goethe aufgefallen war: Eine helle Farbe erscheint neben einer dunklen Farbe heller, als wenn sie für sich allein steht. Diese Kontrast- und Verstärkungsmöglichkeiten hat Chevreul systematisch, vor allem für industrielle Färbezwecke, untersucht. Wichtig ist ihm dabei zu betonen, daß die Verstärkungs- und Abschwächungseffekte im Beobachter entstehen und nicht zwischen den Farben, und daß für ihn alle Farben immer in Beziehung stehen zu anderen Farben.[33]

Im Gleichzeitigkeitsdenken des 17. und 18. Jahrhunderts, in der Philosophie bei Leibniz oder in der Musik bei Bach, bedeutet Gleichzeitigkeit die virtuelle Präsenz des Mannigfaltigen, die in der Anschauung allerdings nur sukzessiv entfaltet werden kann. Das Gleiche ist immer auch schon ein anderes, wenn der Beobachter nur die Perspektive wechselt beziehungsweise der Künstler diesen Perspektivenwechsel inszeniert. Virtuelle Präsenz bedeutet auch, daß die Entfaltung aller möglichen Perspektiven nur eine Frage der Dauer der Beobachtung ist, ohne daß sich der Gegenstand in der Zeit weiter verändert, er existiert bereits vollständig, jedoch ohne sich schon vollständig entfaltet zu haben.[34] Was im Unterschied zu Chevreul fehlt, ist die konstitutive Bedeutung der Subjektivierung und Historisierung der Zeit in der Beobachtung, die Entstehung von Kontrasten und Dissonanzen im Beobachter und insgesamt die Annahme einer (dialektischen) ›Entwicklung‹ oder eines Werdens im Unterschied zu einer kontinuierlichen ›Entfaltung‹. Simultaneität ist entsprechend im 18. Jahrhundert ein Synonym für Raum, Sukzessivität ist synonym mit Zeit: »ordo simultaneorum extra se invicem positorum est spatium, successivorum tempus.«[35] Im gleichen Sinne hat auch Lessing die berühmte Unterscheidung zwischen Malerei und Dichtung als Unterscheidung zwischen Zeit und Raum, Konsekutivität und Koexistenz formuliert: »die Zeitfolge ist das Gebiet des Dichters, so wie der Raum das Gebiet des Malers.«[36] Blickt man noch weiter zurück, auf die Geschichte der Simultaneität im Mittelalter, so findet man hier eine Bindung an Zeitlosigkeit und Ewigkeit. Die Erfahrung von Gleichzeitigkeit ist eine außerzeitliche, religiös-transzendente Erfahrung der Anwesenheit Gottes.[37]

Der Philosoph Henri Bergson, der auch für Hockney wieder von Bedeutung ist,[38] hat dem Begriff der Simultaneität (wider eigene Absicht) wahrscheinlich zu der größten Popularität verholfen, wenn auch mit einem anderen Akzent als Chevreul. Seit seiner Dissertation *Essais sur les donneés immédiates de la conscience* (1889) bis hin zu *Durée et simultanéité* (1922) hat er die ›nur‹ chronometrische Gleichzeitigkeit im Hinblick auf eine intensive, vitale anachronische Dauer untersucht und die reale Gleichzeitigkeit als »Schnittpunkt der Zeit mit dem Raume« zu bestimmen versucht.[39] Für Bergson sind die unmittelbaren Daten des Bewußtseins Wahrnehmungen und keine Objekte, so daß die Zeitstruktur der Wahrnehmung wichtig wird im Hinblick auf die Einschätzung der Intensität einer Wahrnehmung. Während für Chevreul die Intensität durch den Simultankontrast entsteht, durch die unvermeidliche Überlagerung und Überblendung zweier verschiedener Farbwahrnehmungen, ist für Bergson Simultaneität nur eine Form der Koordination und der Synchronisierung von Daten, gerade ohne daß die zeitgleichen Ereignisse aufeinander Bezug nehmen. Während für Chevreul die Kollision von Farb-Ereignissen wichtig wird, zählt für Bergson die Indifferenz als Merkmal der Gleichzeitigkeit.

Was man am Wandel des Begriffsverständnisses von Simultaneität vom 18. zum 19. Jahrhundert sehen kann, ist eine insgesamt auch für andere zentrale Begriffe (wie Kultur oder Geschichte) auffällige Verzeitlichung und Dynamisierung, die bis zur Gegenwart noch weiter zunehmen wird, und eine Veränderung der ästhetischen Subjektivität. Nicht nur die Wahrnehmungs-Daten geraten in eine zunehmend vom Beobachter unabhängige ›Bewegung‹ – einzentraler Begriff des 19. und beginnenden 20. Jahrhunderts[40] –, sondern der Beobachter selbst bewegt sich und die Wahrnehmung in ihm. Es entsteht ein azentrisches Universum gleichzeitiger Wahrnehmungen, in dem Begriffe wie Bewegung und Beobachtung, die an stabile Perspektiven und Maßstäbe gebunden waren, aufgelöst werden, das aber durch ein abstraktes Zeitmaß gemessen und vielleicht koordiniert werden kann.

In der Malerei und in den Programmen von Robert Delaunay, der als Ahnherr der Kunst des Simultaneismus und des Simultankontrastes im 20. Jahrhundert gilt, findet die Simultan-Ästhetik ihren typischen Ausdruck:»Die Idee der vitalen Bewegung der Welt und ihre Bewegung ist Simultaneität.«[41] Auch Maler wie Fernand Léger, die italienischen Futuristen, Schriftsteller wie Blaise Cedrars, Guillaume Apollinaire, Gertrude Stein, John Dos Passos, James Joyce oder Luigi Pirandello verkünden ein neues simultanes Zeit- und Wahrnehmungsbewußtsein.[42]

In der zweiten Hälfte dieses Jahrhunderts wird das Modell der Simultaneität des Verschiedenen und der Bewegungen in der Kunst wesentlich dadurch ergänzt, daß neben die Wahrnehmung und Inszenierung von Gleichzeitigkeit die Wahrnehmung der Zeit dieser Wahrnehmung tritt, die Wahrnehmung der Ungleichzeitigkeit, Unvollständigkeit, der Diskontinuität und zugleich notwendigen Unendlichkeit des panoramatischen oder transparent machenden Blicks. Auch der Beobachter der Welt und das Maß seiner Zeit wird damit verzeitlicht, es geht nun vor allem um die Zustände der individuellen Vergegenwärtigung. Der Kunsttheoretiker Thierry de Duve beschreibt das exemplarisch an der Skulptur *Six-foot cube* von Tony Smith:

»Das Betrachtersubjekt steht nicht nur einem Objekt gegenüber, es ist in eine Situation eingeschlossen, indem es wie das Objekt ein Gegenstand ist. Wenn es sich rund um eine Skulptur bewegt, die wie ein Kegel von allen Seiten gleich aussieht, bringt ihn letzterer zur Wahrnehmung seiner eigenen Ortsverlagerung, seines beständigen und nicht rückgängig zu machenden Anderswerdens, aus dem einfachen Grund, daß sein Körper nicht zweimal denselben Raum in derselben Zeit einnimmt.«[43]

Mit der Verzeitlichung der Beobachtung und des Beobachters verschwindet die Möglichkeit, zu einer endgültigen Wahrnehmung des Gleichzeitigen zu kommen, weil die Gleichzeitigkeit in der Zeit stattfindet und sich Konstellationen mit ihrem Fortschreiten ändern. Der/die Wahrnehmende gerät in die innere oder äußere Bewegung und nimmt sich selbst wahr. Das Panorama der Zeiten ist nicht länger das »Maßlose, Ungeheuerliche [...], das die Einbildungskraft ohnmächtig werden läßt, sie mit ihren eigenen Grenzen konfrontiert«.[44] Und es ist auch nicht verbunden mit dem Anspruch auf Totalität und auf Endgültigkeit.[45] »Das Ganze: ein Phantasma, eine Zwangsvorstellung. Ich habe die ganze Welt bereist und nichts gesehen.«[46] Gleichzeitigkeits-Wahrnehmungen werden entschleunigt und verzeitlicht. Gleichzeitigkeit wird als unfreiwillige oder zufällige, immanent bleibende Koinzidenz erlebt, als Erinnerungszwang, als Obsession ohne Offenbarung, mit quälenden oder befreienden Möglichkeiten, als Leer- oder Zwischenzeit, die die geometrisch vorgenommene Trennung der Zeit-Räume zugunsten einer topologischen Berührung situativ aufheben kann.

Am Beispiel des Nachkriegs-Kinos hat der Philosoph Gilles Deleuze zu zeigen versucht, inwieweit gerade die Inszenierung von Simultaneität eine neue Epoche der Kinogeschichte hat beginnen lassen können. Das Besondere der Darstellung von Gleichzeitigkeit im Kino des Neorealismus nach dem Zweiten Weltkrieg ist dabei, anders als im Avantgardekino der zwanziger und dreißiger Jahre, der Verzicht auf eine Montage-Ästhetik, die über die Kombination kontrastreicher Bilder und Töne einen Wahrnehmungsschock auslösen will. Das Nachkriegs-Kino entwirft stattdessen »Kristallbilder« einer verdichteten und zugleich leeren Zeit der Wahrnehmung, der »Koexistenz von Vergangenheitsschichten« und »Simultaneität von Gegenwartsspitzen«, die halluzinatorischen und realen Charakter haben.[47] Auch in der Gegenwartsliteratur findet sich in ähnlicher Weise eine Konfrontation und Konfusion der Zeiten des Wahrnehmens und Erinnerns wieder. Verschiedene Zeiten werden kombiniert, ohne daß ihre Singularität verloren geht. Es werden ästhetische Kontinua beschrieben: »Ineinander übergehende Akte des Erinnerns, Erwartens, Vorstellens, Imaginierens und des unmittelbaren Anschauens« zeichnen diese Zeit-Bilder aus.[48] Die Komplexität der Welt wird von der Komplexität des wahrnehmenden Bewußtseins aus (re-)konstruiert, sie wird subjektiviert und damit auch relativiert oder perspektiviert. »Sich mit der Zeit beschäftigen, heißt das klassische Bild vom Prozeß der Erinnerung als eines des Aufstoßens vieler Türen umzudrehen: Türen werden weder aufgestoßen noch verschlossen, der *lineare* Prozeß, der hinter dem Bild des Türaufstoßens liegt (linear nach rückwärts, in die Erinnerung, und nach vorwärts, in die wiedergewonnene Erinnerung) wird ersetzt durch den der Transparenz (das *Diaphane), die* Zeiten liegen nebeneinander, getrennt und *gegeneinander durchlässig* durch türlose Übergänge transparenter Vorhänge, die fast nur Luftbewegung sind.«[49]

Gegenwart wie Vergangenheit bleiben unabgeschlossen, offen für Veränderungen und neue Wahrnehmungen, weil sie immer erst nachträglich-ungleichzeitig gebildet und damit präsent werden können. Gegenwart ist dann kein Punkt oder zeitloser Augenblick mehr, sondern die Dauer der Synchronisation von Ungleichzeitigkeiten in einem »Zeitfenster«[50], um den Eindruck von Gleichzeitigkeit herzustellen. Gegenwart und Wahrnehmung ›dauern‹, und der Begriff Zeitfenster macht darauf aufmerksam, daß das Bewußtsein nicht unvermittelt und synchron, sondern zeitversetzt seine Umwelt wahrnimmt. »Das Ereignis der Wahrnehmung ist mit dem wahrgenommenen Ereignis nur zutreffend synchronisiert«[51] und nicht synchron. Der Begriff Zeitfenster kann auch in der Medienästhetik und Kunstwissenschaft noch einmal auf die Unmöglichkeit des Bewußtseins aufmerksam machen, sich unmittelbar und zeitlos zur Welt zu verhalten. Simultaneität ist so auch nicht durch digitale Echtzeit zu überbieten, sondern ist der eigentlich unmögliche Effekt einer Synchronisierung.

Die Ästhetik der Gleichzeitigkeit, die seit dem 19. Jahrhundert vor allem unter dem Eindruck neuer Technologien (Eisenbahn, Photographie und Film) entwickelt wurde, löst sich in den letzten Jahrzehnten zunehmend vom Modell der Montage und seinen mechanischen Konnotationen und orientiert sich statt dessen an Modellen der Informationsorganisation im Gehirn. »Auf der Medien-Bühne wird vor allem ein *Zeit*-Schauspiel inszeniert, das formal nicht mehr als *Mimesis* des *Außen-Raums* der Natur zu betrachten ist, sondern als *Simulation* der *Innen-Zeit* unseres Gehirns.«[52] Von der Darstellung einer »Als-ob-Wahrnehmung von Gleichzeitigkeit« im Film durch die Technik der Parallel-Montage in hohem Tempo bis hin zur »Synchron-Montage« der gegenwärtigen Kinoästhetik und ihren elektronischen, quasi neurophysiologischen Zeit-Bildern reicht ihr Spektrum in diesem Jahrhundert.[53] Künstler wie David Hockney scheinen den doch nicht aussichtslosen Versuch zu unternehmen, auf die Herausforderung der neuen Medientechnologien offensiv zu reagieren.

VII

Die Bestimmung der Struktur eines Werkes zu versuchen heißt bei Deleuze vor allem, denjenigen immanenten Regeln und Linien einer Komposition zu folgen, die gerade verhindern, daß ein Werk sich abschließt, sich auflöst oder indifferent wird. Die Verhältnisbestimmung zwischen Figuration (Repräsentation, Referenzialität) und Figuralität (Abstraktion, Virtualität der Formen) ist entscheidend für alle Kunst- und Literaturanalysen von Gilles Deleuze und insgesamt auch typisch für die postphänomenologische französische Philosophie.[54] Die Einheit der Unterscheidung von Figuration und Figuralität, von Auflösung und Komposition nennt Deleuze, zum Beispiel in seinen Analysen der Bilder Francis Bacons, »Diagramm«: Das Diagramm ist eine »faktische Möglichkeit«, ein »Faktum in flagranti«, das eine »Zone von Ununterscheidbarkeit oder objektiver Unbestimmbarkeit zwischen zwei Formen« herstellen kann.[55] Das Diagramm schafft ein performatives Faktum, das beispielsweise zwischen dem »›vereinigenden Sehen‹ und der singularisierten Wahrnehmung« eine Beziehung, ein spektrales Flimmern wie bei Hockney herstellt, ebenso eine Distanz wie eine Nähe.[56]

Wahrnehmungen können nach Deleuze dann zu Kunst werden, wenn sie von dem Subjekt und der Situation der Wahrnehmung lösbar sind und zu einem autonomen »Empfindungsblock« werden, zu einem Monument oder Kristall der Wahrnehmung, zu einem Perzept.[57] Was Hockney in seinen Photocollagen erfindet, sind solche Perzepte, keine Phantasien oder subjektiven Impressionen, sondern Visionen einer multiplizierten Wahrnehmung. Der Künstler entwickelt eine »Vision, die [...] die Perzepte dieses Lebens da, dieses Augenblicks da komponiert, indem sie die erlebten Wahrnehmungen auseinanderbrechen läßt in einer Art Kubismus, Simultaneismus, durch eine grausames oder nebelhaftes Licht, purpur oder blau, die keinen anderen Gegenstand haben als sich selbst.«[58] Die Kunst vermählt eine aktualisierte Wahrnehmung mit ihrem Unendlich-Werden, mit ihrer Virtualität. Nicht indem sie die Zeit aufhebt, stillstellt, aus der Zeit heraus in die Zukunft oder Vergangenheit zu gehen scheint, sondern indem sie auf die Vielfältigkeit der Zeit in der Zeit stößt. Sie macht den Moment »dauerhaft«, sie konserviert ihn in seiner prismatischen Simultaneität, ohne ihn zeitlos zu machen.[59] Die zentrale Frage auch für die Photocollagen und Bilder von David Hockney seit den achtziger Jahren ist nicht mehr: »Was gibt es hinter dem Bild zu sehen? Noch: Wie soll man das Bild selbst sehen? Sondern: Wie soll man sich hineinbringen, wie hineingleiten? […] die Leinwand ist nicht mehr Fenster-Tür (hinter denen ...), auch nicht mehr Rahmen-Blickfeld (in denen ...), sondern ein Monitor, über den die Bilder wie ›Daten‹ gleiten.«[60] Kein Fenster nach außen, sondern ein Zeitfenster.

Es geht weder in der Philosophie von Deleuze noch in der künstlerischen Arbeit von Hockney darum, das Detail gegen das Ganze auszuspielen, das melancholische Fragment gegen das seriöse Werk, noch geht es um eine postmoderne Apologie der Gleichgültigkeit, des Kontextualismus und der Unübersichtlichkeit. Beide inszenieren und erfinden vielmehr je auf ihre Weise – die Philosophie mit Begriffen, die Kunst mit Perzepten und Affekten – die Anachronie der Zeit der Wahrnehmung und der Wahrnehmung der Zeit.[61] Beide erfinden in ihrer Arbeit auf ihre Weise eine korrespondierende ästhetische Subjektivität, die in jeder Wahrnehmung auf eigene Visionen oder Zonen der Unbestimmtheit und Ununterscheidbarkeit treffen kann, die jeden Prozeß der Differenzierung und Aktualisierung von Formen begleiten.

Anmerkungen

1   David Hockney, in: Kat. *David Hockney. A Retrospective,* Los Angeles County Museum of Art 1988, [S. 310/311].
2   Siehe die Diskussion mit Jacques Derrida in: R. Macksay, E. Donato (Hrsg.), *The language of criticism and the science of man: The structuralist controversy,* Baltimore 1970, S. 272; ders., in: Florian Rötzer, *Französische Philosophen im Gespräch,* München 1986, S. 85.
3   Jacques Derrida, *Marx' Gespenster. Der verschuldete Staat, die Trauerarbeit und die neue Internationale,* Frankfurt am Main 1995, S. 49. Auch sein Essay zu Roland Barthes enthält zahlreiche Bemerkungen zum Gespenstischen und zur Ungleichzeitigkeit; ders., »Die Tode des Roland Barthes«, in: Hans H. Henschen (Hrsg.), *Roland Barthes. Beiträge zu seinem Werk,* München 1988, S. 31–73.
4   Gilles Deleuze, *Das Zeit-Bild. Kino 2,* Frankfurt am Main 1991, S. 97.

144

5   Michel Serres, *Die fünf Sinne. Eine Philosophie der Gemenge und Gemische,* Frankfurt am Main 1993, S. 241. Weitere Ausführungen zur neuen Theorie der Gleichzeitigkeit finden sich in seinem Buch *Atlas,* Paris 1994.

6   Serres (wie Anm. 5), S. 342 f.

7   Albrecht Wellmer, »Wahrheit, Schein, Versöhnung. Adornos ästhetische Rettung der Modernität«, in: Ludwig v. Friedeburg, Jürgen Habermas (Hrsg.), *Adorno-Konferenz 1983,* Frankfurt am Main 1983, S. 166.

8   Derrida (wie Anm. 3), S. 265.

9   Karl H. Bohrer, »Die Ästhetik am Ausgang ihrer Unmündigkeit«, in: *Merkur,* Heft 10/11, 44. Jg., Okt./Nov. 1990, S. 864.

10   Wellmer (wie Anm. 7), S. 165.

11   Hans Robert Jauß, *Ästhetische Erfahrung und literarische Hermeneutik,* Frankfurt am Main 1982, S. 128.

12   Hans Robert Jauß hat diese Allianz von Flüchtigkeit und Zeitlosigkeit im Begriff der Modernität exemplarisch an Baudelaire beschrieben; ders., »Literarische Tradition und gegenwärtiges Bewußtsein der Modernität«, in: ders., *Literaturgeschichte als Provokation,* Frankfurt am Main 1970, S. 50 ff.

13   Werner Oeder, »Vom Traum Zenons zu Cantors Paradies. Das Photographische Reglement von Zeit, Sichtbarkeit und Bewegung«, in: Michael Scholl, G. Christoph Tholen (Hrsg.), *Zeit-Zeichen. Aufschübe und Interferenzen zwischen Endzeit und Echtzeit,* Weinheim 1990, S. 258.

14   Gilles Deleuze, *Francis Bacon – Logik der Sensation,* München 1995, S. 55.

15   Jean Christophe Ammann, »Zur Utopie in mythischen Bildern«, in: Karl H. Bohrer (Hrsg.), *Mythos und Moderne. Begriff und Bild einer Rekonstruktion,* Frankfurt am Main 1983, S. 565.

16   Hockney (wie Anm. 1), S. 73 f.

17   Hans Robert Jauß, *Die Epochenschwelle von 1912. Guillaume Apollinaire: ›Zine‹ und ›Lundi Rue Christine‹,* Heidelberg 1986, S. 12. Jauß beschäftigt sich hier ausführlich mit der modernen Ästhetik der Simultaneität am Beispiel Apollinaires.

18   Hockney (wie Anm. 1), S. 62.

19   Vladimir Nabokov, *Lolita,* Reinbek bei Hamburg 1995, S. 244.

20   Ebd., S. 248.

21   Hockney (wie Anm. 1), S. 96 f.

22   Gilles Deleuze, Félix Guattari, *Q'est-ce que la philosophie?,* Paris 1991, S. 36; dt.: *Was ist Philosophie,* Frankfurt am Main 1996, S. 40.

23   Niklas Luhmann, *Die Kunst der Gesellschaft,* Frankfurt am Main 1995, S. 140.

24   Siehe dazu auch Wolfgang Kemp, *Der Anteil des Betrachters. Rezeptionsästhetische Studien zur Malerei des 19. Jahrhunderts,* München 1983.

25   Luhmann (wie Anm. 23), S. 143 f.

26   David Hockney, *Die Welt in meinen Augen,* hrsg. von Nikos Stangos, Köln 1994, S. 112.

27   Siehe das Kapitel »Totalvisionen« bei Oskar Bätschmann, *Entfernung der Natur. Landschaftsmalerei 1750–1920,* Köln 1989, S. 77 ff.

28   Ebd., S. 96 f.

29   Hockney (wie Anm. 26). S. 102.

30   Der Fotograf Michael Ruetz hat in ganz ähnlichem Sinne, aber mit

anderen formalen Techniken versucht, ein anti-panoramatisches Zeit-Bild mit Hilfe von Bilderserien zu entwerfen unter dem Stichwort »Der unverwandte Blick«; Michael Ruetz, *Sichtbare Zeit. Time unveiled. Photographien 1965–1995,* Frankfurt am Main 1995, S. 235 ff.

31   Siehe dazu auch analoge Überlegungen zum Film im Ausgang von Deleuze bei Joachim Paech, »Das Bild zwischen den Bildern«, in: ders. (Hrsg.), *Film, Fernsehen, Video und die Künste: Strategien der Intermedialität,* Stuttgart u.a. 1994, 163 ff.

32   Der vollständige Titel dieser Untersuchung lautet: *De la loi du contraste simultane des couleurs et de l'assortissement des objets colorés, considéré d'après cette loi dans ses rapports avec la peinture, les tapisseries des Gobelins, les tapisseries de Beauvais pour meubles, les tapis, la mosaique, les vitraux colorés, l'impression des étoffes, l'imprimerie, l'enluminure, la décoration des édifices, l'habillement et l'horticulture,* Paris 1839.

33   Siehe ausführlicher zu Chevreul: Max Imdahl, »Zu Delaunays historischer Stellung. Perspektive, Simultaneität und Farbe«, in: Peter-Klaus Schuster (Hrsg.), Kat. *Delaunay und Deutschland,* Köln 1986, S. 175 ff.

34   Siehe dazu Rudolf Wendorff, *Zeit und Kultur. Geschichte des Zeitbewußtseins in Europa,* Opladen 1985, 3. Auflage, S. 256 ff., sowie zum Modell der Entfaltung: Gilles Deleuze, *Die Falte. Leibniz und der Barock,* Frankfurt am Main 1995; Michel Serres schreibt analog in *Die fünf Sinne* (wie Anm. 5), S. 383 f.: Die Ordnung der Gleichzeitigkeit im Raum ist für Leibniz auch eine Voraussetzung für die Logik. Der Raum ist der Ort der »nichtwidersprüchlichen Dinge, denn sie könnten nicht zugleich existieren«.

35   A. G. Baumgarten, *Metaphysica,* § 239, hier zitiert nach: Gernot Böhme, *Philosophieren mit Kant. Zur Rekonstruktion der Kantischen Erkenntnis- und Wissenschaftstheorie,* Frankfurt am Main 1986, S. 68.

36   Gotthold Ephraim Lessing, *Laokoon oder über die Grenzen der Malerei und Poesie,* (1766) in: ders., Werke Bd. 6, Kap. 18, München 1974, S. 116.

37   Siehe z. B. Michael von Brück, »Wo endet Zeit. Erfahrung zeitloser Gleichzeitigkeit in der Mystik der Weltreligionen«, in: Kurt Weiss (Hrsg.), *Zeit,* München 1995.

38   Anne Hoy, »Hockney's Photocollages«, in: Kat. *David Hockney* (wie Anm. 1), S. 62 f.

39   Henri Bergson, *Zeit und Freiheit,* Meisenheim am Glan 1949, S. 93.

40   Siehe Jürgen Link und Wulf Wülfing (Hrsg.), *Bewegung und Stillstand in Metaphern und Mythen. Fallstudien zum Verhältnis von elementarem Wissen und Literatur im 19. Jahrhundert,* Stuttgart 1984, und Harro Segeberg, »Stadt und Film. Zum Bewegungs-Bild der frühen Kinematographie«, in: *Die neue Gesellschaft/Frankfurter Hefte* Nov. 1995, Heft 11, S. 982 ff.

41   »L'idée du mouvement vital du *monde et son mouvement est simultanéité*«, Robert Delaunay, »La Lumière« (1913), in: Kat. *Delaunay und Deutschland* (wie Anm. 33), S. 146.

42   Siehe dazu auch Stephen Kerne, *The culture of time and space. 1889–1918,* Cambridge (Mass.) 1983.

43   Thierry de Duve, »La performance hic et nunc«, in: Chantal Pontbriand (Hrsg.), *Performance, Text(e)s et documents,* Montreal 1981, S. 21.

44   Gilles Deleuze, *Das Bewegungs-Bild. Kino 1,* Frankfurt am Main, 1989, S. 74.

45   Wie z. B. in der simultaneistischen Malerei von Delaunay oder der simultaneistischen Film-Ästhetik von Abel Gance, die zwar auf das Moment der futuristischen Beschleunigung wie bei Marinetti oder Eisenstein verzichten, nicht jedoch auf die Bindung an ein ›Zeitganzes‹. Deleuze (wie Anm. 44), S. 73 f. und 296.

46   Botho Strauß, *Wohnen, Dämmern, Lügen,* München 1994, S. 101, 186.

47   Deleuze (wie Anm. 44), S. 132 ff.

48   Götz Großklaus, *Medien-Zeit, Medien-Raum. Zum Wandel der raumzeitlichen Wahrnehmung in der Moderne,* Frankfurt am Main 1995, S. 70.

49   Undine Gruenter, *Der Autor als Souffleur,* Frankfurt am Main 1995, S. 480

50   Mit dem Begriff und dem Modell Zeitfenster versuchen zur Zeit Neuro-Biologen und Hirnforscher zu beschreiben, wie die reale Ungleichzeitigkeit zwischen Reizen und ihrer bewußten Identifikation so im Gehirn synchronisiert wird, daß der Eindruck von Gegenwärtigkeit und Gleichzeitigkeit der Wahrnehmung zum Geschehen entsteht. So z. B. Ernst Pöppel, »Gleichzeitigkeit. Über den Relativismus der erlebten Zeit«, in: ders., *Lust und Schmerz. Über den Ursprung der Welt im Gehirn,* München 1995; Thomas Metzinger, »Zeitfenster im Gehirn und die Einheit des Bewußtseins«, in: Hans Lenk und Hans Poser (Hrsg.), *Neue Realität: Herausforderung der Philosophie. Vorträge und Kolloquien,* Berlin 1995, S. 246–260. Der Begriff Zeitfenster taucht ebenfalls medienästhetisch auf bei Götz Großklaus, bei Peter Fuchs, *Moderne Kommunikation. Zur Theorie des operativen Displacements,* Frankfurt am Main 1993, oder bei Peter Gendolla, *Zeit. Geschichte der Zeiterfahrung,* Köln 1992.

51   Georg Franck, »Die zeitliche Differenz von Natur und Geist«, in: *Merkur,* Heft 10/11, 44. Jg. Okt./Nov. 1990, S. 932.

52   Großklaus (wie Anm. 50), S. 61.

53   Ebd., S. 25.

54   Die terminologische Unterscheidung von Figur und Figuralem geht zurück auf die Arbeit von Jean Francois Lyotard, *Discours Figure,* Paris 1971.

55   Deleuze (wie Anm. 14), S. 94 ff.

56   Ebd., S. 86.

57   Deleuze, Guattari (wie Anm. 22), S. 154 ff; dt. Ausg. S. 191ff

58   Ebd., S. 162; dt. Ausg. S. 201.

59   Ebd., S. 162; dt. Ausg. S. 203.

60   Gilles Deleuze, *Unterhandlungen. 1972–1990,* Frankfurt am Main 1993, S. 105 ff.

61   »Gleichzeitigkeit ist zwar noch nicht eigentlich Zeit, ist aber Grundlage für die Placierung dessen, was jeweils Gegenwart ist; und damit die Grundlage für jede Beobachtung der Zeit, die mit Unterscheidungen wie vorher/nachher oder Vergangenheit/Zukunft arbeitet.« Niklas Luhmann, *Beobachtungen der Moderne,* Opladen 1992, S. 213.

Gottfried Boehm

Bildsinn und Sinnesorgane

*Was ist seitens des Betrachters die Voraussetzung, um einen ›sinnlich orga-
nisierten Sinn‹ erfahren zu können? Die Fähigkeit, ihn als solchen aufzunehmen und zu verarbeiten. Weil dem Bild keine vorformulierte Idee vor-
ausläuft, die nur wiedererkannt werden muß, und weil das Bild sich dem
Begriff widersetzt – weil also im Bild ›Erfahrungen von Realität zu machen
sind, über die nur im Modus der Anschauung zu verfügen ist‹, hatte die ästhetische Erfahrung stets von einem Erkenntnisvermögen durch die Sinne gesprochen, einem anschaulichen Erkennen oder einer erkennenden Wahrnehmung.
Die damit verbundenen Mißverständnisse waren jedoch immens und seitens der Kritiker nicht immer unbeabsichtigt, sofern man die Chance sah, die
Theorie ästhetischer Erfahrung zu sabotieren, indem man ihr einfach die eigenen Vorurteile unterschob. Aber: ästhetische Erfahrung postuliert Anschauung nicht als Erkenntnisform sui generis und will dem Kunstwerk keinen einzigartigen ontologischen Status einräumen. Andererseits waren hier die
Formulierungen der Verfechter einer Cognitio sensitiva nicht immer glücklich
und selten eindeutig. Die Phänomenologie Edmund Husserls könnte hier vermitteln. Ihr Verfahren der Wahrnehmung von Erscheinungen und des
beschreibenden Erfassens reflektiert auf ein ›innerliches, geistiges Aussprechen
des Gegenstandes, wie er in der geistigen Schau gegeben ist‹.
Fest steht, daß die ästhetische Erfahrung visueller Codes ein ›Erkenntnisinteresse eigenen Typs‹ ist, das nicht nur nicht auf Anschauung verzichten
kann, sondern fundamental darauf gründet, wie auch immer die kognitiven
Verarbeitungsprozesse ablaufen mögen. Daher muß sich Anschauung über
ihre Potenzen und Vermögen selbst aufklären. Gottfried Boehm unternimmt
dies in einer Arbeit über die ›Identität von Sinnlichkeit und Sinn‹.*

J.S.

Die sprachliche Verwandtschaft des ›Sinnes‹ mit den ›Sinnen‹ (als
Organe) zeugt von einem wechselseitigen Bezug, den die Philoso-
phie als eines ihrer Basisprobleme stets anerkannte. Das Selbstver-
ständnis von Theorie knüpfte sich seit alters an die Möglichkeit, den
Fluß sinnlicher Erscheinungen zum Stehen zu bringen, im festen
Umriß des Eidos oder des Begriffs. In der fließenden Dialektik der

148

Ideen und Begriffe untereinander kehrt die Anschauung als gereinigtes Moment wieder. Ob damit der genuinen Erkenntnispotenz der Sinne Gerechtigkeit widerfährt, oder ob sie nicht in ein Subordinationsverhältnis gerät, das ihre Möglichkeiten beschneidet, kann als Frage den verschiedensten philosophischen Positionen entgegengehalten werden. Eine solche interne Diskussion ist hier jedoch – so nützlich sie wäre – nicht angestrebt. Es geht vielmehr darum, die Konvergenz von Sinnlichkeit und Sinn im Modus konkreter Anschauung zu bestimmen, wie ihn der Betrachter und Interpret von Kunstwerken, speziell Bildern, realisiert – geleitet von der Erfahrung, daß sich philosophische Begriffe, speziell bekannte Versionen der Verhältnisbestimmung von Anschauung und Begriff selbst, in der Deutung von Bildwerken als denkwürdig inadäquat erweisen.

Das Ungenügen rührt aus der sekundären Bestimmung des Anschaulichen, das nur verbildlicht, was der wahre, aber unsinnliche Gedanke an eigenem Licht, aber immer schon im defizienten Modus eines Schattens, nach außen in das Reich der Sinne wirft. Die offene oder versteckte Hilfsfunktion der ›uneigentlichen‹ Sinne, die sie an der resistenten Idee erbringen, behindert jeden Versuch, der Kunst eine eigene Erkenntnismöglichkeit einzuräumen. Die Philosophie hat diesem wachsenden Ungenügen mit der Entwicklung der Ästhetik seit dem späten 18. Jahrhundert entgegengearbeitet, die alten Verdikte gegen den Sinnentrug der Kunst außer Kurs gesetzt, ästhetische Anschauung in theoretische Systeme, z. T. an bevorzugter Stelle, eingeordnet.[1] Auch wenn sich die Entwicklung der Ästhetik als Anerkennungsgeschichte der Sinnlichkeit lesen ließe, wäre die in der Kunst enthaltene Herausforderung an die Philosophie nicht verschwunden. Im Gegenteil. Jedes Werk der Kunst wiederholt sie von neuem, sofern in ihm Bedeutungen prätendiert zu sein scheinen, die als *sinnlich organisierter Sinn* gelten dürfen, für den in der Sprache der Begriffe kein Substitut existiert. Hier jedenfalls, in den Grenzen der Werke, schiene Theorie einer Insuffizienz überführt, da sie nichts spiegeln, was außerhalb ihrer noch einmal und konsistenter vorkommt.

Damit ist keiner divinatorischen Ursprünglichkeit das Wort geredet, sondern zunächst nur eine Untersuchungsrichtung angegeben, die sich an einer genuinen Erkenntnis der Kunst orientiert. Anschauung dürfte sich gegen voreilige Fremdbestimmung seitens des Begriffs zunächst dadurch schützen lassen, daß sie von der *Weise* ihres Vollzugs nicht abgelöst wird. Dieser Vollzug steht unter bestimmten Organ- bzw. Organisations*bedingungen* und gehört ferner einem bestimmten Ort an, dem Bild. Unter diesen Prämissen lautet unsere Frage: Wie ist die sinnlich organisierte Einheit von Sinn und Sinnlichkeit im Bilde gegeben, wie ist sie wahrnehmbar und welche Rolle spielen dabei die spezifischen Sinnesorgane, die das bildliche Bedeutungsangebot erzeugen bzw. realisieren?

Im Blickpunkt solcher Fragen liegt die These einer zu bestimmenden *Identität* von *Bildsinn* und *Sinnesenergie*. Sie versucht festzuhalten, daß im künstlerischen Werk *Faktum* und *Wirkung:* anschaulich *sein* und anschaulich *erscheinen* einer Bedeutung ineinsfallen, das Auge sich dem Strukturzusammenhang des Werkes schon immer eingeprägt hat. Der Akt der Einprägung, des Identischsetzens, repräsentiert die künstlerische Findung. Wäre das Dargestellte erst einmal als ›Etwas‹, als der Inhalt von Begriffen oder als eine Art von Ding bestimmt, das dann auch noch angeschaut werden könnte, dann würde sich auch außerhalb des Bildes – letztlich ohne das Bild – sagen lassen, was doch in seiner Eigenart nur unter den Bedingungen der Bildlichkeit und nur in einem jeweiligen Artefakt zu erfahren ist. Dem Bildsinn würde dann eine Idee, oder kurz gesagt ein sprachlich formulierbarer Begriff, vorauslaufen, dem er sich nachordnet. Von einer genuinen, aus Begriff und Verstand nicht abzuleitenden Sinnesleistung und nur ihr innewohnenden Bedeutungen könnte nicht die Rede sein. Wenn wir von der *Energie* der Sinne sprechen, so soll damit von Anfang an ein Verständnis der Sinnesorgane als passiver Rezeptoren vermieden werden. Sind die Sinne einer eigenen Dynamik der Sinndarstellung erst einmal beraubt, ist auch von dieser Seite die Subordination der Sinnesorgane unter die *allein* Welt *entwerfende* Vernunft nicht mehr zu verhindern. Der Blick wird unter diesen Prämissen zu einem außengesteuerten Instrument. Kameragleiches Auge und distanzierte Gegenstände treten abstrakt gegeneinander und reißen eine Kluft zwischen sich auf. Die Rede von der Sinnesenergie dagegen faßt den Blick als eine Vollzugsform, die Einheit eines *Vorgriffs:* insofern der Sehende zugleich sieht und bei dem ist, was er sieht, und eines *Rückgriffs:* insofern die Dynamik des Gesehenen auf seine Selbsterfahrung zurückwirkt.

Die begriffliche Fremdbestimmung des Bildsinnes läßt sich offenbar nur dann vermeiden, wenn man die Identität des Bildes als einen

Darstellungs*prozeß* [2], im Medium der Sinne, versteht, als eine Genese, die nicht lediglich im Dienst einer gegebenen Idee steht mit dem Ziel, ihr Anschaulichkeit zu verleihen. Dem Prozeß bildlicher Sinndarstellung wohnt die Potenz der Sinnesenergie schon ein. Der Maler versetzt nicht Sachlagen unter die Bedingungen der Fläche, sondern er malt Erscheinungen unter den – historisch höchst verschiedenen – Bedingungen und Wegen des Sehens. Er malt das Sehen und sein jeweiliges Sinnangebot in der Form der Identität. Bilder sind, metaphorisch gesprochen, rückblickende Augen, dem Argus der Mythologie vergleichbar, wie ihn Hegel in der »Ästhetik« zitierte. Durch ihren Rück-Blick wird das schauende Subjekt in entscheidender Weise transformiert, es wird zum Partner eines produktiven Wechselspiels, in dem das Verhältnis einer einfachen Spiegelung zwischen Bild und Sachlage überboten wird. Der Argus blickt befremdlich, nicht bestätigend. Der Bruch im Bezug von Versinnlichung und Idee ist der notwendige Preis für eine genuine, nämlich sinnlich organisierte Sinndarstellung der Kunst.

Diese vorausgreifenden Bemerkungen skizzieren das Programm einer Bestimmung des Bildes und der Sinne, das im folgenden erläutert werden soll. Aus der philosophischen Diskussion des Problems werden dabei schon Konsequenzen gezogen. Aus ihr kann jedenfalls gelernt werden, daß die bloße Berufung auf Anschauung und die Reklame für ästhetische Sinnlichkeit erfolglos bleiben. Vor allem deswegen, weil in Anschauung, bzw. in der Erkenntnisleistung des Auges, eine unabwendbare Tendenz zum Begriff liegt. Die Anschauung selbst arbeitet ihrer begrifflichen Verfremdung vor. Die gesamte philosophische Reflexion konnte ihre leitenden Grundkategorien deshalb der visuellen Sphäre entnehmen (Noein, Theoria, Evidenz, Perspektive etc.). So müssen wir zunächst versuchen, in der Richtung dieser Bemerkungen die Anschauung gegen ihre eigenen Begriffstendenzen in Schutz zu nehmen bzw. die zur Fixierung neigenden Momente von jenen abzuheben, in denen sie prozessual agiert. Entsprechend bedarf das gängige, am Abbild orientierte Verständnis dessen, was ein Bild ist, der Korrektur. Unsere Argumente gliedern sich demnach in drei Schritte: der Untersuchung der Erkenntnisstruktur der Sinne, besonders des Auges, folgt die Untersuchung der Bildstruktur mit dem Ziel, die Identität beider Momente, von Bildsinn und Sinnesenergie, aufzuweisen.

I

Für das traditionelle Verständnis von Anschauung ist bezeichnend, daß es den Vollzugscharakter des Sehens zu beseitigen versucht. In dem Maße, wie die Löschung dieser Dynamik gelingt, treten das Subjekt der Sinne und das Objekt als Quelle seiner Reize in ein distanziertes Verhältnis, die Anschauung arbeitet einem begriffsgeleiteten Erkennen vor.

Kants berühmtes dictum, wonach Anschauung blind und der Begriff leer bleiben, sofern sie nicht kooperieren,[3] räumt den Sinnen eine lediglich passive Rezeptionsfunktion ein. Mit der Kategorie der *Affektion* erläutert Kant seinen Begriff von Sinnlichkeit. Affizieren beschreibt einen passiven *Zustand* des Subjekts, in dem es seine Empfindungen weder erzeugt noch gestaltet. Sinnlichkeit ist kein Verhalten. Sie schließt eine äußere Ursache ein, wobei das Ding an sich als Grund allen Affizierens gedacht wird, ohne daß dabei aber die Kategorie der Kausalität Anwendung finden könnte. Affektion stößt an, wobei die Kraft dieses Bewirkens, die auf ein Vollzugsverhältnis deuten könnte, sofort zur Spur, zur bloßen Empfindung und zum *Sinnesdatum* gerinnt. Als *agens* kommt sie sogleich außer Betracht.

Kant lokalisiert das Aktionsmoment der Sinnlichkeit außerhalb ihrer in jenem ›Ding an sich‹, von dem es keine Erkenntnis geben kann. Die Sinnlichkeit ist in sich ein Vermögen ohne eigenen Antrieb. Sie hat nicht nur den Verstand außer sich, sondern auch eine direkte Erfahrung der Realität (sofern diese Widerstand repräsentiert) ist ihr verschlossen, denn das Verhältnis von Ursache und Wirkung gehört gerade nicht zu ihrer Bestimmung. Kausalität und Kraft fallen in die Ordnung des anschaulich Gegebenen nur dank des Einheitsprinzips im Denken, mittels Anwendung der Denkrelation Grund und Folge auf das Material der Anschauung. Den von den Sinnen *außen* erfahrbaren Widerstand und Kraftnexus der Wirklichkeit setzt Kant sofort in die *innere* Korrespondenz von passiver Sinnlichkeit und aktivem Verstand um. Dieses innerlich gewordene Verhältnis von Vermögen der Erkenntnis nimmt der Sinnlichkeit ihren Vollzugscharakter. Sie liefert lediglich dem Denken als Material zu, was sie auf dem Wege der Affektion empfing. Kant hat sich auf ganz anderer Ebene mit der Möglichkeit einer produktiven und gestaltenden Sinnlichkeit erneut beschäftigt, im Theorem der Einbildungskraft innerhalb der »Kritik der Urteilskraft« Deren Freiheit besteht bekanntlich darin, daß sie *ohne Begriff* schematisiere. Als ein inneres Vermögen zeigt sie sich *sichtbar* nur in den Werken der Kunst. Kants Modell der sinnlichen Affektion mag idealtypisch für manche andere stehen, die hier nicht zu diskutieren sind. So unbefriedigend es erscheint, es gibt gute Gründe im Sehen selbst, dieser Deutung zu folgen. Gewiß reagiert das Auge auf äußere Dynamik, gewiß *verhält* es sich in der reflexgesteuerten Augenbewegung und realisiert sich im forschenden Blick. Aber diese direkten Zusammenstöße von Auge und Welt in den Sinnesreizen gestalten das Wahrgenommene selbst nicht, sie bleiben unterhalb der Reizschwelle, sind nur indirekt, z. B. in psychophysiologischer Erkenntnisabsicht, zugänglich. In der faktischen Wahrnehmung bleiben diese minimalen Energien, die auf Antriebsmomente in der Sinneswahrnehmung deuten könnten, ohne erkennbare Spur. Erst wenn die Schwelle unserer sinnlichen Adaptionsfähigkeit überschritten wurde, z. B. im Falle einer Blendung des Auges, erfahren wir die Welt als dynamisches Ereignis und nicht als distanzierte Gegebeheit.

Wenn das Sehorgan die direkten Kollisionen der Sinnesreize nicht unmerklich zu verarbeiten imstande wäre, diese das Feld unserer Wahrnehmungen überschwemmten, würden wir die Welt vermutlich als ein Chaos von Kräften und freien Sinnesenergien perzipieren, die sich niemals zur Klarheit und Gegenwart einer Sachlage ausgleichen würden. Eine entsprechende Organisation unserer Sinnesorgane und die Kritik an der chaotischen Basis der Sinneswahrnehmung garantieren erst die Stabilisierung einer »Welt« und die Kennzeichnung von Dingen als »vorhanden«. Inbegriff dieser Präsenzleistung der Wahrnehmung ist letztlich auch die Idee des Seins und aller ihrer ontologischen bzw. erkenntnistheoretischen Derivate. Die Überzeugungskraft dieser Evidenz überliefert uns allerdings auch der Täuschung, es gäbe keine energetische und vollzugsorientierte Genese des Wahrgenommenen, das sich wie selbstverständlich als anwesendes und kopräsentes darbietet. Das Auge objektiviert und theoretisiert von sich aus, insofern es dahin tendiert, die Entwicklung seiner Wahrnehmungen von allen Schlacken motorischer Herkunft zu reinigen. Zwischen ihm und den Dingen öffnet sich eine Distanz. Die *Kräfte* werden zu *Gegebenheiten* umstilisiert, als deren stabiler Rahmen die Simultaneität des Seh- oder Bildfeldes fungiert.[4]

Die dem Sehen implizite Abstraktionsleistung, in der alle Krafterfahrungen und Ambivalenzen eines Sinnesvollzugs aufgesogen werden, ist nicht nur die Basis begrifflicher Erkenntnis, sondern auch Prämisse für die Idee von Bildlichkeit. Die aller Dynamik entblößten Sinnesobjekte büßen mit ihrem energetischen Bezug untereinander (in Ursache und Wirkung) die Möglichkeit spezifischer Differenzen ein und treten als Glieder in einer überblickbaren und simultanen Präsenz auf, die zu Recht Bild heißen darf. Ohne direkten Konflikt mit dem Organ und im Sehvorgang zur Ruhe gekommen, werden die beseelten und belebten *Wirkungsquanten* zu *Phänomenen*. Sind alle Kraftmomente im Sehen neutralisiert, läßt sich auch das Organ unabhängig vom anschaulichen Wechselspiel, in das es verflochten ist, verstehen und in einen passiven und statischen Rezeptor umdeuten. Die Relate der Dingwelt können in Distanz, d. h. wahrnehmungsunabhängig und »für sich« beobachtet, verglichen, erinnert und kombiniert werden. Erst damit sind sie der Theorie zugänglich.

Dies reflektiert sich in anderer Weise auch in der bekannten Unterscheidung von primären und sekundären Sinnesqualitäten, die aus dem Fluß der sinnlichen Erscheinungen die fixen und meßbaren Aspekte zu einem Gerüst der Gegebenheit erstarren läßt, innerhalb dessen die vagierenden und damit sekundären Qualitäten, wie z. B. Farbe, einen lediglich akzidentellen Stellenwert einnehmen. Die Idee der Substanz und des Wesens, also desjenigen, was aus sich heraus besteht und keinerlei Austauschs mit anderen Existenzen bedarf, um zu sein, wird gleichfalls aus der Abstraktionsleistung des Sehens plausibel. Die Löschung jeder Dynamik im Sehen läßt diese reinen Formen des Erkennens hervortreten.

Die Idee des Bildes, in diesem Verständnis ihrerseits eine reine Form, dem Vollzuge der Sinneswahrnehmung enthoben, wird durch vier Merkmale bestimmbar:

1. Die Aufhebung allen Zusammenhangs mit dem dynamischen Sehvollzug.

2. Die Simultaneität als umgrenztes Feld, innerhalb dessen alle Relate unter die Bedingung der Kopräsenz treten. Bei diesem Begriff des Simultanen wurde der Prozeß des Sehvollzugs in eine stehende Gegenwart umgeprägt, es gewährt demjenigen *Dauer,* was unter die Bedingungen des jeweiligen Rahmens tritt.

3. Die Distanz, die allererst Überblick erlaubt und aus dem unübersichtlichen Wirkungszusammenhang, in den das Auge involviert war, ein klar abgegrenztes und überschaubares Feld werden läßt, ein Koordinatensystem, welches den Relaten innerhalb seiner feste Bezugspunkte gewährt. Der Überblick per Distanz leiht dem Bild einen gleichsam objektiven Status, schneidet seine Fäden zur Welt ab, stilisiert es als etwas Voraussetzungsfreies, Vorhandenes.

4. Zusammengefaßt: die Abtrennung des Bildes vom Wahrnehmungsvollzug macht die begriffliche Unterscheidung dessen, was bleibt, von dem, was sich verändert, möglich und unterwirft auch das Bild der für die gesamte Geschichte der Theorie wesentlichen Substanz-Akzidenz-Relation.

Diese Andeutungen zur Begriffstendenz des Sehens bedürfen einer solchen Kritik, die am Sehen die dynamischen und unsubstituierbar sinnlichen Erkenntnismöglichkeiten herausarbeitet – in eins damit einer Kritik am vorgeführten Bildbegriff, der in dieser Form die Erkenntnis von Kunst in entscheidender Weise beeinträchtigt.

Zunächst ist zu erinnern, daß die Alternative nicht Begriff oder Anschauung, Erkennen oder Sehen u. dgl. heißt, sondern daß es darum geht, einen *sinnlich organisierten Sinn* zu erläutern und darzustellen. Von dem kann zweierlei gesagt werden, erstens: daß er eine Alterität gegenüber jeder begrifflichen oder sprachlichen Vereinnahmung behauptet und, zweitens: daß die Identität von Sinn und Sinnlichkeit *als* jeweiliges Bild ein auslegendes procedere verlangt, welches die Organisationsweisen dieses Bildsinns nicht überspringt, sondern erschließt. Für die Sprache der philosophischen Tradition ist eine ins Sinnliche eingesenkte ›Idee‹ ein unauflösliches Paradox. Gleichwohl ist es mehr als ein bloßes Gedankenlabyrinth, weil es als jeweiliges Kunstwerk immer schon existiert und seine Geschichte hat. Zweifellos hat für die Einsicht in dieses Problem die moderne Kunst deshalb eine entscheidende Sehhilfe geleistet, weil sie Sinn präsentiert (z. B. in abstrakten Bildern), der keine wiedererkennbare Analogie zu Gewißheiten hat, die die Kunst aus einem Kanon der Realität hätte ablesen können. Von da aus läßt sich dann aber auch einsehen, daß sich sog. traditionelle Kunst mit der Abbildungsfunktion, die sie häufig auch besitzt, nicht erschöpft. Was gilt und erkannt wird, muß das Werk jeweils selbst entwickeln. ›Der Sinn muß warten, bis er benannt oder geschrieben (bzw. gemalt – G. B.)

wird, um sich selbst bewohnen zu können und um das zu werden, was er in seinem Hingehaltensein ist …‹[5]

An jedem Werke der Malerei läßt sich zeigen, daß die Fähigkeit, es als Bild zu sehen, sich in seine Komplexität »einzusehen«, im Grunde schon immer bedeutet hat, die synthetisierende Abstraktionsleistung des Auges wieder rückgängig zu machen.

Dieser im Sehen vollzogene Rückgang hinter die verfestigten Produkte des Sehens wird im Grunde von jedem erfahrenen Betrachter von Bildern vollzogen und immer weiter vertieft. Dann nämlich, wenn er den Primat des Wiedererkennbaren bricht, indem er die *Einheit* beispielsweise figuraler oder szenischer Elemente mit dem Bildganzen anschaulich herzustellen versucht. Dabei muß er, in der Sprache Max Imdahls,[6] vom wiedererkennenden Sehen zum sehenden Sehen übergehen, die dem Bild innewohnenden vielfältigen *stummen* Verbindungen zwischen den einzelnen dargestellten Gegebenheiten realisieren. Bilder enthalten stets mehr Verbindungspotential ihrer Einzelelemente, als es für das Ablesen ihres bloßen »Inhaltes« notwendig wäre. Die Komplexität möglicher Kontexte, die zwischen allen auf einem Bilde unterscheidbaren einzelnen Gegebenheiten regiert, ist gewissermaßen unendlich, d. h. dem Begriffe nach unausschöpfbar und im strikten Sinne sprachunfähig. Erst damit sind wir beim Ereignischarakter des Bildes angelangt, denn dem Angebot möglicher anschaulicher Konjunktionen im Bilde kann nur ein Sehen gerecht werden, welches sich aus der starren Funktion des Konstatierens und des Überblickens befreit und die dynamischen Konnexe des Bildes wahrzunehmen versteht.

Ein Bild »sehen« heißt die Abstraktionsleistung des Auges und den Primat des Wiedererkennbaren, Definiten zu durchbrechen, um der Dynamik der Sinnesenergie zu ihrem Recht zu verhelfen. Was den Betrachter an Bildern »anspricht«, hat sehr viel mit der anonymen, wortfremden Dimension zu tun, die in Begriffen wie »Stimmung«, »Stil«, »Originalität« u. a. unzureichend umschrieben wird. Es wäre falsch, das Sehen als Wiedererkennen und das Sehen als Vollzug gegeneinander auszuspielen, z. B. im Sinne der Reflexionsbegriffe Inhalt und Form. Die anschauliche Genese des Bildes aus der Komplexität seiner Einzelelemente hat in gleichem Maße etwas mit dem *Wie* des Dargestellten und dem *Dargestellten* selbst zu tun, unter der Bedingung einer zugleich simultanen wie sukzessiven Wahrnehmung, welche der prozeßhaften Identität des Bildes entspricht. Auch

156

die Alternative Formalismus versus Ikonologie trifft deshalb nicht das Problem, übrigens auch nicht die denkbare Addition beider. Es ist lehrreich, das re-dynamisierte Sehen an Beispielen zu entwickeln, in denen die Farb- oder Formgenese besonders ausgeprägt ist. So läßt sich z. B. an Reliefs von Hans Arp oder an späten Zeichnungen von Henri Matisse beobachten, wie hier das Auge, veranlaßt durch instabile und darin energetische Phänomenmerkmale die Fixierungen von Flächen- oder Formgrenzen aufheben kann. Es folgt der weitertreibenden Energie, welche Binnenflächen von ihrer Begrenzung her erfahren, bzw. der Energetik, die aus der Spannung verschiedener Linien und ihrer Zwischenräume resultiert. In welchem Maße eine aus der Logik von Farbbeziehungen schöpfende, koloristische Malerei auf die Dynamik des Sehens angewiesen ist, bedarf keines eigenen Nachweises. Die Universalität von Farbbeziehungen, jenseits der Symbolik einzelner Farben, ist ohne jede reproduktive Semantik und doch imstande, sinnlich organisierten Sinn zu entwerfen.[7] Das geschulte Auge verflüssigt die Starre der Bilderscheinungen, nicht in einem selbstherrlichen Akt der Neuschöpfung, sondern geleitet von den Wirkungsstimuli des Bildes selbst. Wenn ›ein Bild betrachten‹ seine Wirkung in der anschaulichen Erfahrung freizusetzen bedeutet, dann stellt sich die Re-dynamisierung des Sehens im Übergang vom definiten Bildfaktum zur Aktualität der Bilderscheinung ein. Die Re-dynamisierung des Sehens, deren einfachstes Beispiel die optische Inversion ist, führt nicht zur Suspendierung jedes Sinnes, sondern sie versucht das Potential einer Sinnesvielfalt in den Blick zu nehmen, die von den Bedingungen ihres sinnlichen Erscheinens prinzipiell nicht abzulösen ist, weshalb auch in jedem Wahrnehmungsakt das sich fort- und anders-Bestimmen mit angelegt ist. Die optische Inversion kehrt auch das selbstbewußte Sehsubjekt um in das zweideutig gebrochene Bewußtsein einer prozessualen Auslegung zwischen Auge und Bild.

Von entscheidender Bedeutung ist dabei zweierlei. Merkmalkomplexe wie die an Arp, Matisse, Albers u. a. aufzuweisenden sind:

1. weder als Zeichen zu verstehen, die durch Ähnlichkeit oder abstrakte Setzung ein unsinnliches Signifikat hätten – denn in Bildern sind weder definite Zeichen zu isolieren noch gar als eine Art von Alphabet zu generalisieren, und

2. der so konstituierbare Bewegungsantrieb des Sehens, der nicht einfach chaotisch ist, sondern sich an künstlerisch gesetzten Grenzen

und ihren Intervallen entzündet, hat kein vorauslaufendes Ideal und keinen Begriff, von dem her er als Erscheinung, sinnliches Scheinen (einer Idee), Anzeichen oder dgl. aufzufassen wäre.

Die Kritik an der Begriffstendenz des Sehens und die Diskussion seiner möglichen Redynamisierung erfolgten bereits unter den Wahrnehmungsbedingungen des Bildes. Von da aus stellt sich nun die weiterführende Frage nach der Revision des Bildbegriffs, der sich von der Dominanz der Abbildlichkeit und der Starre eines konstatierenden Sehens gelöst hat. Eine theoretische Diskussion, welche die Bedingungen eines »sinnlichen Sinnes« erörterte, soll auch im folgenden nicht geführt werden, beabsichtigt sind lediglich Hinweise auf eine kunsttheoretische Position, die einer solchen Absicht vorgearbeitet hat. Konrad Fiedler[8] sprach, übrigens in direkter Kritik am erwähnten Kantischen Modell, welches die Passivität der Sinnlichkeit letzten Endes mit dem Konzept des Dinges an sich kompensierte, von einem dynamischen, sich selbst gestaltenden Sehen. Den widersprüchlichen Dualismus Kants und seine Auflösung in der transzendentalen Dialektik hinterfragte er in Richtung eines Modells, das auf einer monadischen Grundstruktur aufbaute, welche die Entwicklung eines dynamischen Sehprozesses erlaubt. So revisionsbedürftig Fiedlers Ansatz sein mag, in die Schwierigkeiten, die Einheit eines Prozesses zu denken, ohne auf isolierte duale Ausgangspositionen zurückzufallen (etwa Sinnlichkeit und Verstand) und ohne die Einheit als Eindeutigkeit eines Grundes (z. B. transzendentaler Art) zu bestimmen, – in diese Schwierigkeiten wird sich jeder begeben müssen, der sich diesen Fragen stellt.[9]

Fiedler versucht zu zeigen, daß bereits (und ausschließlich) auf der Ebene psycho-physischer Erlebnisströme die Sinnkonstitution einsetzt. Die Isolierung des Sehens vom Konglomerat der Mitwahrnehmung anderer Sinne, in dem er die Ursache für die Fixierungs- und Vergegenständlichungstendenz des Auges sieht, schafft die Bedingung seiner Redynamisierung. Das so gereinigte Sehen gestaltet sich als Vorgang der Ausgestaltung von Sichtbarkeitsgebilden, die sich gegenüber dem Prozeß ihrer Produktion nicht verselbständigen. Jeder neue Sehprozeß bringt das Sichtbare auf andere und bislang ungesehene Weise zum Vorschein. Das procedere des Sehvollzugs ist seinem Status nach ›unendlich‹. Die entscheidende Loslösung von der Neutralisierung des Sehens bewerkstelligte Fiedler aber erst mit dem nächsten Schritt seines Arguments. Er zeigt, daß im künstlerischen Bild das

Auge einen sinnlich organisierten Sinn erschafft, nicht indem es prozessual Ersehenes wiedergibt, sondern indem die Tätigkeit der künstlerischen Hand (›Ausdrucksbewegung‹) dort fortschreitet, wo die rein anschauliche Beziehung stehengeblieben war. Dem Sehen verschafft die »blinde« Hand die ihm eigene Transzendenz, die dennoch nicht ein jenseitiges Begriffliches ist, gegenüber der Geschlossenheit des immanenten Sehvollzugs, sondern – paradox zu denken – die ›immanente‹ Transzendenz der Sichtbarkeit selbst bleibt, insofern diese ein Kontinuum anschaulicher Kraftäußerungen, d. h. Wirkungen darstellt. Fiedler zieht Konsequenzen aus dem Phänomen, daß die Hand zwar blind ist, aber eine dynamische Auseinandersetzung impliziert, wenn sie als Organ erkennt.

Ferner zieht er Konsequenzen aus der Tatsache, daß das künstlerische Tun der Hand (das ›malen‹, ›zeichnen‹ etc.) nicht instrumentell zu begreifen ist, d. h. geleitet von der Vorstellung, der Künstler übertrage im Schaffen Ideen oder Komplexionen von Bedeutungen aus seinem Kopf aufs Papier. Der Prozeß der Hand ist selbst in dem Sinn produktiv, daß er eine eigene innere ›Logik‹ hat, die der Künstler gewiß steuert, aber letztlich nicht wirklich beherrscht. Der Einschluß des Gelungenseins dürfte sich gerade aus der Meisterung eines Konzeptes unter Bedingungen (des Materials, der Individualität des Autors, seiner historischen Situation etc.) ergeben. In der Ausdrucksbewegung, die einen Kern von Blindheit impliziert, erschließt sich die anschauliche Sphäre der Immanenz je neu, wird der Umkreis des bis dahin Erfahrbaren überschritten, liegt der Garant für die Brechung der Abstrak-tionstendenz im Sehen. Was die gestaltende Hand schöpferisch ›ertastet‹, hat vordem noch kein Auge gesehen. Deswegen, weil sie das Bild auch aus der Sphäre des bloß optischen Abbildens und Nachbildens heraushält und im Bilde unter Bedingungen der Anschauung anschaulich nicht Gegebenes zugänglich macht. Nur mit dem ihm impliziten Moment der Hand bleibt das Auge prozessual, ist Anschauung Erkenntnis sui generis und in der Lage, einen sinnlich organisierten Sinn zu dechiffrieren, für den nirgendwo ein Prototyp existiert. Die größte Provokation und Revisionsabsicht der philosophischen Theorie dürfte darin liegen, daß sich dieses anschauliche Erkennen nur als jeweilige faktische Realisierung einzulösen scheint.

III

Die Aktivierung des Sehens und der Abbau der ihm eigentümlichen Abstraktionstendenz hat Auswirkungen auf den Bildbegriff. Bei realer Wahrnehmung lassen sich am gleichen Ding jeweilige Qualitäten variieren, ohne die Substanz der Sache zu verändern. In Bildern dagegen bedeutet jeder Wechsel einer Eigenschaft eine Verschiebung in der Struktur des gesamten Systems. Ding und Eigenschaft sind piktural unabhebbar voneinander. Von der Kontinuität der Fläche nicht zu trennen, werden sie zu Erscheinungen innerhalb eines abgegrenzten Bildfeldes. Ding und Eigenschaft verdanken sich den gleichen malerischen Elementen, sie binden damit ihre Existenz an die Prämissen der Fläche.

Ein für allemal festgelegt, haben sie den gleichen Status des Gemaltseins. Reale Dinge dagegen stehen in einem völlig anderen variablen Erkenntnisrahmen. So sind das *Bildfeld* der Darstellung und das *Gesichtsfeld* der realen Wahrnehmung ihrerseits unterschiedlich geprägt.

Im Gesichtsfeld schafft das konstatierende Sehen, wie wir bemerkten, die Voraussetzung für Distanz und objektives Vorhandensein der Dinge, für Sachlagen. Das Gesichtsfeld ist der virtuelle Ausschnitt, der das wandernde Auge stets begleitet und auf jede Veränderung der Sicht mit neuer Simultaneität antwortet. Das Bildfeld dagegen ist der festgelegte Rahmen eines Darstellungssystems, dessen Ziel nicht darin besteht, Dingen zum Verwechseln zu ähneln, sondern dem Betrachter ein sprachartiges Sinngefüge zu bieten. Simultaneität und Sukzession als Bedingungen jeden Sehens treten innerhalb von Bildern in eine ganz spezifische Funktion. Ihr Zusammenhang läßt sich fürs erste als ein *Wechselspiel* umschreiben, das für die Organisation des sinnlichen Sinnes eine grundlegende Bedeutung haben dürfte. Der Sehprozeß strukturiert sich aus den Momenten des Simultanen und des Sukzessiven, insofern unterscheidet er sich von jenem Chaos einer Sinnestätigkeit, die zwar Energie besitzt, aber keine Sinndimension.

Das Sehen von Bildern bewegt sich, wo immer es ansetzt und wie immer es sich verhalten mag, unter der Bedingung jenes Wechselverhältnisses, von dem man deswegen sagen kann, daß es Bildlichkeit, jedenfalls im revidierten Sinne, konstituiert. Simultaneität und Sukzession verlieren so den Charakter abstrakter Reflexionsbegriffe,

160

weil wir betrachtend gar nicht umhin können, ihren Relationen zu folgen. Wir hatten bereits gezeigt, daß jede noch so oberflächliche Wahrnehmung von Einzelheiten auf einem Bild schon immer die Mitwahrnehmung der unausdrücklichen Übergänge zwischen solchen isolierten Elementen abblendet. Indem ich z. B. eine Figur, oder Figuren in szenischem Verbund für die »Sache« ansehe, abstrahiere ich vom Zusammenhang, den sie notwendigerweise mit der Kontinuität der Fläche innehaben. So löst sich beispielsweise eine Szene, eine Narration oder eine Hintergrundslandschaft als Sachlage von der Bildebene ab. Sehend unterdrücken wir dabei die Darstellungsbedingungen zugunsten eines vermeintlich abhebbaren Inhaltes. Lassen wir uns dagegen auf das unausdrücklich Mitwahrgenommene ein, verlassen wir das sukzessive Wiedererkennen von diesem und jenem, dann ergibt sich erst der wirkliche Zusammenhang des Bildes als simultanes Feld und Kontinuum. Es ist nicht mehr als eine billige und alte hermeneutische Maxime, das Einzelne unter der Bedingung des Ganzen zu sehen, wie umgekehrt die Einheit unter der Bedingung der Vielfalt. Das Wechselverhältnis zwischen Simultaneität und Sukzession beschreibt deswegen keine abstrakte Hypothese, sondern die Vollzugsform des Bildsehens selbst.

Der Topos vom Teil und Ganzen klingt nach der alten organizistischen Vorstellung von einem Werk, das nach der Analogie eines ideal gebauten Körpers gedacht wurde. Diese Idee kann dem hier entwickelten Bildverständnis nicht unterlegt werden. Es ist deshalb wichtig, die Art des genannten Wechselverhältnisses exakter zu bestimmen. Nicht nur, um jenen Topos abzuwehren, sondern weil dasjenige, was man die »Sprache« des Bildes nennen kann, mit dieser Struktur der Bildsyntax eng verknüpft ist, darin ihr Fundament besitzt. Naheliegend ist zunächst die Vermutung, die einzelnen Bildelemente ergänzten sich durch Addition zum simultanen Ganzen. Dies würde allerdings bedeuten, daß sich die Erfahrung der Simultaneität nacheinander aufbaut und sich durch die Mitwahrnehmung des letzten fehlenden Elementes einstellt. Dem widerspricht aber, daß wir jedes beliebige Einzelelement vor dem Horizont des Simultanen zu sehen vermögen, daß jedes Element über das Potential seiner unausdrücklichen Verknüpfungen darüber hinaus auf sehr verschiedene Weise simultan gesehen werden kann. Die Grenze jedes pikturalen Elementes erlaubt, es als isolierte Binnenform zu sehen und macht damit überhaupt erst möglich, diese von der simultanen Gesamtform der Bildfläche zu unterscheiden. Das Wechselverhältnis ist demnach durch Kontrast und Verbindung zugleich ausgezeichnet. Simultaneität und Sukzessivität des Bildes unterscheiden und vermitteln sich durch eine *ikonische Differenz,* die dem Bilde überhaupt erst den Status seiner Sinndeutung verleiht.

Die wechselseitigen Verweise unter der Bedingung des Kontrastes sind in hohem Maße vieldeutig, sie erlauben die Artikulation eines Bildsinnes, der zwar absolut präzise ist (kein Jota des Bildes ist veränderbar), aber dennoch nicht die Gestalt eines apophantischen Satzes oder einer Behauptung hat. Damit ist auch eine diskursive Vermittlung der visuellen Elemente zur Simultanform ausgeschlossen. Nicht nur das Verfahren der Ergänzung, wie es dem Puzzle zugrunde liegt, verbietet sich, auch der Versuch, durch fortschreitende Determination die innere Dialektik der ikonischen Differenz in eindeutige Bestimmungen umzumünzen. Würden Bilder künstlerischen Anspruchs ein solches Vorgehen erlauben, dann würde sich das Interesse am Bildsinn mit fortschreitender Wahrnehmung abbauen, weil wir über den Sinn immer genauer verfügten, schließlich die Verbindungsregel von Teilen und Ganzem gelernt hätten, um am Ende ein gewonnenes Ergebnis zu konsumieren. Kunstwerke bewahren ihre Anziehungskraft, *verschließen* sich in dem Maße, wie sie *erschlossen* werden. Zwischen Sukzession und Simultaneität herrscht jene ikonische Differenz, die sich nur mittels produktiver Einbildungskraft ausmessen läßt. Wir sehen immer neue Wege, auf denen sich das Bild zur Simultaneität »integriert« und aus ihr, auf dem Rückweg, in die Sukzession »differenziert«. Mehr noch: auch die gleichen Wege der Anschauung erweisen sich immer wieder als neu. Beides deutet darauf hin, daß die ikonische Differenz in gleichem Maße Sinn präsentiert, wie sie ihn zurückhält, verstummen läßt.

Dem hiatus in der Differenz läßt sich deshalb auch nicht mit dem Modell der Subordination des einen unter das andere beikommen. Auch darin sperrt sich die Bildaussage gegen den Zugriff der Theorie, wenn diese auf die Vermittlung von Allgemeinheit und Einzelnem in irgendeiner Form basiert, einem Prozeß der Subsumtion, von dem Kant meinte, es handele sich dabei um eine so tief in der menschlichen Seele verborgene Kunst, daß wir kaum je das Geheimnis erforschen könnten, welches die Natur hier hütet und anwendet. Dieses Geheimnis, zu dem Kant einen Schlüssel in der Struktur der Einbildungskraft glaubte vermuten zu können, wird in der Kunst ganz sinnliches Phänomen und damit in die Form der ästhetischen Erfahrung gebracht. Dies wirft ein neues Licht auf jenes Geheimnis: es möchte sich nämlich als unlösbar erweisen und seinen Sinn vielmehr darin haben, immer neu formuliert zu werden. Die ikonische Differenz erweist sich als unüberbrückbar und entzieht damit der Abstraktionstendenz des Sehens die Grundlage. Das Wechselverhältnis, präsentierend und a-präsentisch zugleich, bleibt als solches offen, bewahrt die ihm innewohnende Spannung und ein ihr nachfolgendes und andauerndes Wahrnehmungsinteresse. Wie zwingend die ikonische Differenz (simultan − sukzessiv) *verbindet,* läßt sich daran ablesen, daß wir gar nicht umhin können, das einzelne Element unter dem Horizont des Ganzen zu sehen, wie zwingend sie aber auch *trennt,* erkennen wir daran, daß sich die bildliche Simultanwahrnehmung nur kurz aufrechterhalten läßt, es einer kaum zu leistenden Anstrengung bedarf, sich anschauend aus der Sukzession herauszuhalten bzw. nicht in sie zurückzusinken.[10]

Der Erschließungsweg des Auges beschreibt die Richtung *von* − *zu,* gesehen vom einzelnen Detail zum Gesamteindruck, zugleich gilt für diesen Weg die Umkehrung, *vom* Simultanbild als Horizont *zum* jeweils thematischen Einzelelement. Sind der Hin- und Rückweg derselbe? Es ist, paradoxerweise, zwar derselbe Weg, nur sieht er jeweils anders aus. Vielleicht illustriert dies am besten jene Erfahrung, die jeder Spaziergänger kennt, der den gleichen unbekannten Weg hin- und zurück gegangen ist: die Links- und Rechts-Vertauschung und die damit insgesamt veränderten anschaulichen Relationen führen zu einer anderen Sicht der gleichen Strecke. Es versteht sich, daß der Übergang von der Sukzession zur Simultaneität überhaupt nur offenbleibt, wenn das ausdrücklich und thematisch wahrgenommene Einzelelement an Unausdrückliches grenzt. Nur Unausdrückliches, das »Ausdruckslose«, die »Nicht-Figur« gestatten den Aufbau einer Simultaneität. Wer jedes Element für sich als Einzelnes behandeln würde, um es in den focus der Aufmerksamkeit zu rücken, käme zur Abfolge vieler isolierter Elemente, aber nie zur Simultanerfahrung. Abgesehen davon, daß auch unter solchen Bedingungen der Übergang von einem focus zum nächsten ohne Zuhilfenahme inexpliziter Momente nicht möglich wäre. Das Ideal eines rein präsentischen Bildsehens ist in sich widersinnig und voller

Widersprüche. Bringen wir uns als Interpreten von Bildern erst einmal unter die unabweisbare hermeneutische Forderung der Verschwisterung von Teil und Ganzem, dann ist die Funktion des Inexpliziten ihrerseits unabweisbar.[11] Das Unausdrückliche hält die Wahrnehmungswege offen, es repräsentiert jene Blindheit oder Leere im Bilde, die Fiedler mit Hilfe der Ausdrucksbewegung der Hand einführte: eine unverzichtbare Bedingung einer prozeßhaften Bildkonzep-tion. Das Unausdrückliche ermöglicht auch die Metapher, dem Bilde sei ein Auge eingepflanzt, und erläutert sie zugleich. Als Medium der Vermittlung von Simultan- und Sukzessiverfahrung repräsentiert es jenen gesuchten Konvergenzpunkt, in dem sich die Identität von Bildsinn und Sinnesenergie aufweisen läßt.

Die erläuterte Relation und der Kontrast zwischen den beiden Momenten organisieren den Bildsinn deshalb auf eine sinnliche Weise, weil nur das Auge als körperliches Organ imstande ist, diesen Weg zwischen Einzelnem und Ganzem zu suchen und ihn auf produktive Weise zu gehen. Darüber läßt sich theoretisch nichts lehren, es erfordert vielmehr Erfahrung, Übung, Geschick – Einbildungskraft. Da dieser Weg nicht im Allgemeinen, einer summarischen Gesamtheit endet, arbeitet das Sehen keinem begriffsgeleiteten Erkennen zu, sondern ist auf seine eigene Aktivität zurückverwiesen. Das Auge ist so imstande und gezwungen, seine leibliche Ausstattung ins Spiel zu bringen, es durchmißt die ikonische Differenz mit seiner eigenen Sinnesenergie, deren Spuren, Wege und Blickbahnen Muster von Beziehungen herausbilden, die Sinn evozieren, auch abbildliche oder wiedererkennbare Elemente, die die Tendenz haben, sich zu verselbständigen.

Die Genuine eines jeweiligen Bildsinnes verdankt sich in gleichem Maße der besonderen »logischen« Struktur des Bildes wie der besonderen sinnlichen Erfahrungsform, die ihr allein zu entsprechen vermag. So verwaltet die bildende Kunst ein Erkenntnisinteresse eigenen Typs, dem zugetraut werden darf, daß unter den erläuterten Bedingungen Erfahrungen von Realität zu machen sind, über die nur im Modus der Anschauung zu verfügen ist, in der Erfahrungsform einer Identität von Sinnlichkeit und Sinn.

Anmerkungen

1 Vgl. z. B. F. W. Schelling, *System des transzendentalen Idealismus* (1800), hrsg. v. M. Schröter, 2. Hauptband, München 1927, Sechster Hauptabschnitt, S. 627:»Wenn die aesthetische Anschauung nur die objektiv gewordene transzendentale (intellektuelle) ist, so versteht sich von selbst, daß die Kunst das einzige Wahre und ewige Organon zugleich und Document der Philosophie sey ...«

2 Vgl. hierzu, wie zur gesamten Fragestellung, vom Verf.: »Zu einer Hermeneutik des Bildes«, in: Gadamer/Boehm (Hrsg.) *Seminar: Die Hermeneutik und die Wissenschaften,* Frankfurt am Main 1978, S. 444 ff.

3 *Kritik der reinen Vernunft,* Tr. Logik, Einl. I.

4 Vgl. auch die Anregungen bei Hans Jonas, *Organismus und Freiheit,* Göttingen 1973, S. 42 ff., S. 193 ff. (8. Kap.) und S. 226 (9. Kapitel).

5 Jacques Derrida, *Die Schrift und die Differenz,* Frankfurt am Main 1972, S. 22.

6 Vgl. Max Imdahl, »Cézanne-Braque-Picasso. Zum Verhältnis zwischen Bildautonomie und Gegenstandssehen«, in: *Wallraf-Richartz-Jahrbuch* Band XXXVI, S. 325 ff., bes. S. 328 ff.

7 Vgl. zu Farbproblemen: E. Strauss, *Koloritgeschichtliche Untersuchungen zur Malerei seit Giotto,* Berlin 1972; Josef Albers, *Interaction of Color,* Köln 1970.

8 Konrad Fiedler, *Schriften zur Kunst,* hrsg. v. Gottfried Boehm, München 1971, Bd. I, S. 183 ff.»Über den Ursprung der künstlerischen Tätigkeit« und meine Einleitung, bes. S. XXXV ff.

9 Theoretische Modelle, die zur Emendation Fiedlers geeignet sind, wären auch der Philosophie Whiteheads zu entnehmen, soweit sie sich als monadische verstehen läßt, bzw. als »Logik der Ereignisse«. Vgl. hierzu auch Gadamer/Boehm (wie Anm. 2), S. 24 ff., und S. 63 ff. auch Michael Polanyi, ebd. S. 118: »Sinngebung und Sinndeutung«: das »Unausdrückliche«.

10 Die Simultanwahrnehmung erfordert vom Betrachter in aller Regel ein unbewegtes und starrendes Auge. Auch die Binokularität dürfte hierfür von Bedeutung sein. Sukzessives Sehen verbindet sich in viel stärkerem Maße mit der Augenbewegung.

11 Das Unausdrückliche verhindert keineswegs die Herausbildung fixer und wiedererkennbarer Elemente in Bildern, verhindert keineswegs ihre Depotenzierung zu Abbildern. Auch Illustrationen in Versandkatalogen weisen noch unausdrückliche Übergänge auf, nur erlauben sie so wenig anschauliche Produktivität, daß sie auf die bloße Funktion der Abbildung zurückfallen, sich auf ihren Informationswert reduzieren.

Gottfried Boehm, »Bildsinn und Sinnesorgane«, erschien zuerst in: *Neue Hefte für Philosophie,* Heft 18/19, 1980, S. 118-132.

Adolf von Hildebrand

Das Problem der Form in der bildenden Kunst

Ästhetische Erfahrung beginnt beim Künstler, der ›Welt als sein eigenes Werk hervorbringt‹. Die künstlerische Anschauung ist der erste Schritt ästhetischer Erfahrung, der die Dreidimensionalität der Realgegenstände und des Realraums zu ›Formvorstellungen‹ verwandelt, die an den Erscheinungen optische Qualitäten hervortreten lassen. Adolf von Hildebrands Begriffe der ›Erscheinungsform‹, ›Daseinsform‹ und ›Wirkungsform‹, mit denen er die Transformation einer dreidimensionalen Wirklichkeit in das zweidimensionale Repräsentationssystem der Malerei reflektiert, sind hier von hohem Einfluß auf die Kunstgeschichte.

In dem Maße, wie Hildebrands ›Wahrnehmungspsychologie‹, die etwa nach den ›Veranlassungen von Erscheinungen‹ fragt, noch am Sehprozeß unter den Bedingungen von Naturnachahmung interessiert war, werden die Ursprünge eines Denkens in bildimmanenter Logik deutlich erkennbar. Was Hildebrand über seine Zeit hinaus modern macht, ist seine Entdeckung des Bildes als einer Welt des Auges. Damit gilt er der modernen Ästhetik als Vertreter einer umfassenden Bewegung, nach der die Malerei über die Fähigkeit verfügt, Sinn selbständig hervorzubringen, das Sehen aus seiner passiven Rolle zu befreien und zu erneuern und als aktive und konstitutive Tätigkeit zu bestimmen.

Heute bieten sich darüber hinaus neue Lektüren an, die Hildebrand weiter aktuell erscheinen lassen: Sein Lamento, in einer Zeit zu leben, ›wo soviel Unreife bezüglich der Erkenntnis des künstlerischen Problems und soviel Unsicherheit des künstlerischen Instinkts herrscht‹, markiert keinen historisch singulären Fall ästhetischer Erfahrung, sondern erklärt sich vielmehr aus einer permanenten Gleichzeitigkeit des Ungleichzeitigen, die sich zunehmend verschärft hat. Die gegenwärtig vielerorts konstatierbare Rückkehr zur Malerei und zur Gegenständlichkeit der Kunst etwa sollte Hildebrands selbstreflektierte Durchdringung der Vergegenwärtigungspotenz des Kunstwerks nicht einfach ›naiv‹ unterbieten, sondern ihrerseits das Leistungsvermögen von Malerei neu ausloten.

J.S

[…] Plastik und Malerei sind im Gegensatz zur Architektur meistens als imitative Kunst bezeichnet worden. Diese Bezeichnung drückt nur das Unterscheidende aus und lässt das Gemeinsame ausser acht. Soweit es sich um das Imitative handelt, steckt in der bildenden Kunst eine Art Naturerforschung und die künstlerische Thätigkeit ist an diese gebunden. Die Probleme, welche dabei die Form an den Künstler stellt, sind von der Natur unmittelbar gegeben, von der Wahrnehmung diktiert. Werden diese Probleme allein gelöst, d.h. hat das Geschaffene nur in dieser Beziehung eine Existenz, so ist es doch als Gebilde an sich noch zu keinem selbständigen Ganzen geworden, das neben und gegenüber der Natur sich behaupten kann. Um dies zu erreichen, muss sein imitativer Inhalt von einem weiteren Gesichtspunkte aus, den ich im allgemeinen als den architektonischen bezeichnen möchte, in die höhere Kunstregion entwickelt werden, wobei ich natürlich die übliche spezielle Bedeutung des Wortes Architektur bei Seite lasse. Architektur fasse ich dann nur als Bau eines Formganzen, unabhängig von der Formensprache. Ein Drama, eine Symphonie hat diese Architektur, diesen inneren Bau, ist ein organisches Ganze von Verhältnissen, ebenso wie ein Bild, eine Statue, wenn die verschiedenen Künste auch in ganz verschiedenen Formenwelten leben.

Die Probleme der Form, welche bei dieser architektonischen Gestaltung eines Kunstwerkes entstehn, sind keine von der Natur unmittelbar gestellten und selbstverständlichen, sie sind jedoch gerade die absolut künstlerischen. Die architektonische Gestaltung ist das, was aus der künstlerischen Naturerforschung ein höheres Kunstwerk schafft. Das mit Imitativ bezeichnete stellt also eine der Natur selbst entnommene Formenwelt dar, welche erst architektonisch verarbeitet zum vollen Kunstwerk wird. Damit tritt Plastik und Malerei erst in die allen Künsten gemeinsame Sphäre, aus der Welt des blossen Naturalismus heraus, in die Welt der wahren Kunst. […]

Es ist bezeichnend, dass mit der Unfähigkeit für die architektonische Weiterentwicklung des Imitativen sich das dunkle Gefühl einer künstlerischen Unzulänglichkeit einstellt und dann dieser Mangel durch eine stoffliche Beimischung, durch tiefsinnige Bedeutung etc. ersetzt werden soll. Diese soll das Werk in eine höhere poetische Region erheben. Es ist jedoch klar, dass die bildende Kunst die Poesie nicht anderswo borgt oder so zu sagen nur illustriert. Ihre wahre poetische Wirkung entsteht aus der Art zu schauen, aus der Erscheinung als solcher. Die Thätigkeit der bildenden Kunst bemächtigt sich des Gegenstandes als eines erst durch die Darstellungsweise zu verklärenden, nicht als eines schon an sich poetisch oder ethisch wirkenden oder bedeutsamen.

Verlassen wir nun diese allgemeine Betrachtung, und kehren wir wiederum auf die spezielle der architektonischen Gestaltung bei Plastik und Malerei zurück. Da die Formenwelt, die durch die imitative Thätigkeit beider entsteht, räumlicher Natur und somit auch ihre architektonische Gestaltung naturgemäss eine räumliche ist, so können die Gesichtspunkte, die dabei leitend sind, keine willkürlich hineingetragenen, sondern müssen in unserm räumlichen Auffassungsvermögen begründet sein. Die künstlerische Gestaltung ist nichts als eine Weiterbildung dieses Auffassungsvermögens, dessen Keim schon in der Fähigkeit liegt, überhaupt räumlich auffassen zu können, in der Fähigkeit, zu tasten und zu sehen. Diese zweifache Auffassung ein und desselben Phänomens ist aber nicht nur durch getrennte Organe, den tastenden Körper und das sehende Auge allein möglich, sondern ist schon im Auge allein vereinigt. Durch diese herrliche Natureinrichtung treten die zwei Funktionen des nämlichen Organs und seine Erfahrungen in so enge und reiche Wechselbeziehung, wie dies an getrennten Organen nicht möglich wäre. Die Fähigkeit, diese Wechselbeziehung in ihre weitgehendsten Konsequenzen zu verfolgen, macht die künstlerische Begabung aus. Mit der Darstellung dieser Konsequenzen habe ich mich in der vorliegenden Schrift hauptsächlich beschäftigt.

Da es bei der Kunst nicht auf ein blosses Erkennen ankommt, sondern auf ein Handeln und Formen, in welchem die Erkenntnis zur That wird, so kann die Besprechung der künstlerischen Probleme nur dann fruchtbar sein, wenn der Verlauf des künstlerischen Prozesses nicht nur theoretisch, sondern bis in die praktische Ausführung verfolgt wird. Es muss gelingen, zwischen den beiden Polen unseres Seins, dem sinnlich Wahrnehmbaren und dem inneren geistigen Vorgange, den klaren Zusammenhang darzulegen. Können wir nicht zeigen, wie der gedachte Vorgang auch wirklich aussieht, ihn so zu sagen ad oculos demonstrieren, so hängt alle Kunsteinsicht in der Luft, es bleibt jedem überlassen, sich das Gedachte so oder so vorzustellen, je nach dem Grade der Entwicklung seiner sinnlichen Anschauung.

Gegenüber dem Mangel an anschaulichem Denken, der sich fast in allen Kunsttheorien verrät, ist es wichtig, den Nachdruck nicht auf die Ideen zu legen, sondern auf die reale Vorstellung.

Einleitung

Die nachstehende Arbeit bezieht sich auf das Verhältnis der Form zur Erscheinung und seine Konsequenzen für die künstlerische Darstellung. Da ein und derselbe Gegenstand sehr verschieden erscheinen kann, so entsteht für den bildenden Künstler die Frage: sind diese verschiedenen Erscheinungen alle gleichwertig und wonach messen wir deren Wert?

Es braucht wohl keine nähere Begründung, dass unser Verhältnis zur Aussenwelt, insofern diese fürs Auge existiert, in erster Linie auf der Erkenntnis und Vorstellung von Raum und Form beruht. Ohne diese ist eine Orientierung in der Aussenwelt schlechterdings unmöglich. Wir müssen also die räumliche Vorstellung im allgemeinen und die Formvorstellung, als die des begrenzten Raumes, im besonderen als den wesentlichen Inhalt oder die wesentliche Realität der Dinge auffassen. Stellen wir den Gegenstand oder diese räumliche Vorstellung von ihm der wechselnden Erscheinung gegenüber, die wir von ihm erhalten können, so bedeuten alle Erscheinungen nur Ausdrucksbilder unserer räumlichen Vorstellung und der Wert der Erscheinung wird sich nach der Stärke der Ausdrucksfähigkeit bemessen, die sie als Bild der räumlichen Vorstellung besitzt.

Die Farbigkeit der Natur gilt alsdann gleichsam als ein farbiges Gewand, welches die Natur als Körper trägt, und der Wert der wechselnden Farbenerscheinung wird sich gleichfalls danach bemessen, wie weit das Farbige an der Klärung des räumlichen Ausdrucks teilnimmt.

Wir sehen alsdann die Natur so an, als wenn sie uns nur alle möglichen Erscheinungsvariationen über ein Thema gäbe, ohne jemals dasselbe an sich zu geben. Denn die Formvorstellung ist ein Facit, welches wir aus dem Vergleich der Erscheinungsweisen gezogen haben, und welches das Notwendige vom Zufälligen schon gesondert hat. Sie ist also nicht eine Wahrnehmung schlechtweg, sondern eine Verarbeitung von Wahrnehmungen aus einem bestimmten Gesichtspunkt. Damit meine ich nicht etwa einen subjektiven Gesichtspunkt, sondern im Gegenteil den ganz allgemeinen der räumlichen Orientierung, wie er sich bei jedem naturgemäss bilden muss im Verkehr mit der räumlichen Aussenwelt.

Da wir der Erscheinung zu unserer räumlichen Orientierung im gewöhnlichen Leben nur wenige Anhaltspunkte zu entnehmen brauchen, so kommt es uns nicht zum Bewusstsein, wie viel die jeweilige Erscheinung an thatsächlicher Anregungskraft für die Raum- und Formvorstellung enthält, wie viel wir uns dazu ergänzen. (Wir wissen ja schon das Meiste und brauchen nur einige Anhaltspunkte, um uns sofort zu orientieren.) Beim Künstler ist das Verhältnis zur Erscheinung ein ganz anderes. Er muss oder sollte sich darüber klar sein, was die jeweilige Erscheinung nun auch wirklich giebt und was ihr fehlt, um ein klares Bild unserer Formvorstellung zu erwecken. Es giebt Beleuchtungen in der Natur, z. B. eine Fülle von Lichtreflexen, welche jeden Formeindruck auflösen und somit jeder Möglichkeit, einen klaren räumlichen Eindruck zu gewinnen, entgegen arbeiten. Es kann sich für den Künstler nicht darum handeln, in seiner Darstellung die Erscheinung als solche schlechtweg festzuhalten, sondern er kann von ihr nur indirekt lernen, wie sie es macht, den Forminhalt zum Ausdruck zu bringen, indem er unterscheiden lernt, wo sie deutlich zu uns spricht und wo nicht. Denn seine Darstellung darf sich nicht auf das Wissen des Beschauers verlassen, sondern soll die Faktoren wirklich geben, auf denen unsere Vorstellung beruht, und zwar handelt es sich gerade um den Untergrund, auf dem sich die räumlichen Vorstellungen unwillkürlich aufbauen, um das sogenannte Selbstverständliche. Ohne diese elementaren Faktoren ist die Darstellung Dilettantismus.

Wie nun das Bedürfnis nach klarem Ausdruck für Raum und Form in der Erscheinung den Künstler zu einer bestimmten Vorstellungsart führt, wie sich dadurch zu allen künstlerischen Zeiten gegenüber der Masse der natürlichen Erscheinungsarten konsequenter Weise eine Grundart von künstlerischer Erscheinung herausbilden muss – das ist der Inhalt nachfolgender Arbeit, wie er sich aus der eigenen künstlerischen Erfahrung gestaltet hat.

Es ist einleuchtend, dass die Klarheit, die wir als Künstler bei der Arbeit nötig haben, wie bei jedem handelnden Menschen, die des geläuterten Instinktes ist und nicht die einer durch das Wort mitteilbaren Erkenntnis. Bei der schriftlichen Mitteilung jedoch und zudem in einer Zeit, wo soviel Unreife bezüglich der Erkenntnis des künstlerischen Problems und soviel Unsicherheit des künstlerischen Instinktes herrscht, ist es nicht zu umgehen, Anschauungen, die von Natur nebeneinander liegen und ohne Anfang und Ende sich gegenseitig bedingen, in ein Nacheinander zu ordnen und beweiskräftig zu verbinden. So kommt denn diese Arbeit in die Lage, zu demjenigen, dem die Anschauungen geläufig, in einer ungewohnten Sprache zu reden, und demjenigen, dem die Sprache geläufig, von einem ungewohnten geistigen Vorgang zu sprechen. Es ist dies aber ein Missstand, für den es keine Lösung giebt.

I. Gesichtsvorstellung und Bewegungsvorstellung

Zur Erkenntnis des Verhältnisses von Form zu Erscheinung müssen wir vor Allem die zwei uns möglichen Wahrnehmungsarten streng unterscheiden.

Es sei sein Gegenstand mit Umgebung und Hintergrund gegeben; ebenso die Richtungslinie des Beschauers, dessen Standpunkt lediglich in Nähe oder Ferne verschiebbar sein soll.

Ist sein Standpunkt ein so ferner, dass seine Augen nicht mehr im Winkel, sondern parallel schauen, dann empfängt er ein Gesamtbild, und dies Gesamtbild ist rein zweidimensional, weil die dritte Dimension, also alles Nähere oder Fernere des Erscheinungsobjektes, alle Modellierung nur durch Gegensätze in der erscheinenden Bildfläche wahrgenommen wird, als Flächenmerkmale, die ein Ferneres oder Näheres bedeuten.

Tritt der Beschauer aber näher hinzu, so dass er verschiedene Stellung und Akkommodation der Augen braucht, um das gegebene Objekt zu sehen, dann hat er die Gesamterscheinung nicht mehr in Einem Blick und er kann sich das Bild nur durch seitliche Augenbewegung mit verschiedener Akkommodation zusammensetzen. An Stelle der Gesamterscheinung treten verschiedene Einzelerscheinungen, welche durch Augenbewegung verbunden werden. Je näher der Beschauer dem Objekte tritt, desto mehr Augenbewegungen braucht er und desto mehr teilt sich die ursprüngliche Gesamterscheinung in Einzelerscheinungen, in gesonderte Bilder. Zuletzt vermag er den Gesichtseindruck so zu beschränken, dass er nur immer einen Punkt scharf in den Sehfocus rückt und die räumliche Beziehung dieser verschiedenen Punkte in Form eines Bewegungsaktes erlebt; alsdann hat sich das Schauen in ein wirkliches Abtasten und in einen Bewegungsakt umgewandelt und die darauf fussenden Vorstellungen sind keine Gesichtseindrucksvorstellungen (von nun an kürzer: Gesichtsvorstellungen), sondern Bewegungsvorstellungen und bilden das Material des Form-Sehens und Form-Vorstellens. Alle unsere Erfahrungen über die plastische Form der Objekte sind ursprünglich durch Abtasten zu Stande gekommen. Sei es nun ein Abtasten mit der Hand oder mit dem Auge. Tastend führen wir der Form entsprechende Bewegungen aus und die Vorstellungen bestimmter Bewegungen, oder anders gesagt, ein Complex bestimmter Bewegungsvorstellungen heisst eine plastische Vorstellung.

Stellen wir nun die zwei Extreme der Sehthätigkeit sich gegenüber, so bedeuten sie zwei Arten reiner Sehthätigkeit. Das ruhig schauende Auge empfängt ein Bild, welches das Dreidimensionale nur in Merkmalen auf einer Fläche[1] ausdrückt, in der das Nebeneinander gleichzeitig erfasst wird. Dagegen ermöglicht die Bewegungsfähigkeit des Auges, das Dreidimensionale vom nahen Standpunkt aus direkt abzutasten und die Erkenntnis der Form durch ein zeitliches Nacheinander von Wahrnehmung zu gewinnen.

Alle dazwischen liegenden Wahrnehmungsweisen sind Mischformen von Gesichtseindrücken und Bewegungsthätigkeit, unrein in Bezug auf die Qualität ihrer Erfahrungsbestandteile. Dahin gehört vor allem das stereoskopische Sehen. Hierbei sehen wir den Gegenstand eigentlich von zwei Standpunkten zugleich, und die Bewegung von dem einen zum anderen Standpunkt ist zu einem Moment zusammengedrängt, weil die Verschiedenheit der Standpunkte mit dem Abstand der gleichzeitig sehenden Augen zusammenfällt. Es findet im Grunde eine Vermischung von Gesichtseindruck und Bewegungsvorgang statt, welche wir imstande sind, dadurch zu sondern, dass wir das gemeinschaftliche Bild durch das Schliessen eines Auges auf die zwei getrennten Bilder zurückführen. Indem wir ein Auge schliessen, rücken wir gleichsam den Gegenstand in eine weitere Entfernung und erhalten ein reines einheitliches Flächenbild, welches wir der Einfachheit wegen von nun an *Fernbild* nennen wollen.

Nachdem wir so die Wahrnehmung in eine rein schauende und in eine sich rein bewegende Augenthätigkeit gesondert haben, wollen wir dem Verhältnis der Gesichtsvorstellung zu den Bewegungsvorstellungen näher nachgehen.

Das Fernbild von etwas Dreidimensionalem giebt uns einen reinen Gesichtseindruck, welcher aber durch bestimmte Merkmale der Erscheinung zu Bewegungsvorstellungen anregt, diese also so zu sagen latent in sich enthält. Geben wir uns dieser Anregung hin, so werden die Gesichtseindrücke zu Führern und setzen sich in Bewegungsvorstellungen um, wir gehen so zu sagen im Fernbild spazieren. Soweit nun im Fernbild die Gesichtseindrücke eine nur zweidimensionale Ausdehnung des Gegenstandes bedeuten und wir aus dem Gesamteindruck Linien, die keine Perspektive enthalten, und Flächeneindrücke, die mit der Bildfläche parallel liegen, allein ins Auge fassen, stellen diese Anregungen zu Augenbewegungen zugleich das direkte geometrische Bild für diese Bewegungen dar. *Ein geometrisches Bild* für die *dritte* Dimension, d. h. für die Tiefenunterschiede, ist jedoch in dem Fernbild nicht enthalten, sondern nur eine *Anweisung* auf die Tiefenvorstellung, da ja in der Perspektive jede Linie verkürzt ist (eventuell zu einem Punkt zusammenschrumpft).

Gehen wir dagegen von der Bewegungsthätigkeit des Auges aus, d. h. tasten wir, aus der Nähe, denselben Gegenstand mit den Augen ab, so werden unwillkürlich die Bewegungsakte zu Gesichtsvorstellungen, Vorstellungen von Linien und einfachen Flächen, die aber nur eben als Illustrationen jener Bewegungen dienen, von den übrigen für die *schauende* Thätigkeit vorhandenen Unterschieden innerhalb der gesehenen Flächen, wie z. B. von Farbe, von Schatten und Licht dagegen abstrahieren. Aber auch die dritte Dimension, das Lageverhältnis der Flächen zu einander, fassen wir dabei als Linie auf, die uns eine Bewegung illustriert, indem wir unseren Standpunkt ändern und damit imstande sind, uns Profilansichten aller dieser Lageverhältnisse zu schaffen. Die Vorstellungen eben dieser Bewegungen sind die wesentlichen Faktoren unserer Erkenntnis der plastischen Form.

Da die Gesichtsvorstellungen, die in die so gewonnene Formvorstellung eingehn, nach dem Obigen von der Erscheinung abstrahiert sind, so ist auch diese rein plastische Formvorstellung, eine nur abstrahierte.[2]

173

Die plastische Vorstellung setzt sich also zusammen aus den Gesichtsvorstellungen von Linien und einfachen Flächen, die durch Bewegungsvorstellungen untereinander verbunden sind. Sie kennt somit eine Einheitsform nur für zweidimensionale Inhalte, – eben die genannten geometrischen Bilder. Die dritte Dimension fügt sie durch den Wechsel des Standpunktes hinzu; indem sie aber diese Verbindung der einzelnen geometrischen Bilder zu einem dreidimensionalen Gegenstande durch die Bewegungsvorstellungen nur *successive* schafft, kann durch die Vorstellungsthätigkeit ein einheitliches Gesamtbild für die dreidimensionale Form, in der Vorstellung nicht zustande kommen.

Ein einheitliches Bild für den *dreidimensionalen* Komplex besitzen wir also allein im Fernbild, dieses stellt die einzige Einheitsauffassung der Form dar, im Sinn des Wahrnehmungs- und Vorstellungsaktes.

Da nun der Gesichtseindruck für die Tiefenvorstellung mit von den wechselnden mitwirkenden Umständen abhängt und daher ebenfalls wechselt, und wir andererseits, aus der Erscheinung die Form des Gegenstandes herauslesend, sie uns als Bewegungsvorstellung aneignen, so haften in uns keine klaren Bilder für die Tiefenvorstellung. In der That weiss sich jeder eine Kugel als Form vorzustellen, nicht aber, wie dieselbe sich als Gesichtseindruck rund ausspricht. Das was jeder festhält ist die Kreislinie als Zweidimensionales und die Bewegungsvorstellung, mit der er diese Kreislinie nach allen Seiten hin wiederholt.

So kommen wir zu der Erkenntnis, dass, abgesehen von der sehr verschiedenen Deutlichkeit des Formvorstellungsbesitzes der Menschen, dieser Besitz in einem sehr unklaren Zusammenhang mit den Gesichtsvorstellungen steht. Für den *Wahrnehmenden* geht der Vorgang des Sehens im Sinne des räumlichen Ablesens der Erscheinung ganz unbewusst vor sich, und er *empfängt* den Gesichtseindruck zu einer räumlichen Vorstellung. Beim *Vorstellen* setzt er sich jedoch den Gegenstand teils aus Gesichts-, teils aus Bewegungsvorstellung zusammen, d. h. er stellt sich ein ungefähres Gesichtsbild vor und füllt es je nach dem plastischen Bedürfnis mit Bewegungsvorstellung aus. Gesichtseindruck und Bewegungsvorstellung beziehen sich wohl auf denselben Gegenstand, stehen aber in keiner deutlichen inneren Beziehung zu einander.

Diese Unklarheit über die Erscheinungsmerkmale, welche uns als Aequivalent für die Formvorstellung dienen, ist deshalb natürlich,

174

weil die einzige Kontrolle für diese Beziehung unserer Gesichts- und Bewegungsvorstellung in der Darstellung liegt; denn dort werden die Vorstellungen wahrnehmbar, und wir können alsdann die Probe machen, ob wir unmittelbar auf den aus der Darstellung empfangenen Eindruck reagieren. Alle sonstigen geistigen Disciplinen lassen in diesem Punkt den Menschen ganz naiv, in einem gänzlich unbewussten Verkehr mit der Natur und in einem gänzlich unklaren Vorstellungsbesitz. Die bildende Kunst allein stellt die Thätigkeit dar, in der sich das Bewusstsein nach dieser Richtung hin entwickelt, und welche die Kluft zwischen der Formvorstellung und den Gesichtseindrücken aufzuheben und beide zu einer Einheit zu gestalten sucht. Andererseits beruht der eigentliche Genuss und das direkt Wohlthätige am Kunstwerk im Empfangen dieser Einheit und im sicheren, unmittelbaren Erfassen dieser natürlichen Harmonie.

Betrachten wir nun von diesem Standpunkte aus die darstellende Thätigkeit des Bildhauers und des Malers. Das geistige Material des Bildhauers sind seine Bewegungsvorstellungen, welche er teils direkt aus der Bewegungsthätigkeit des Auges selbst, teils aus den Gesichtseindrücken gewinnt, und diese Vorstellungen bringt er, indem er sie mit der Hand wirklich ausführt, an einem stofflichen Material direkt zur Darstellung. Diese so dargestellten Bewegungsvorstellungen geben alsdann wieder einen Gesichtseindruck ab und sollen in diesem Gesichtseindruck als Fernbild ihre Einheitsform gewinnen. Es frägt sich dann notwendig, ob dieses Fernbild oder diese reine Erscheinung auch ein deutliches Ausdrucksbild der Form abgiebt oder nicht. Der Bildhauer gestaltet also indirekt an einem Gesichtseindruck oder einer einheitlichen Erscheinung. Die dargestellte Form oder die realisierten Bewegungsvorstellungen prüft er an dem Gesichtseindruck, den er empfängt, wenn er genügend zurücktritt, um das Fernbild der Form zu empfangen. So lange dies einheitliche Bild nicht entsteht, ist die reale Form noch nicht zu ihrer wahren Einigung gelangt, denn die letzte Wahrheit ihrer Einigung liegt eben darin, dass das enstehende Bild die volle Ausdrucksstärke für die Form besitzt. Hierin liegt das plastische Problem des Bildhauers.

Verfolgen wir die Thätigkeit des Malers, so sind sein geistiges Material der Darstellung die Gesichtsvorstellungen, diese bringt er direkt auf der Fläche zum Ausdruck und gestaltet damit ein Ganzes im Sinne des Fernbildes. Insofern diese Eindrücke jedoch die Form-vorstellung erwecken sollen, ergiebt sich die Aufgabe, ein Flächen-bild so darzustellen, dass wir die volle Formvorstellung von dem Gegenstande empfangen. Dies zu leisten ist er nur dadurch imstande, dass er alle Gesichtseindrücke auf ihre plastische Anre-gungskraft hin prüft und zu diesem Zwecke verwendet und gestal-tet. Darin liegt das Problem des Malers. Bei Beiden handelt es sich also um ein gegenseitiges in-Beziehung-setzen von Bild- und Form-vorstellung, nur realisiert der Maler ein Bild in Beziehung zur Formvorstellung und der Bildhauer eine Formvorstellung in Bezie-hung zu einem Bildeindruck.

Die Formvorstellung der Natur, als Produkt aus dem einheit-lichen Flächenbilde oder Fernbilde, beruht auf einem unendlichen Erfahrungsaustausche der Gesichts- und Bewegungsvorstellungen, der unbewusst zu fester Gesetzmässigkeit geführt hat, insofern näm-lich eine bestimmte Formvorstellung die notwendige Konsequenz eines bestimmten Flächeneindrucks bei allen Sehenden wird. Des-halb bedeutet dieses in-Beziehung-setzen der beiden Vorstellungs-arten soviel, als das gesetzmässige Verhältnis zwischen ihnen aufsu-chen oder sie in dasselbe zueinander setzen. Dieses gesetzmässige Verhältnis existiert nur für die Vorstellung, ist nur in ihr fühlbar. Wir empfinden bloss, ob die Formvorstellung unwillkürlich reagiert oder nicht. Diese Gesetzmässigkeit tritt also bei jedem Sehenden in Kraft, jedoch als selbstverständliche Lebensthätigkeit nicht in das Bewusstsein. Stellen wir nun den Künstler einem Naturgebilde gegenüber, als einem bestimmten Einzelfalle, so wäre seine Aufgabe, es aus dem Gesichtspunkte dieser allgemeinen Gesetzmässigkeit auf-zufassen und darzustellen. Alle Naturerscheinung als Einzelfall muss in einen allgemeinen Fall umgesetzt werden, muss zu einem Gesichtsbild werden, welches als Audruck der Formvorstellung eine allgemeine Bedeutung hat.

Indem der Künstler die Natur von diesem Gesichtspunkte aus auffasst, stellt er der jeweiligen Naturerscheinung eine Bilderschei-nung gegenüber, bei der das Zurückführen auf diese Gesetzmäs-sigkeit die Naturerscheinung verarbeitet und geklärt hat, und wel-che dadurch unserem Vorstellungsbedürfnis entspricht.

Die Art der Faktoren, welche er im Wechsel der Naturerschei-nung festhält und zu diesem gesetzmässigen Bau verwendet, – die Art der Erscheinungsmittel, welche er in den Bereich seiner Verarbeitung der Naturerscheinung zum Zwecke der gesetzmässigen Anregung der Formvorstellung herbeizieht, wird seine individuelle Anschauungsweise, sein subjektives Vorstellungsbedürfnis ausmachen. Bei diesem individuellen Spielraume stellt jedoch das wahre Kunstwerk stets ein gesetzmässiges Bild unserer Vorstellung dar und gelangt erst dadurch zu seiner künstlerischen Bedeutung.

II. Form und Wirkung

Um nun näher die Konsequenzen des Problems für den Maler und Bildhauer entwickeln zu können, ist es nötig, noch eingehender das Verhältnis des Fernbildes zu den Bewegungsvorstellungen im Allgemeinen zu untersuchen.

Indem wir Bewegungsvorstellungen und die damit verbundenen Begrenzungslinien entwickeln, gelangen wir dazu, den Dingen eine Form zuzuschreiben, die unabhängig vom Wechsel der Erscheinung ist. Wir erkennen sie als denjenigen Faktor der Erscheinung, welcher vom Gegenstand allein abhängt. Wir können diese teils direkt durch Bewegung gewonnene, teils aus der Erscheinung abstrahierte Form, die *Daseinsform* des Gegenstandes nennen.

Der Formeindruck jedoch, den wir aus der jeweilig gegebenen Erscheinung gewinnen, und der in ihr als Ausdruck der Daseinsform enthalten ist, ist stets das gemeinschaftliche Produkt des Gegenstandes auf der einen Seite, der Beleuchtung, der Umgebung und des wechselnden Standpunktes auf der anderen Seite und steht deshalb der abstrahierten vom Wechsel unabhängigen Daseinsform als eine *Wirkungsform* gegenüber.

Es liegt aber in der Natur der Wirkungsform, dass jeder Einzelfaktor der Erscheinung nur im Bezug und im Gegensatz zu einem andern etwas bedeutet, dass alle Grössen, alles Hell und Dunkel, alle Farben etc. nur relativ einen Wert abgeben. Alles beruht auf Gegenseitigkeit. Jedes wirkt auf das andere, bestimmt dessen Wert mit.

Wenn wir also von einem Gesamteindrucke reden, so heisst dies ein gemeinschaftliches Wirkungsresultat aller Erscheinungsfaktoren, und da das Fernbild gerade in dem Auffassen einer gemeinschaftlichen Wirkung besteht, so folgt daraus, dass seine einzelnen Erscheinungsfaktoren nur in der bestimmten Beziehung zu

177

einander, welche diesen Gesamteindruck hervorruft, ihre Bedeutung haben, während sie an und für sich genommen, d. h. aus dem Zusammenhang gerissen, sie verlieren.

Wenn wir deshalb imstande sind, aus einer Gesamterscheinung, den darin enthaltenen Wirkungen folgend, uns eine Formvorstellung des Gegenstandes zu machen, so ist dies die Folge des Verhaltens der Einzelfaktoren zu einander.

Daraus folgt aber, dass, wenn wir bei der bildlichen Darstellung von der Formvorstellung ausgehend, zu einer ihr entsprechenden Gesamterscheinung gelangen, so zu sagen eine Gleichung zwischen der Daseinsform und der Erscheinung ziehen wollen, dies nicht erreicht wird, wenn wir die einzelnen Bewegungs- oder Formvorstellungen Stück für Stück direkt als Gesichtseindruck fassen und auf diese Weise addierend eine Gesamterscheinung zusammensetzen. Denn bei solchem Einzelumsatz fassen wir das Einzelne nicht in seiner Wirkungsbedingtheit durch das Ganze und für das Ganze auf, sondern immer als abgeschlossene Einzelheit.

Wir sind also gezwungen, unsere Formvorstellung in solche Erscheinungsfaktoren umzusetzen, welche erst innerhalb der gemeinschaftlichen Wirkung durch ihr Zusammenwirken zu einer Gleichung der Form werden. Denn es handelt sich ja nicht nur darum, dass Tiefenvorstellungen in Flächeneindrücke umgewandelt werden und als ein Nebeneinander im einheitlichen Sehakt aufgefaßt werden können, sondern darum, dass der gesamte Flächeneindruck einen richtigen Gesamteindruck für die Formvorstellung abgiebt.

Wir können die Werte der Daseinsform als Zahlenwerte auffassen, und wie man in der Algebra von dem Zahlenwert abstrahiert und den Wert nur als Verhältnismöglichkeit von a zu b zum Ausdruck bringt, so erhebt der bildliche Eindruck alle wirklichen Raumgrössen zu Verhältniswerten, die nur für's Auge eine Gültigkeit haben. Auf solche Weise kommt die Gleichung zwischen der Daseinsform und der Wirkungsform zustande.

Wenn ich einen Finger fixiere, so erhalte ich einen Verhältniseindruck der Fingerformen. Fixiere ich jedoch die ganze Hand, so sehe ich den Finger im Verhältnis zur ganzen Hand und erhalte einen neuen Eindruck als Verhältniseindruck des Fingers zur Hand. Sehe ich dann die Hand mit dem Arm zusammen, so ändert sich wiederum der Eindruck u. s. w. in infinitum. Die Hand kann mir an sich stark vorgekommen sein, als ich sie allein sah, im Verhältnis zum Arm erscheint sie vielleicht zart, weil der Arm sehr stark ist.

Während Anfangs die Form des Fingers nur als ein Gesamteindruck der dem Finger allein gehörigen Einzelformen aufgefasst wurde, entsteht sie später als Verhältniseindruck zu anderen mitwirkenden Formen. In beiden ist die Daseinsform des Fingers dieselbe, ihre Wirkungsrolle in der Erscheinung hat sich aber geändert. Sie erhält als Wirkungsform einen Accent, der ihr allein nicht zukommt. Auf diese Weise geht die ganze Daseinsform in Wirkungsverhältnisse und Wirkungswerte auf und die gegenständliche Vorstellung verwandelt sich in eine Vorstellung von Wirkungswerten, die immer nur in der gegebenen Gesamtheit ihre Geltung haben.

Andererseits kann die blosse Gruppierung dazu führen, die Formwerte in ihrer Wirkung verschieden zu accentuieren. Wir können z. B. gleichlange Linien so zu einander stellen, dass sie verschieden lang wirken; es gibt bekannte geometrische Figuren, die diese Täuschung bezwecken. Es wird daraus begreiflich, dass der Wert der einzelnen Daseinsform entweder falsch, wie im gegebenen Beispiel oder gleichgültig, d.h. ohne eindringliche Accentuierung oder aber stark und eindringlich zur Wirkung kommen kann. In allen drei Fällen bleiben die wirklichen Maasse der Daseinsform dieselben, es ändert sich jedoch die Wirkungsform. Ob also der Wirkungsaccent so oder so fällt, hängt von der Gesamtsituation ab und ist, wie die Situation selbst, entweder stabil oder einem Wechsel unterworfen. Es ist dies für unseren Formeindruck in der Natur von grosser Bedeutung. Da viele Gegenstände an eine bestimmte Situation gebunden sind, so kennen wir sie nur als bestimmte Wirkungsform und durch eine Aenderung der Situation scheint sich ihre Daseinsform zu ändern. Derselbe Turm z. B., der, über die Häuser allein in die Luft ragend, uns einen schlanken Eindruck macht, wird plötzlich plump, wenn wir ihm zur Seite dünne Fabrikschlöte aufstellen.

Auf diese Weise nimmt der Gegensatz, in dem der Gegenstand zu seiner Umgebung steht, Teil an seiner Charakterisierung und, je nachdem sich bestimmte Situationen mit der Gegenstandsvorstellung in uns festsetzen, setzen sich auch bestimmte Wirkungsaccente in unserer Vorstellung fest, welche die Daseinsform charakterisieren. Wir können von einem Ausnahmeaccent und einem normalen sprechen und von einem zufälligen und typischen, je nachdem innerhalb des Wechsels sich gewisse Wirkungsforderungen in unserer Vorstellung festgesetzt haben. Der Künstler je nach seiner individuellen Begabung bereichert unser Verhälnis zur Natur, indem er die Daseinsform in Situationen bringt, die ihr neue normale Wirkungsaccente verleihen. Je normaler und typischer die Wirkungsaccente in einem Kunstwerk fallen, desto objektivere Bedeutung besitzt es. Damit hat sich denn im Gegensatz zur blossen Daseinsform der Inhalt dessen, was wir Formvorstellung nennen müssen, dahin erweitert, dass wir uns einen Komplex von Bewegungsvorstellungen mit einer räumlichen Wirkungsrolle verbunden vorstellen. Und ebenso haben sich mit diesem Inhalt auch die Anforderungen erweitert, welche wir an die Erscheinung stellen als Ausdruck der räumlichen und plastischen Natur.

Während wir uns eine Formvorstellung machen, schaffen wir unwillkürlich an einer Gesichtsvorstellung, welche einer Wirkungsrolle dient. Ist sie noch so dürftig, so ist sie doch imstande, den allgemeinen Formbegriff, der sich in dieser Wirkung ausspricht, festzuhalten. Wenn die Kinder ein Gesicht als Kreis mit zwei Punkten als Augen, einem senkrechten Strich als Nase und einem wagrechten als Mund zeichnen, so stellen sie damit eben diese notwendige Wirkung dar, als ganz entsprechendes Bild unserer natürlichen Vorstellung der Wirkungsform.

Deshalb muss denn auch die künstlerische Darstellung diese elementaren Wirkungen, welche uns den allgemeinsten Formbegriff lebendig machen, aus der Gesamtfülle der Erscheinungen und trotz dieser zustande bringen, wenn sie stark und natürlich sein soll. Beim gemalten oder gemeisselten Menschengesicht muss das, was das Kind mit den paar Strichen festgehalten hat, ebenso vorherrschen als Grundwirkung. So ist z. B. der sogenannte griechische Gesichtstypus bei den alten Statuen, die sogenannte griechische Nase, aus diesem Bedürfnis entstanden, nicht etwa, weil die Griechen solche Köpfe hatten. Ein solcher Kopf wirkt unter allen Umständen klar und stellt die typischen Wirkungsaccente dar.

Aus all diesem haben wir aber erkannt, dass die Daseinsform, die messbare Naturform oder ihre gegebenen räumlichen Maasse vom Auge wohl abgetastet, dann aber nicht als Einheit aufgefasst werden können. Diese Einheit fürs Auge existiert nur in der Form von Wirkungen, die alle thatsächlichen Maasse in Verhältniswerte umsetzen;

nur als solche besitzen wir sie als Gesichtsvorstellung. Auch die Vorstellung von abstrahierten Begrenzungslinien und ihres Lageverhältnisses zu einander, welche der Daseinsform zukommen, sind als Gesichtsvorstellungen immer nur als Verhältnisausdruck vorhanden und daher relative Grössen. Die Formvorstellung gelangt so zu einer Art der Abstraktion, indem sie die Empfindung räumlicher Werte festhält, die nur in der Einkleidung individueller Grössenverhältnisse realisiert werden können. Nur aus der Wirkung des Fernbildes können wir aber die Formwerte einheitlich abstrahieren, weil nur da die Erscheinungselemente gleichartig und gleichzeitig auftreten. Das künstlerische Sehen besteht also in dem starken Auffassen dieser Formempfindungen, gegenüber der blossen Kenntnis der Daseinsform als Addition von isolierten Wahrnehmungen, wie sie nur für die wissenschaftliche Betrachtung von Bedeutung sein kann.

Im Festhalten solcher Eindruckswerte liegt die Bedeutung der *Vorstellung* gegenüber der *direkten Wahrnehmung* und dem *blossen Erinnerungsbild* der Wahrnehmung. Die Kunst besteht nun darin, diesen abstrahierten Vorstellungsbesitz wieder einzukleiden, und sie schafft dadurch einen Eindruck, welcher beim Beschauer ohne Rest in Vorstellungswerte aufgeht, während der Natureindruck noch kein aus diesem Gesichtspunkt geeignetes Vorstellungsbild ist.

Und wenn dieser Wirkungswert nur ein Produkt der zusammenwirkenden Erscheinung ist, nicht ein an und für sich greifbarer und darstellbarer, so kann, wie gesagt, dieser Wirkungswert im Kunstwerk nur resultieren, wenn die Gesamterscheinung danach angelegt ist, wenn sie die notwendigen Bedingungen dazu enthält. Und da es in natura ganz vom Zufall abhängt, ob diese Bedingungen in der Erscheinung vorliegen, so kann die Darstellung nicht in einem mechanischen, positivähnlichen Wahrnehmungskonterfei der zufälligen Erscheinung liegen, sondern in der Darstellung der Bedingungen, welche diesen Wirkungswert positiv für unsere Vorstellung erzeugen. Um der Daseinsform zu ihrem Wirkungswert zu verhelfen, müssen wir die Gesamtsituation nach Maassgabe unserer Erfahrung von Wirkungsbedingungen gestalten. Wir müssen die Daseinsform unter solche Umstände bringen, dass sie neu die Vorstellung erzeugen muss, welche wir von ihr allmählich gewonnen haben. Durch die Wirkungsgestaltung des Einzelfalles geben wir die Vorstellung, die sich an tausend Fällen gebildet hat. Für den Künstler bedeutet so die Darstellung der Natur eine Darstellung dieser von seiner Vorstellung schon verarbeiteten und zu räumlichen Wirkungswerten geprägten Formenwelt. Durch die Darstellung soll dies Gepräge fühlbar werden, es soll sprechen, zum starken Ausdrucke kommen. Denn erst dann wird das Kunstwerk zu einem wahren Ausdruck unseres Verhältnisses zur Natur, wie es sich in unserer räumlichen Vorstellung naturgemäss bildet. Diese Auffassung, die aus dem Bewusstsein entspringt, dass unser Verhältnis zur Natur und ihrer abstrahierten Daseinsform nur dadurch zur Erscheinung kommt, dass wir das Gebilde als ein Wirkungsverhältnis und Wirkungsprodukt fassen, diese Auffassung ist die künstlerische.

Die sogenannte positivistische Auffassung, welche die Wahrheit in der Wahrnehmung des Gegenstandes selber sucht, nicht in der Vorstellung, die sich in ihm von uns bildet, sieht das künstlerische Problem nur in der genauen Wiedergabe des direkt Wahrgenommenen. Allen Vorstellungseinfluss hält sie für eine Fälschung der sogenannten Naturwahrheit und sie bemüht sich, die Darstellung zu einem möglichst genau imitierenden Aufnahmsapparat zu steigern, sich rein mechanisch receptiv zu verhalten. Sie bestrebt sich, die momentane Wahrnehmung von den Vorstellungen loszulösen, welche naturgemäss das eigentliche Sehen bedingen. Denn das Sehen ist ja eben kein mechanischer Akt allein, sondern die Erfahrung der Vorstellung ist es, welche uns das mechanische Augenbild zu einem Bilde der räumlichen Natur macht, uns überhaupt erst erkennen lässt, was er darstellt. Ob nun dies Festkleben an der Wahrnehmung sich auf die Bewegungsvorstellungen oder auf die Gesichtseindrücke bezieht, ist hierbei gleich. Es giebt einen Positivismus ebensowohl gegenüber der gegebenen Daseinsform, wie auch gegenüber der gegebenen Wirkungsform, sei es bei der plastischen oder malerischen Darstellung. Der Höhepunkt des Positivismus gegenüber der Erscheinung wäre erreicht, wenn wir mit der Unerfahrenheit des neugeborenen Kindes wahrnehmen könnten. Er sucht nach einer Darstellung, welche diesem ungeklärten Eindruck unserer ersten Lebensstunden entspricht, wo die Vorstellungen erst anfangen, sich zu bilden. Dies Streben ist durch die Erfindung der Photographie sehr unterstützt worden. Dabei wird übersehen, dass der Mensch gar nicht imstande ist, seine Vorstellungen ganz abzustreifen, weil er eben mit ihnen sieht, und so steht denn deren unwillkürlicher Einfluss im Widerspruch zu dem bezeichneten Bestreben. Das hat zur natürlichen Folge, dass die Anregung für unsere räumliche Vorstellung, welche durch solche Darstellung entsteht, eine kümmerliche sein muss, anstatt dass sie im Kunstwerke sich steigert und eigentlich auswächst. Solche Darstellungen sind so zu sagen stumm, denn die Fähigkeit, zu unserer Formvorstellung zu sprechen, ist der Erscheinung künstlich ausgetrieben.

So ist denn das Kunstwerk kein abgeschlossenes, für sich und in sich beruhendes Wirkungsganzes und stellt dieses als eine für sich bestehende Realität der Natur gegenüber. Im Kunstwerk existiert die Daseinsform nur als Wirkungsrealität. Indem das Kunstwerk die Natur als Relation von Bewegungsvorstellung und Gesichtseindruck fasst, wird sie für uns vom Wechsel und Zufall befreit.

Es ist deshalb ein naiver Irrtum, wenn man glaubt, der Eindruck einer Figur, wie er im gegebenen Kunstwerk nur auf diesem Einklang beruht, bleibe fortbestehen, wenn man sich die Daseinsform in einer anderen Wirkungskonstellation denkt, die Figur z. B. in einer anderen Situation. Man verwechselt alsdann die Identität der Person mit der der Wirkung.

Daraus geht auch hervor, dass alle sogenannten Proportionslehren, welche man für die Kunst aufgestellt hat, von vornherein aus einem Missverständnisse entsprungen sind. Die notwendigen Proportionen müssen aus der Gesamtheit des Kunstwerkes stets neu geschaffen werden und neu resultieren, nicht aber darf die Gesamtheit die Addition von feststehenden Einzelproportionen sein.

[...]

V. Die Reliefauffassung

Wir haben im letzten Kapitel gezeigt, wie der Künstler bei seiner Aufgabe – für die complizierte dreidimensionale Vorstellung eine einheitliche Bildvorstellung zu schaffen – zu einer immer conzentrierteren Gegenüberstellung der gegenständlichen Flächenwirkung zu der allgemeinen Tiefenvorstellung gezwungen wird. Mit dieser Gegenüberstellung gelangt er zu einer einfachen Volumenvorstellung, zu der einer Fläche, die er nach der Tiefe fortsetzt. Um sich diese Vorstellungsweise recht deutlich zu machen, denke man sich zwei parallel stehende Glaswände und zwischen diesen eine Figur, deren Stellung den Glaswänden parallel so angeordnet ist, dass ihre äussersten Punkte sie berühren. Alsdann nimmt die Figur einen Raum von gleichem Tiefenmaasse in Anspruch und beschreibt denselben, indem ihre Glieder sich innerhalb desselben Tiefenmaasses anordnen. Auf diese Weise einigt sich die Figur, von vorn durch die Glaswand gesehen, einerseits in einer einheitlichen Flächenschicht als kenntliches Gegenstandsbild – andererseits wird die Auffassung des Volumens der Figur, welches an sich ein compliziertes wäre, durch die Auffassung eines so einfachen Volumens, wie es der Gesamtraum darstellt, den sie einnimmt, ungemein erleichtert. Die Figur lebt so zu sagen in einer *Flächenschicht* von *gleichem* Tiefenmaasse und jede Form strebt, in der Fläche sich auszubreiten, d. h. sich kenntlich zu machen. Ihre äussersten Punkte, die Glaswände berührend, stellen, auch wenn man sich die Glaswände wegdenkt, noch gemeinsame Fläche dar.

Diese Vorstellungsweise beruht also auf der Auffassung des Gegenständlichen als einer Flächenschicht von gleichem Tiefenmaasse. Das Gesamtvolumen eines Bildes besteht aber je nach der Art des Gegenständlichen aus mehr oder weniger solchen hintereinander gereihten imaginären Flächenschichten, welche sich wiederum zu einer Erscheinung von einheitlichem Tiefenmaasse einigen.

Auf solche Weise gelangt der Künstler dazu, die Raumvorstellung und Formvorstellung, welche ursprünglich aus einem Komplex unzähliger Bewegungsvorstellungen bestehen, so anzuordnen, dass uns ein Flächeneindruck mit starker Anregung zu einer Tiefenvorstellung übrig bleibt, welchen alsdann das ruhig schauende Auge ohne Bewegungsthätigkeit aufzunehmen im Stande ist.

Diese Vorstellungsweise ist also das notwendige Produkt des Verhältnisses unserer dreidimensionalen Vorstellung zum einheitlichen Gesichtseindrucke und wird zur notwendigen künstlerischen Auffassung von allem Dreidimensionalen, gleichviel, ob es sich um die Darstellung einer Einzelform oder einer weiteren Gesamtheit handelt, gleichviel, ob wir diese Erscheinungsweise als Bildhauer oder als Maler erreichen.

Die Aufgabe – dies Zutagefördern einer allgemeinen Raumvorstellung durch die Gegenstanderscheinung – ist für beide dieselbe, und die Arbeit Beider wird durch dasselbe Vorstellungsbedürfnis geleitet, mögen auch die zu verwendenden Mittel noch so verschieden sein.

184

Diese so entwickelte allgemeine künstlerische Vorstellungsweise ist aber nichts Anderes als die in der griechischen Kunst herrschende Reliefvorstellung.

Diese Reliefvorstellung markiert das Verhältnis der Flächenbewegung zur Tiefenbewegung oder das der zwei Dimensionen zur dritten. Sie setzt uns in ein sicheres Verhältnis als Schauende zur Natur. Die allgemeinen Gesetze unseres Verhältnisses zum sichtbaren Raum werden durch sie erst in der Kunst festgehalten, und durch sie wird die Natur erst für unsere Gesichtsvorstellung geschaffen. So formt sich in dieser Vorstellungsweise gleichsam das Gefäss, in welches der Künstler die Natur schöpft und fasst. Eine Anschauungsform, die in allen Zeiten das Kennzeichen der künstlerischen Empfindung und der Ausdruck ihrer unwandelbaren Gesetze ist. Ein Mangel an dieser Empfindungsweise bedeutet einen Mangel an künstlerischem Verhältnis zur Natur, eine Unfähigkeit, unser wahres Verhältnis zu ihr zu verstehen und konsequent zu entwickeln. In dieser Vorstellungsweise findet die tausendfältig bewegte Anschauung erst ihren Schwerpunkt, ihr stabiles Verhältnis, ihre Klarheit. Sie wird notwendig für alle künstlerische Formen, sei es bei einer Landschaft oder einem Kopfe; überall ordnet sie die Wahrnehmung, verbindet und beruhigt sie. In allen bildenden Künsten ist sie dieselbe, ist sie Führerin, wirkt sie in derselben Weise als ein allgemeines Verhältnis und Bedürfnis, dem sich alles unterordnet, in dem sich alles schichtet, vereinigt. Ebenso wie für das Zweidimensionale alle Richtungen im Verhältnis zur Senk- und Wagerechten gemessen werden und einen Halt gewinnen, ebenso können alle einzelnen Tiefenvorstellungen erst ihren klaren Wert erhalten, wenn sie im Verhältnis zu einer einheitlichen Tiefenvorstellung erscheinen. Wie weit der Künstler fähig ist, jeden Einzelwert als Verhältniswert zu diesem allgemeinen Tiefenwert darzustellen, bedingt die Harmonie der Bildwirkung. Seine Schöpfung erhält dadurch erst einen einheitlichen Maassstab. Je klarer dieser fühlbar wird, desto einheitlicher und wohltuender der Eindruck. Diese Einheit ist das eigentliche Form-Problem der Kunst, und wie weit das Kunstwerk diese Einheit erreicht, danach bestimmt sich sein Wert. Die Darstellung der Natur erhält erst in ihr eine Weihe, und die geheimnisvolle Wohlthat, die wir vom Kunstwerk empfangen, beruht immer nur und allein auf der konsequenten Durchführung dieser Reliefauffassung unserer kubischen Eindrücke.

Nachdem wir in der Reliefvorstellung das allgemeine künstlerische Verhältnis zur Natur erkannt und entwickelt haben, ist es notwendig, das plastische Relief, als direkten Ausdruck dieses allgemein künstlerischen Verhältnisses, noch näher zu besprechen. Die Reliefvorstellung fusst auf dem Eindruck eines Fernbildes. Aus der Nähe geschaute Natur ist nicht als Relief gesehen.

Die Elemente der Reliefvorstellung sind, wie wir gesehen haben, die einheitliche Wirkung alles Zweidimensionalen als Fläche, und alles Dreidimensionalen als einheitliche Tiefenbewegung oder Tiefenmaass. Indem die Darstellung die zwei einheitlichen Wirkungen hervorruft, enthält sie das, was das Auge braucht, um eine räumlich-klare Vorstellung der Natur zu entwickeln; ein kenntliches Bild des Gegenstandes in der Fläche und ein einheitliches Tiefenmaass für die Volumenempfindung.

Daraus ergiebt sich dann für die Plastik die Reliefvorstellung vom ganz flachen Relief bis zum vollständig runden, wo zuletzt das einheitliche Tiefenmaass dem realen Tiefenmaass der Figur entspricht.

Bei all den Abstufungen vom Flachrelief bis zum Hoch- d. h. eigentlich Tief-relief, handelt es sich in erster Linie darum, dass die einheitliche Wirkung der Fläche zum starken Ausdruck kommt. Mit anderen Worten, es müssen so viele Höhepunkte der Darstellung in einer Fläche liegen, dass sie den Eindruck der Fläche hervorrufen. Tritt Einzelnes aus dieser Gesamtfläche bemerkbar heraus, so erscheint es vor der eigentlichen Distanzschicht unseres Sehfeldes und ist von der allgemeinen Tiefenbewegung ausgeschlossen; es streckt sich, von dem Gesamteindruck losgelöst, uns entgegen und wird nicht mehr von vorn nach hinten gelesen, ist also durchaus unkünstlerisch in der Wirkung. Ein Fehler, der heutzutage gang und gäbe ist.

Die einheitliche Tiefenbewegung beruht auf der Wirkung eines einheitlichen Tiefenmaasses und verlangt deshalb eine der vorderen Fläche parallel laufende Grundfläche (immer nur der Wirkung nach zu verstehen). Denn die Grundfläche des Reliefs spielt die Rolle eines einheitlichen Hintergrundes, von dem sich die Figuren abheben. Es hängt deshalb ganz von den aufliegenden Formen ab, ob der Grund da oder dort tiefer zu liegen kommt, denn er soll im Ganzen und im Verhältnis zu der aufliegenden Form als einheitlicher Hintergrund wirken. Nicht die Grundfläche des Relief soll als *Hauptfläche* wirken, sondern die *vordere Fläche,* in der sich die Höhen der

Figuren treffen. Sonst tritt wiederum der Fall ein, daß die Figuren vor der eigentlichen Distanzschicht des Sehfeldes existieren und deshalb aufgesetzt erscheinen.

Was nun das Tiefenmaass des Einzelnen im Verhältnis zum gesamten Tiefenmaass betrifft, so begegnet man oft der irrigen Meinung, dass, wenn z. B. das Gesamtmaass der Relieftiefe ein Drittel des Naturmaasses ausmacht, das Tiefenmaass im Einzelnen durchgängig ein Drittel der Natur ausmachen müsse. Das Relief würde dann eine runde Figur im Tiefenmaass durch drei dividiert darstellen.

Aus den früheren Auseinandersetzungen haben wir aber erkannt, dass im Fernbilde die als Wirkung erscheinenden Verhältnisse der Naturform mit den thatsächlichen Maassverhältnissen nicht übereinstimmen. Es einigen sich Tiefendifferenzen zu *einer* Flächenwirkung, andere sprechen dieser gegenüber als Formkontraste um so stärker. Die Daseins- und die Wirkungsform sind nicht dasselbe, und die Reliefvorstellung hält die Wirkungsform fest, nicht die Daseinsform. Sie fasst die Natur in ihrem Wirkungsverhältnis. Darauf beruht es ja, dass das Relief imstande ist, sich vom wirklichen Tiefenmaasse unabhängig zu machen. Es ist damit klar, dass das Relief nicht eine triviale Division des Naturdurchmessers darstellt, sondern ein von diesem unabhängiges Wertbild, und so erst einen Sinn und eine Existenzmöglichkeit bekommt.

Wie unwichtig das faktische Tiefenmaass der Figur für die Volumenauffassung durch den Sehakt ist, zeigt sich z. B. darin, dass, wenn ich ein Relief vom Hintergrund befreie und fernstelle, es schwer ist, zu erkennen, ob das Bild Relief oder eine runde Figur ist.

Man könnte glauben, dass jedes flache Relief auch als ein tiefes behandelt werden könne und umgekehrt. Dem ist aber nicht so. Es hängt dies ganz von der Anordnung ab. Ein flaches Relief, welches naturgemäss durchgängig das Licht auffängt, würde bei tiefer Behandlung Schattenpartien enthalten, und es frägt sich alsdann, ob es dies verträgt, d. h. ob es noch deutlich bleibt. Es liegt also in der Konception und Anordnung, so gut wie bei einem Bilde, ob Alles im Lichte gedacht ist oder nicht. Und umgekehrt kann ein tiefes Relief, welches mit und auf die Schattenwirkung koncipiert ist, in der flachen Darstellung die notwendige Wirkung einbüssen. […]

Bei dieser Darlegung des Einigungsprozesses der plastischen Form ist von der Erscheinung ausgegangen. Machen wir es umgekehrt und gehen wir von der plastischen Form aus, so ergiebt sich

Folgendes. Alle plastische Einzelform muss sich in einer grösseren Form einigen, alle Einzelbewegung einen Teil einer grösseren Gesamtbewegung ausmachen, sodass zuletzt der ganze Formenreichtum einer Figur in einem einfachsten Flächengang eingeordnet vor uns steht. Je stärker diese Einigung in einer Fläche möglich geworden, desto einheitlicher wird die Form als Erscheinung sprechen. Wenn es nun für die Erscheinung wichtig ist, dass wir für verschiedene Standpunkte klare Gesamtbilder der Figur erhalten, so liegt es andererseits in der plastischen Beschaffenheit, dass der gesamte Flächengang stets fortschreitend die Figur nach allen Seiten umschliesst und einigt.

So wird denn bei Figuren, die zu einer klaren Erscheinung durchgebildet sind, der Gesamtraum, in dem sie gedacht sind, sich klar aussprechen und fühlbar werden. Denn die Flächen, in denen das Runde der Figur als Bild erscheint und untergebracht ist, bilden eben einen ideellen Raum, dessen Grundriss eine klarseitige Form, ein Rechteck von grösserer oder geringerer Tiefe ist. Ist dies nicht der Fall, so stellt sich die Figur immer weniger als klare Bilderscheinung dar, und wir suchen jede Ansicht, weil sie nie abgeschlossen erscheint, durch die folgende aufzuklären, und werden dadurch um die Figur herumgetrieben, ohne ihrer jemals, als einer eigentlich sichtbaren, habhaft werden zu können. Man ist dann mit der Darstellung um kein Haar weiter gekommen, denn die Plastik hat nicht die Aufgabe, den Beschauer in dem unfertigen und unbehaglichen Zustande gegenüber dem Dreidimensionalen oder Kubischen des Natureindrucks zu lassen, indem er sich abmüht, eine klare Gesichtsvorstellung sich zu bilden, sondern sie besteht gerade darin, ihm diese Gesichtsvorstellung zu geben und dadurch dem Kubischen das Quälende zu nehmen. So lange eine plastische Figur sich in erster Linie als ein Kubisches geltend macht, ist sie noch im Anfangsstadium ihrer Gestaltung, erst wenn sie als ein Flaches wirkt, obschon sie kubisch ist, gewinnt sie eine künstlerische Form, d. h. eine Bedeutung für die Gesichtsvorstellung.

Dass das Gegenständliche sich für eine Ansicht klar ausspricht, lässt sich auf zweierlei Weise erreichen. Im Freien, durch eine deutlich sprechende Begrenzung, durch das Silhouettbild; dies ist überall notwendig, wo die Plastik auf grosse Entfernung zu wirken hat, weil dort die innere Gliederung für den Blick mehr und mehr verschwindet. Das klare Silhouettbild ist das weittragendste Gegenstandsbild. Es ist ausserdem für die Bronze ein notwendiges Erfordernis, weil bei dieser die innere Form in Folge der dunkeln Farbe zu schwach spricht. Aus dem Bedürfnis dieser Fernwirkung haben die Griechen meistens ein klares Silhouettbild zur Gegenstandserklärung gebraucht.

Im geschlossenen Raume, wo der Standpunkt ein näherer ist, und die *innere Form* den Gegenstand verdeutlichen kann, wird die Sachlage eine andere. Bei geringerer Distanz besitzen wir ein kleineres Sehfeld, und da es nach dem Rande zu verschwommen ist, und seine Kraft im Centrum liegt, so darf das, was den Gegenstand verdeutlicht, nicht am Rande, sondern muss nach der Mitte des Sehfeldes zu liegen. Das Mittel der klaren Silhouette verlangt einen weiteren Standpunkt, wo wir sie leicht überblicken können. In der Nähe aber, wo die Figur mehr und mehr das ganze Sehfeld einnimmt oder gar überragt, dürfen wir nicht der Auskunft, welche die Begrenzung uns giebt, benötigen, sondern wir müssen umgekehrt sie entbehren können. Das hat dazu geführt, in solchem Fall die Begrenzung möglichst ruhig eine Gesamtmasse umschliessen zu lassen und die Figur desto einheitlicher vom Hintergrunde zu trennen. Der näher angenommene Standpunkt spricht sich deshalb in der Gesaltung der Figur dadurch aus, dass das Silhouettbild zu einer ganz beruhigten allgemeinen Begrenzung gegen den Hintergrund wird.

Diese Gestaltungsweise hat sich denn auch als notwendig bei der Skulptur für Innenräume in der Renaissance besonders ausgebildet. Man denke an Michelangelo's kompakte Gestalten.

Bei den Bronzen, bei denen die Innenformen niemals so deutlich reden, um die Silhouette entbehren zu können, treibt der künstlerische Instinkt dazu, den Maassstab so weit zu verkleinern, dass die Silhouettwirkung noch klar ins Sehfeld fällt. Die Bronze als *Silhouettbild* verlangt für den nahen Standpunkt einen kleineren Maassstab, als die Marmorfigur von *geschlossener* Begrenzung.

Da das Wesen der Reliefauffassung darin liegt, das Kubische zu einem einheitlichen Gesichtseindruck zu formen, so muss die Reliefauffassung notwendig immer in Kraft treten, wo das Objekt der künstlerischen Gestaltung ein kubisches Gebilde ist. Also vor allem auch bei der Architektur, bei Möbeln etc. Es handelt sich immer darum, dass wir ein deutliches Gefühl der äusseren Schicht erhalten, und dass wir alle Einzelformen als eine Vertiefung von vorn nach hinten lesen. Der griechische Tempel bildet z. B. eine geschlossene Raummasse, die Säulen stehen so nah, dass sie als durchbrochene vordere Raumschicht wirken. Wir nehmen nicht einen Raumkörper wahr, vor dem Säulen stehen, die uns entgegen wirken, sondern umgekehrt die Säulen bilden den Raumkörper mit, und die allgemeine Tiefenbewegung schreitet zwischen ihnen durch.

Ebenso führt der romanische Styl die Reliefauffassung konsequent und selbständig durch und fasst jede Oeffnung als ein Durchbrechen von hintereinander gereihten Raumschichten auf, welche er durch die Profilierung der Oeffnung zur Anschauung bringt.

Bei allen Stylunterschieden, welche die Architektur aufweist, bleibt ihre Aufgabe die, ihre Formen als Reliefwirkung zu einigen. Dadurch erhält ein Bau erst seine künstlerische Einheit. Fassen wir einen Bau als einen Organismus von Stylformen auf, so ist er zunächst nur einem Naturgebilde zu vergleichen, dessen Form durch die Reliefauffassung erst die künstlerische Einheit gewinnen soll.

[...]

Anmerkungen

1 Um Missverständnissen vorzubeugen, bemerke ich, dass ich dem gewöhnlichen, namentlich unter Künstlern üblichen Sprachgebrauche folgend, überall das Wort Fläche gebrauche, wo im mathematischen Sinne *Ebene* stehen müsste.
2 Die Zeichnungen eines Bildhauers sind direkt aus Bewegungsvorstellungen entstanden und die Erscheinung ist aus ihnen zusammengebaut. Es ist das leicht zu erkennen, wenn wir sie mit Zeichnungen eines Malers vergleichen, bei denen die Vorstellungen aus Erinnerung und Kenntnis des direkten Bildeindrucks entstehen. Wenn auch bei einem späteren Stadium der Durchführung sich die beiden Arten nähern können, so sind doch die Ausgangspunkte ganz entgegengesetzte.

Adolf von Hildebrand, *Das Problem der Form in der bildenden Kunst,* erschien zuerst bei J. H. Ed. Heitz (Heitz & Mündel), Straßburg 1893; dieser auszugsweise Nachdruck folgt der vierten unveränderten Auflage, Straßburg 1903.

Max Imdahl

Arbeiter diskutieren moderne Kunst

Seminare im Bayerwerk Leverkusen
(Josef Albers, Piet Mondrian, François Morellet)

*Wenn Kunst kommunikatives Handeln ist, das nicht nur verstanden werden
will, sondern lebenspraktische Relevanz entfalten kann, dann gewinnt Kunst
eine effiziente erkenntnisermöglichende und weltverändernde Funktion. –
Und dann ist die Anleitung zur Erfahrung von Kunst ein emanzipatorisch-
aufklärerisches Projekt ästhetischer Bildung. Wie aber kann eine singuläre
ästhetische Erfahrung eigener Betroffenheit in die Praxis einer allgemeinen
Kunstvermittlung übergehen?*

*Max Imdahls Prämissen seiner engagierten Kunstvermittlung führen zu
einem neuralgischen Punkt seiner Theorie ästhetischer Erfahrung: Da Kunstvermittlung nicht im Dozieren eines externen Wissens über Bilder besteht,
umfaßt sie eine Schule des Sehens. Dabei wird jedoch der Betrachter gerade
nur zur nachträglichen Artikulation intuitiv längst gewonnener oder potentiell gewinnbarer Einsichten angeleitet, deren er sich bisher lediglich nicht
bewußt war. So ist ästhetische Erfahrung keine Frage fachlicher Kompetenz,
sondern von Einstellung oder Haltung. Diese beginnt mit der Bereitschaft, die
Selbstverständlichkeit des Selbstverständlichen in Frage zu stellen und sich
der Wahrnehmung zu öffnen. Die Ergebnisse einer solchen Praxis sprechen
für sich.*

*Ein Konzept unmittelbarer Evidenzerfahrung ist jedoch historisch so rela-
tiv wie sich die Strategien der Kunstproduktion verändern. Es bleibt noch
offen, was geschieht, wenn Bilder statt eines ›naiven‹ Betrachters einen, wie
Umberto Eco es nennt, ›kritischen‹ Betrachter implizieren, das heißt, einen,
der die Bildstrategie, wie etwas kommuniziert wird, zu erfahren in der Lage
sein muß. Tendenzen der ›postmodernen‹ Kunst fordern heute eine solche
Anschauung, weil die Kunst über ihr eigenes Gemachtsein, die Malerei über
die Bedingungen von Malerei malt. Schleifen von Selbstreflexion lassen sich
im Modell einer unvordenklichen Erkenntnisstiftung durch autonome Kunstwerke zwar schwerlich fassen, dennoch muß ästhetische Bildung nicht zum
Anachronismus werden.*

J.S.

I. Ich darf mich Ihnen zunächst vorstellen, mein Name ist Max Imdahl. Ich bin Professor für Kunstgeschichte an der Ruhr-Universität, ich bedanke mich sehr für die Einladung, hier ein Experiment zu machen, denn es ist ein Experiment. Wir hatten das ja schon mal gemacht in einem solchen Kreise mit dem Anspruch oder mit dem Wunsch, daß ich versuche, Ihnen ein wenig zu erklären über moderne Kunst, wobei das Wort Kunst schwer zu definieren ist, wenn sie vorliegt, wann liegt keine Kunst vor, das ist gar nicht so einfach. Zunächst, das Risiko liegt wirklich auf meiner Seite, denn es ist ein Experiment, ich möchte Ihnen keinen Vortrag halten, ich möchte mit Ihnen gerne vier oder fünf moderne Werke diskutieren, hin und her fragen, mit Ihrem gleichzeitigen Einverständnis, alles auf Band aufzunehmen, um zu sehen, wie unser Gespräch verläuft. Vielleicht legt sich das mal nieder in einem Text, dann können Sie das lesen, und es kommen dann die Bilder dazu.Ich will Sie nun nicht zu überzeugten Anhängern der modernen Kunst machen, aber vielleicht gelingt es, daß wir zusammen etwas diskutieren, daß Ihnen dann vielleicht am Ende die Bilder nicht gefallen werden, aber daß Sie sie auch nicht mehr für den hellen Unsinn halten. Das wäre also das Programm. Ich wollte ursprünglich, um das ganz ehrlich zu sagen, zuerst ein anderes Dia zeigen, aber für das andere Dia ist es nicht dunkel genug und dieses hier ist eine relativ einfache Zeichnung, die man jetzt schon gut erkennen kann. Sie stammt von einem Maler namens Josef Albers, der in Bottrop geboren ist und der in hohem Alter kürzlich gestorben ist – in Amerika, und der es in Amerika zu großem Ruhm gebracht hat, ein weltberühmter Konstrukteur, kann man sagen. Will sich jemand zu der Zeichnung äußern *(Abb. 1)*?

T. Ich habe noch nicht ganz verstanden, wollen Sie spontane Äußerungen?

I. Ja, ja, nur zu!

T. Wie wir uns das vorstellen, was wir darauf sehen?

I. Ja, zum Beispiel.

T. Darf ich dazu was sagen, ich sehe da eine Räumlichkeit – eine vierte Dimension schon.

I. Was ist die vierte Dimension?

T. Ja, die kann man nicht wahrnehmen, die ist unserem Begreifen nicht näher faßbar.

192

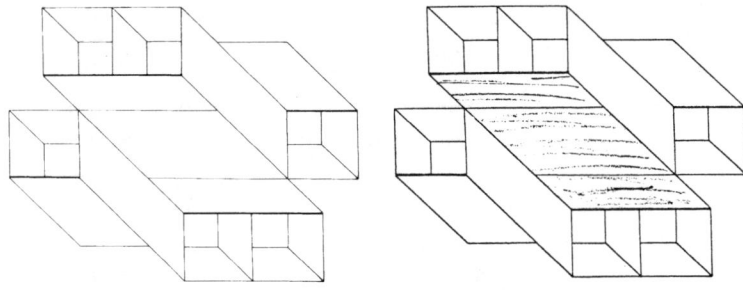

1 Josef Albers,   1a
Strukturale Konstellation, 1957

I. Sehen Sie, das ist unglaublich, was Sie da sagen. Sie sagen: Ich sehe da die vierte Dimension; dann frage ich: Was ist die vierte Dimension? Ja, – sagen Sie, die kann man nicht sehen, die entzieht sich meiner Wahrnehmung, und jetzt sagen Sie aber, Sie sehen sie. Was ist nun los?

Durcheinander

I. Er meint, die vierte Dimension zu sehen, aber immerhin bleibt er dabei, denn das sagen Sie doch immerzu, daß Sie etwas sehen, was man an sich nicht wahrnehmen kann.

T. Ja, man kann einen Endpunkt und einen Anfang und doch nichts Gleichbleibendes sehen.

I. Ja, dann beschreiben Sie mal die Sache, mit der vierten Dimension. Kann ich mal eine konkrete Frage stellen? Kann man das – jetzt gebe ich Ihnen einen Draht oder mehrere Drähte – kann man das nun nachbauen?

Durcheinander

I. Kann man das nachbauen? Können Sie es räumlich nachbauen?

T. Es sind da zwei Perspektiven miteinander vermixt.

I. Kann man das räumlich nachbauen?

T. Ich habe eben meinen ersten Eindruck von dem Bild direkt festgehalten, ich möchte sagen, es ist für mich eine kubistische Raumaufteilung, und den Architekten, den Sie erwähnten – ich möchte mal sagen, der Mann muß auch gleichzeitig Architekt gewesen sein – und zwar steckt da eine gewisse – wie in technischen Zeichnungen – eine dreidimensionale Wiedergabe, die findet man da schon wieder. Deshalb staune ich, daß der Kollege da eine vierte Dimension erkennt.

193

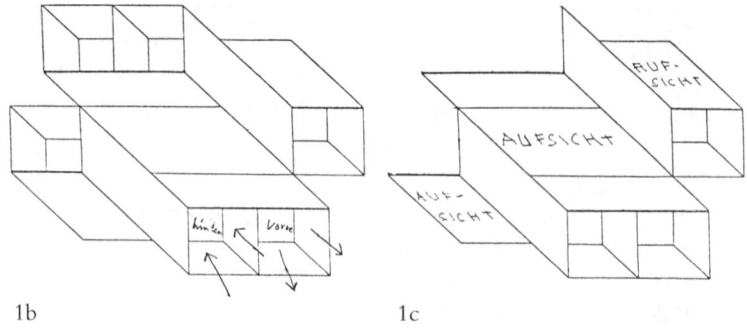

1b   1c

I. Ja, das wollen wir erklären, das ist eine wichtige Frage, wirklich konkret gefragt. Können Sie das Ding räumlich nachbauen?

T. Doch, mit Hilfe von Schweißdraht zum Beispiel müßte das gehen.

I. Kann man das?

Durcheinander

I. Also, wer meint, man kann das nachbauen?

Durcheinander – verschiedene Zustimmungen

I. Wer meint, man kann es nicht nachbauen?

Durcheinander – ebenfalls verschiedene Zustimmungen

I. Warum kann man es nicht nachbauen?

T. Weil es eine Fläche ist.

I. Aber vorhin hat jemand mit Recht gesagt, es ist räumlich.

T. Es ist nicht flächig gezeichnet.

I. Ja, jetzt wollen wir das mal in aller Ruhe beschreiben.

T. Es ist eine perspektivische Zeichnung.

I. Es ist eine perspektivische – wieviel Perspektiven sind denn drin?

Durcheinander

T. Es sind zwei Perspektiven drin.

I. Ja, zwei Perspektiven sind drin. Und wie verhalten sie sich zueinander?

T. Ja, gegeneinander.

I. Ja, kann man das räumlich nachbauen?

T. Nein.

T. Doch, das müßte möglich sein.

T. Nein, kann man nicht.

I. Kinder, das ist sehr wichtig!

194

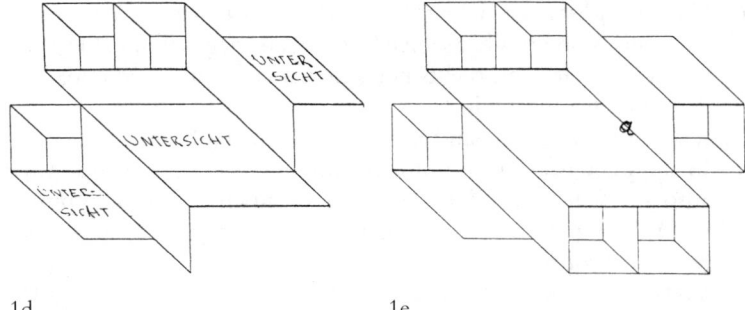

1d   1e

T. Das kann man nicht, das wechselt doch hier!

I. Ja, jetzt wollen wir in aller Ruhe – es ist sehr viel Wichtiges gesagt worden. Es ist alles wichtig, was gesagt worden ist. Es ist zum Beispiel auch sehr wichtig, daß es sehr technisch aussieht, es sieht aus wie eine Architektenzeichnung, wie eine technische Zeichnung. Die Frage wäre jetzt, ist es überhaupt konstruierbar, oder kann es nur so in der Form sein, wie es jetzt ist, nämlich in der Fläche. Passen Sie mal auf, meine Damen und Herren, wenn man das Ding jetzt mal auf den Kopf stellt, was würde dann sein?

T. Müßte ungefähr das Gleiche herauskommen.

I. Exakt kommt das Gleiche heraus. Und das nennt man, wenn ich das richtig weiß – das ist eine bestimmte Form von Symmetrie – die nennt man, glaube ich – Inversionssymmetrie. Also, dann müßte man sagen, hier gibt es – zunächst mal ganz einfach, meine Damen und Herren – eine Symmetriekonstruktion, in der das, was links oben erscheint, in Umkehrung rechts unter erscheint. Und wenn ich die Sache um ihren Mittelpunkt drehe, ändert sich nichts. Es ist immer dasselbe Ding. Das ist also von der Fläche her vollkommen klar. Klarer kann es nicht sein. Was ich also oben links habe, habe ich in Entgegensetzung rechts unten. Sehr leicht durchschaubar, oder ist das schwer zu durchschauen?

T. Nein!

I. Also wahnsinnig einfach, im Grunde.

T. Ich habe noch eine Frage. Mein erster Gedanke, als ich das Dia nur ganz kurz angesehen habe, war, daß ich dachte, das sieht aus wie aufgeklappte Kartons.

I. Gut, ja, das ist auch richtig. Ja, Sie können jetzt ganz ohne weiteres sagen: Von links her sehe ich von oben nach unten in die oberen Schachteln, von rechts her sehe ich von unten nach oben in die unteren Schachteln.

T. Ich würde sagen, das sind alles quadratische Röhren.

T. In einer gewissen Anordnung beobachtet.

I. Also gut, Schächte, oder wie man das nennen will. Vollkommen in Ordnung. Was ist denn hiermit *(Abb. 1a, gemeint ist dort der getönte Bereich)?*

T. Ja, das ist die verbindende Fläche.

I. Ja, was ist das?

T. Das ist nicht darstellbar.

I. Kann man das nicht räumlich bauen?

T. Nein, kann man nicht.

I. Sehen Sie, Sie können jetzt folgendes machen. Sie können jetzt sagen, also hören Sie mal zu – man muß furchtbar acht geben dabei, daß man nicht ins Schleudern kommt – obwohl es ja ganz einfach ist, es ist ja pure Symmetrie, so rational und durchschaubar wie nur möglich. Aber man kann – es ist ja die reine Gesetzmäßigkeit ...

T. Aber ich meine, da ist noch ein anderes Bild drin, wenn man das mal betrachtet. Und zwar sind es nicht immer Quadrate. Hier vorne bei dem ersten sind ... also die würden spitz zulaufen auf das kleine Quadrat zu, und was man als Röhre sieht könnte man ...

T. Das könnte nach vorne herauskommen.

I. Ja, das könnte wirken wie alte Fotoapparate, die nach vorne geöffnet sind. Umspringeffekt nennt man das *(Abb. 1b).* Sie können jetzt zum Beispiel folgendes machen: Sie schauen *(Abb. 1c)* von rechts nach links oben in die Schächte hinein: Dann erscheinen die in verschiedenen Höhen projizierten waagerechten Ebenen wie in Aufsicht gesehen, gleich einer Treppe, deren Stufen man unter sich hat. Das ist die eine Lesart. Mit der kann ich aber das Ganze *(Abb. 1)* räumlich nicht mehr zusammenfügen. Dann komme ich in einen Konflikt. Oder ist das nicht zu verstehen?

T. Ich kann genausogut jetzt auch umgekehrt ...

I. Genausogut umgekehrt, ich kann das genausogut umgekehrt machen *(Abb. 1d).* Sie schauen von links oben nach rechts unten

196

in die Schächte hinein, mit dem Effekt, daß die waagerechten Ebenen wie in Untersicht gesehen erscheinen, gleich einer Treppe, die man über sich hat! Aber auch in dieser Lesart kann ich nicht das Ganze *(Abb. 1)* räumlich erfassen. Wobei – auch das ist ja merkwürdig, meine Damen und Herren, diese beiden verschiedenen Möglichkeiten der Betrachtung durch ein und dasselbe grafische Phänomen gegeben sind. Das Phänomen bleibt ja immer dasselbe! Man kann aber keiner der beiden Betrachtungsmöglichkeiten den Vorrang vor der je anderen geben. Die sind beide gleichwertig! Sie konkurrieren beide gleichberechtigt, denn in beiden Fällen gibt es die gleiche Anzahl an perspektivisch einzulösenden und auszuschließenden Linien *(Abb. 1c, d)*. Das irritiert das Bewußtsein natürlich noch dazu. Wenn Sie also sagen könnten, na schön, also so *(Abb. 1c)* ist es richtig, und das Fortfallende falsch, also das meiste ist richtig, wenn ich das sagen könnte, könnte ich mich ja beruhigen. Aber ich kann das genausogut umkehren *(Abb. 1d)*, wodurch keine Lesart bevorzugt ist vor der anderen. Sie sind beide gleichberechtigt. Und daß sie beide gleichberechtigt sind, hängt natürlich mit der Symmetrie zusammen, denn in der Symmetrie ist alles gleichberechtigt. Muß ja sein.

T. Wenn Sie das mit uns machen würden, dann könnte man viel eher hier die zwei verschiedenen Darstellungen herausblicken. Dann würde man auch sehen, daß das nur Striche sind.

I. Ja, das ist natürlich Absicht, aber auch dann würden zwei gleichwertige, vollkommen gleichwertige Lesarten herauskommen. Also entweder bevorzugen Sie die Untersicht, dann bleiben Restbestände übrig in der Aufsicht, die damit nicht zu versöhnen sind. Oder Sie bevorzugen die Aufsicht, dann bleiben Restbestände in der Untersicht, die damit nicht zu versöhnen sind. Bitte schön!

T. Was will der Künstler jetzt damit bezwecken? Will er es jedem Betrachter allein überlassen, was er daraus sieht und von welcher Perspektive er darauf guckt *(Abb. 1)*?

I. Deswegen ist die erste Antwort so wahnsinnig wichtig gewesen, für mein Empfinden, wo gesagt worden ist: Er sieht etwas wie die vierte Dimension – er kann auch sagen »x« oder »y« – ist ganz egal. Wobei die Frage aufkam: Was ist das denn? Dann sagte er: das kann man eigentlich nicht sehen. Das ist doch merkwürdig,

197

daß hier etwas sichtbar gemacht wird, was man sonst nicht sehen kann, und jetzt kommt wieder die Frage, meine sehr verehrten Damen und Herren, ob man das wirklich nun nachbauen kann, ob man es wirklich dreidimensional nachbauen kann.

T. Nein, man kann es nicht nachbauen.

I. Was ist es denn jetzt? Trotzdem ist es ein perspektivisches System.

T. Aber es läßt sich nicht mehr darstellen, wenn ich es nachbaue, wie es da auf dem Blatt ist.

I. Nein. Ist das nun gelogen?

T. Ja, ich habe es ja nicht nachbauen können.

I. Sehen Sie mal, es ist eine Projektion, denn es ist ja zweifellos räumlich, und es ist in der Ebene klar …

T. Als normale Ansicht und als spiegelverkehrte Ansicht, nicht wahr?

I. Aber die kriegt man nicht unter einen Hut! Und weil Sie sie nicht unter einen Hut kriegen, kann man es auch nicht nachbauen.

T. Aber warum? Wenn ich das ganze Ding nun aus Draht bauen würde …

I. Nein, Sie können das nicht. Sie wissen gar nicht … Sie kommen … Also enscheidend wäre diese Fläche zum Beispiel *(Abb. 1a)*. Sie können sie sehen entweder als Aufsicht oder als Untersicht, und Sie können die Fläche, die Aufsicht und zugleich Untersicht ist, nicht räumlich bauen.

T. Wenn ich alles, was um die Fläche herum ist, an die Fläche hänge und baue das nach rechts, links oben und unten …

T. So würde ich es auch machen!

T. Dann gibt es doch nur eine Möglichkeit es darzustellen.

T. Aber ich habe doch zwei Möglichkeiten, wie will ich die denn nachbauen, die kann ich nicht nachbauen. Ich habe nur eine Möglichkeit und dabei sieht es so aus – und dann hat sich das.

I. Was meinen Sie? Das ist natürlich jetzt eine schwierige Frage. Zunächst gibt es einmal das Ding, das Ganze, das verschafft uns eine Täuschung. Jede Projektion ist eine Täuschung, auch wenn Sie beim Architekten eine Perspektive darstellen lassen, wie das dann aussieht, ist auch eine Täuschung. Um eine Täuschung handelt es sich auch hier. Aber es handelt sich um eine Täuschung von etwas, was in der Realität nicht da ist.

198

T. Also praktisch kann man das nicht nachmachen, sondern das ist nur Theorie!

I. Kann man nur sehen. Man kann es wirklich nur sehen, und man kann natürlich fragen: Hat das denn was mit der vierten Dimension zu tun?

Durcheinander

I. Ja, nicht sicher, aber wir können es doch erfahren.

T. Ich kann jetzt nicht einfach sagen: Es geht nicht oder es geht. Man muß jetzt experimentieren, um dahinter zu kommen, um das Ding zu beweisen.

T. Also ich möchte behaupten, wenn ich die Kästen zuerst schaffe und sie dann in dem Winkel zueinander, so wie sie mir da gegeben sind – die müßte ich natürlich abgreifen in Form von Winkelmessern usw. Es ist ja eine technische Angelegenheit, aber es ist durchführbar.

I. Die Winkel sind alle projizierte rechte Winkel.

T. Die würde ich so aneinanderhängen, wie die Winkel sich ergeben, müßte ich das Bild wieder hinkriegen.

I. Was machen Sie denn mit dieser Linie hier *(Abb. 1e, Linie a)?*

T. Dann ergibt sich die Mittelfläche nachher automatisch von selbst.

Durcheinander

T. Eine Frage, bisher war ich immer der Meinung, Kunst kommt von Können. Kunst soll ja auch einen Zweck erfüllen. Wenn man sich die alten Künstler betrachtet, was die motiviert hat, ihre Kunstwerke zu schaffen, da sieht man heute noch nach Jahrhunderten immer noch einen gewissen Sinn drin. Vielleicht hat die Nachwelt an solchen Dingen mehr Spaß. Ich würde sagen, ich sehe da vielleicht ein Experimentierfeld, aber als Kunst fällt mir schwer, das zu bezeichnen *(Abb. 1)*.

T. Das muß ich auch sagen.

I. Ist prima, verstehe ich vollkommen. Sie können also mit Recht sagen, also das akzeptiere ich nicht als Kunst. Die Frage wäre, ob Sie dann aber auf der anderen Seite nicht doch akzeptieren müssen, daß Sie hier etwas in anschaulicher Klarheit vor Augen geführt bekommen, was es sonst nicht geben kann.

T. Ich finde es schön als geometrische Figur, um eine Diskussion anzuregen.

199

I. Sie können ganz einfach Fragen stellen! Man kann unglaubliche Fragen daran stellen, zum Beispiel: Es ist ja zweifellos eine Täuschung. Aber es ist eine Täuschung von etwas, was es in der Realität nicht gibt. Ist es dann noch eine Täuschung?

T. Ich würde es mehr als eine geometrische Spielerei bezeichnen.

I. Ja, sicher eine Spielerei, aber im Grunde genommen werden Sie der Sache nicht Herr. Obwohl sie – also räumlich werden Sie der Sache nicht Herr – obwohl sie, die Sache, planimetrisch, also in der Ebene, so einfach und so symmetrisch und so klar ist wie nur irgendwas. Also jetzt kann man fragen – und das sind wirklich Fragen, glaube ich – wie kompliziert ist das Einfache, oder wie einfach ist das Komplizierte. Und, verstehen Sie, gerade auch in dem Maße, wie es eine technische Zeichnung ist.

T. Eine Frage, was bezwecken Sie damit? Wollen Sie uns jetzt auf das Feld führen dieser modernen Bilder hier? Daß Sie uns eine Einführung geben wollen über die Bilder, die Sie uns nachher zeigen, daß wir verstehen diese Bilder zu …

I. Nein, nein, zunächst bezwecke ich, Ihnen einfach mal, im Grunde genommen den ersten Eindruck, den Sie gehört hatten, den gewissermaßen intellektuell, also mit dem Kopf aufzuarbeiten. Also ich kann nicht sehr viel mehr bezwecken, als was sich zusammenfassen läßt in der Bemerkung, hier sehen wir etwas in Klarheit, ganz präsent, ganz gegenwärtig, was man eigentlich nicht sehen kann. Ich würde nun allerdings schon der Frage nachgehen, ob die Kunst – in Gänsefüßchen – es nicht doch zu tun hat mit der Sichtbarmachung von Sachverhalten, die man sonst nicht erfahren kann. Wenn Sie einem mal klar machen wollen, daß etwas Einfaches unauflöslich kompliziert ist, daß es auf der einen Sinnebene ganz klar ist, in dieser Klarheit aber sozusagen eine Sehbewegung in Gang setzt, räumlich, die gar nicht mehr zur Ruhe zu bringen ist – wenn Sie einem das klar machen wollen, wenn Sie einem das sprachlich klar machen wollen, oder wenn Sie sagen: Die Klarheit ist die Bedingung des Widerspruchs, wenn Sie einem das sagen, dann sagt der: Du hast einen Vogel. Oder: Zeig mir das mal, wie sieht denn das aus. Dann können Sie hergehen und sagen: Es ist das *(Abb. 1).* Klarheit ist die Bedingung des Widerspruchs. Dieses Bild ist zunächst natürlich vorgeführt unter dem Gesichtspunkt überhaupt – sagen wir mal – das Sehen zu aktivieren, und das Nachdenken über das Sehen oder das Nachdenken über das, was man sieht, zu aktivieren.

Durcheinander

I. Und ich glaube, es ist ganz gut, mal etwas irritiert zu werden, könnte ja sein. Denn wir haben hier eine strenge Zeichnung, die also klar ist …

Durcheinander

T. Zum Beispiel eine Zeichnung, da kann man sich was drunter vorstellen, die regt die Phantasie an. Wir hatten jetzt letztens im Erholungsraum – welcher Künstler das war, das weiß ich nicht – der hatte Bilder unter anderem ausgestellt, das war – ich nehme zum Beispiel mal eins – da war ein Bleistiftstrich, der war diagonal über das Papier gezogen. Das war zum Beispiel ganz anders wie hier. Hier kann ich mir als normaler Mensch, der kein großes Kunstverständnis hat, etwas drunter vorstellen, schon wegen der Technik. Aber der Bleistiftstrich, diagonal rübergezogen, was das jetzt noch darstellen sollte, weiß ich nicht – ich kann mir da nicht vorstellen, daß das Kunst ist.

I. Da kann ich schlecht was zu sagen. Verstehen Sie, ich will Ihnen das ja auch gar nicht als Kunst verkaufen. Meine ich gar nicht. Sondern ich will es Ihnen verkaufen als eine Information, die sonst nicht zu haben ist. Und wenn es also Träger für Informationen ist, oder von Informationen ist, die also ohne diesen bestimmten Zweck ja gar nicht gewonnen werden können, nicht mal gedacht werden können, sondern nur wirklich angeschaut werden können, dann glaube ich, steht dahinter auf jeden Fall ein Sinn.

Und wenn das dann sozusagen die einen in ihrer Sicherheit verunsichert und die anderen in ihrer Unsicherheit versichert, dann sind das, glaube ich doch, schon Sachen, die man nicht schön finden muß, die einen aber doch nachdenklich stimmen und bewegen können.

T. Verfolgen Sie mit diesem Bild vielleicht den Zweck, feststehende Begriffe in Zweifel zu ziehen und damit den Beweis zu erbringen, daß feststehende Begriffe nicht unbedingt feststehen müssen.

I. Zum Beispiel, meinen Horizont über die Fronten …

T. Sie sagten zum Beispiel über die Klarheit, die unkomplizierte … wie war der Satz noch …

201

I. Die Einfachheit als Bedingung des Komplizierten, so ähnlich.

T. Ja, richtig!

T. Ja, aber das geht doch dann schon wieder viel mehr ins Philosophische.

I. Ja, ist das schlimm?

T. Nein, nein.

T. Aber sehen Sie, auf der Documenta sehen Sie so etwas am laufenden Band. Und wir haben uns jetzt wirklich an etwas orientiert. Wir haben die ganze Zeit darüber gesprochen, ob dieses Ding nachzubauen ist oder nicht. Da ich technisch völlig unbegabt bin, ist mir das auch egal, ob man das nachbauen kann oder nicht.

I. Ja sehen Sie, es ist – also unter philosophischem Aspekt – ist es die Frage, es ist ein Täuschungsphänomen. Aber es täuscht uns etwas vor, was es in der Realität gar nicht gibt!

T. Das finde ich also direkt genial!

I. Würde ich zum Beispiel auch sagen! Was ist es denn? Ist es denn noch eine Täuschung? Wenn es etwas vortäuscht was es nicht gibt?

T. Ich finde es eine geniale Überlegung, so etwas aufs Papier zu bringen, was also wirklich von uns nicht direkt verstanden wird oder wahrgenommen wird. Aber der das konstruiert hat, der hat es wohl durchdacht. Das ist ja kein Zufallsprodukt, sondern das ist ja genau …

I. Ja, aber er ist genauso der Sache ausgesetzt wie wir. Verstehen Sie, glauben Sie nicht – das ist sehr wichtig hier – daß der Künstler, der das gemacht hat, besser mit dem Phänomen zurechtkommt als wir.

Durcheinander

I. Soweit brauchen wir dem nicht zu folgen.

T. Also ich bin auch wirklich manuell unbegabt, ich könnte auch nach einfachen Zeichnungen jetzt nichts nachbauen. Deshalb ist es auch vielleicht beeindruckender, wenn man gar keine technischen oder zeichnerischen Fähigkeiten hat.

I. Gut, also die Frage, ob es nun nachbaubar ist oder nicht, spielt natürlich insofern eine Rolle, denn wenn es ja nachbaubar wäre, also wenn man es nachbauen könnte, dann brauchte es ja das Ding nicht zu geben.

T. Hans, wenn Du das baust, dann kannst Du das verkaufen.

I. Das können Sie nicht!

T. Wenn Du das schaffst, dann können Sie Ihre Professur abgeben.

T. Wie der Kollege schon sagte, nachbaubar wäre es wahrscheinlich nur in zwei Dimensionen, aber in der dritten nicht.

I. Dann bleibt es zweidimensional wie die Zeichnung. Ich kann das nachzeichnen auf einem Blatt, das können Sie auch. Aber machen Sie es mal dreidimensional. Und sehen Sie, was ich eben gesagt habe, das ist mir außerordentlich wichtig. Ich ziele im Grunde genommen auf überhaupt nichts. Ich versuche das Bild zu erklären und einzulösen, was das Bild gewissermaßen vorschreibt. Und das hat ganz zweifellos etwas damit zu tun, daß unsere Gewißheit, die wir so mitbringen und auch für das praktische Leben brauchen, doch möglicherweise gar nicht so gewiß ist, wie wir damit umgehen.

T. Das ist auch berechtigt, das in Zweifel zu ziehen.

I. Zweifel ist immer auch ein Fortschritt!

T. Was ich an der Sache auch so positiv sehe, daß die Phantasie angeregt wird. Das ist auch der Versuch, diese Zeichnung unter anderen Perspektiven zu sehen.

I. Und ich meine, die Perspektiven sind dann nicht mehr nur lustig, die sind wirklich sehr ernst. Denn wenn wirklich das Komplizierte so im Rahmen des Einfachen ausfällt, dann kann einer wirklich mal fragen, was ist nun die Wirklichkeit. Das ist eine Chance und das hat auch wirklich einen philosophischen touch. Das ist eine Frage nach der Wirklichkeit und nach unserem begrifflichen Umgang mit der Wirklichkeit. Wir wissen zum Beispiel mit unserer Sprache das Ding jetzt schon nicht mehr zu bezeichnen, ob es eine Täuschung ist. Wir würden über die Frage, ob eine Täuschung eine Täuschung ist oder keine Täuschung, überhaupt nicht dachdenken ohne das Ding, und wir stehen vollkommen verblüfft da, weil wir für dieses Phänomen das Wort nicht haben. Und das ist die Erkenntnis! Erkenntnis ist immer etwas, was darüber hinausgeht, was man schon begriffen hat.

T. Ich würde sagen, man kann auch nicht, wenn man das Bild betrachtet, sich fest auf eine Perspektive einigen. Man ist gezwungen, immer wieder anders zu sehen.

I. Und trotzdem haben Sie immer dasselbe Phänomen.

[…]

I. Nur könnte es ja sein, daß Sie sich auch unter Umständen nun tatsächlich den Zugang zu unserem Informationszufluß versperren. Wenn Sie sagen: Ich finde das schön, und alles weitere interessiert mich nicht. Ist Ihr gutes Recht, aber vielleicht wird das Ding noch schöner, wenn Sie sagen: Ist das aber auch aufregend.

T. Je mehr darüber geredet wird, um so weniger schön finde ich das dann nachher.

I. Ja, wissen Sie, gut, aber vielleicht finden Sie das interessant.

T. Die herkömmlichen Künstler und Maler, die also Dinge nach irgendwelchen Vorbildern abmalen, ob es Menschen sind oder andere Dinge, hatten es im Grunde bei etwas Begabung und etwas Technik leicht, etwas nachzuahmen. Hier wird aber echt etwas kreativ geschaffen.

I. Ich finde das ganz wunderbar, was Sie da sagen und Sie müssen darin noch eins sehen: Porträtmalen kann ich nicht, aber Vierecke malen kann ich wohl. Man muß die Sachen nicht nach dem beurteilen, was man gewissermaßen nachmachen kann, sondern was man erfinden kann.

T. Genau das ist es. Und was ich eben sagen wollte, es ist genial, also für meine Begriffe, weil ich die Begabung überhaupt nicht habe.

I. Und dafür gibt es kein Vorbild. Da kann ich nicht sagen: Geh mal dahinten gucken, die Frau dahinten ist die, die er gemalt hat. Die Frau gibt es nicht. Die moderne Kunst ist ein Abenteuer.

T. Glauben Sie, daß sich diese Bilder behaupten werden, weil sie ein neues Kunstverständnis haben, dieses Kunstverständnis, was Sie darin sehen? Ich glaube, daß eine Menge Leute, die sich die Bilder an die Wand hängen, nicht einmal wissen, ob sie es so herum hängen müssen oder so herum. Daß die so etwas nur brauchen, weil sie wissen, das ist moderne Kunst.

I. Wieviel Leute gehen am Sonntag in die Kirche und denken ans Frühstück?

T. Ich möchte nur folgendes sagen: Die Betrachtungsweise, die hier eben geäußert wurde, ist genau derselbe Snobismus, wie derjenige ihn hat, der sich so ein Ding an die Wand hängt, ohne es zu verstehen. Wir dürfen es nicht aus derselben Perspektive betrachten, wie es der andere betrachtet, sondern wir müssen dem anderen – wenn wir uns einbilden, es kritisieren zu können – dem anderen zugestehen, daß er sich eventuell Mühe gegeben hat, das Bild zu verstehen.

204

T. Aber bei der modernen Kunst sind doch viele dem Künstler dankbar, daß er das tut, was er hier nicht auf dem Bild gemacht hat. Das wird signiert, meistens unten rechts in der Ecke, dann weiß man: Aha, das gehört so herum an die Wand.

T. Viele Leute, die sich so etwas an die Wand hängen – so möchte ich jetzt mal unterstellen – haben genauso wenig Ahnung wie wir oder haben sich gar nicht die Gedanken gemacht wie wir jetzt, zum Glück mit Ihrer Hilfe, sonst hätten wir das wahrscheinlich auch nicht getan.

T. Aber dieser Snobismus, der dazu gehört. Warum unterstellen Sie das, warum geben Sie dem anderen nicht das Recht, sich die Mühe zu nehmen, das Ding zu verstehen und an die Wand zu hängen.

I. Ich meine, das gibt es bestimmt auch. Nur gibt es irgendwo dann auch eine relative sachangemessene Betrachtungsweise. Und die ist letzten Endes irgendwie Arbeit.

T. Kommt da nicht vielleicht ein Phänomen hinzu, wo die Künstler alle schon jahrhundertelang gegen angekämpft haben? Von der Welt, die sie umgab, ihren Mitmenschen, wurden sie doch zu der Zeit, wo sie lebten, in den seltensten Fällen verstanden. Deswegen sagte ich ja eben eingangs schon, vielleicht kommt die Generation, nicht nur jetzt die nächste, sondern die übernächste erst, die in der Lage ist so etwas schön zu finden, zu verstehen usw. ... Genauso wie wir heute noch vor einem Rembrandt erstarren oder vor Michelangelo ...

T. Aber zu der Zeit, wo deren Werke entstanden sind, da sind sie aber schon anerkannt worden, Michelangelo genauso wie Rembrandt und Rubens ...

I. Rembrandt weniger, der ist nun als Beispiel dafür ... Aber wissen Sie, es ist nicht so furchtbar wichtig, finde ich, wie nun andere Leute – das ist ohne Gefahr bei solchen Unternehmungen, wie ich sie jetzt mache. Natürlich werden Sie also ...

T. Man muß doch nur an die Bilder von Toulouse-Lautrec denken.

I. Natürlich werden Sie hier sehr beeinflußt, das ist mir ganz klar. So eine Diskussion, die beeinflußt natürlich auch.

T. Ich würde sagen – wir haben da vorhin schon von gesprochen – daß man sich so etwas erarbeiten muß. Es gibt also Dinge, die ich mir so zu Gemüte führe, die also leicht zu verstehen sind und die angenehm und schön sind ...

I. Ist das ja wohl auch …

T. Ja, aber trotzdem ist mir jetzt klar geworden, daß man sich damit auch Mühe machen muß.

I. Und wenn man sich darauf einspielt und darauf einläßt, dann weiß man mehr als vorher. Und das ist wahnsinnig wichtig. Denn normalerweise ist Kunstgenuß ja nichts anderes, als die Bestätigung dessen, was man ja sowieso schon erwartet hat. Und das ist zu wenig!

T. Aber bei aller Mühe, die man sich gibt, Herr Professor, würde ich sagen, möchte man doch irgendwo mal zum Ziel kommen. Und das ist ja hier – wenn ich das mal so sagen darf – die Gemeinheit der beiden Bilder. Man kommt einfach nicht zum Ziel.

I. Vielleicht ist das gar nicht schlecht.

T. Die Aufgabenstellung ist nicht zu erfüllen. Soweit sind wir doch schon gekommen, oder?

I. Ja, aber die Botschaft!

T. Ja, aber was will sie denn bezwecken?

I. Ja …

Durcheinander

I. Die lenkt die Gedanken auf Phänomene des Bewußtseins, die nicht von vornherein gleich sind mit dem, was man zum Beispiel heute unter dem Begriff der Machbarkeit betrachten würde. Verstehen Sie, natürlich wirft einen das zurück, irritiert das. Aber die Erfahrung zu machen, da ist ein Ding, das leuchtet mir ein, daß ich nicht damit fertig werden kann, ist wahrscheinlich humaner, als immer schnellere Autos zu bauen.

T. Vielleicht liegt das daran, weil wir immer alles fertigbringen und abhaken wollen. Und das kann ich hier nicht.

I. Nein, das kann man hier nicht.

[. . .]

Das rechte Bild ist von Piet Mondrian. Es ist, wie gesagt, ein gegenstandsloses Bild *(Abb. 2).*

T. Ich würde das Wort »Bild« nicht einmal benutzen für diese Grafik oder was das da ist.

I. Warum nicht?

T. Das ist kein Bild, das hat für mich – das sagt mit gar nichts. Ein Bild vermittelt mit etwas – was doch wenigstens annähernd etwas Lebendiges ausdrückt [. . .].

206

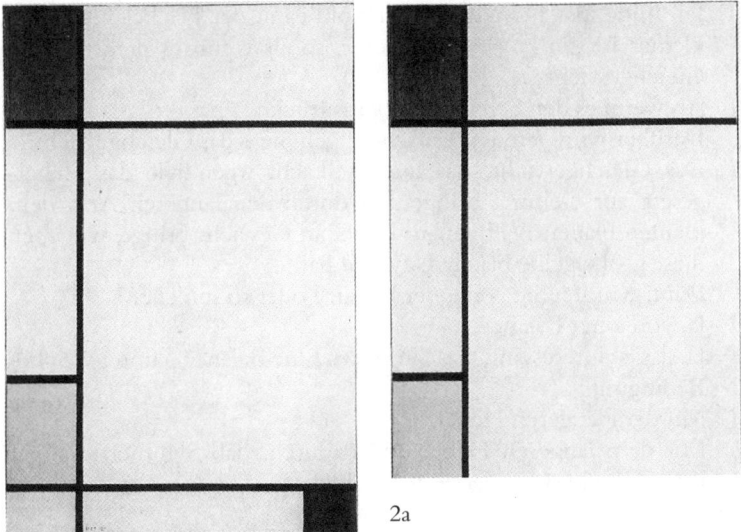

2a

2 Piet Mondrian, Komposition mit Rot, Gelb und Blau, 1927

T. In diesem Bild fehlt irgendetwas, es kann ein Buchdeckel sein, wo man vergessen hat den Titel reinzudrucken.

I. Ah, ja.

T. Ich würde sogar noch weiter gehen, ich würde das als Angsttraum eines Mathematikers bezeichnen.

I. Warum ein Alptraum und warum Mathematiker?

T. Mathematiker deswegen, weil es [. . .] praktisch die strenge Gesetzmäßigkeit der Linien wiederholt.

I. Tut es das?

T. Das tut es. Es tut es, da es mehrfach die rechten Winkel betont, dazu auch, wenn man es so will, Winkel von 180° berücksichtigt, indem es ja gerade durchführende waagerechte und senkrechte Linien bringt, und es ruft außerdem Impressionen hervor, wobei das Gelb stark dominiert und das Rot sich praktisch mit aufdrängt. Das Dunkelblau fällt ja kaum noch ins Gewicht. Das ist sowieso eine Frage, die wahrscheinlich von den meisten nicht so empfunden wird.

I. Ja, passen Sie mal auf. Das mit dem Dunkelblau ist mir sehr wichtig.

207

T. Ich finde, das Dunkelblau, obwohl es in der Fläche wesentlich kleiner ist, wirkt eben schwerer, so als wenn es praktisch ein Gleichgewicht …

T. Als wenn es den Schwerpunkt ausdrückt.

I. Darüber wird geredet! Entschuldigen Sie – das Gleichgewicht?

T. Das Gleichgewicht, das hier vielleicht irgendwie das Hebel-gesetz zur Geltung bringt und durch den längeren Arm dem kleinen blauen Feld genau so viel an Gewicht bringt, wie eben diese große gelbe Fläche Gewicht hat.

I. Dann würden Sie von einer Balance oder so sprechen?

T. Ja, von einer Balance.

I. Ja, das ist interessant, was Sie sagen. Eine Balance – unter welcher Bedingung?

T. Mit dem längeren Hebel.

I. Mit dem längeren Hebel und dadurch, daß Symmetrie ja gar nicht besteht. Oder besteht Symmetrie?

T. Nein.

T. Ja, aber natürlich!

T. Doch es besteht Symmetrie.

I. Ja, das ist die Frage. Symmetrie als Ausgewogenheit, verstehen Sie, das wäre jetzt genau die Frage, ob sozusagen hier eine Balance hergestellt wird, die sich nur auf das Bildfeld beziehen kann.

T. Ich habe auch das Gefühl, das blaue Feld sieht unten irgendwie aus wie drangeklebt. Das sagt überhaupt nichts, das sieht aus …

I. Einen Moment, machen wir mal ein Experiment. So, hier habe ich das Blau mal weggemacht. Wie ist es denn jetzt *(Abb. 2a)?*

T. Ja, da fehlt irgendwie etwas.

T. Genau, ich habe den Eindruck, daß das Blau nur durch die Farbe genau so stark wirkt wie das Rot, trotz seiner Kleinheit.

I. Das wäre doch interessant. Dann würden Sie also sagen, das Blau hat einen so starken Dunkelheitsgrad gegenüber den anderen Farben, daß es sozusagen auch in seiner kleineren Dimension das Gleichgewicht herstellen kann.

T. Das geänderte Bild *(Abb. 2a)* empfinde ich als ruhiger.

I. Das würde mich interessieren. Laßt uns das noch mal durch-checken, wie ihre Meinungen sind. Ich kann dabei ja nur lernen. Wer ist der Meinung, daß das eine *(Abb. 2a)* ausgewogener wäre als das andere *(Abb. 2)?* Denn Ruhe ist ja Ausgewogenheit.

Durcheinander

I. Darf ich mal eine Frage stellen? Sind eigentlich die waagerechten und die senkrechten Linien gleich breit?

T. Nein.

I. Welche sind breiter?

T. Die waagerechten.

I. Hat das einen Sinn?

T. Ja.

I. Welchen?

T. Sind tragende Elemente.

I. Tragende Elemente, okay ... Sonst noch ein Sinn?

T. Auch der Einteilung.

I. Der Einteilung – das Waagerechte und das Senkrechte – gut, hat das einen Sinn, daß die verschieden breit sind?

T. Ja, die Bildfläche ist höher als breit, und wenn er die senkrechten Linien genau so stark machen würde wie die waagerechten, fielen sie wahrscheinlich mehr ins Gewicht, oder mehr ins Auge.

I. Richtig. Das ist ganz wichtig, meine Damen und Herren, was hier gesagt wird, daß nämlich das Bild zwei Richtungen hat, und die zwei Richtungen kommen ja in dem Bild permanent vor. Und zwar in Reinkultur – nämlich Waagerechte und Senkrechte, und diese beiden Richtungen sind ja Bestandteile des Bildfeldes selbst, ist ja klar. Es wurde von Ihnen gesagt, daß das Bild ein Hochformat ist, und wenn ich Sie richtig verstehe, sagen Sie, daß die senkrechten Linien schmaler sind – das ist ja praktisch nur eine – und das Schmale möglicherweise stärker das Aufwärts betont. Während die waagerechten Linien breiter sind und stärker etwas Ruhendes verkörpern. Könnte das sein? Wie ist es denn im geänderten Bild *(Abb. 2a)?* Hier könnten Sie ja eigentlich genau so gut sagen, es handelt sich um ein paar Linien, um ein paar Farben. Gibt es denn da einen Unterschied?

T. Ich habe den Eindruck, als wenn die Senkrechte gar nicht schmaler ist.

T. Das ist eine optische Täuschung.

T. Ja, eine optische Täuschung.

I. Nein, das ist keine optische Täuschung. Aber es ist bestimmt einer optischen Täuschung nachgeholfen, daß Sie alles, was lagert gewissermaßen schwerer sehen als das, was aufsteigt. Das könnte ja sein. Und die Frage ist nun, meine Damen und

Herren, wenn man so ein Bild überhaupt beurteilen will – ob nun gut oder schlecht, das spielt hier gar keine Rolle – ob man solche Sachen sozusagen mit uns Kalkül ziehen muß: Daß man sagt, dies hat also eine Logik, die gewissermaßen bewußt macht, was man unbewußt sieht. Wie ist es denn überhaupt? Können Sie mal die beiden Bilder miteinander vergleichen.

T. Ich bin kein logisch denkender Mensch, das schicke ich voraus, und was ich jetzt so hierbei empfinde, das ist bei dem geänderten Bild *(Abb. 2a)*, wenn ich darauf gucke, dann erfahre ich eigentlich von oben bis unten alles. Gucke ich auf das originale Bild *(Abb. 2)*, dann muß ich sagen, daß mir das große, weiße Rechteck eigentlich zuallererst ins Auge fällt und dann erst die Farben.

I. Aber sehen Sie mal, das ist doch furchtbar interessant, wenn Sie sagen, daß hier *(Abb. 2)*, wo gar nichts ist, die Hauptsache ist *(gemeint ist das weiße Feld)*. Sagen Sie das?

T. Ja, das fällt mir zu allererst auf. Im geänderten Bild *(Abb. 2a)* dagegen sehe ich alles zusammen.

T. Und die Erklärung ergibt sich ganz leicht dadurch, daß der untere Balken, der nach rechts geht, ja fehlt. Dadurch wird das Auge praktisch auf ein Zentrum gelenkt.

I. Aber haben Sie nicht das Gefühl – das ist einfach eine Frage jetzt – daß nach unten alles wegsinkt und das Bild unvollständig ist *(Abb. 2a)?*

T. Als wenn kein Halt da wäre.

I. Als wenn kein Halt da wäre! Sie würden sagen, das sackt unten ab. Oder meinen Sie das nicht?

T. Würde man das auch sagen, wenn man das andere Bild vorher nicht gesehen hätte? Wenn Sie uns nur das geänderte gezeigt hätten!

I. Das ist eine sehr entscheidende Frage. Ich wollte einfach mal experimentieren, ob man überhaupt Unterschiede machen kann bei einem so minimalen Angebot an Sehdaten, die sich auf nichts anderes beziehen als auf Durchkreuzungen im rechten Winkel und auf die Farben Blau, Gelb und Rot. Jetzt kann natürlicher einer sagen, dieser Maler tut nichts anderes, als mit rechten Winkeln umgehen und mit Blau, Gelb und Rot. Was im übrigen ja auch stimmt.

T. Das originale Bild *(Abb. 2)* erscheint mir trotz einer rechts fehlenden Senkrechten fertig.

210

T. Und das andere *(Abb. 2a),* würde ich sagen, das ist ein Ausschnitt irgendeines Bildes.

I. Ich meine, entschuldigen Sie, daß mir das außerordentlich gut gefällt, was Sie da sagen. Das würde ich auch sagen. Das eine Bild *(Abb. 2)* ist eine Ganzheit, etwas Ganzes und das andere *(Abb. 2a)* hat auch kein spannungsvolles Gleichgewicht, da steckt keine Spannung drin. So haben wir im Original *(Abb. 2)* ein Gleichgewicht aus Elementen, die alle verschieden groß sind. Das Rot ist größer als das Gelb und das Blau ist wieder kleiner als das Gelb. Man kann also sagen, daß das Bild – man erkennt zwar nichts Gegenständliches darauf – ein ausgewogenes System ist, das unser natürliches Balancegefühl ausdrückt, und zwar unter den Bedingungen von möglichsten Kontrasten. Im linearen Bereich der denkbar größte Kontrast der rechte Winkel. Der rechte Winkel enthält das Waagerechte und das Senkrechte. Hat das Waagerechte und das Senkrechte mit uns etwas zu tun, meine Damen und Herren?

T. Auf jeden Fall!

I. Was hat das mit uns zu tun? Auf jeden Fall, sagen Sie. Das wollen wir jetzt wissen, das ist jetzt nämlich sehr wichtig! Was hat das Waagerechte und das Senkrechte mit uns zu tun?

T. Meinen Sie jetzt mit uns als Menschen?

I. Ja.

T. Ja, senkrecht ist vielleicht Aktivität und waagerecht ist Ruhestellung.

I. Gut, Senkrechte als Aktivität, Waagerechte als Ruhestellung. Finde ich gut, sind ja Gegensätze – Aktivität und Ruhestellung sind ja Gegensätze. Kann man noch etwas sagen – ähnlich?

T. Das hat mit unserer Lebensform etwas zu tun.

I. Inwiefern hat das mit unserer Lebensform zu tun?

T. Wir stehen senkrecht, Tische sind grundsätzlich waagerecht – Flaschen, die darauf stehen oder überhaupt Gegenstände sind wieder senkrecht …

I. Vollkommen richtig! Das ist vollkommen richtig, was Sie sagen! Wir verhalten uns senkrecht, während der Boden, auf dem wir uns befinden, waagerecht ist. Sie finden immer wieder den Kontrast von senkrecht und waagerecht. Im Grunde genommen ist dies das Koordinatensystem unserer eigenen Existenz und der Welt, die uns umgibt. Besteht ein Unterschied, ob man nur

Waagerechte und Senkrechte macht, oder ob man Horizont und Türme macht?

T. Nein, da ist kein Unterschied.

T. Sinngemäß ist da kein Unterschied.

I. Da wäre sinngemäß kein Unterschied. Das ist interessant, wenn hier gesagt wird, es besteht sinngemäß kein Unterschied, ob ich die senkrechten durch Türme und die waagerechten durch Horizonte oder die Senkrechten und Waagerechten als bloße Linien darstelle. Das ist kein Unterschied mit Bezug auf die Tatsache, daß der Kontrast zwischen senkrecht und waagerecht gewissermaßen das Koordinatensystem unserer eigenen Existenz und unserer Umwelt ist. Würden Sie dem zustimmen?

Pl. Zustimmung

I. Sehen Sie, jetzt würde es dann doch eine Rolle spielen, ob die Waagerechten und die Senkrechten in einem Falle wirklich im Sinne einer Balance − als Gleichgewicht − zur Geltung kommen *(Abb. 2)* oder ob sie kein Gleichgewicht bilden *(Abb. 2a)*. Wäre ja ein Unterschied! Können Sie mal versuchen zu sagen, inwiefern da ein Unterschied wäre? Also wir reden von den Senkrechten und den Waagerechten, die uns erst wieder mal bewußt gemacht werden als das System, nach dem wir also laufen. Das ist jede Senkrechte und jede Waagerechte. Wenn nun aber jetzt die Waagerechten und die Senkrechten in ein harmonisches System gebracht werden, was wäre dann der Unterschied zu einem unharmonischen System, das auch aus Waagerechten und Senkrechten besteht? Ich weiß, die Frage ist ziemlich schwierig.

T. Wenn das rechte blaue Quadrat *(Abb. 2),* wenn das jetzt wesentlich größer wäre, sagen wir mal, die Dimension von dem gelben hätte und das gelbe umgekehrt vom blauen, dann wäre nicht die Waage gegeben. Man hätte dann die Erwartung, daß das nach unten mehr oder weniger pendeln müßte.

I. Ja, ja, aber wenn wir jetzt − ja bitte?

T. Wir stehen ja grundsätzlich auf dem Boden, und der ist bei dem rechten Bild *(Abb. 2a)* ja gar nicht da, da ist also an und für sich gar kein Boden da, man kann genau so gut umkippen.

T. Dennoch: Ich meine, das rechte Bild *(Abb. 2a)* vermittelt mir irgendwie ein Gefühl von einer gewissen Großzügigkeit und Freiheit, während das originale Bild *(Abb. 2)* mich eigentlich beengt.

I. Das finde ich eine ganz interessante Bemerkung! Wollen Sie die Bemerkung mal im Bewußtsein behalten, wenn ich Ihnen nachher noch ein anderes Bild zeige, was ich gerne noch machen würde. Aber die Bemerkung ist ganz wichtig, die Sie da machen. Sie sagen nämlich, daß alles, was ausbalanciert ist und wo alles …

T. Zu allem paßt …

I. Prima, zu allem paßt, sagen Sie, das ist vielleicht langweilig, könnte ja sein. Das ist die harmonische Welt, die ist so utopisch und langweilig und möglicherweise auch unvital. Obwohl man sagen muß, daß also die Senkrechten und die Waagerechten jetzt nicht nur einfach die Linien sind, sondern eben diese Struktur abgeben, nach der wir existieren. Was jetzt die Farben anbetrifft, muß ich Ihnen noch folgendes sagen. Die Farben Blau, Gelb und Rot sind Grundfarben. Nun hieß Ihre Firma ja früher mal IG-Farben, weiß jemand über diese Farben Bescheid?

T. Das sind die Primärfarben.

I. Richtig. Inwiefern sind das Primärfarben?

T. Das sind keine gemischten Farben, das sind natürliche Farben, wie sie auch in der Natur vorkommen.

I. Das ist vollkommen richtig. Hören Sie, was er gesagt hat, das sind keine gemischten Farben, sondern Farben wie sie in der Natur vorkommen. Also, hier haben wir wieder den Naturaspekt. Eben hatten wir den Naturaspekt in Bezug auf unser natürliches Leben, senkrecht und waagerecht, wie Sie sagen. Jetzt haben wir den Naturaspekt in den Farben, denn die Farben kann man nicht ermischen, sondern so kommen sie in der Natur vor. Man kann wohl jetzt mit diesen Farben alle möglichen anderen Farben mischen, aber man kann diese Farben nicht aus anderen Farben ermischen.

T. Kann man nicht.

I. Kann man nicht. Ja, jetzt finden Sie mal vielleicht irgendeinen Begriff davon, was das hier überhaupt soll, ganz unabhängig davon, ob Sie das nun interessant finden oder nicht, oder schön finden, oder nicht schön finden: Steckt hier in einem solchen gegenstandslosen Bild, also im Abstrakten, in einem ganz abstrakten Sehangebot, dennoch Natur? Ist da Natur repräsentiert?

T. Dann könnte das Blau Meer sein – also Wasser, das Rot vielleicht, was weiß ich – die glühende Sonne, normalerweise

213

sehen wir sie gelb, aber von der Hitzeeinwirkung her gesehen vielleicht …

I. Aber das meint Mondrian nicht so sehr. Er meint die Grundfarben. Und diese Grundfarben, da gibt es ja nun auch wieder Theorien darüber, daß unser Auge selbst darauf angelegt ist, immer die Farbtotalität zu sehen. Also, man kann aus diesen drei Farben – wenn ich das eben sagen darf – den Komplementärkontrast bilden. Der Komplementärkontrast ist von diesen drei Grundfarben immer eine in Reinheit und die beiden anderen vermischt. Also, wenn ich jetzt Blau und Gelb zusammennehme …

T. Ergibt Grün.

I. Ergibt Grün, wie Sie sagen. Und dieses Grün ist die Komplementärfarbe zu Rot. Nun gibt es Experimente, meine Damen und Herren, die darauf abzielen – wenn ich Ihnen einen roten Punkt hier auf ein Blatt male und lege Ihnen das Blatt eine Weile hin – kennen Sie den Effekt?

T. Ich weiß nicht genau, ich glaube.

I. Und ziehe das Blatt dann weg, was passiert dann?

T. Ich glaube, dann sehe ich Blau.

I. Nein, dann sehe ich einen grünen Punkt.

T. Ja, richtig, sicher!

I. Dann sehe ich einen grünen Punkt. Das heißt also, daß unser Auge ein Bedürfnis danach hat, Komplementärfarben zu sehen und sogar die jeweilige Komplementärfarbe von sich aus produziert. Wenn Sie sich jetzt das alle noch einmal ins Bewußtsein heben, was daran Natur ist. Sowohl Natur mit Bezug auf die Farben, die man nicht ermischen kann, wie auch Natur mit Bezug auf den Anspruch auf Farben, den unser Auge mitbringt. Und das dann noch zusammen mit den Waagerechten und Senkrechten: Dann ist ein solches Bild zwar kein naturalistisches Bild – darauf können wir uns einigen – aber können Sie vielleicht mal versuchen irgendwie zu erklären – mit Worten, was ja schwierig ist – ob es nicht doch in irgendeinem Sinne mit der Natur etwas zu tun hat?

T. Wissen Sie, mit fällt es schwer, in so ein Bild so etwas hineinzuinterpretieren. Man steht eher vor so einem Bild davor und sagt: Was soll das? Dann geht man gar nicht weiter, weil man nicht … Wenn man mit Kunst nichts weiter zu tun hatte, widerstrebt es

214

einem, sich mit einem solchen Bild länger beschäftigen zu wollen. Da möchte ich beinahe sagen, man geht daran glatt vorbei.

T. Ich würde eher sagen, wenn das Leben ist, dann ist das modernes Leben.

T. Ich würde mich nicht damit auseinandersetzen, wenn ich nicht unbedingt müßte.

T. Also, wenn Sie das hier so schön erzählen, klingt das ganz einleuchtend. Ich finde das jetzt auch echt ... Ich sehe das jetzt so wie Sie, wenn Sie mir das so erklären. Ich würde mir selbst, alleine, nie darüber Gedanken machen.

T. Man käme da gar nicht drauf, kann man sich gar nicht vorstellen.

I. Wie bitte?

T. Ich hatte gerade gesagt, Natur ist Leben und das ist in meinen Augen ein modernes Leben.

I. Jawohl, ja, das ist eben die Frage. Wissen Sie, meine Damen und Herren – es gibt ja verschiedene Möglichkeiten. Sie können natürlich mit absolut guten Gründen sagen, wenn der mir hier da nichts vorschwätzt, ich würde mich nicht damit beschäftigen. Das können Sie sagen. Jetzt ist die Frage, die wir nun ehrlich beantworten wollen oder müssen, ob sich nicht doch möglicherweise etwas in der Einstellung ändert, daß man dann doch möglicherweise anfängt, sich damit zu beschäftigen oder jedenfalls das, was man einer Beschäftigung für unwert gehalten hat, am Ende dann doch für beschäftigungswert hält. Ja, bitte?

T. Bei einer Anleitung, wie Sie sie jetzt gegeben haben, mit der Hilfe so etwas zu erkennen, glaube ich, wird man also bereit sein, beim nächsten dann nicht mehr mit diesen Gedanken davorzustehen, sondern man wird sich damit beschäftigen. Sicher, aber wenn man das ohne Anleitung sieht ...

I. Ja, aber verstehen Sie ...

T. Jetzt auf den Tag hier hin ...

T. Nein überhaupt ...

T. Ja, so, dann wird man bestimmt solche Sachen dann mit anderen Augen sehen.

I. Dann wäre ja schon mal ganz viel gewonnen. Denn ich meine, Sie müssen ja von einem ausgehen, man muß zweierlei hinterfragen: Was stellen Sie für Ansprüche an ein Bild, unter denen Sie es für eine Belanglosigkeit halten, das ist das eine. Bringen Sie nicht vielleicht einfach – das ist Ihr gutes Recht – sozusagen Vorerwartungen mit, die ganz anders strukturiert sind als das, was Sie hier zu sehen bekommen.

T. Ich glaube, man hat Vorerwartungen.

I. Ja, glauben Sie denn, daß man weiterkommt, wenn man immer darauf die Absicht richtet, seine Vorerwartungen bestätigt zu bekommen?

T. Jein.

I. Jein, immerhin.

T. Ich habe ja schon gesagt, daß durch eine Anleitung, eine vernünftige Anleitung, man an so etwas herangeführt werden kann und man seine Vorerwartungen dann ja auch revidieren kann.

T. Man ist ja flexibel.

I. Ok., das ist schon mal sehr gut! Sie müssen das jetzt auch nicht besonders toll finden! Sondern Sie müssen nur gewissermaßen versuchen – am Ende gefallen Ihnen in zehn Jahren die Bilder dann doch! Könnte ja sein, ich meine, wer weiß es? Und das, was Sie hier gesagt haben – das mit den Farben haben Sie ja selbst gesagt – das ist ja alles nicht gelogen!
[…]

I. Es kommt darauf an, daß wir einmal versuchen, miteinander zu sprechen. Denn dazu haben weder Sie die Gelegenheit, normalerweise, noch ich. Und wir reden über Sachen, die mit dem Sehen zu tun haben und mit dem Verstehen vom Sehen zu tun haben. Und ich sage das immer wieder, das ganze ist ein Risiko, auch für mich ein Risiko, weil ich dann doch glaube, wenn – ich will Sie ja nun nicht zu Fanatikern der modernen Kunst machen, wirklich nicht, sondern vielleicht möglichst erreichen, daß Sie, sagen wir mal, mit einem anderen Verständnis an bestimmte Erscheinungen herangehen, als Sie es vielleicht vorher getan hätten, und wenn das absolut nicht klappt, ist das mein Fehler und ganz bestimmt nicht Ihr Fehler. Und deswegen möchte ich Sie bitten, daß Sie doch frei einfach diskutieren, daß wir zusammen frei diskutieren über verschiedene Erscheinungen der modernen Kunst, wobei die Frage, ob das nun Kunst ist oder keine Kunst ist, zunächst mal nicht so furchtbar wichtig ist, sondern die Frage stellt sich, wie lange und mit welchem Einsatz und mit welchem Ernst kann ein bestimmtes Phänomen, was man vor Augen geführt bekommt durch den Maler zum Beispiel, wie lange kann einen das beschäftigen. Und wir fangen jetzt mal an – tun Sie

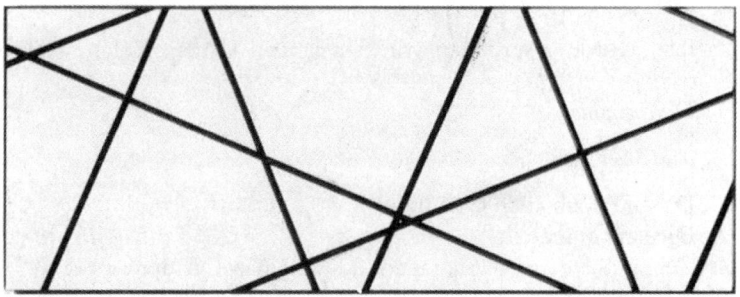

3 François Morellet, Deux Trames Superposées, 1975

bitte das erste Bild herein. Es ist von Morellet, einem Franzosen *(Abb. 3)*. Dieses Bild hier ist fünf Meter lang und ungefähr 2 Meter hoch. Und jetzt wollte ich Sie einfach mal fragen, wenn Sie jetzt also so ein System von Strichen sehen oder so einen Zusammenhang von Strichen – ob das ein System ist, sehen Sie da ein System? Bitte schön?

T. Das ist wie eine Konstruktion, das könnte eine Brücke sein.

I. Finde ich sehr gut. Ja, kann man die Konstruktion irgendwie noch genauer beschreiben?

T. So ein Rohrgerüst.

I. Eine Art Gestänge?

T. Ja, ein Gestänge.

I. Das ist richtig. Weiter!

T. Ein Doppeldecker.

Durcheinander

I. Wenn man so etwas sieht, ich weiß ja nicht, ob das der Fall ist, dann könnte es ja sein, daß man in diese Linien irgendwie eine Struktur bringen will. Daß man sagen könnte: hier gibt es zwei oder vier Hauptlinien und die anderen sind Begleitlinien – oder wie ordnet man das? Wenn Sie das nachzeichnen wollen, aus dem Gedächtnis, das ist natürlich eine Zumutung, aber wir machen jetzt mal ein Denkspiel, was würden Sie sich dann merken?

T. Die zwei Pyramiden.

Durcheinander

I. Es ist gesagt worden, die beiden Pyramiden. Ist das richtig? Hier ist ja ein Stock, wie toll, den hatten wir noch nie. Also da wären die beiden Pyramiden. Meinen Sie es so?

217

T. Ja.

I. Jetzt wurde gesprochen von den langen Linien, welche wären das?

Durcheinander

I. Diese?

T. Ja, genau.

T. Da sind doch auch Quadrate!

T. Die sind aufgeteilt.

I. Zeigen Sie das mal. Sie sagen, das scheinen Quadrate zu sein.

T. Ja, klar. Gucken Sie mal, das ist doch ein Quadrat. Und darin sind Dreiecke. Nur sagen wir mal, das ist ein bißchen verschoben.

I. Verschoben! Das ist ja schon mal interessant. Hier wird also von einem Quadrat gesprochen, das aufgeteilt ist in Dreiecke. Aber wenn man dann so vorgeht, stimmt es nicht ganz, dann ist es irgendwo ein bißchen verrutscht. Und jetzt könnte man sagen, ja gut, daß es ein bißchen verrutscht ist, das macht die Sache eigentlich nur noch – ein bißchen lebendiger, als wenn es ganz stur wäre. Also jetzt haben wir drei Möglichkeiten. Wenn Sie so etwas haben, dann ist das genau, als wenn Sie einen Satz sehen, dann haben Sie auch erst mal ein Angebot von Wörtern, und da hat man inzwischen eine größere Übung, daß man gar nicht mehr merkt, daß man strukturiert und da wissen Sie sofort, das ist das Hauptwort, das ist das Tätigkeitswort und das ist das Nebenwort oder wie heißt das, Beiwort oder so. Und dann konstruieren Sie sich den Satz, und haben ihn verstanden. Wenn einer die Sprache nicht kann, der steht dann blöde davor, das ist klar. Und so macht man es vielleicht auch bei solchen Phänomenen, meine Damen und Herren, daß man versucht, diese Linien und Winkel zu strukturieren, daß man zum Beispiel sagt, das hier ist die Hauptsache. Jetzt sind drei verschiedene Versionen angeboten worden, was ja schon merkwürdig genug ist, denn bei einem Satz können Sie das Hauptwort und das Tätigkeitswort nicht einfach verwechseln. Aber hier werden ja nun drei verschiedene Versionen angeboten, das Ding zu strukturieren. Ich wiederhole sie: Erstens die beiden Pyramiden – das wäre gewissermaßen so ein M, das von oben angeschnitten ist – würden Sie sagen; der zweite Herr sagt, es dreht sich im Wesentlichen um diese beiden Diagonalen und zu denen gehört das andere dann dazu, das ist aber die Hauptsache; und der dritte Herr sagt, die Hauptsache ist ein Quadrat, das durch diagonale Linien in Dreiecke unterteilt wird. Jetzt haben wir drei Angebote. Welches ist nun richtig? Welchem würden Sie den Vorzug geben?

T. Keinem von den dreien.

Durcheinander

T. Ich würde eher sagen, das sind zwei Rahmengebilde, aufgeteilt in Quadrate, und diese Rahmen sind aufeinandergelegt. Also praktisch wie bei den Gitterrahmen bei den Moniereisen.

I. Zeigen Sie das mal. Wollten Sie das auch sagen?

Durcheinander

I. Finde ich prima. Das wäre jetzt gewissermaßen das System, und jetzt darf ich Sie mal etwas fragen, ich zeige Ihnen das nachher – ist das jedermann klar? Ich meine, haben Sie nun falsch geurteilt vorher?

T. Voreilig.

I. Ja, vielleicht voreilig. Obwohl es natürlich auch nicht blöde ist, zu sagen, hier sind ganz wichtig die beiden Schrägen, auch nicht blöde ist, hier ist ganz wichtig das M oder so. Im Grunde genommen stammt das hier aus einem ganz einfachen System. Wobei jetzt die Frage ist – ich zeige Ihnen das System jetzt *(Abb. 4)* – tun Sie das mal bitte nach rechts. Das sind also zwei Raster, die werden in einem bestimmten Winkel aufeinander gelegt, und davon ist unser Bild *(Abb. 3)* hier der oberste Ausschnitt, die dunkleren Linien oben links *(Abb. 4)* ergeben das Bild. Erstaunt Sie das irgendwie? Ist das für Sie irgendetwas Erstaunliches?

T. Erstaunlich ist, daß man das nicht direkt erkannt hat.

I. Ja, aber ich nehme auch keinem übel, wenn er das nicht direkt erkannt hat. Sie sagen, erstaunlich ist, daß man es nicht direkt erkannt hat. Daß man es sozusagen ganz anders strukturieren will von der Erscheinung her, als von den Bedingungen her, unter denen das Bild entstanden ist. Denn an sich, verstehen Sie, das ist jetzt die Frage – halten Sie das für ein einfaches oder ein kompliziertes Linearsystem – links *(Abb. 3)*.

T. Einfach.

I. Sie sagen, einfach …

T. Jetzt, wo man es weiß, ja. Aber wenn man es zuerst sieht, wird die Sache ein bißchen komplizierter.

I. Bitte schön?

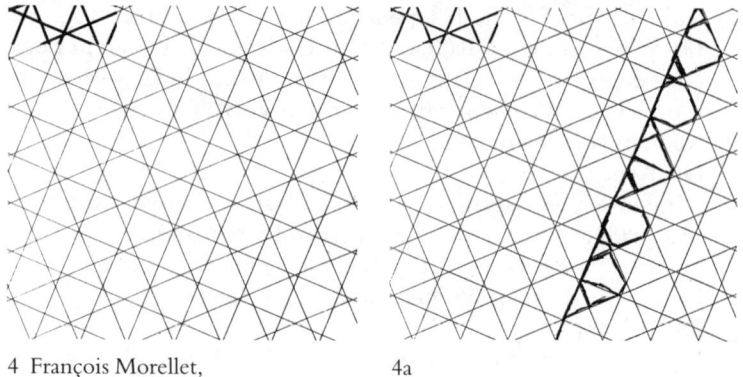

4 François Morellet,   4a
ohne Titel, 1975

T. Ich würde mich der Meinung anschließen und noch folgendes
dazu sagen, als Angebot der beiden, die ja im Grunde genommen
gleich sind, ist das linke Bild *(Abb.3)* als Ausschnitt das interes-
santere – für mich ein interessantes Bild.

I. Ja, würden Sie ...

T. Ich würde das rechte Bild *(Abb. 4)* ablehnen, ich würde sagen,
das ist eine einfache Konstruktion, das gefällt mir nicht. Aber als
Ausschnitt würde ich sagen, ist es interessant *(Abb. 3)*.

I. Also er sagt, wenn man die beiden Bilder nebeneinander sieht, ist
das ganze, rechts *(Abb. 4)* das ganze Rastersystem, ist uninteres-
sant, ist langweilig, aber der Ausschnitt, der hier aktualisiert ist in
dem linken Bild *(Abb. 3)*, der ist interessant. Aber ich meine, ich
verstehe das sehr gut, das ist auch vollkommen meine Meinung,
das das linke im Grunde genommen interessanter ist als das
rechte, aber das könnte doch eigentlich nur daran liegen, daß
man aus dem linken sozusagen das rechte nicht einfach als die
Bedingung erschließen kann. Oder würden Sie das nicht sagen?

T. Doch.

I. Sie würden also sagen, interessant daran ist, daß es anders aussieht als die Bedingung, der es sich verdankt. Daran anschließend würde ich die Frage stellen, die für die moderne
Kunst ganz interessant ist – das ist ja im Grunde genommen eine
Art technischer Bildsprache – wie interessant ist das Einfache
und wie ...

220

T. Es sind ja ganz gleiche Striche.

I. Ja, es sind gleichbleibende Strichlagen, die können wir alle ziehen. Vielleicht können wir daran auch festmachen ...

T. Die im Ausschnitt muß man nur dicker ziehen.

I. Das rechte, das wurde auch eben gesagt, das rechts ist gewissermaßen das System, das können Sie nun nach allen Richtungen hin beliebig verlängern, und das linke ist der Ausschnitt. Der Ausschnitt ist in dem Maße interessant, wie man das System aus dem Ausschnitt nicht ohne weiteres erschließen kann. Insofern finde ich, haben alle Äußerungen recht, am meisten recht haben Sie natürlich mit Ihrer Äußerung, wenn Sie von den übereinander lagernden Rastern sprechen. Sie sehen es ja, so ist es ja! Aber die Frage ist, ob nicht auch ganz andere Aussagen zugelassen sind –, also berechtigterweise zugelassen sind, die sozusagen mit dem, was Sie gesagt haben, zwar etwas zu tun haben, die das aber nicht zur Erscheinung bringen so direkt. Wir haben auch ein Experiment gemacht mit unseren Studenten. Sie haben das ganz genau gemacht wie Sie. Die haben zuerst gesagt: Ein zwei Meter großes M, und dann wird das durchkreuzt, und dann bleibt hier und da ein Strich übrig oder eine Ecke frei. Sie haben es auch ganz anders strukturiert, als es in Wirklichkeit ist. In Wirklichkeit ist es ja eine ganz simple und einfache Sache, die aber, im Ausschnitt gelesen, die Sache verändert. Nun hat der Künstler Morellet besonders viel herumexperimentiert. Jetzt das nächste Dia vielleicht mal nach links allein und das rechte ganz weg. Was ist denn das *(Abb. 5)*?

T. Eine Tapete.

I. Wieso ist das eine Tapete?

Durcheinander

T. Oder auch so eine Art Korbsesselgeflecht.

T. Das sind immer noch die Rechtecke, nur anders übereinandergelegt.

I. Das sind immer noch die Rechtecke, nur jetzt mehrfach übereinander. Aber man kann sie immer noch erkennen. Das ist vollkommen richtig. Das sind jetzt fünf oder sechs von den Rastern und übereinandergelegt. Aber verstehen Sie, was sich nun daraus ergibt, ist ja sehr merkwürdig. Denn ich meine, für ein Korbgeflecht ist es nicht gut. Wieso nicht?

T. Weil es nicht dicht genug wäre.

I. Es wäre nicht regelmäßig genug.

T. Ja, genau, das meine ich.

I. Ja. Wir haben, glaube ich, noch ein Beispiel. Also, es ergibt sich jetzt ein System – wenn Sie das anschauen, was haben Sie dann für einen Eindruck?

T. Also, wenn ich das so auf den ersten Blick sehe, den Bildausschnitt, dann meine ich, ich stehe vor einer Gardine.

I. Ja, das ist möglich.

T. Das leuchtet mir irgendwie eher ein.

I. Das hat ja auch so etwas von Gewebe und Löchern und Fäden, damit hat das ja etwas zu tun. Ja, was haben Sie nun für einen Eindruck davon? Ich meine, wenn Sie jetzt sagen, ich stehe vor einer Gardine, dann haben Sie für die Erscheinung jetzt einen Begriff. Sie haben gesagt, das sieht für mich aus wie eine Gardine, und das ist ja auch richtig. Nur wenn Sie sich jetzt mal ... Können Sie sich vorstellen, daß Sie sich mal eine zeitlang da hineinsehen?

Durcheinander

T. Sehr unruhig.

I. Sehr unruhig unter der Bedingung ganz regelmäßiger Systeme natürlich. Bitte?

T. Verwirrend.

I. Verwirrend, sagen Sie. Was ist denn daran verwirrend?

T. Ja, das ist kreuz und quer durcheinander.

I. Kreuz und quer durcheinander – gibt es denn da bestimmte Zentren? Könnten Sie sich das vorstellen? Wenn Sie nun das versuchen in seiner Verwirrtheit zu strukturieren, wie würden Sie denn das machen?

Durcheinander

T. Es gibt da ja waagerechte Quadrate und senkrechte Quadrate und dort sind die Diagonalen drübergelegt.

I. Und wiederkehrend.

T. Ja, genau.

T. Hier kriegt man schlecht eine Grundordnung rein.

I. Nein, hier kriegt man auch keine Grundordnung. Ist das was Negatives oder etwas Positives? Das frage ich jetzt mal so.

T. Zunächst mal negativ. Man kriegt es also nicht geordnet.

I. Man kriegt es nicht geordnet, obwohl ja gesagt worden ist ...

T. Man weiß, wie es entstanden ist.

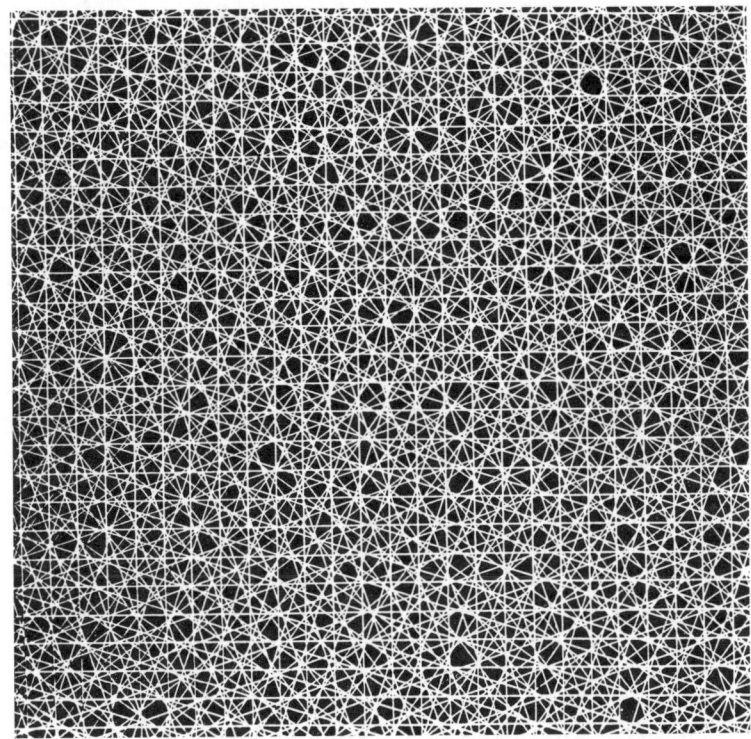

5 François Morellet, Trames Superposées, 1958

I. Genau, obwohl man weiß, wie es entstanden ist. Man weiß, wie es gemacht ist. Das kann man mit dem Kopf bewältigen. Aber man kann die resultierende Erscheinung nicht mehr bewältigen. Ist das so?

T. Ja.

I. Man kann es sozusagen auf seine Bedingungen nicht mehr zurückbeziehen, obwohl man die Bedingungen ganz klar erschließen kann. Ja, das ist doch an sich eine merkwürdige Erfahrung.

T. Ich frage mich nur, wie kommen die ganzen Löcher da herein.

I. Ja, das frage ich mich auch!

Durcheinander

223

I. Das fragen Sie mit vollem Recht! Das frage ich mich auch, wie kommen die Löcher da herein.

T. Durch die verschiedenen Rasterschichten.

I. Sicher! Aber verstehen Sie ...

T. Das ist doch auch gleichmäßig.

I. Muß ja sein ...

Durcheinander

I. Aber es ist nicht so. Denn es gibt ja zum Beispiel auch ganz hervorgehobene Formen. Wenn Sie sich das hier genau angucken, so ein Loch kommt in ähnlicher Weise immer wieder einmal vor. Aber warum, das ist dann natürlich die Frage. Wann wiederholen sich die Systeme, das hängt natürlich immer sehr von den Winkeln ab. Zeig mal rechts das von vorhin *(Abb. 4)*. Hier ist es nun so, daß man genau sehen kann, es liegen hier zwei Raster aufeinander und fertig. Und wenn Sie das gesehen haben, gucken Sie ja im Grunde genommen nicht mehr genau hin. Sie werden ja jetzt nicht mehr genau beobachten, ob zum Beispiel diese hier bezeichneten Formen sich in derselben Weise wiederholen oder nicht. Wenn man das genau ansieht, verstehen Sie, wenn Sie mal darauf gucken ... Ich möchte das mal so ausdrücken, so lange Sie sich nur dabei aufhalten, zu sagen, das sind zwei schräg übereinander gelegte Raster, dann haben Sie sozusagen die Sache erledigt und dann warten Sie gar nicht mehr darauf, was da wirklich resultiert. Würden Sie das sagen?

T. Ja, ist richtig.

I. Also, solange Sie das Schema kennen, durchschauen, regt es Sie nicht auf, das sind dann einfach Tatsachen. Obwohl es natürlich mit der Erscheinung nicht so einfach ist, denn ich meine, es kommen zwar immer die zwei Raster vor, aber die Formen, die Mikroformen, die die zwei übereinandergelegten Raster ergeben, die sind ja immer wieder anders. So daß Sie sich eigentlich schon hier fragen könnten, wie kommt das denn, daß da immer wieder verschiedene Formen herauskommen – mal größere, mal kleinere.

T. Das wiederholt sich.

I. Ja, aber wann wiederholen sie sich ...

T. Das kommt vielleicht auch auf die Größe an.

Durcheinander

I. Ich meine, das können wir hier ja einmal abmarschieren. Jetzt

224

nehmen wir mal diese Linie hier, jetzt marschieren wir die mal ab, ob sich das etwas wiederholt. Da wiederholt sich eigentlich gar nichts *(Abb. 4a).*

T. Nein, das ist eigentlich nur eine reine Rechenaufgabe ...

T. Es kommt auch darauf an, wie ich die Raster aufeinander lege.

I. Sicher kommt es darauf an. Das ist klar, aber worauf es mir ankommt, meine verehrten Herren, wäre, daß Sie sagen, hier stellen Sie die Frage gar nicht, weswegen die Formen alle so verschieden sind. Warum? Weil Sie sofort durchschauen, das sind zwei Raster *(Abb. 4a).* Hier sind es nun mehrere Raster *(Abb. 5).*

T. Hier habe ich das Gefühl, als hätte der Maler gepfuscht.

I. Aber er hat nicht gepfuscht!

Durcheinander

I. Sie meinen, er hätte manipuliert, aber er hat es nicht, sondern die Sachen ergeben sich so. Und wenn wir uns das länger anschauen, dann ist das eigentlich gar keine statische Sache mehr, sondern – was würden Sie meinen? Beschreiben Sie es einfach!

T. Das ist eine Vielfalt von Kreisen.

T. Das ist eine Spielerei.

I. Das ist ja noch kein Gegensatz. Also eine Vielfalt von Kreisen oder eine Spielerei. Das ist richtig, fahren Sie bitte fort!

T. Daß die Quadrate so aufeinandergelegt sind, daß es eben Kreise ergibt. Gleichmäßige Kreise und dadurch, daß man die Linien zwar noch erkennen kann ...

I. Ja, zum Beispiel diese Senkrechten.

T. Ich kann auch viele kleine Dreiecke zusammenlegen und habe dadurch fast einen Kreis.

I. Werden Sie denn überhaupt damit fertig, das zu sehen?

T. Nein.

I. Sie sagen nein. Obwohl es ja ganz simpel ist, es sind ja nur ein paar Raster übereinander gelegt. Ja, finden Sie denn das interessant? Er sagt, er wird nicht damit fertig, das anzuschauen. Man kann nicht sagen, jetzt habe ich das gesehen, sondern man kann die Anschauung nur abbrechen, aber nicht abschließen.

T. Man weiß im Grunde genommen, wie es gemacht ist, und man wird in der Tat nicht fertig, es anzuschauen, wenn man jetzt Quadratmillimeter nach Quadratmillimeter anschaut. Trotzdem würde ich sagen, wenn ich mich damit beschäftige, ist mir das langweilig, weil ich im Grunde nicht weiß, was das Ganze soll.

I. Ja, das ist eben sehr schwierig, verstehen Sie, das kann ich gut verstehen …

T. Ich kann zwar jede Ecke anders sehen, und die Geometrie ist jedesmal anders. Aber im Grunde genommen sage ich mir, da ist nichts Faßbares dabei.

I. Ja, das kann natürlich aber auch gerade die Sache sein! Also verstehen Sie, im Grunde genommen kann ich mir vorstellen, daß eine Spannung zwischen dem ganz simplen System, was ich auch ganz schnell durchschaue und was ich auch nachbauen kann auf der einen Seite, und der Tatsache, daß ich mit der Anschauung nicht fertig werde und es gar nicht fassen kann, es sozusagen nicht beherrschen kann, ich werde damit nicht fertig.

T. Wenn man etwas Gegenständliches sieht, ist es viel einfacher.

I. Er sagt, wenn man etwas Gegenständliches sieht, dann werde ich damit fertig, aber so nicht. Das ist genau der Punkt. Und in dem Moment, wo Sie jetzt hier *(Abb. 4)* sagen, ich sehe hier zwei Drahtgitter übereinandergelegt, sehen Sie das gewissermaßen noch als gegenständlich. Und das hindert Sie dann daran, die Vielfalt der einzelnen Formen zu beobachten. Hier *(Abb. 5)* ist die Sache im Prinzip genauso einfach, nur etwas vermehrt im System, und jetzt wird man damit nicht fertig. Man wird – das muß klar gesagt werden – mit etwas nicht fertig, was ganz einfach ist. Bitte schön!

T. Herr Professor, es ist ja so, man könnte ja hier nur – also ich habe immer den Grundgedanken dabei, das sind also Drahtgitter, also ähnlich wie Baugitter – und dann stelle ich mir vor, hier hat er die so und dann so gelegt und hier liegen sie jetzt wild durcheinander. Aber wenn ich jetzt die einzelnen Linien verfolge, dann gibt es zwar zwei oder drei Matten, die man also hier auf dem Bild übereinander legen könnte, aber dann kommt da eine Irritation rein, dann verstehe ich auf einmal die anderen Linien nicht mehr …

I. Ja, passen Sie auf, das war ja der Punkt. Der Herr meinte ja, da hätte der Künstler gekrückt. Verstehen Sie, das ist jetzt genau der Punkt, daß die Irritation gewissermaßen aus dem System selber folgt! Da ist nichts dran manipuliert. Da sind einfach die Drähte übereinander gelegt.

T. Immer die gleichen Matten mit …

I. Ja, in verschiedenen Winkeln, aber … Immer die gleichen Quadrate.

226

T. Aber da sind doch eigentlich keine direkten Kreise drin …

I. Nein, sind auch nicht drin.

T. Muß das denn jetzt so sein?

I. Nein. Muß es so sein? Verstehen Sie, nur ist es so, wenn ich Ihnen jetzt fünf Raster auf dem Boden nebeneinander lege, dann ist das eine simple Sache, und wenn ich sie in einem bestimmten Winkel übereinander lege, dann resultiert daraus etwas, womit ich überhaupt nicht mehr fertig werden kann. Und das ist eigentlich alles. Was Sie gesagt haben, bei der gegenständlichen Malerei werde ich damit fertig. Dann sage ich, das ist ein Baum oder meine Tante oder so, dann werde ich damit fertig. Hier werde ich nicht damit fertig! Hier werde ich mit einer Erscheinung konfrontiert, die ich im Grunde genommen nicht mehr beherrschen kann, die aber auf eine ganz simple Weise entstanden ist. Das könnte ja etwas sein, worüber sich nachzudenken lohnt.

Die Seminare Max Imdahls im Bayerwerk Leverkusen fanden zwischen Februar 1979 und Oktober 1980 statt; Tonbandprotokolle dieser Veranstaltungen erschienen unter dem Titel *Arbeiter diskutieren moderne Kunst. Seminare im Bayerwerk Leverkusen* bei Kunstbuch Berlin/Rembrandt Verlag, Berlin 1982; dieser Ausgabe folgt der auszugsweise Nachdruck. Die verwendeten Abkürzungen stehen für Imdahl *(I.)* und Teilnehmer *(T.)*.

Michael Hesse

Bauwerk und Betrachter

Ästhetische Erfahrung in der Architektur

Michael Hesse beleuchtet die Geschichte der Architektur unter dem Aspekt, der eine Anschauungslehre am deutlichsten herausfordert: Motivische oder gestalterische Ähnlichkeit und phänomenologische Übereinstimmung, die sich zwischen Bauten der frühen Neuzeit bis in die Gegenwart findet, stellt die ästhetische Erfahrung vor das Problem der differenzierenden Interpretation. Handelt es sich lediglich um Kopien, um einen sinnleeren Eklektizismus und um architektonische Plagiate, oder handelt es sich bei den Bauwerken, die ihre historischen Vorbilder wiederholen, um jeweils selbst bedeutungsstiftende Werke? Und wenn ja, unter welchen Rahmenbedingungen ästhetischer Erfahrung?

Zur Klärung dieser Fragen wird für einen erweiterten Werkbegriff plädiert, der im Sinne einer Kontextualisierungsleistung des Rezipienten zu verstehen ist. Ob dabei zum Beispiel Architektur als Diskurs über Architektur erkennbar wird oder ob etwa die Auflösung des klassischen Architekturkonzepts zugunsten ästhetischer Autonomieansprüche sich manifestiert – es zeigt sich, daß ein Wiederschreiben und Wiederaneignen, ein Neureflektieren und Sich-Selbst-Thematisieren von eminenten Positionen der Kunst- oder Architekturgeschichte nicht alleine ein Merkmal postmoderner Kunst ist, sondern einen permanenten Prozeß darstellt.

Hesse nimmt so die Intertextualitätsdebatte implizit wieder auf und kann zeigen, daß die These einer autoren- und subjektlosen Werkproduktion, in der ein Werk schon immer nur das Resultat anderer Werke ist, der ästhetischen Erfahrung nicht standhält. Originalität und Authentizität sind hier keine hermeneutische Illusion, sondern der Vergleich der Positionen ergibt gerade das besondere Vergegenwärtigungsvermögen der kreativen Einzellösungen – und zwar unter der Voraussetzung und Bedingung einer intertextuellen Architekturrede, die das Zitierte aber zugleich immer schon mit dem Neuen anreichert und überbietet.

Der Autor verwirklicht so die Jaußsche Forderung, ›Intertextualität‹ zu einem brauchbaren Begriff zu machen, indem man sie von ihrem überfrachteten ›Mythos‹ befreit und zu einer deskriptiven Kategorie entwickelt.

J.S

I

Spätestens im ausgehenden 18. Jahrhundert endet mit dem Abbau der normativen Produktionsästhetik und der Verbindlichkeit der klassischen Tradition auch die konventionalisierte Rezeption von Architektur. Ästhetische Erfahrung wird zunehmend zu einer individuell bestimmten Angelegenheit, deren Gegenstände immer weniger intersubjektiv vermittelbar erscheinen. Entsprechend beschäftigen sich inzwischen eigene Wissenschaftszweige der Kunstgeschichte und ihrer Nachbardisziplinen mit den Rezeptionsbedingungen, fragen zum Beispiel nach mentalitätsgeschichtlichen, sozialen oder geschlechtsspezifischen Voraussetzungen der Auseinandersetzung mit dem Kunstwerk. Ästhetische Erfahrung ist Pluralismus ästhetischer Erfahrungen. Vor dem Hintergrund heutigen Kunstbewußtseins kann dieser Pluralismus nicht mehr, wie noch vor zwei, drei Jahrzehnten, mit einer durch das Kunstwerk selbst gestifteten, kalkulierten Sinnoffenheit begründet werden. Man hat sich von der Vorstellung verabschieden müssen, nach der sich das Kunstwerk mit seinen verschiedenen Betrachtern ins Benehmen setzt und sie, ungeachtet individueller Voraussetzungen, Einstellungen und Erkenntnisinteressen, bei werkgerechter Betrachtung an derselben, im Wesenskern des Kunstwerks selbst angelegten Wahrheit teilhaben läßt. Vielmehr ist die Vorstellung kalkulierter Sinnoffenheit der Einsicht in die Tendenz zur Beliebigkeit gewichen – dies um so mehr, als sich die abendländische Kulturtradition auflöst und ihre Welterklärungsmodelle an Allgemeinverbindlichkeit verlieren. Angesichts dieses sich ständig weitenden Spektrums ästhetischer Erfahrungen übernimmt die Kunstgeschichte auch die Funktion einer Art Archiv des ästhetischen Erfahrungsschatzes. Als Teil des kollektiven Gedächtnisses hat sie zum einen – etwa in der Bauforschung – die Aufgabe, die Artefakte zu erschließen und in ihrem Bestand zu sichern, sie zu klassifizieren und zu konservieren. Zum anderen wird sie als Auslegungswissenschaft zur Interpretations- und Vermittlungsinstanz, die aus dem Erfahrungsschatz Optionen für Kunstproduktion und -rezeption zu aktualisieren hat. Damit kann sie zugleich Orientierungen im Umgang mit der Fülle des medial verfügbaren und zum Teil mehrfach aufbereiteten Materials bieten.

II

Noch bis weit ins 20. Jahrhundert hinein schien die Architektur den Kunstgelehrten – anders als die Bildkünste – bei aller Gebrauchsbindung weitgehend unabhängig von inhaltlicher Fremdbestimmung zu sein und in besonderer Weise immanenten Formgesetzen zu folgen. Diese Auffassung wurde erstmals erschüttert, als man mittelalterliche Bauten als Bedeutungsträger zu erklären suchte oder Architektur als abbildende Kunst begriff. Mit der Aufarbeitung der Vitruvianischen Tradition, der Bestimmung der vormodernen Architektur als rhetorischer Kunst und der Erforschung der Bedeutungskonventionen des klassisch-akademischen Architektursystems ist die Baugeschichte dann einer Tendenz der allgemeinen Kunstgeschichte gefolgt, in der sich Ikonographie und Ikonologie als dominierende Erklärungsmethoden etablieren konnten.

Die hier vorgestellten Bauanalysen zielen nicht darauf ab, einen grundsätzlichen Widerspruch zwischen solchen historischen Ansätzen wie Motivkunde, Typologie, Gattungs- und Funktionsgeschichte oder Architekturtheorie zum einen und der unmittelbaren anschaulichen Erkenntnis zum anderen zu konstruieren. Im Gegenteil sollen die historischen Ansätze als hilfswissenschaftliche Verfahren verstanden werden, mit denen die phänomenologische Auseinandersetzung am Maßstab historischer Rahmenbedingungen und Seheinstellungen einer ständigen Prüfung unterzogen werden kann, um ein Bauwerk in seinem Kontext zu begreifen. Der Baugeschichte fehlt noch weitgehend ein Problembewußtsein für die Aktualisierung des Bauwerks als eines ästhetischen Gegenstandes vor dem Horizont seiner Entstehungsbedingungen, also für das, was man inzwischen in der Musik als historische Aufführungspraxis bezeichnet. Es geht dabei keineswegs um den Anspruch, ein Bauwerk erschöpfend aus seinen jeweiligen Bedingtheiten zu erklären, sondern darum, in der Rekonstruktion der Bedingtheiten gerade deren je besondere Überbietung freizulegen. Dieser Beitrag versteht sich daher als Plädoyer für eine anschauungsintensive Auseinandersetzung mit den Phänomenen, aber korrigiert durch den Versuch einer wissenschaftlich abgesicherten Rekonstruktion ihrer historischen Voraussetzungen und zeitgenössischen Rezeptionshaltungen. Gewählt wurden mit Absicht drei Gruppen einander überaus ähnlicher Bauten von der frühen Neuzeit bis in die Gegenwart. Sie alle verwenden Motive oder Gestaltungsschemata des sogenannten Palladianismus. Die Beispiele stammen entweder von Andrea Palladio selbst oder beziehen sich auf sein Vorbild. Gerade die weitgehende Übereinstimmung aufgrund genau umrissener motivischer und typologischer Vorgaben – ein Merkmal palladianischer Architektur – erfordert eine präzise phänomenologische Arbeit. Die drei Gruppen ergeben sich aus drei verschiedenen palladianischen Mustern: der Villenfassade mit zentraler Säulenstellung, der Loggia mit Kolossalordnung und dem nach vier Richtungen ausstrahlenden Zentralbau mit mittlerem Hauptraum.

III

Andrea Palladios Villa Emo (Abb. 1) in Fanzolo di Vedelago bei Treviso, wohl um 1565 fertiggestellt, gilt als eine der vollkommensten Schöpfungen des Architekten und als exemplarische Lösung der Bauaufgabe.[1] Insbesondere das Fassadenschema des Herrenhauses ist unzählige Male kopiert, variiert, paraphrasiert oder zitiert worden, schon in der Palladio-Nachfolge auf der venezianischen Terraferma, dann im nordeuropäischen Barock, im Georgianischen England, im internationalen Klassizismus um 1800, im Federal Style der USA und so fort bis hin zu nostalgischen Stilübungen oder postmodernen Stilreflexionen in der jüngsten Architektur. Und völlig abgelöst von der ursprünglichen Bauaufgabe, ja sogar vom Bauen überhaupt, steht die palladianische Villenfassade als Kunstformel so sehr für Würde, Reichtum und zeitlose Eleganz, daß sie selbst im Design der Frontpartie klassischer Luxuslimousinen aufzuspüren ist.[2]

Heutige Betrachter, vor allem wenn sie aus Kunstlandschaften mit palladianischer Bautradition kommen, mögen Palladios Bau angesichts seiner Wirkungsgeschichte fast als Übererfüllung ihrer Seherwartungen erleben. Womöglich enttäuscht die Villa Emo als Archetypus einer Kunstformel, die durch übermäßigen Gebrauch verbraucht erscheint und die an zahlreichen Nachfolgebauten eine oft weit komplexere Anwendung fand. In diesem Fall wäre der Einfluß der Wirkungsgeschichte zu korrigieren durch die Arbeit an einer Seheinstellung, die das Werk Palladios von seinen Voraussetzungen her begreift. Denn die Kunstgeschichte schreitet im Dienst ästhetischer Erfahrung nicht wie die Naturwissenschaften von Pro-

1 Andrea Palladio, Villa Emo, Fanzolo di Vedelago, um 1565

blem zu Problem, um jeweils neue Lösungen zu finden. Vielmehr versucht sie, angesichts der bereits im Kunstwerk gegebenen Lösungen die der Lösung voraufgehenden Probleme zu rekonstruieren, um die jeweilige Lösung als Lösung bewußt zu machen.

Im Fall der Villa Emo wären, um nur einiges herauszugreifen, etwa folgende Vorgaben zu rekonstruieren: die Bautypologie der Zweiturmvilla in Venetien, der Anspruch des Herrenhauses als Residenz des Besitzers im Zentrum des Anwesens, die Abgrenzung gegenüber den Wirtschaftsgebäuden und der Welt der Bediensteten, die ideologische Überhöhung der Landwirtschaft und der ländlichen Lebensweise in der patrizischen Gesellschaft Venedigs im 16. Jahrhundert sowie selbstverständlich auch das verfügbare Formenrepertoire der klassischen Architektur.[3] So wird nicht nur die unmittelbar evidente monumentale Verselbständigung des

232

Hauptbaukörpers als besonderer Baugedanke bewußt, sondern auch die Kühnheit der mittleren Loggia. Neu ist hier bereits die antikische Säulenfolge toskanischer Ordnung. Indem die Säulen aber zusätzlich von einem Dreiecksgiebel überfangen werden, erscheint die Mitte des Hauses als Tempelfront nach der Bauweise der Alten. In seinem Architekturtraktat hatte Leon Battista Alberti ausdrücklich darauf hingewiesen, daß es unangemessen sei, wenn der Giebel eines Privathauses mit der dem Tempel vorbehaltenen Majestät wetteifere.[4] Die Übertragung eines Elements der Sakralarchitektur auf den Profanbau war demnach so außerordentlich, daß es dafür einer Legitimation bedurfte.

Palladio fand bekanntlich zu einer theoretischen Legitimation in einem Entwicklungsmodell, das, Vitruv folgend, von den primitiven Behausungen des Menschen über die Wohnbauten der Alten zu deren Tempelarchitektur fortschreitet.[5] Palladio sucht also den Vorwurf einer unschicklichen Sakralisierung des Privathauses zu entkräften, indem er das Verhältnis von Vorbild und Nachahmung umdreht: Keineswegs hätten sich die Giebelfronten der Privathäuser eine ursprünglich dem Sakralbau vorbehaltene Würdeform angeeignet, sondern im Gegenteil übertrugen schon die Alten die Prinzipien des Wohnbaus auf öffentliche Gebäude und Tempel.[6]

Die theoretische Legitimation des mit der Tempelfront vollzogenen Decorumsverstoßes ist demnach nicht bloß ein Wissens- oder Bildungsgut außerhalb des Werkes, sondern im Gegenteil integraler Bestandteil von dessen Baugedanken. Baugestalt und Theorie lösen das Problem, den Vorwurf unangemessener sakraler Überhöhung abzuwehren und zugleich eben diese sakrale Überhöhung kopräsent zu halten.

Nachdem die palladianische Villenfassade selbst zu einer Konvention für entsprechende Bauaufgaben geworden war, bedurfte die Säulenfront nicht länger der Legitimation. So verhält es sich beim Petit Trianon in Versailles.[7] Das Lustschlößchen, 1763 bis 1767 von Jacques-Ange Gabriel für Ludwig XV. errichtet, entspricht in motivisch-typologischer Hinsicht völlig den Schicklichkeitsvorstellungen der Zeitgenossen. Wenn Gabriel an den Fassaden das Schema des Palladianischen Herrenhauses aufgreift und variiert, dann erfüllt er damit die Konventionen klassischer Architekturlehre über die angemessene Gestaltung eines Bauwerks unter Berücksichtigung der Bauaufgabe wie der gesellschaftlichen Stellung des Bauherrn.

233

Denn hier hat sich der König tatsächlich eine Art Herrenhaus inmitten eines landwirtschaftlichen Musterbetriebs bauen lassen, als Ort der Erholung und der Pflege seiner wissenschaftlichen Neigungen. Und die Aufsockelung der korinthischen Kolossalordnung an der Hofseite durch ein Podiumsgeschoß vermittelt die Villenfront mit einem Leitmotiv königlicher Bauten des Ancien Régime, nämlich der Auszeichnung der Etage noble durch ein schlichtes Untergeschoß nach dem Vorbild italienischer Paläste.

Zur gleichen Zeit wie das Petit Trianon ist die Pfarrkirche Saint-Philippe-du-Roule entstanden, damals westlich vor den Toren von Paris gelegen, heute mitten in der Stadt.[8] Jean-François-Thérèse Chalgrin lieferte 1764 den Entwurf. Die Front der Kirche zeigt wiederum, und zwar geradezu lehrbuchhaft, das Schema einer Palladio-Villa. Hinter der römisch-dorischen Portikus führt das Hauptportal in das Mittelschiff der Basilika. Und durch die Türen, die in den seitlichen Massiven an die Stelle der Villenfenster getreten sind, erreicht man die Seitenschiffe.

Vor dem Hintergrund unserer bisherigen Überlegungen könnte man meinen, die Würdeform der Portikus sei einem solchen Sakralbau angemessen. Und doch brach diese in allen Detailformen so regelgetreue Fassade zu ihrer Entstehungszeit mit der überkommenen Typologie. Kirchenfassaden sahen bis dahin in Frankreich ganz anders aus. Ohne Inschrift und Tympanonrelief ist Saint-Philippe kaum als Kirche zu identifizieren. Erstmals tritt hier die palladianische Villenfront in der katholischen Sakralarchitektur als Kirchenfassade auf. Im historischen Kontext ist Saint-Philippe eher Symptom für die Auflösung als für die Bestätigung des klassischen Architekturkonzepts. Die konventionelle Gattungslehre wird in Frage gestellt, wenn zur gleichen Zeit und in derselben Kunstlandschaft ein königliches Schlößchen und eine Pfarrkirche eine motivgleiche Fassade aufweisen. Die Entsemantisierung der Architektur zugunsten ästhetischer Autonomieansprüche ist unverkennbar.

Vollends befremdlich muß das Haus erscheinen, das sich Marie-Madeleine Guimard, Primaballerina der Pariser Oper, 1770 an der Chaussée d'Antin vor Paris nach Plänen von Claude-Nicolas Ledoux errichten ließ.[9] Der Hoffront des Pavillon Guimard (Abb. 2) liegt wiederum unverkennbar das Palladianische Villenschema zugrunde, wenn auch mit leicht abgewandeltem Mittelteil. Hinter der ionischen Säulenstellung schwingt die Außenwand wie in römi-

234

schen Thermensälen als Konche ein. Diese motivische Variation hebt die Kolonnade hervor und betont die tempelartige Erscheinung. Überdies muß die Säulenstellung angesichts der Reliefs über Türen und Fenstern sogar als zwei Geschosse übergreifende Kolossalordnung gelesen werden.

Mit dieser monumentalen Säulenfront läßt der Pavillon Guimard jede Schicklichkeit außer Acht.[10] Es handelt sich um ein Privathaus, doch wird dieses wie ein Hôtel disponiert. Aber selbst für ein solches Stadtpalais einer Person von Stand wäre nach den Maßstäben der klassischen Architekturrede die tempelartige Portikus mit ihren Kolossalsäulen nicht ohne Vermessenheit gewesen. Mademoiselle Guimard war nicht von Stand. Im Gegenteil, als Tänzerin stand sie in zweifelhaftem Ruf, nicht zuletzt wegen zahlreicher wohlhabender Liebhaber, die sie aushielten und ihren luxuriösen Lebensstil ermöglichten. Dementsprechend fällt Denis Diderots Kommentar zum Haus Guimard aus: »A Paris, une courtisane rentre chez elle en passant à travers les colonnes.«[11]

Diderot geht es wohl weniger darum zu moralisieren, wie auch Guimard mit ihrem Haus wohl kaum provozieren wollte. Vielmehr

2 Claude-Nicolas Ledoux, Pavillon Guimard, Paris, 1770

235

stellt Diderot den allmählichen Verlust klassischer Konventionen fest. In der Architektur der Aufklärungszeit interessieren die Bauformen zunehmend als Formen und immer weniger als Bedeutungsträger. Nicht nur Königsschloß und Pfarrkirche, sondern eben auch das Haus einer Kurtisane können dasselbe Fassadenschema zeigen. Allerdings war das überkommene Regelwerk im Bewußtsein der Zeitgenossen noch immer derart verbindlich, daß Ledoux' Lösung als Regelverletzung aufgefaßt werden konnte. Diderots Bemerkung ist dafür der beste Beleg. Die Architektur steht zwar schon unter dem Primat der Ästhetik, aber noch sind die klassischen Konventionen nicht gänzlich außer Kraft gesetzt. Dementsprechend versucht das Bildprogramm des Pavillons, die Spannung zwischen tradierter Norm und Autonomieanspruch zu mildern.[12]

Auf dem Gebälk des Peristyls zeigt eine Figurengruppe die Krönung Terpsichores. Die Muse der Tanzkunst hält in ihrer Linken die Leier und stützt sich mit ihrer Rechten auf die Weltkugel, während sie von Apoll, Gott der Künste und Musenführer, bekränzt wird. Ebenfalls huldigt ihr der Fries über den Türen der Exedra. Terpsichore thront, die Harfe schlagend, auf einem Triumphwagen, der von Putten gezogen und geschoben wird. Bacchantinnen führen den Aufzug an. Die Grazien und die Musen der Musik folgen dem Wagen. Tanzende und Zimbel spielende Faune als Vertreter des Charaktertanzes beschließen den Zug. Setzt man das ikonographische Programm der Skulpturen an der Eingangsseite in Beziehung zur tempelähnlichen Säulenfront, so gibt sich das Privathaus der Tänzerin als Tempel. In diesem Tempel der Terpsichore ist die Hausherrin sowohl Priesterin der Tanzkunst als auch Verkörperung von deren Muse. Tatsächlich konnte Guimard auf ihrem Besitz der Tanzkunst dienen, denn im Torbau des Hauses verfügte sie über ein kleines Privattheater. Die Gleichsetzung der Tänzerin mit Terpsichore zeigte zur Evidenz die Innendekoration des Pavillons. Auf vier großformatigen Leinwandbildern Fragonards erschien die Muse in Gestalt der Hausherrin oder eben die Hausherrin in Gestalt der Muse. Die *Correspondance Littéraire* bemerkt zu dieser »maison-temple«: »Mlle Guimard y est représentée en Terpsichoré, avec tous les attributs qui peuvent la charactériser de la manière du monde la plus séduisante. [...] L'hôtel de Mlle Guimard est presque achevé; si l'Amour en fit les frais, la Volupté même en dressa le plan, et cette divinité n'eut jamais en Grèce un temple plus digne de son culte.«[13]

236

In der älteren Architektur erlauben Bedeutungskonventionen und Schicklichkeitsregeln dem Auftraggeber und seinem Architekten, innerhalb eines verbindlichen Gattungsstils die besondere Baugestalt einem a priori gegebenen Programm dienstbar zu machen. Im Falle von Ledoux' Pavillon Guimard dient das mythologisierende Programm nurmehr der nachträglichen Legitimation autonomer, das traditionelle Architekturkonzept aufkündigender Baugedanken.

IV

Unter motivkundlichen Aspekten nahezu identisch sind die Fassaden von Andrea Palladios Loggia del Capitaniato in Vicenza (Abb. 3) und Victor Louis' Bauten am Palais-Royal in Paris (Abb. 4). Beide Fronten zeigen eine Abfolge gleicher Traveen. Bei beiden werden zwei Geschosse durch eine wuchtige Kolossalordnung mit Kompositkapitellen übergriffen. In beiden Fällen öffnen sich im Erdgeschoß die Bogenstellungen eines gedeckten Gangs, weisen die großen, balustradengesicherten Hochrechteckfenster darüber das Piano nobile bzw. die Etage noble aus, erhebt sich oberhalb des weit ausladenden Kranzgesimses hinter Balustraden ein Attikageschoß. Ganz offensichtlich hat der bedeutende französische Architekt des Frühklassizismus die Schöpfung des berühmten Renaissancebaumeisters eingehend studiert und weitestgehend übernommen.

Doch auch in diesem Fall erschließt sich das Besondere der Baugedanken nur in der Rekonstruktion des jeweiligen historischen Kontextes. Man könnte sogar zugespitzt formulieren, daß erst die Kontextualisierung die Augen für eine detailgetreue Unterscheidung überaus ähnlicher Phänomene öffnet. Zum einen ist intensive Anschauung die Voraussetzung einer ästhetischen Erfahrung, die auch ein historisches Erkenntnisinteresse befriedigen kann. Zum anderen kann historisches Wissen die Seheinstellung schärfen. Gehen wir wiederum von der Bauaufgabe aus. An Palladios Loggia, zwischen 1571 und 1582 errichtet, erscheinen die Würdeformen und die monumentale Fassadengestaltung überaus angemessen, denn der Bau war ursprünglich als Versammlungsort des Großen Rats der Stadt Vicenza und sodann als Sitz des venezianischen Statthalters vorgesehen.[14]

3 Andrea Palladio,
Loggia del
Capitaniato,
Vicenza, 1571–1582

Ganz anders in Paris. Hier handelt es sich um Wohnhäuser mit Ladenlokalen, die 1781 bis 1783 nach Entwürfen von Victor Louis ausgeführt wurden.[15] Ausgefallen ist allerdings der Ort. Das Palais-Royal, einst Besitz Richelieus, dann der Krone, war im 18. Jahrhundert Stadtpalast der Orléans, einer Nebenlinie des bourbonischen Königshauses. Louis-Philippe von Orléans, Herzog von Chartres, später als Revolutionär durch den Namen Philippe-Egalité geehrt, nutzte diesen Besitz für eine der größten Bauspekulationen im Paris des ausgehenden 18. Jahrhunderts. Der Herzog ließ seinen Palastgarten an drei Seiten durch Gebäude mit eleganten Wohnungen und Ladenlokalen rahmen, eine Bebauung, die, durch rückwärtige Straßen erschlossen, mit ihren Hauptfassaden auf die innere Gartenfläche hinausgeht. Ratlos angesichts dieser auftrumpfenden Fassaden, sucht ein zeitgenössischer Kunstführer sie nicht als

238

Außenseiten der neuen Häuser, sondern als Binnenfront das Palasthofs zu verstehen und damit als adäquate Umrahmung des Wohnsitzes eines Prinzen aus der Maison de France.[16] Eine wenig plausible Erklärung, wenn man den formalen Unzusammenhang zwischen Palast- und Gartenfassaden in Rechnung stellt, wobei die Gartenbebauung sogar das Palais im dekorativen Prunk der kompositen Kolossalordnung überbietet. Signifikant sind allerdings die Unterschiede zwischen Palladios Loggia und Louis' Palais-Royal-Bauten. Alles, was bei Palladio plastisch-körperlich modelliert ist, wird bei Louis in die Fläche verlegt, am deutlichsten erkennbar an den gerundeten Säulenvorlagen der Loggia, die in Paris durch Pilaster ersetzt sind. Eine derartige Veränderung hat zwar Folgen für die Raumerfahrung, unter bauikonographischen Gesichtspunkten ist sie allenfalls eine Motivvariante. Jedoch sind beim Palais-Royal die Fassadenelemente nicht nur auf die Fläche bezogen, sondern ausdrücklich als Applikat bloßgestellt, so daß es zu einer evidenten Spannung zwischen Bauformen und struktureller Logik kommt.

Palladio bildet die Kolossalordnung unten aus Halbsäulen, läßt diese aber oberhalb des Gesimses zu drei Vierteln aus der Wand hervortreten und erweckt damit die Vorstellung eines im Massiv geborgenen, potentiell vollrunden Gliedes. In Paris hingegen wären die an entsprechender Stelle auftretenden Pilaster per se schon flach genug. Doch lassen sie sich nicht eimal als Frontseiten eines im Grundriß quadratischen Pfeilers lesen, denn die gesamte Stütze ist dafür nicht tief genug. Der Pilaster wirkt eher wie ein vorgelegtes Brett. Dies mag die Zeitgenossen um so mehr befremdet haben, als gerade im französischen Frühklassizismus Architekturtheorie und -praxis die Reinheit und Sinnfälligkeit der Bauformen postulieren.[17] Demnach sind möglichst freistehende Säulen zu bevorzugen, während der Pilaster als Lüge gilt.[18]

Doch Victor Louis steigert sogar die Erscheinung einer reinen Schauwand ohne alle Tiefe noch, indem er die Kanten der Pfeiler und Bögen auf der Rückseite aushöhlt und damit die Massive nochmals reduziert, das Brett sozusagen mit einem weiteren Brett hinterlegt.[19] Ebenso platt sind trotz reicher Dekoration auch Zwischengesims, Balustraden und Fensterrahmungen. Am Gebälk ist die raumgreifende Verkröpfung des Palladio-Baus entfallen. Nichts zeigt deutlicher die Umbildung ins Dekorative als die festongeschmückten Konsolen und die in den Fries eingefügten Fenster.

4 Victor Louis, Häuser am Palais-Royal, Paris, 1781–1783

Nun muß aber eben wegen dieser Fenster die obere Faszie des Architravs abschnittsweise abgesenkt werden. Louis nutzt dies wiederum für einen ausgesprochenen Schauwandeffekt. Denn die Absenkungen suggerieren, bei dreidimensionaler Lektüre der Formen, einen verkröpfungsartigen Rücksprung, der aber sogleich als Illusion durchschaut werden kann.

Wie sind die überaus originellen Fassaden am Palais-Royal zu verstehen? Das Anspruchsniveau des Auftraggebers und der Rang des Architekten, die gestalterische Sicherheit des Ganzen und die Raffinesse der Details schließen einen künstlerischen Fehlgriff aus. Handelt es sich vielleicht nur um eine angesichts der kommerziellen Bauaufgabe besonders gefällige Lösung, die bewußt alle Konventionen der Schicklichkeit hinter sich läßt, um Anwohnern und Kunden ein luxuriöses Ambiente zu bieten?[20] Oder reflektiert der Architekt womöglich die beginnende Auflösung des überkommenen Architekturkonzepts? Unterhält er vielleicht sogar sein Publikum mit einem geistreich-ironischen Diskurs über die Entwertung der traditionellen Würdeformen, ohne dabei auf deren unbestreitbar dekorative Qualitäten zu verzichten? Ist es eine Architektur, die Lust an der wohldosierten Subversion mit dem Ausdruck überfei-

240

nerten Lebensgenusses verbindet und sich darüber auch noch mit allen Beteiligten per Augenzwinkern verständigt?

Solche Fragen an Victor Louis' Fassaden mögen reichlich postmodern klingen und vielleicht sind sie so auch erst nach dem grundlegenden Wandel des Kunstbewußtseins in den letzten Jahrzehnten zu stellen. Doch würde eine Festlegung auf die eine oder andere Deutung sowohl dem baulichen Sachverhalt selbst als auch unserem Kenntnisstand über die Kunstsituation des Frühklassizismus nicht gerecht. Die Auflösung des klassischen Architekturkonzepts im späten 18. Jahrhundert, der Abbau der normativen Ästhetik und der wachsende künstlerische Autonomieanspruch markieren einen gewichtigen Schritt hin auf eine zunehmende Selbstreferenzialität der Architektur. Seitdem beziehen sich Bauten und Entwürfe nicht länger nur auf ältere Vorbilder, um nach der Anleitung eines Kunstrezepts anerkannte Lösungen motivisch oder formal nachzuahmen. Bauten und Entwürfe werden zu einem Medium, in dem Architektur sich selbst und ihre Geschichte reflektiert. Entsprechend hat sich der Werkbegriff geweitet, und ästhetische Erfahrung setzt beim Rezipienten eine immer komplexere Kontextualisierungsleistung voraus. Dies soll abschließend eine Gegenüberstellung zweier zeitgenössischer Gebäude erweisen.

V

Michel Graves' 1986 fertiggestelltes Crown American Building (Abb. 5) in Johnstown, Pennsylvania, weckt im Betrachter sofort Erinnerungen an klassisch-palladianische Architektur.[21] Das Verwaltungsgebäude erscheint, sieht man von den Vorhallen ab, als entfernter Nachkomme von Palladios Rotonda, als zentralisierender Bau mit kreuzförmig ausgreifenden Armen samt Giebelfront und akzentuierter Mitte. Allerdings geht der amerikanische Architekt nicht unmittelbar auf Palladio zurück, sondern auf palladianische Elemente in der Kunst um 1800. Unverkennbar hat Graves sein Crown American Building sehr weitgehend einem Entwurf von Claude-Nicolas Ledoux nachgebildet, und zwar dem Projekt einer ›Maison de l'éducation‹ (Abb. 6), das 1804 in Ledoux' Architekturabhandlung veröffentlicht wurde.[22]

241

Eine ausschließlich anschauungsbestimmte Rezeption könnte zum Beispiel die strenge Symmetrie von Graves' Bauwerk hervorheben, die stereometrische Klarheit, die glatten Oberflächen, die scharf eingeschnittenen Öffnungen und die kühle Vereinfachung klassischer Formen. Eine ausschließlich auf die Abhängigkeit vom Ledoux-Entwurf fixierte Betrachtung wird womöglich den Vorwurf des Plagiats erheben. Beides wird dem Crown American Building nicht gerecht, da es Graves' individuelle Konsequenzen aus der postmodernen Kunstsituation nicht als Moment der ästhetischen Erfahrung einkalkuliert.

Michel Graves hat bis Anfang der achtziger Jahre dezidiert modernistische Bauten geschaffen, welche an die klassische Moderne und den International Style anschließen.[23] Seither zeigen seine Arbeiten mehr und mehr ein festumrissenes Motivrepertoire, in welchem Elemente der Kunst Ledoux', Soanes, Gillys und anderer Architekten der Zeit um 1800 sowie Formen von Empire, Regency und Biedermeier zu einer Art Personalstil verschmolzen sind.[24] Auf die postmoderne Verfügbarkeit aller historischen Vorbilder, auf die künstlerische Akzentverschiebung von der formalen

5 Michael Graves, Crown American Building, Johnstown, Pennsylvania, 1986

Innovation hin zur permanenten Reflexion über bekanntes Material hat Michael Graves auf eine unverwechselbare Weise reagiert. Der Epochenstil, der von der Kunstgeschichte als Revolutionsarchitektur oder romantischer Klassizismus bezeichnet wird, ist von Graves aus dem Spektrum der bereitstehenden Paradigmen ausgewählt und nach einem Abstraktions- und Stilisierungsprozeß mit großem Erfolg zum persönlichen Markenzeichen erhoben worden. Eben dieses Kunstverfahren – die Reaktion auf die Kunstsituation des ausgehenden 20. Jahrhunderts und die Aneignung historischer Vorbilder – ist selbst Bestandteil des Kunstwerks.

Kein Architekt des 20. Jahrhunderts aber hat so früh und so folgenreich Begriffe besetzt, Tendenzen gefördert, Künstler protegiert und Moden kreiert, vor allem aber in seinen Bauten, Projekten und Schriften den Wandel vom modernen zum postmodernen Kunstbewußtsein vollzogen wie Philip Johnson.[25] 1982, also früher als Graves, hat Johnson bereits Ledoux' ›Maison de l'éducation‹ seinem Entwurf für das 1985 fertiggestellte Gebäude des College of Architecture der University of Houston (Abb. 7) zugrundegelegt.[26]

Johnson hat immer mit Zitaten und Paraphrasen gearbeitet, Eklektizismus zum Kunstprinzip erhoben, Architektur als geistreichen, oft ironisierenden, manchmal bissigen Diskurs über Architektur praktiziert. Sein Ästhetizismus propagiert die völlige Verfügbarkeit aller Motive und formalen Lösungen der Kunstgeschichte unter Absehung von deren ursprünglichen semantischen Implikationen. Schon Johnsons Glashaus in New Canaan von 1949 ist auch eine gebaute Abhandlung über Mies van der Rohes Farnsworth House (1945-1950), über die Stärken und die Schwachpunkte des International Style.[27] Beim AT&T Building in New York (1979-1984) hat Johnson mit dem spektakulären Chippendale-Giebel nicht nur ein aus anderen Anwendungsbereichen vertrautes Motiv zitiert, sondern überdeutlich das zitierende Kunstverfahren selbst thematisiert. Mit dem College of Architecture geht Johnson allerdings noch einen Schritt weiter. Er kommentiert hier aus der Perspektive des Eklektikers den Umgang mit dem historischen Material. Es ist unverkennbar, daß am College-Gebäude mehrere Abweichungen vom klassizistischen Vorbild darauf zielen, auf allen Seiten jeweils die räumliche Wirkung zu unterdrücken und die Flächenbindung aller Elemente zu steigern. Deshalb im Unterschied zu Ledoux kein hohes Podium und keine ausgreifenden Treppen,

243

6 Claude-Nicolas Ledoux, Entwurf einer Maison de l'education, 1804

keine loggienähnlichen Säulenstellungen am Eingang und keine Ringkolonnade auf dem Dach, sondern eine Säulenfolge über Rechteckgrundriß. Selbst die bei Ledoux vorgesehenen Kämpferplatten zwischen den Rundbogenfenstern treten nicht als plastisches Profil hervor, sondern sind nur durch den Materialwechsel – sandfarbener Kunststein statt ockerfarbener Ziegel – angedeutet. Es handelt sich gleichsam um eine Papierarchitektur, flach wie eine Blaupause – mit Sicherheit eine Anspielung auf die Bauaufgabe der Architekturschule. Man soll dem Gebäude ansehen, daß hier etwas gebaut wurde, das sich Vorbildern in Büchern verdankt. Man beachte nur die fast bündig abschließenden, ungeteilten und getönten Glasflächen der Fenster. Sie versuchen, eine Darstellungsweise alter Architekturrisse nachzuempfinden, wie sie auch in Ledoux' Illustrationen begegnet, nämlich den Verzicht auf die Angabe von Türen oder Fenstern in den Wandöffnungen.

Gerade die Reminiszenzen an die Architekturtraktate der Vergangenheit machen deutlich, daß Johnson die alte Kunst kennt und bewundert, sich aber zugleich der unüberbrückbaren Distanz zwischen ihr und seiner eigenen Arbeit bewußt ist. Es wird nachdrücklich unterstrichen, daß es sich beim College of Architecture allenfalls um einen pseudo-klassischen Bau handelt, der keineswegs in einer ungebrochenen Tradition zu stehen beansprucht, sondern vielmehr das Produkt eklektizistischer Kunstproduktion ist. Johnson ist weder Klassizist noch Historizist. Er versucht nicht, neue Normen aus der Geschichte abzuleiten. Auf der Basis einer umfassenden

7 Philip Johnson, University of Houston College of Architecture, Houston, Texas, 1982-1985

historischen Bildung wird vielmehr etwas längst Vergangenes aus Büchern hervorgeholt und ästhetisch ausgewertet. Die klassischen Modelle und ihre klassizistischen Wiederaufnahmen sind längst der eigenen Kulturerfahrung und Lebenswirklichkeit entrückt. Als bloße Anschauungsgegebenheit ist das College of Architecture für den Betrachter zweifellos ein geschmackvolles und gefälliges Bauwerk. Das Potential seiner Sinnfülle eröffnet sich jedoch erst mit einer dem erweiterten Werkbegriff entsprechenden Kontextualisierungsleistung des Rezipienten.

Anmerkungen

1   Giampaolo Bordignon Favero, *La Villa Emo di Fanzolo,* Vicenza 1970.
2   Erwin Panofsky, »The Ideological Antecedents of the Rollys-Royce Radiator«, in: *Proceedings of the American Philosophical Society* 107, 1963, S. 273-288.
3   Reinhard Bentmann und Michael Müller, *Die Villa als Herrschaftsarchitektur,* Frankfurt am Main 1970.
4   Leon Battista Alberti, *De Re Aedificatoria,* Florenz 1485, IX, 4; Leon Battista Alberti, *Zehn Bücher über die Baukunst,* ins Deutsche übertragen, eingeleitet und mit Anmerkungen und Zeichnungen versehen von Max Theuer, Wien und Leipzig 1912, S. 476 ff., S. 488.
5   Vitruvius, *De Architectura libri decem,* II, 1; Vitruv, *Zehn Bücher über Architektur,* übersetzt und mit Anmerkungen versehen von Curt Fensterbusch, Darmstadt 1976, S. 81.
6   Andrea Palladio, *I Quattro Libri dell'Architettura,* Venedig 1570, S. 69 (II,16); Andrea Palladio, *Die Vier Bücher zur Architektur,* aus dem Italienischen

245

übertragen und herausgegeben von Andreas Beyer und Ulrich Schütte, Zürich und München 1983, S. 190 f.

7 Pierre de Nolhac, *Trianon*, Paris 1927; Alfred und Jeanne Marie, *Versailles sous Louis XV*, Paris 1984; Christopher Tadgell, *Ange-Jacques Gabriel*, London 1978, S. 124 ff.

8 André Devèche, *L'Eglise Saint-Philippe du Roule de Paris*, Paris 1975.

9 Michel Gallet, *Claude-Nicolas Ledoux*, Stuttgart 1983, S. 86 ff. Der Pavillon Guimard ist nicht erhalten.

10 So behält etwa Blondel die Säulen- oder Pilasterordnung im Profanbau allein dem Wohnsitz des Herrschers und ranghohen öffentlichen Gebäuden vor. Vgl. Jacques-François Blondel, *Cours d'architecture*, 9 Bde., Paris 1771-1777, Bd. 1, S. 460, Bd. 2, S. 206, 260. Zum Begriff des Schicklichen vgl. Anne Röver, *Bienséance*, Hildesheim 1977.

11 Diderots Äußerung gegenüber Katharina d. Gr., zitiert nach Michel Gallet, »Palladio et l'architecture française dans la seconde moitié du 18e siècle«, in: *Les monuments historiques de la France* 2 (1975), S. 43-55, Zitat S. 48.

12 Michael Hesse, »Mythos und Geschichte in der Architektur der Aufklärungszeit«, in: Kunibert Bering und Werner L. Hohmann (Hrsg.), *Mythos, Realisation von Wirklichkeit?*, Essen 1988, S. 151-185, bes. S. 157 ff.

13 *Correspondance littéraire, philosophique et critique de Grimm et de Diderot. Depuis 1752 jusqu'en 1790*, 15 Bde., Paris 1829-1831, Bd. 3, S. 167 (März 1773; die Bemerkung dort Grimm zugeschrieben statt Meister, dem seit 1773 die Redaktion oblag).

14 Arnaldo Venditti, *La Loggia del Capitaniato*, Vicenza 1969.

15 Anne Forray, »Le Palais Royal de Philippe-Egalité«, in: Kat. *Le Palais-Royal*, Musée Carnavalet, Paris 1988, S. 144-172. Eine Louis-Monographie von Christian Taillard erscheint demnächst.

16 Luc-Vincent Thiéry, *Guide des amateurs et des étrangers voyageurs à Paris*, 2 Bde., Paris 1787, Bd. I, S. 265 f.

17 Robin D. Middleton, »The Abbé de Cordemoy and the graecogothic ideal«, in: *Journal of the Warburg and Courtauld Institutes* 25, 1962, S. 278-320, und 26, 1963, S. 90-123; Wolfgang Herrmann, *Laugier and the eighteenth century French theory*, London 1962; Michael Hesse, *Von der Nachgotik zur Neugotik*, Frankfurt am Main, Bern, New York 1984, S. 121 ff.

18 Michael Hesse, »Klassizismus als Auflösung des klassischen Architekturkonzepts«, in: Gottfried Boehm u. a. (Hrsg.), *Modernität und Tradition. Festschrift für Max Imdahl zum 60. Geburtstag*, München 1985, S. 105-124.

19 Daß Louis bei fast identischer Motivzusammenstellung eine plastisch durchgestaltete Fassade zu bilden weiß, zeigt das Theater von Bordeaux (1772-1780); dazu Michèle Larüe-Charlus (Hrsg.), *Le Grand Théâtre de Bordeaux*, Bordeaux 1992.

20 Dieter Kimpel, *Paris. Führer durch die Stadtbaukunst*, München 1982, S. 290 ff.

21 Karen Vogel Nichols, Patrick J. Burke und Caroline Hancock (Hrsg.), *Michael Graves. Buildings and projects, 1982-1989*, New York 1990, S. 182 ff.

22 Claude-Nicolas Ledoux, *L'Architecture considérée sous le rapport de l'art, des moeurs et de la législation*, Paris 1804 (Nachdruck Nördlingen 1987), S. 204 ff.

23   Karen Wheeler u. a. (Hrsg.); *Michael Graves. Buildings and Projects 1966-1981,* New York 1981.

24   Christian Norberg-Schulz,»Michael Graves and the language of architecture«, in: Nichols, Burke und Hancock (wie Anm. 21), S. 6-14.

25   Zu Johnson zuletzt Frank Schulze, *Philip Johnson. Life und Work,* New York 1994; Hilary Lewis und John O'Connor, *Philip Johnson. The Architect in his own words,* New York 1994.

26   *Philip Johnson/John Burgee. Architecture 1979-1985,* New York 1989, S. 136 ff.

27   Michael Hesse, »Philip Johnsons Glashaus in New Canaan«, in: Max Imdahl (Hrsg.), *Wie eindeutig ist ein Kunstwerk?,* Köln 1985, S. 131-151; Michael Hesse,»Moderne als Postmoderne«, in: *Werk, Bauen + Wohnen,* Sept. 1991, S. 36-45.

Oskar Bätschmann

Der Künstler als Erfahrungsgestalter

Daß der Betrachter einen ›aktiven Anteil an der Bildung und Umbildung von Bedeutung‹ hat, indem er ein künstlerisches Artefakt immer wieder neu zum ästhetischen Objekt konkretisiert, gehört zu den Prämissen der Rezeptionsästhetik. In der Moderne ist diese allgemeine Voraussetzung eines produktiven Verstehens von ›offenen‹ Kunstwerken mehr und mehr explizit geworden. Vom Rezipienten wurden poietische Eigenleistungen erwartet, die über eine kontemplative Passivität hinausgingen. In diesem ›Epochenwandel ästhetischer Erfahrung‹ zur ästhetischen Moderne war die Sinnerprobung und Bedeutungsfindung nicht nur an den Beschauer delegiert worden, sondern hier sah sich die Rezeptionsästhetik auch das erste Mal selbst explizit thematisiert.

Ihr hermeneutisches Diktum, daß das Werk nicht ohne seine Wirkung verstanden werden kann, steigert sich in den siebziger und achtziger Jahren in neuen Formen ästhetischer Erfahrung zur inszenierten Steuerung des Ausstellungsbesuchers.

Erfahrungsgestaltung nennt Oskar Bätschmann diese relativ neue Variante künstlerischer Produktion, in der die ›alten Positionen Künstler, Werk und Betrachter nicht mehr zu verwenden sind‹.

Der Betrachter als Teilnehmer muß hier seinen Zuschauerstatus aufgeben, um in eine Interaktion mit dem Kunstwerk zu treten. Aber ob er etwa in Irritationsvorgänge einbezogen wird oder ob Prozesse herbeigeführt werden, die Gefühle existentieller Gefährdung auslösen – wie auch immer eine solche Prozeßästhetik die Rezeptionslenkung zu einer psychisch-physischen Erfahrungssteuerung radikalisiert, was sich zeigt, ist folgendes: Trotz aller Kritik am ›White Cube‹ und am Museum bleibt die Ausstellung ein Ort des Angebots von Erfahrung, wo sich Werk und interaktiver Betrachter so begegnen, daß der Besucher ›die Erfahrung seiner selbst in der Erfahrung des anderen‹ erlebt. ›Die Erneuerung der Kunstmacht in der Erfahrungsgestaltung‹ bestätigt auf problematische Art diese Leistung der Kunst aufs neue.

J.S.

1. Beispiele für Erfahrungsgestaltung

Dieser Beitrag versucht, Erfahrungsgestaltung als relativ neue Variante der künstlerischen Produktion aufzuzeigen. Was mit »Erfahrungsgestaltung« umschrieben wird, kann am einfachsten an zwei Vorrichtungen exemplifiziert werden. Rebecca Horns *Die Chinesische Verlobte* (Abb. 1) von 1976 besteht aus einem fast zweieinhalb Meter hohen hexagonalen schwarzen Korpus mit sechs schmalen Türen. Es handelt sich um eine Art Kabine, die allerdings von der Künstlerin als »Tempel« bezeichnet wird. Eingebaut sind ein Motor für die Bewegung der Türen und ein Tonband. Die Kabine oder der Tempel lädt die Besucher (der Ausstellung) unverfänglich zum Eintritt ein bzw. dazu, sich auf ein Experiment einzulassen. Das Betreten des Kabinenbodens löst ein Programm aus, das eine Minute dauert. Über die Folge der Erfahrungen, die ein Proband mit dieser Vorrichtung machen kann, gibt es einen höchst erhellenden Text der Künstlerin:

»Ein schwarzer, sechseckiger, kleiner Tempel – alle sechs Türen stehen weit geöffnet und warten, daß du hineingehst. Betrittst du den Fußboden des Innenraums, beginnen sich alle Türen gleichzeitig, langsam, mechanisch, lautlos zu schließen. Das Licht wird allmählich um dich herum hinweggesaugt – Dunkelheit beginnt dich einzuhüllen. Der eigentliche Schock setzt viel zu spät ein, wenn du bemerkst, daß du in eine Falle geraten bist, eingeschlossen, und nicht mehr entfliehen kannst, und die Türen sich nicht mehr öffnen lassen. Die allzu langsam-gleichmäßige, natürliche Bewegung der Türen – mehr die Imitation eines sanften Atems – konnte dich überlisten, abwartend im Raum zu bleiben. Im Dunkeln eingeschlossen, versuchst du das Gleichgewicht zu bewahren, in aufrechter Haltung dich tastend an den glatt polierten Wänden festzuhalten. Doch plötzlich fühlst du dich von chinesischem Flüstern umringt; geheimnisvoll verwirrendes Necken und Kichern lenkt dich ab, umgarnt dich in zunehmender Verwirrung. Stimmen, die sich leise unterhalten, füllen den engen Raum und beginnen schließlich dich zu beruhigen, wie der unsichtbare Hauch einer musikalischen Unterhaltung. Entspannung, mehr ein Ergeben in die erzwungene, geschlossene Situation – sich der Dunkelheit und dem engen Raum zu unterwerfen – ... Und dann, viel zu plötzlich, öffnen sich alle

1 Rebecca Horn,
Die chinesische
Verlobte, 1976

Türen und entlassen dich wieder in beunruhigend blendende
Helligkeit.«[1]

Wichtig ist der Prozeß, das heißt die Abfolge von Erfahrungen
des Teilnehmers entsprechend den Verwandlungen der Vorrichtung. Der Tempel lädt durch Offenheit zum Betreten ein, dann ent-
puppt er sich als Falle, verwandelt sich in ein lichtloses Gefängnis
und schließlich erfolgt die Befreiung. Der Teilnehmer wird durch
die Einladung überlistet, vollständig isoliert und eingeschlossen oder
gefangengesetzt, der Klaustrophobie unterworfen; ihm werden Orientierung und Gleichgewicht entzogen, dann werden ihm unver-
ständliche, geheimnisvolle Worte eingeflüstert, die seinen Widerstand schwächen und ihn zur Entspannung und Ergebung oder
Unterwerfung bringen. Doch kaum ist dieser angenehme Zustand
erreicht, wird das Subjekt ausgestoßen in eine Helligkeit, die nun als
Aggression (Blendung) empfunden werden soll. Der gefangene
Teilnehmer kann den Prozeß abbrechen, indem er den Notaus-
stiegsknopf betätigt.

250

2 Bruce Nauman,
Dream Passage,
1983

Bruce Naumans *Dream Passage* (Abb. 2) von 1983 konfrontiert den Betreter des engen Korridors mit einer anderen Art von Erfahrung.[2] Gebaut ist dieser Traum-Durchgang aus einem Lattengerüst und industriellen Holzplatten. Der zwölf Meter lange *Dream Passage* besteht aus einem Eingangskorridor, einem zentralen Kubus und einem abschließenden, dem Eingang gegenüberliegenden entsprechenden Korridor. Der Eingangskorridor lädt durch helle gelbe Beleuchtung zum Betreten ein und zum Entdecken des zentralen Raums. Dieser ist möbliert mit zwei gleichen Gruppen aus Tisch und Stuhl aus schwarzem Stahl. Die eine Gruppe befindet sich am Boden in der Ecke links am Eingang des zentralen Raums, die andere ist in der diagonal gegenüberliegenden Ecke der Decke umgekehrt angebracht. Die rot-weiße Beleuchtung ist in die räumliche Umkehrung einbezogen und findet sich sowohl am Boden wie an der Decke. Im hinteren Korridor (der zur Verhinderung von unerwünschten Durchblicken geschlossen ist), wird die Um-kehrung fortgeführt, indem die Beleuchtung am Boden angebracht ist

251

ist oder anders gesagt, die Decke an die Stelle des Bodens gedreht wurde. Die Verdoppelung und Drehung des Mobiliars und der Beleuchtung im zentralen Raum führt zur Entdeckung, daß man sich in einem dreidimensionalen punktsymmetrischen Gebilde befindet. Felix Thürlemann hat die Erfahrungsvorgänge präzise analysiert: die Eingangszone, die das räumliche Koordinatsystem des menschlichen Körpers abbildet, bestätigt die räumliche Orientierung. Die symmetrische Umkehrung im zentralen Kubus verunsichert oder erschüttert diese zweifach: sie setzt einen Widerspruch zur körperlich-realen Erfahrung und sie ist ausschließlich visuell und kognitiv wahrzunehmen. Dream Passage hat damit die Wirkung, die Aufmerksamkeit vom Objekt zurückzulenken auf den Rezipienten, indem die überraschende oder phantastische (in der Wirklichkeit unmögliche) Umkehrung die Erfahrung einer Verunsicherung seiner (lebenswichtigen) räumlichen Orientierung auslöst.[3]

Mit Naumans Korridorinstallationen stellt sich das Problem der Steuerung des Publikums oder des ›performer‹. Nauman, der sich verschiedentlich über dieses Problem äußerte, sagte in einem Rückblick von 1988: »In den ersten Korridorstücken ging es darum, daß jemand anderer die Performance machte. Aber für mich bestand das Problem darin, einen Weg zu finden, die Situation einzuschränken, daß die Performance so herauskam wie ich es mir vorgestellt hatte. Irgendwie ging es um Kontrolle. Ich wollte nichts zu tun haben mit der Vorstellung von irgend jemandem über das, was getan werden könnte.«[4] Nauman erinnerte, um seine Beziehung zum Publikum zu umschreiben, an den blinden Pianisten Lenny Tristano, der durch sein hartes Spiel ohne Einleitung und Schluß das Publikum wie mit Schlägen bedrängte: »Von Anfang an versuchte ich herauszufinden, ob ich Kunst machen könnte, die das tat. Kunst, die einfach ganz plötzlich da war. Wie wenn man mit einem Baseballschläger ins Gesicht geschlagen wird. Oder besser, wie wenn man von hinten einen Nackenschlag erhält. Sie sehen es nicht auf sich zukommen; es haut Sie einfach um. Mit gefällt diese Idee sehr: die Art der Intensität, die Ihnen keine Anhaltspunkte darüber gibt, ob Sie sie mögen werden oder nicht.«[5] Naumans Mittel, dem Publikum diese Schläge oder Stöße zu verpassen, sind Verwirrung, Beschimpfung, Beleidigung, Desorientierung und Schock.

Eine spielerische und unkontrollierte Beteiligung des Publikums wie sie beispielsweise Robert Rauschenberg 1961 mit Black Market

3 Robert Rauschenberg, Black Market, 1961

(Abb. 3) vorgesehen hatte, lehnte Nauman entschieden ab.[6] Den *Schwarzmarkt* als ›participation piece‹ präsentierte Rauschenberg zuerst 1961 in der Ausstellung *Bewogen-Beweging (Motion in Art)* im Stedelijk Museum in Amsterdam und im gleichen Jahr in der Leo Castelli Gallery in New York. Der zweiteilige *Black Market,* der aus einem Bild mit einer Bewegungsanweisung und einem mit dem Bild verbundenen Koffer besteht, fordert durch zahlreiche Anweisungen zum Tausch, zur laufenden Veränderung und zur Dokumentation des Wechsels auf. Ein beliebiges der vier Objekte im Koffer sollte entnommen und gegen irgendein anderes ausgetauscht werden. Dieses mußte mit der gleichen Ziffer wie das entnommene Objekt gestempelt werden, ferner sollte eine Zeichnung des neuen Objekts in der entsprechenden Schreibklemme (›book‹) im Bild angebracht werden. Der Austausch kam zum Erliegen, weil Gegenstände und Zeichnungen entwendet wurden.[7] Die Anregung zur Mitwirkung an einem Ausstellungskunststück wurde durchkreuzt von der Lust zur Dieberei. Die Besucher, die es vorzogen, ein Stück Rauschenberg zu klauen statt sich in Mitwirkende zu verwandeln, führten das alte Kunstverständnis an diesem ›participation piece‹ wieder ein und bereiteten mit ihrer Verweigerung dem Künstler und den Organisatoren statt sich selbst eine Erfahrung.

2. Abgrenzungen

Erfahrungsgestaltung ist auf die Bereitstellung von Vorrichtungen, Einrichtungen oder Objekten gerichtet, die das Publikum von Ausstellungen mit einer unerwarteten Situation überraschen oder in einen Vorgang einbeziehen und dadurch einen Prozeß der Erfahrung auslösen sollen. Erfahrungsgestaltung zielt nicht primär auf die Herstellung von Kunstwerken mit einem traditionellen Autonomiestatus. Es liegt auf der Hand, daß auch scheinbar in sich abgeschlossene, das heißt traditionelle Werke auf Rezeption angelegt sind und beim Betrachter Erfahrungen hervorrufen sollen. Vielleicht kann man bloß eine Umorientierung konstatieren, insofern für die Erfahrungsgestaltung die Herbeiführung und Steuerung von Erfahrungen das primäre Ziel ist, dem die Erfindung und Herstellung von Vorrichtungen und Objekten dient. Die Erfindung zielt nicht auf die Herstellung eines Werks, sondern auf die Auslösung eines Erfahrungsprozesses mittels einer Vorrichtung oder mittels Objekten. Erfahrungsgestaltung impliziert den schwierigen Wandel des Publikums zum aktiven (wenn auch nicht unproblematischen) Partner und richtet sich auf Partizipation und Einbezug durch Einladung, Verlockung, Überwältigung, Schock und Gefährdung. Die bevorzugten Orte, um solche Prozesse in Gang zu bringen, waren und sind Ausstellungen. Deren Besucher wurden durch Vorrichtungen, Objekte und Installationen zu einer aktiven Beteiligung eingeladen, ein Angebot zu Erfahrungsprozessen zu nutzen. Dabei sollten die Besucher neue Aktivitäten entwickeln oder jedenfalls ihre Rolle als Betrachter (von Werken) oder Zuschauer (von Aktionen) verlassen. Das heißt, daß nicht nur die Funktion der Künstler neu zu definieren war, sondern auch die Rolle des Rezipienten und die Funktion der Objekte, der Vorrichtungen oder der Installationen. In der Geschichte des Ausstellungskünstlers stellt der Erfahrungsgestalter eine neue Variante in den wechselnden Bestimmungen des Künstlers dar.[8]

Es würde nicht genügen, nur die neuen Rollen der Teilnehmer zu analysieren, im übrigen aber das Dreieck der Rezeptionsästhetik von Künstler, Werk und Betrachter aufrechtzuerhalten. Deswegen braucht man nicht zu leugnen, daß die ernsthafte Analyse dieser Dreiecksbeziehung einen der wenigen neueren fruchtbaren Ansätze in der Kunstgeschichte erbracht hat.[9] Doch werden mit der Erfahrungsgestaltung nicht nur die Rollen von Künstler und Betrachter neu definiert und die Funktion der Objekte oder Installationen anders bestimmt, sondern die Relationen müssen neu gefaßt werden, so daß die Begriffe für die alten Positionen Künstler, Werk und Betrachter nicht mehr zu verwenden sind. Die Vorrichtungen oder Installationen, die zu Erfahrungen einladen oder sie provozieren sollen, sind ohne die Aktivitäten von Teilnehmern unvollständig. Es handelt sich nicht nur um die Einsicht Winckelmanns und Hegels, daß die Skulpturen und Bilder des Betrachters bedürfen, um zu leben oder Selbstbewußtsein zu erhalten.[10] Vielmehr wird von den Ausstellungsbesuchern erwartet, daß sie den Betrachterstatus aufgeben für Interaktionen mit den Installationen oder Objekten. Wenn sie dieser Erwartung folgen, sehen sie sich unvermittelt einbezogen in Situationen, die unangenehm, befremdlich, gefährlich oder bedrohlich sind oder zu sein scheinen; oder sie werden, wenn sie durch eine Aktivität wie Betreten oder Begehen ihr Einverständnis gegeben haben, manipuliert. Die Beschäftigung mit diesen neuen Formen verlangt, die Objektästhetik aufzugeben zugunsten einer Prozeßästhetik.[11]

Allerdings distanzieren sich die Einrichtungen, Vorrichtungen oder Objekte nur teilweise von der relativen Selbständigkeit, die den (Kunst-)Werken zugeschrieben wurde, indem diese zu unantastbaren Objekten gemacht und mit den entsprechenden Verboten umgeben wurden. Im Gegensatz zu den Kunstwerken mit Autonomieanspruch funktionieren die Einrichtungen für Erfahrung nur über die Benutzung durch aktive Teilnehmer. Trotzdem wird die Distanzierung derartiger Einrichtungen vom traditionellen Werkverständnis weitgehend eingeholt und aufgehoben. Durch die ungelösten Verbindungen mit dem Urheberrecht und den Reproduktionsgebühren wie auch durch den Versicherungswert und die Bewahrungspflicht beanspruchen auch die vorgeblich unvollständigen Erfahrungsgestaltungen wieder den traditionellen Status von allseitig geschützten und urheberrechtlich verwertbaren Kunstwerken.

3. Surrealistische Aktivierungen

Erfahrungsgestaltung rückte nach längeren Vorbereitungen in den siebziger und achtziger Jahren im Kunstschaffen und im Kunstbetrieb in den Vordergrund. In den Vorbereitungen lassen sich historisch zwei Hauptstränge unterscheiden: die surrealistischen Aktivierungen der Ausstellungsbesucher und die Erneuerung des Sublimen in der amerikanischen Malerei nach 1945.

1918 versah Marcel Duchamp in Buenos Aires eine Arbeit auf durchsichtigem Glas mit der auf einem metallenen Streifen geschriebenen Betrachteranweisung: »Zu betrachten (von der anderen Seite des Glases) mit einem Auge, von nahem, während nahezu einer Stunde.« In dieser Inschrift veränderte Duchamp eine Anweisung Leonardos an den Maler für den Gebrauch einer Glasscheibe als Hilfsmittel der Farbperspektive.[12] Bei Duchamps Glas ist von der Rückseite – mit Ausnahme der Betrachteranweisung – nichts anderes zu sehen als von der Vorderseite: eine aufgemalte Pyramide in zweifacher Perspektive, Bleifäden, rostiges Metall und ein Vergrößerungsglas. Diese kleinformatige Arbeit entstand im Zusam-

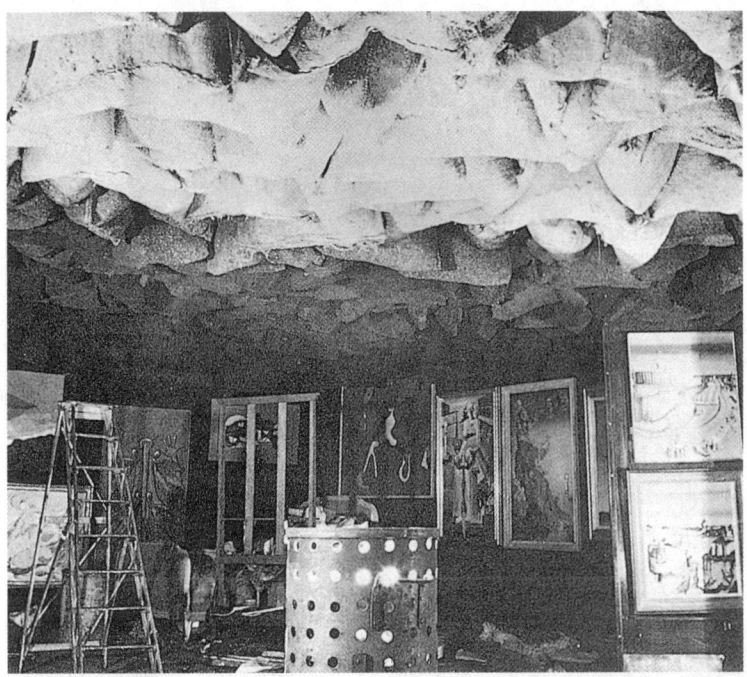

4 Exposition Internationale du Surréalisme, Galerie Beaux Arts, Paris, 1938. Hauptraum, von Marcel Duchamp eingerichtet und von Man Ray beleuchtet

menhang mit der langen Arbeit am *Großen Glas,* der heimtückischen und fallenreichen Negation des Meisterwerkes.[13]

Für die *Exposition Internationale du Surréalisme,* die 1938 in Georges Wildensteins Galerie Beaux-Arts in Paris eröffnet wurde, hatte Duchamp die Leitung übernommen. Im Entrée servierte Salvador Dalí mit dem von Efeu überwucherten *Regentaxi,* in dem die Insassen – Puppen – mit Wasser übergossen wurden, den ersten Schock. In der Abteilung *Les plus belles Rues de Paris* waren bearbeitete und meist obszön verfremdete Schaufensterpuppen zu sehen. Der folgende Raum (Abb. 4) war eine absichtlich schlecht beleuchtete vollgepfropfte Grotte. An deren Decke hing die magische Zahl von 1200 vollen Kohlensäcken (die mit Zeitungen ausgestopft waren) und verkehrten oben und unten, den Boden bedeckten ein dicker Teppich welker Blätter und ein Teich mit Seerosen, in der Mitte

257

5 Ausstellung ›Dylaby‹ im Stedelijk Museum, Amsterdam, 1962. Raum III von Daniel Spoerri

glühte ein *brasero*, ein großes Kohlebecken (aus Sicherheitsgründen elektrifiziert), an zwei Drehtüren waren graphische Blätter aufgehängt, in den vier Ecken schimmerten Seidendecken auf enorm breiten Betten, die verbleibenden Wandflächen waren von Bildern bedeckt, eine Kaffeeröstmaschine ließ die Düfte Brasiliens verströmen und aus einem unsichtbaren Lautsprecher ertönte hysterisches Gelächter von Insassen einer Irrenanstalt, damit bei den Besuchern die Lust am Lachen und Witzemachen im Keim erstickt würde.[14] Die Idee Duchamps, automatische Beleuchtungen zu installieren, die über magische Augen von den Besuchern eingeschaltet würden, konnte nicht realisiert werden. Man ersetzte dies durch die Ausgabe von Taschenlampen, doch das Publikum klaute sie, so daß schließlich eine fixe Beleuchtung eingerichtet werden mußte.[15] André Breton betonte in einer Rückschau auf die Ausstellung von 1938: »Tatsächlich zielten die Anstrengungen der Organisatoren darauf, eine Stimmung zu schaffen, die soweit wie möglich der einer Kunstgalerie abschwörte. Ich bestehe auf der Tatsache, daß sie bewußt keinem andern Imperativ gehorchten; im Rückblick von heute zeigt sich, daß die Gesamtheit ihrer Bemühungen jedoch das gesetzte Ziel überstiegen.«[16] Damit meinte Breton, daß die Ausstellung sich seither mit allzuviel Sinn aufgeladen und sich nur zu sehr als Prophezeiung des kommenden Elends des Krieges erwiesen habe.

Die Totalinstallation der Surrealisten war nicht nur eine Negation der Galerieausstellung, sondern sie leitete die Besucher zu einer umfassenden sinnlichen Wahrnehmung durch die Erregung und Fesselung von Begierden, durch die scheinbare Gefährdung, den Geruch, das Gehör und schließlich durch das Visuelle. Totale Gestaltungen mit gleichzeitiger Negation der Kunstausstellung wiederholten 1942 in New York Frederick J. Kiesler in Peggy Guggenheims Galerie und Marcel Duchamp in *First Papers of Surrealism*. Duchamp umgab in dieser Ausstellung Boden, Wände, Decke und Exponate mit einem dichten Spinngewebe aus angeblich sechzehn Meilen Schnur (tatsächlich waren es nur drei Meilen). Kiesler entwarf für die vier Räume von Peggy Guggenheims Galerie *Art of this Century* eine Installation mit gekrümmten Wänden, drehbaren Exponaten und einer Beleuchtungsvorrichtung, die durch Aufleuchten und Verlöschen das Tempo der Besucher steuerte.[17] Es ist höchst bemerkenswert, daß diese Ausstellungsinstallationen den Besuchern ein umfassendes Angebot an Sinneswahrnehmungen machten, aber gleichzeitig durch die Installation die Rezeption erschwerten und zugleich sowohl die Aktivierung der Besucher wie deren Steuerung betrieben. Die interessanteste Wiederaufnahme dieser surrealistischen Erlebniswelt war die Ausstellung *Dylaby* (Abb. 5) 1962 im Stedelijk Museum in Amsterdam, die als die engste Verschlingung von Künstlern, Ausstellung und Teilnehmern gelten kann. Das Environment, das sich über sechs Räume erstreckte, wurde zum großen Teil aus Strandgut der Zivilisation gestaltet, und die Besucher sollten nicht nur in ihrem Orientierungssinn verwirrt und durch Gespenster erschreckt werden, sondern sich in aktive Teilnehmer verwandeln, die Dinge berühren, bewegen und durch Schießen auf Farbbeutel ein paläontogisches Monster fortlaufend verändern. Nach der Ausstellung wanderte ein großer Teil der Ausstattung wieder in den Müll; erhalten blieben einige Objekte und vor allem die Dokumentation über Aufbau und Rezeption des Photographen Ed van der Elsken.[18]

4. Die Erneuerung des Sublimen

Der zweite historische Strang, der von der Erfahrungsgestaltung aufgenommen wurde, ist das Erhabene oder das Sublime. Anscheinend unvermittelt wurde das Sublime 1948 in New York zur Diskussion gestellt von der Zeitschrift *The Tiger's Eye*. Sie veröffentlichte unter dem Titel *The Ides of Art* – die Krisentage der Kunst – die Antworten der Maler Kurt Seligman, Robert Motherwell, Barnett Newman und John Stephan, des Schriftstellers A.D.B. Sylvester und des Kritikers Nicolas Calas auf die Frage »What Is Sublime in Art?«[19] Die Beiträge von Robert Motherwell und Barnett Newman argumentierten mit einer Abbreviatur der Geschichte der Kunst und der Opposition von Europa und Amerika als Gegensatz zwischen Schönheit und dem Erhabenen. Motherwell entwarf die Geschichte der modernen Kunst seit Edouard Manet und Charles Baudelaire als Bürgerkrieg zwischen der Tradition und dem Neuen. Newman, radikaler und bestimmter, zeichnete die Geschichte der Kunst als Kampf zwischen dem Schönen und dem Sublimen. In der Reflexion über das Sublime herrsche totale Konfusion, ausgenommen bei Edmund Burke mit seiner Trennung des Sublimen vom Schönen

(1757). Zwar habe die europäische moderne Kunst (seit den Impressionisten) die Schönheit zerstört, doch auch die Inhalte des Erhabenen, und sei in der leeren Welt des geometrischen Formalismus Mondrians gestrandet.[20] In Amerikas Mangel an Tradition, verstärkt durch eine umfassende Befreiung vom Gedächtnis, von Legenden und Mythen sah Newman die Chance der zeitgenössischen amerikanischen Kunst zum Sublimen. Er versicherte, daß die Bilder das natürliche Verlangen des Menschen nach dem Erhabenen bestärken würden und daß sie von jedermann verstanden werden könnten.[21]

Edmund Burke hatte in seiner Abhandlung von 1757 die Idee des Erhabenen mit dem Selbsterhaltungstrieb, die des Schönen mit dem Gesellschaftstrieb verknüpft. Die Empfindung des Erhabenen, der stärksten Gemütsbewegung, kann von allem hervorgerufen werden, was die Ideen von Schmerz oder Gefahr erregt: Riesiges, Unendliches oder Mächtiges. Wird die Gefährdung als nur scheinbar erkannt, stellt sich »delight« ein, während der Effekt des Schönen »pleasure« ist.[22] Burke definierte das Erhabene über die Empfindung im betrachtenden Subjekt, die von der Gefährdung über die Realisierung der Sicherheit zu Entzücken übergeht und in Großem oder in Mächtigem ihren Auslöser hat.

Newman gab in seiner zweiten Einzelausstellung in der Betty Parsons Gallery 1951 eine kurze Betrachteranweisung: »Es gibt eine Tendenz, große Bilder mit Distanz zu betrachten. Die großen Bilder

6 Demonstration der Betrachterdistanz zu Barnett Newman, Vir heroicus sublimis, 1950-1951

in dieser Ausstellung sind dazu bestimmt, von einer kurzen Distanz aus gesehen zu werden.«[23] Unter den neun Bildern befand sich auch Newmans erstes Gemälde mit riesigen Ausmaßen: *Vir heroicus sublimis* (242 x 541 cm, New York, Museum of Modern Art). Eine Photographie (Abb. 6) demonstriert die geringe Entfernung, in der sich die Betrachter vor dem roten Bild mit den fünf senkrechten Streifen aufstellen sollten, damit dieses die intendierte Wirkung erzielen kann: das ganze Blickfeld einzunehmen und die Betrachter einzuhüllen oder zu überwältigen. Wie bei Jackson Pollock und Mark Rothko zielt die Anweisung zur Betrachtung darauf, eine direkte Konfrontation von Bild und Betrachter herbeizuführen und die Erfahrungen zu steuern.[24] Als notwendige Bedingungen dafür gelten von der Objektseite das Großformat und das Fehlen einer kompositionellen Ordnung, ferner die Unüberschaubarkeit und die Uniformität, auf der Subjektseite die Nähe, die Konzentration und der Ausschluß aller anderen Gegenstände aus dem Blickfeld. Newman behauptete schon 1947, es gehe den jungen Amerikanern um »die Realität der transzendentalen Erfahrung«.[25]

Die Umschließung der Besucher durch Bilder in der *Rothko Chapel* in Houston, Texas, die zum Kreis geschlossenen vierzehn *Stations of the Cross* von Barnett Newman in der National Gallery in Washington D. C. wie auch das unausgeführte Kirchenprojekt von Jackson Pollock können am besten zeigen, wie eine transzendentale Erfahrung beim Besucher hervorgerufen werden soll.[26] In seinem Aufsatz »The Abstract Sublime« von 1961 griff Robert Rosenblum die Ideen von Newman über das Sublime auf und verknüpfte die Werke des ›Abstract Expressionism‹ mit der nordischen Malerei Europas um 1800.[27] Max Imdahl umschrieb in einem Aufsatz, der posthum publiziert wurde, den Vorgang zwischen Bild und Betrachter so: »Newman greift hinter jegliche mitgebrachte oder vorgeprägte, begrifflich, mathematisch, geometrisch oder auch ästhetisch determinierbare Ordnung zurück auf den Fundus der absoluten Emotion (›absolute emotion‹) als auf ein elementares menschliches Vermögen. Das Bild selbst ist dann der Anlaß oder die Nötigung, auf diesen Fundus zurückzugehen. Mit Emotion ist hier nicht ein einzelner Affekt oder ein Ensemble von Affekten (Freude – Trauer) gemeint, sondern das Erlebnis des Erhabenen, das sich verknüpft mit einer neuen Erfahrung und Erhöhung (›exaltation‹) des eigenen Selbst gerade unter dem Aufruf zur menschlichen

Selbständigkeit, Selbstverwirklichung und Selbstentfaltung. Genau darauf zielt Newmans Absicht.«[28] Sollte diese Absicht so präzise didaktisch festzulegen sein, müßte sie wie die Werke und die Betrachterreaktionen unter dem Aspekt der Erneuerung der Bildermacht kritisch untersucht werden. Es handelt sich um Bildermacht – ein Phänomen, das die Kunstgeschichte seit einiger Zeit wieder in den Blick genommen hat –, durch die mediale und verbale Steuerung der Rezeption.[29] Die opponierende Reaktion, die von der Bildermacht hervorgerufen wird, ist der ikonoklastische Akt. Man kann den zerstörerischen Angriff auf Newmans Berliner Fassung von *Who is afraid of red, yellow and blue* von 1982 von der Reflexion über die Betrachtersteuerung nicht ausschließen.[30]

5. Gefährdungen

Im Februar 1976 installierte Richard Serra in einem blendendweißen Raum der Ace Gallery in Venice (Los Angeles) zwei rostrote Stahlplatten aus industrieller Fabrikation in den Ausmaßen von je 305 x 792 x 1,5 cm und von je etwa 2500 kg Gewicht. Die eine Platte war am Boden ausgelegt, die andere an der Decke in etwa vier Metern Höhe aufgehängt und gegenüber der Bodenplatte um neunzig Grad gedreht (Abb. 7). Die Installation *Delineator* funktioniert als Erfahrungsauslöser beim Besucher, wenn dieser die Bodenplatte betritt und sich ins Zentrum begibt.[31] In einem Radiointerview vom Februar 1976 beschrieb Serra die von ihm erwartete Erfahrung, die nicht durch visuelle, sondern durch räumlich-körperliche Wahrnehmung sich vollziehe: »Da hat es eine Platte am Boden und eine Platte über dem Kopf. Und durch diese zwei in dieser Anordnung wird ein Raum hervorgebracht. Wenn Sie sich außerhalb der zwei Platten befinden, scheint die obere Platte hinauf gegen die Decke zu drücken. Diese Situation kehrt sich um, wenn Sie sich darunter begeben. Es gibt keine direkten Wege hinein. Wenn Sie gegen das Zentrum gehen, funktioniert das Werk entweder zentrifugal oder zentripetal. Sie sehen sich gezwungen, den Raum oben, unten, rechts, links, nördlich, östlich, südlich, westlich, oben, unten zur Kenntnis zu nehmen. Alle Ihre psychophysischen Koordinaten, Ihr Orientierungssinn werden sofort in Frage gestellt. Es handelt sich nicht um die gleiche Erfahrung, die Sie machen, wenn Sie ver-

7 Richard Serra, Delineator, 1974-1975

suchen, eine Straße in L. A. zu überqueren noch ist es in der Erfahrung enthalten, die Sie an *Sight Point* machen.«[32] Serra bemerkte während des Interviews, daß seine Ausführungen über die mögliche Erfahrung (die Empfindung eines vertikal aufsteigenden Rauminhalts) sich wie Esoterik anhörten und versuchte, sich davon zu distanzieren, indem er sich auf die Differenz zwischen linguistischen und räumlichen Systemen und erstaunlicherweise auf den Unterschied zwischen deskriptiven (Philosophie und Wissenschaft) und empirischen Disziplinen (Kunst und Religion) berief.

Offenbar führte *Delineator* in der Ace Gallery nicht nur zu Erfahrungen des Koordinatensystems und der Raumlevitation, sondern löste Ängste und die Imagination von Gefahren aus, die bei Besuchern, die sich an die Nähe des San Andreas-Grabens erinnerten, verstärkt wurden. Wie eine Rezensentin beobachtete, vermieden es viele Besucher, unter die aufgehängte Platte zu treten.[33] Die Rezensionen gaben Erfahrungen wieder, die jenen magischen oder mysteriösen analog waren, auf die Serra im Interview hingewiesen hatte. Im Gegensatz zu ihm betonten sie aber das Aggressive und Provokative der Installation.[34] Die folgende Literatur bekräftigt, daß *Delineator* und andere Installationen Serras »Erfahrungen existentieller Gefährdung« provozieren, und behauptet mit einiger Skepsis, ähnliches wie »sakrale Ausstrahlung« zu verspüren. Es wird versucht, den fehlenden Nachweis über die historische Verknüpfung mit der Theorie des Erhabenen oder mindestens mit Kants »negativer Lust« zu erbringen.[35] Die Probleme, die hier sichtbar werden, sind keineswegs auf Serra beschränkt. Auf der einen Seite erstellt ein Künstler eine Installation, die Ratlosigkeit, Bedenken oder Ängste hervorruft, auf der anderen Seite werden im Katalog oder in Interviews Statements des Künstlers als Anleitungen veröffentlicht, die vielleicht die Erfahrungen verbal präparieren und leiten, sicher aber den Diskurs über die Erfahrungen an einer bestimmten Installation steuern, wenn nicht festlegen. Das eine Problem ist die Steuerung der Teilnehmer, das andere die Auslösung von Erfahrungen durch Aggressivität, das dritte die Art der Erfahrungen, die provoziert werden.

Vito Acconcis Installation *The People Machine* von 1979 in der Sonnabend Gallery war als eine extreme Herausforderung der Ausstellungsbesucher angelegt. Von einer äußeren und einer inneren Kabelanlage wurden vor den Fenstern Aluminiumplatten in der Schwebe gehalten. Das innere Drahtseil führte über die Platten zu einem gespannten Aluminiumbogen mit einer riesigen Kugel, die auf eine blaue Schaukel zielte und mit einer immensen Fahne verbunden war. Ein Tonband versuchte die Besucher durch herausfordernde oder nichtssagende Würdigungen zu aktivieren. Doch die möglichen Folgen des Eingreifens – wird eine Platte ausgeklinkt, stürzen alle aus dem Fenster, die Kugel wird weggeschossen, die Fahne wird zusammenfallen – lähmten jede Aktivität. Acconcis Testfrage in der Installation war, ob die Besucher durch Aufforderung oder Wut zu einer zerstörerischen Aktion getrieben werden könnten.[36] Der Kunstkontext funktionierte nach der Berechnung des Künstlers; die Besucher waren gehemmt oder weigerten sich, in die Falle zu tappen und den Mechanismus der Zerstörung auszulösen. Das Resultat war eine »frustrated action« (»frustrierte Handlung«). In einem ziemlich absurden Interview von 1989, das der Literaturprofessor Sylvère Lotringer durchführte, konnte Acconci auf die Frage: »Könnte die Funktion der Kunst sein, das Publikum einfach zum Narren zu halten?«»nur mit einer Bejahung antworten und auf die folgende Frage:»Ist also die Bewegung der Maschine die Handlung, mit der Sie das Publikum zum Narren halten?«nur die Korrektur anbringen:»Mit der sich das Publikum mit dem Spiel einverstanden erklärt.«[37] Die Korrektur ist vielleicht wichtiger als es scheinen könnte, da sie das alte Argument des Einverständnisses in das ästhetische Spiel bemüht.

6. Totale Installationen

Ilya Kabakov hielt 1992/93 in Frankfurt am Main fünfzehn Vorlesungen über die»totale« Installation. Am Anfang der sechsten Vorlesung beteuerte er, daß der handelnde Betrachter das Zentrum der totalen Installation bilde, auf den alles ausgerichtet sei.[38] Die Beziehung zum Betrachter stellte Kabakov in einem 1995 publizierten Interview als sein Motiv für die Beschäftigung mit Installationen dar, auf die er sich seit 1988 konzentrierte:»Man kann auch von meiner inneren, persönlichen Entwicklung sprechen. Aus diesem Gesichtspunkt kam das Bedürfnis, Installationen zu machen, aus einer tiefgründigen Wandlung meiner Beziehung zum Betrachter. Ich habe, persönlich, immer gedacht, daß die Rückwendung auf sich selbst keine befriedigende Haltung wäre, dies genügte mir nicht. [...] Dieser Gesprächspartner, dieser Betrachter ist nicht irgend jemand, an den ich mich als Prophet, Professor oder Künstler richte. Ich betrachte ihn als einen Freund, der sich auf eine leidenschaftslose und objektive Art über meine Objekte äußern kann, indem er sie mit Aufmerksamkeit und völliger Unparteilichkeit betrachtet.«[39]

Doch lenkt, steuert, manipuliert und zwingt Kabakov diesen Betrachter-Freund, und er widmet dieser Steuerung grundsätzliche Überlegungen:»Die Reaktion des Betrachters auf seinem Weg durch die Installation ist bei ihrem Aufbau am sorgfältigsten zu bedenken: wie organisiert man seine Aufmerksamkeit so, daß sie nicht einen einzigen Moment schwindet? Der Verlust der Aufmerksamkeit des Betrachters ist das Ende der Installation. [...] Aber selbst wenn die totale Installation nur aus einem einzigen Raum besteht und der Betrachter sie scheinbar in einem einzigen Moment, auf einen Blick, vollständig erfaßt, spielt die durchdachte Steuerung seiner Bewegung in diesem einen Zimmer dennoch eine sehr wichtige

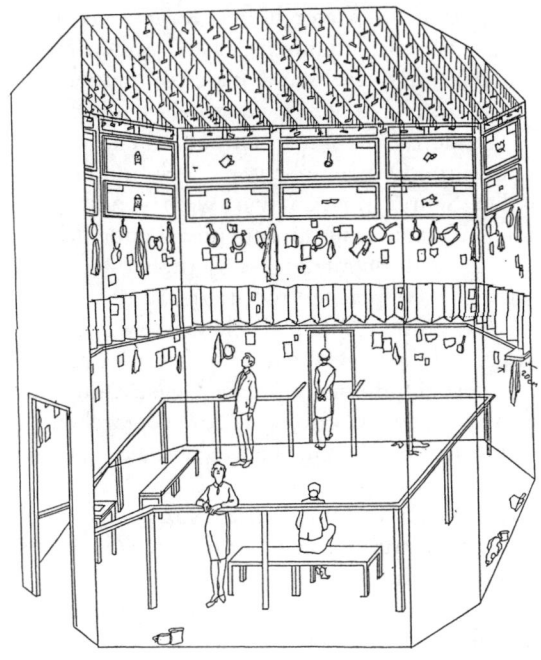

8
Ilya Kabakov,
Gemeinschafts-
küche, 1991

Rolle. Diese ›Steuerung‹ des Betrachters erreicht man auf zwei
Wegen, und beide nutzen eine verborgene, fundamentale Regel,
unsere Aufmerksamkeit beim Betreten eines beliebigen Raums zu
steuern: ein ständiges Springen vom Ganzen zu den Details und
wieder zurück zum Ganzen [...]. Das eine Verfahren ist, mit Barrie-
ren und niedrigen Mauern den Betrachter an viele kleine Stücke
heranzuführen, das andere, den Betrachter zu zwingen, sich wiederholt dem Gesamteindruck zuzuwenden.«[40] Für Kabakov ist es wichtig, bei dem Betrachter oder Installationsbesucher den Eindruck zu
erwecken, an einen fremden bewohnten und belebten Ort zu gelangen, an dem er nicht am Platz ist und in ein fremdes Leben hinein-
schaut. Den Betrachter zum zufälligen Beobachter oder Zeugen zu
machen bezeichnete Kabakov als stärkstes Mittel der totalen Installation.

Die Installation *Gemeinschaftsküche* (Abb. 8) von 1993/95 ist
an ihrem Standort, dem Musée Maillol in Paris (Fondation Dina
Vierny), zugänglich durch hinabführende Treppen. Besucher

steigen außerhalb des etwa sechs Meter hohen Kastens hinunter (und auf der anderen Seite herauf), um durch eine der beiden Türen den Raum zu betreten, der durch zwei starke klare Glühbirnen und ein schmales Fensterband unterhalb der Decke erhellt wird. Bis auf Augenhöhe sind die Wände ochsenblutfarben gestrichen, darüber hellblau, die ringsum geführte Doppelreihe von Tafeln mit Gegenständen und kyrillischer Schrift (Fragen wie: wem gehört diese Tasse?) ist dunkelgrün. Auf einem ringsum laufenden Leporello sind Photos über Einrichtung und Benützung sowjetischer Gemeinschaftsküchen und Sätze aus Gesprächen montiert. An den blauen Wänden sind wie auf den grünen Tafeln Küchengegenstände wie Pfannen, Deckel, Krüge, Raffeln angebracht. Unter der Decke hängen an parallel gespannten Schnüren unzählige Gegenstände von Brillenetuis bis Wursthäuten, denen allen ein Zettel beigegeben ist. Die *Gemeinschaftsküche* ist lautlos, die einzigen Geräusche stammen von Besuchern.[41]

Es geht in Kabakovs Installationen von banalen sozialen Räumen nicht um deren simple Rekonstruktion in einer fremden (auch kulturell verschiedenen) Umgebung. Kabakov versucht, die Besucher in einen Zwischenzustand zu führen, den er als Halbillusion, Gespaltenheit oder Halbtraum bezeichnet: die Last des Lebens spüren in einem Schwebezustand, gleichzeitig hier und dort zu sein, eine vertraute Banalität wiederzuerkennen und darin fremd zu sein.[42] Im Gegensatz zur Totalillusion des Panoramas und den unglaublichen Gaukeleien von Disney Land sollen die Installationen Kabakovs einen reflexiven Prozeß der Besucher anstoßen, indem durch das Gewöhnliche und Alltägliche ihre eigenen verschütteten Erinnerungen berührt und hervorgeholt werden.[43]

Kabakov versuchte in der 14. Vorlesung in Frankfurt am Main, die der Installation als rituellem Ort gewidmet war, eine zusätzliche Empfindung zu umschreiben, deren Entstehen er durch die Verfahren, das soziale und kulturhistorische Gedächtnis anzusprechen, nicht erklären konnte: »Eine große Empfänglichkeit, das Einschalten individueller subjektiver Assoziationen und einer weit zurückreichenden Erinnerung während der gesamten in ihr zugebrachten Zeit befördern die Entstehung dieser zusätzlichen Empfindung beim Betrachter. Ich selbst habe schon bei meiner allerersten Installation gespürt, daß dieses ›Mehrprodukt‹, das unausweichlich entsteht, der totalen Installation ein bestimmtes Aussehen und den

Sinn eines rituellen Orts verleiht.«[44] Diese Empfindung führt zu einem weiteren nicht behebbaren Zwiespalt zwischen Banalität und Tempel gegenüber der Installation.[45] Zwar beschreibt Kabakov konstruktive Maßnahmen, die diese andere »sakrale« Dimension schaffen: die Abtrennung von äußeren Räumen, ein Raum der Vorbereitung, ein Zentrum, die Beleuchtung, die klaustrophobische Stimmung. Doch nennt er die Installationen nur mit rhetorischer Verneinung »sakrale Orte« oder »Tempel« (mit Ausnahme der *Gemeinschaftsküche,* die als Kapelle vorgesehen war) und beschränkt sich auf den Ausdruck »ritueller Ort«.[46]

7. Welche Erfahrungen?

Künstlerische Aktivitäten, die auf Erfahrungsgestaltung gerichtet sind, versuchen nicht nur, die Besucher von Ausstellungen zu Teilnehmern zu wandeln. Mit dem Einsatz unterschiedlicher Mittel tendieren sie darauf, den virtuellen Teilnehmer temporär zu steuern. Sie isolieren ihn, unterziehen ihn Initiationsriten, bieten ihm Sinneswahrnehmungen ekligster und angenehmster Art, die das gewöhnliche Leben ihm versagt, lösen klaustrophobische Ängste und die Freude der Befreiung aus, verwirren den elementaren Orientierungssinn durch die Vertauschung von oben und unten, setzen ihn scheinbar wirklichen Gefährdungen aus, zwingen ihn, in die eigenen Erinnerungen abzutauchen und suggerieren ihm transzendentale Erfahrungen, die er außerhalb des Kontextes von Kunst nur um den Preis einer längst verworfenen Irrationalität erreichen kann.

Erfahrungsgestaltung etablierte sich als ein komplementärer Bereich zur zivilisatorischen Regelung und Beschränkung des Lebens. Wolf Vostell bot zugleich politische Aufklärung wie sinnliche Wahrnehmungen, Joseph Beuys wollte zugleich die Besucher politisch schulen wie eine mystische Kommunikation zwischen Künstler und Ausstellungsbesuchern zur Aufladung seiner Installationen schaffen.[47] Ausstellungen und Museen bekräftigten den Status eines besonderen Ortes, der sich nicht nur außerhalb des gewöhnlichen Lebens befindet (was ein alter Vorwurf wäre), sondern ungewöhnliche Erfahrungen bietet. Robert Storr, der 1991 die Ausstellung *Dislocations* im New Yorker Museum of Modern Art organisierte, bestätigte im Katalog enthusiastisch die Funktion des

Museums als den Ort, der den Besucher aus der gewohnten Umgebung und aus sich selbst befreit: »von der Kunst berührt zu werden, heißt aus der gewöhnlichen Umgebung herausgehoben und aus sich selbst herausgeführt zu werden, um besser auf den Ort, den man verlassen hat und auf die begrenzte Identität, die man hinter sich gelassen hat, zurückblicken zu können. Mit oder ohne Metaphysik und egal wie kurz der Moment ist, dieser Zustand darf unbefangen Transzendenz genannt werden. Aber wo befinden wir uns denn? Das Museum ist das moderne Paradigma von derart getrennten Welten. Für einige umschließen seine Räume eine höhere, spirituelle Region. In diesem Fall können Ansprüche auf Transzendenz explizit religiöse Konnotationen annehmen. Diese wenigen und außergewöhnlichen Bereiche bilden ein Modell für eine normalerweise unerreichbare menschliche Ordnung, als auch für einen Ort für meditative und adorative Rituale. Indem sie Altare der reinen Intention und bestimmter ›Qualität‹ beherbergen, sind sie die geordneten Schreine für die Kontemplation der Kunst. Für diese Denkweise ist Kunst sowohl ein Medium als auch eine Destination mit dem Museum als geschützter und schützender Domäne, in der die Transposition stattfindet. Sogar wenn es auf völlig säkulare oder materialistische Art und Weise aufgefaßt wird, so existiert das Museum als Sanktuarium in der Verneinung des Flußes außerhalb seiner Mauern.[48]

Allerdings haben Kabinen oder Tempel, Korridore und übergroße Bilder, die in Nahdistanz zu betrachten sind, die Funktion, aus der Menge der Ausstellungsbesucher Einzelne zu isolieren und sie einer gesteuerten Erfahrung zu unterwerfen. Die Erneuerung der Kunstmacht in der Erfahrungsgestaltung ist unverkennbar, das Problem der Freiheit der Teilnehmer wie das des Künstlerstatus bleiben ungelöst.

Der vorliegende Text bildet einen Teil des Projekts »Ausstellungskünstler. Eine Geschichte des modernen Künstlers«, das vom Schweizerischen Nationalfonds unterstützt und am Institut für Kunstgeschichte der Universität Bern durchgeführt wird. Ich danke meinen Mitarbeitern Dr. Peter Johannes Schneemann und Anita Haldemann.

Anmerkungen

1   Horn 1977, S. 57, *Die Chinesische Verlobte,* 1976; vgl. Horn 1994, Nr. 24.

2   Bruce Nauman (geb. 1941) begann 1969, Korridor- und Raum-Installationen zu bauen, vgl. Nauman 1994: *Performance Corridor,* 1969, *Corridor Installation (Nick Wilder Installation),* 1970 (Nr. 172, S. 241), *Corridor Installation with Mirror – San Jose Installation,* 1970 (Nr. 173, S. 242), *Green Light Corridor,* 1970 (Nr. 180, S. 245) etc.; *Dream Passage (Version I),* 1983 (Nr. 301, S. 284) und die Schaffhauser Version *Dream Passage (Version II),* 1983 (Nr. 302, S. 284-285). – Nauman 1973; Bruggen 1988; Graulich 1989, S. 120-128; Thürlemann 1990.

3   Thürlemann 1990.

4   Simon 1988, S. 147: »The first corridor pieces were about having someone else do the performance. But the problem for me was to find a way to restrict the situation so that the performance turned out to be the one I had in mind. In a way, it was about control. I didn't want somebody else's idea of what could be done«.

5   Simon 1988, S. 142: »From the beginning I was trying to see if I could make art that did that. Art that was just there all at once. Like getting hit in the face with a baseball bat. Or better, like getting hit in the back of the neck. You never see it coming; it just knocks you down. I like that idea very much: the kind of intensity that doesn't give you any trace of whether you're going to like it or not«. – Vgl. den Beitrag von Paul Schimmel in: Nauman 1994, S. 69-82.

6   Simon 1988, S. 147.

7   *Bewogen-Beweging (Motion in Art).* Ausstellung in Amsterdam, Stedelijk Museum, 16. März bis 17. April 1961, organisiert von Daniel Spoerri mit Beteiligung von Jean Tinguely und Pontus Hultén. – Wissmann 1970; Rauschenberg 1980, Nr. 17, S. 296; Kotz 1990, S. 129-139. Selbstverständlich spielt der Koffer auf Duchamp an, wie der im gleichen Jahr von Daniel Spoerri mit Hilfe weiterer Künstler zusammengestellte und in einer Aktion in Köln geöffnete Koffer, vgl. Kamber 1990, S. 58-59. – Zur Partizipation: Popper 1975, bes. »New forms of spectator participation«, S. 13-32.

8   Bätschmann 1993.

9   Kemp 1983 und Kemp 1992; Shearman 1992.

10   Johann Joachim Winckelmann, »Beschreibung des Torso im Belvedere zu Rom«, in: Winckelmann 1759, S. 29-41; vgl. die Ausgabe Winckelmann 1968, S. 169-173. Vgl. dazu Bätschmann 1985. – Hegel 1966, S. 282-283.

11   Schmidt 1971; Graulich 1989, S. 170-203.

12   Schwarz 1969, Nr. 256, S. 473: »À regarder (l'autre côté du verre) d'un oeil, de près, pendant presque une heure«. – Leonardo 1970, Bd. 1, Nr. 294, S. 158-159; Leonardo 1990, S. 355.

13   Belting 1992.

14   Ray 1983, S. 274. – Vgl. die Zeugnisse von Zeitgenossen: B. 1938; Anonym 1938; Cogniat 1938 (1); Cogniat 1938 (2); Jean/Meze 1959, S. 281-289; Breton 1967, S. 124-125; Cabanne 1972. – Neuere Literatur: Schwarz 1969, S. 506-507; Dunlop 1972, S. 198-223; Abadie 1981; Schneede 1992; Altshuler 1994, S. 116-135.

15   Vgl. die detaillierte Beschreibung in Jean/Meze 1959, S. 280-289, den Bericht über die Vernissage in *Beaux-Arts,* Anonym 1938, und Duchamps Kommentar zu den Taschenlampen in Cabanne 1972, S. 124-125.

16   Breton 1967, S. 105: »Les efforts des organisateurs avaient, en effet, tendu à créer une ambiance qui conjurât autant que possible celle d'une galerie ›d'art‹. J'insiste sur le fait qu'ils n'obéissaient consciemment à aucun autre impératif: à s'y reporter aujourd'hui l'ensemble de leurs tentatives n'en a pas moins transcendé le but qu'ils se proposaient.«

17   *First Papers of Surrealism,* Whitelaw Reid Mansion, French Relief Society, 451 Madison Ave, New York, 14. Oktober bis 7. November 1942, organisiert von André Breton und Marcel Duchamp. – Vgl. Schwarz 1969, S. 515; Altshuler 1994, S. 152-154. – Eröffnungsausstellung der Galerie Art of this Century von Peggy Guggenheim in New York vom 20. Oktober 1942 bis Mai 1947. – Vgl. Kiesler 1989, besonders den Aufsatz »The Art of Revolutionary Display Techniques« von Cynthia Goodman; Messer 1992, S. 105-106; Altshuler 1994, S. 150-151.

18   *Dylaby (Dynamisches Labyrinth),* Ausstellung in Amsterdam, Stedelijk Museum, 30. August bis 30. September 1962, mit Daniel Spoerri, Martial Raysse, Robert Rauschenberg, Per Olof Ultvedt, Niki de Saint-Phalle und Jean Tinguely. Vgl. Kamber 1990, S. 35-38; Petersen 1992.

19   Tiger's Eye 1948.

20   Newman 1948, S. 53, vgl. aber S. 51 die Suggestion einer Verbindung der Surrealisten mit Burke: »To me Burke reads like a Surrealist manual«. – Newman 1990, S. 170-173.

21   Newman 1948, S. 53.: »The failure of European art to achieve the sublime is due to this blind desire to exist inside the reality of sensation (the objective world, whether distorted or pure) and to build an art within a framework of pure plasticity [...]«; vgl. S. 53: »I believe that here in America, some of us, free from the weight of European culture, are finding the answer, by completely denying that art has any concern with the problem of beauty and where to find it. [...] We are reasserting man's natural desire for the exalted, for a concern with our relationship to the absolute emotions. [...] The image we produce is the self-evident one of revelation, real and concrete, that can be understood by anyone who will look at it without the nostalgic glasses of history.«

22   Burke 1757; zur Begriffsgeschichte vgl. den Artikel »Erhaben, das Erhabene«, in: Ritter 1972, Sp. 624-635. – Zur aktuellen Diskussion: Nancy 1988; Pries 1989.

23   Newman 1990, S. 178: »There is a tendency to look at large pictures from a distance. The large pictures in this exhibition are intended to be seen from a short distance«. Es handelt sich um Newmans Statement, das in seiner Einzelausstellung in der Betty Parsons Gallery in New York (23. April bis 12. Mai 1951) auf einem mit Schreibmaschine beschriebenen Blatt Papier an der Wand angebracht worden war.

24   Vgl. Newmans Äußerung anläßlich seiner ersten Einzelausstellung in der Betty Parsons Gallery in New York 1950: »These paintings are not ›abstractions‹, nor do they depict some ›pure‹ idea. They are specific and separate embodiments of feeling, to be experienced, each picture for itself. They contain no depictive allusions. Full of restrained passion, their poignancy isrevealed in each concentrated image«. – Rothko 1947, S. 44: »A picture lives

by companionship, expanding and quickening in the eyes of the sensitive observer. It dies by the same token. It is therefore a risky and unfeeling act to send it out into the world. How often it must be permanently impaired by the eyes of the vulgar and the cruelty of the impotent who would extend their affliction universally!«

25 Newman 1947 (1), S. 164: »The Americans evoke their world of emotion and fantasy by a kind of personal writing without the props of any known shape. This is a metaphysical act. With the European abstract painters we are led into their spiritual world through already known images. This is a transcendental act. To put it philosophically, the European is concerned with the transcendence of objects while the American is concerned with the reality of the transcendental experience.«

26 Barnes 1989; Strick 1989, S. 90-91; Rosenberg 1978, S. 71-74; Carmean 1987.

27 Rosenblum 1961. – Für die ausführliche Darstellung der These – es gibt eine nordische, d. h. von Paris unabhängige Tradition der Moderne – vgl. Rosenblum 1975, dt. 1981. – Rosenblums Aufsatz von 1961 wurde deshalb berühmt, weil Erwin Panofsky einen Druckfehler zum Anlaß einer fortgesetzten Polemik gegen Newman machte, die mit der Niederlage des Kunsthistorikers endete. Allerdings hatte insgeheim Meyer Schapiro dem Maler die philologischen Argumente geliefert, vgl. Wyss 1994.

28 Imdahl 1989, S. 234-235; vgl. auch z. B. Rosenberg 1978, S. 83-84: »Standing before a painting by Newman, the spectator may experience exaltation. Or he may be charged by a flood of sensations. The shifting between sublimity and cold visual fact is evidence of the ritual effectiveness of Newman's canvases. The potency of ceremonial objects of all creeds is at once both real and unreal.«

29 Ullmann 1983; Kauffmann 1988; Freedberg 1989; Marin 1993.

30 Gamboni 1983, S. 19-21; Pickshaus 1988, S. 65-123.

31 Die Bezeichnung *Delineator* spielt vermutlich auf den Bereich der Landvermessung an (Delineator = Vermessungs- oder Entfernungsschreiber). Vgl. Simpson/Weiner 1989, Bd. 9, S. 419.

32 Serra 1976, bes. S. 37-38: »There's a plate on the floor and a plate overhead. And a space is being generated by those two in position. When you're outside the plates, the overhead plate appears to press upward aginst the ceiling. That condition reverses itself as you walk underneath. There aren't any direct paths into it. As you walk towards its center, the piece functions either centrifugally or centripetally. You're forced to acknowledge the space above, below, right, left, north, east, south, west, up, down. All your psychophysical coordinates, your sense of orientation, are called into question immediately. That's not the same experience you have if you're trying to walk across the street in L. A., nor is it the same experience you have at ›Sight Point‹.«

33 Wortz 1976, S. 84: »The imagined threat (greatly increased, as one observer pointed out, by the proximity of the Ace Gallery to the San Andreas fault) that the upper slab would fall made most people, to avoid being flattened in case of a disaster, edge along the lateral walls in making their way from the front to the back of the gallery. Only a few, myself not included, ventured to stand any length of time beneath the suspended steel in the center of the gallery.«

34 Wortz 1976, S. 84:»Delineator‹, while aggressive and monumental, speaks to ineffable realms of the psyche in a most provocative manner.« – Marmer 1976, S. 74:»Serra counts the viewer as the vertical element of his construct, a necessary formal link between top and bottom. And when one has stepped onto the steel stage and taken up a position under the aphotic metal plate, one does indeed feel absorbed into the drama of the piece, a participant in the structure, willingly or not. What a viewer also experiences is an atavistic awareness of the fragile nature of that thankful form, the human vertical.« Bois 1987; Zweite 1987.

35 Bois 1987; Zweite 1987.

36 Acconci 1979, S. 16-17; Acconci 1980, S. 32-34; Perucchi-Petri 1994, S. 13-17.

37 Lotringer 1989, S. 126:»SL: Maybe simply fooling the public is the function of art. – VA: Yeah, I think it is. – SL: So the movement of the machine is the action by which you fool the public. – VA: In which the public agrees to the game.«

38 Kabakov 1995 (1), S. 45:»Die wichtigste handelnde Person in der totalen Installation, das Zentrum, dem alles zugewandt, auf das alles ausgerichtet ist, ist ihr Betrachter – ein ganz besonderer Betrachter.«

39 Pouillon 1995, S. 20:»On peut aussi parler de mon évolution intérieure, personnelle. De ce point de vue, le désir de faire des installations est né d'une modification profonde de ma relation avec le spectateur. J'ai toujours pensé, personnellement, que le repli sur soi n'était pas une démarche satisfaisante: cela ne me suffisait plus. [...] Cet interlocuteur, ce spectateur n'est pas quelqu'un à qui je m'adresse en tant que prophète, professeur ou artiste. Je le considère come un ami, qui peut s'exprimer de manière sereine et objective sur mes objets, en les regardant avec attention et en toute impartialité.«

40 Kabakov 1995 (1), S. 46.

41 Kabakov 1995 (2), S. 128-131:»La cuisine communautaire... Vaste sujet, inépuisable! Elle est digne d'être au centre de notre univers. Magique, telle une boule de cristal, elle focalise et reflète sur ses facettes notre vie de tous les jours, avec ses maux, ses problèmes et ses espérances.« – Kabakov 1993, S. 29:»Le coeur de l'appartement communautaire est incontestablement la cuisine. Tel un cristal magique, elle focalise et reflète toutes les facettes de la vie quotidienne de l'appartmenet, ses maux, ses problèmes et ses espérances. Tout y trouve sa place; la bassesse et la grandeur, le banal et le romantique, l'amour ou la bagarre autor d'un verre cassé, la générosité ou la misérable discussion sur la facture d'électricité; l'offre d'un gateau tout chaud et le contentieux autour de la poubelle à sortir.«

42 Kabakov 1995 (1), S. 49-50:»Versuchen wir, das Profil zu beschreiben, das nach unserer Auffassung den Kern der psychischen Reaktion ausmacht, wenn der Betrachter eine totale Installation erlebt: Das momentane, konzentrierte Empfinden des eigenen Lebens als unbezwingbare Last und gleichzeitig – das Gefühl eines Anstoßes, der Befreiung von dieser Last; eine sonderbare Gespaltenheit, ein gleichzeitig hier und dort sein, das Gefühl, über diesem Leben und der Situation, in der man sich befindet, zu hängen oder zu schweben.« – Vgl. das Interview von Boris Groys mit Kabakov über die Situation des russischen Künstlers im Westen, Groys 1992.

43 Kabakov 1995 (1), S. 48:»Die bekannte Situation und die eingebaute Illusion führen ihn [den Betrachter], wenn er durch die Installation spaziert, in

274

einen Korridor der eigenen Erinnerung und rufen von dort eine Welle von Assoziationen auf, die bislang friedlich auf ihrem Grunde schlummerten. Die Installation hat diesen ›Grund‹ nur gestreift, geweckt, berührt, und die Erinnerungen kommen hoch und ergreifen das Bewußtsein des Betrachters.«

44 Kabakov 1995 (1), S. 111-115.
45 Kabakov 1995 (1), S. 114: »Der Betrachter steht vor einem alltäglichen sozialen Raum, einem bewußt profanen Milieu, doch der Grundriß, die Gestaltung, die gesamte Anlage und oft auch die Anordnung der profanen Exponate ist so (und alles wird auch so beleuchtet), als handele es sich um einen bewußt sakralisierten Ort, einen für eine sakrale Handlung bestimmten Raum.«
46 Vgl. auch Pouillon 1995.
47 Zu Wolf Vostells Dé-coll/age-Aktionen vgl. Jappe 1993, S. 18; Schilling 1978, S. 113-133; Vostell 1987; Vostell 1993. – Zu Joseph Beuys vgl. Adriani 1981; Harlan 1976; Schneede 1994. – An der Documenta 5 von 1972 betrieb Beuys während hundert Tagen das Informationsbüro der »Organisation für direkte Demokratie durch Volksabstimmung«, vgl. Documenta 1972, S. 16.3-4, 16.91-96; Kramer 1991, S. 191-194.
48 Storr 1991, S. 18-19: »To be moved by art is to be lifted out of one's usual circumstances and taken out of oneself, the better to look back upon the place one has departed and the limited identity one has left behind. With or without metaphysics, and for however brief a moment it lasts, this state may be fairly called transcendence. But where are we then? The museum is the modern paradigm of such worlds apart. For some, its rooms enclose a higher spiritual region, in which case claims of transcendence may take on explicitly religious connotations. These spare and special precincts constitute a model for an otherwise unachievable human orderliness, as well as the site for rituals of meditation and adoration. Housing altars to pure intent and certain ›quality‹, they are the uncluttered shrines for art's contemplation. To this way of thinking, art is both vehicle and destination, with the museum a protected and protective domain in which the transposition takes place. Even when conceived of in entirely secular or materialist ways, the museum as sanctuary exists in defiance of the flux outside the walls.«

Abgekürzt zitierte Literatur

Abadie 1981
    Abadie, Daniel, »L'Exposition internationale du surréalisme, Paris 1938«, in: *Paris 1937 – Paris 1957,* Katalog der Ausstellung in Paris, Centre Georges Pompidou 1981, Paris 1981, S. 72-74.
Acconci 1979
    Acconci, Vito, »Interview by Robin White at Crown Point Press, Oakland, California, 1979«, in: *View,* 2, 5/6, 1979.
Acconci 1980
    Vito Acconci. A Retrospective: 1969-1980, Katalog der Ausstellung in Chicago, Museum of Contemporary Art 1980, hrsg. von Judith Russi Kirshner, Chicago 1980.

Adriani 1981
Adriani, Götz, Konnertz, Winfried, und Thomas, Karin, *Joseph Beuys – Leben und Werk,* Köln 1973; erw. Neuausgabe 1981.

Altshuler 1994
Altshuler, Bruce, *The Avant-Garde in Exhibition. New Art in the 20th Century,* New York 1994.

Anonym 1938
Anonym (Le grincheux jovial), »Le vernissage de l'exposition surréaliste vu par le Grincheux Jovial«, in: *Beaux-Arts,* 21. Januar 1938, S. 1-2.

B. 1938
B., »Ein Kunstsalon als Tollhaus«, in: *Münchner Abendblatt,* Nr. 19, 24. Januar 1938, S. 2.

Bätschmann 1985
Bätschmann, Oskar, »Pygmalion als Betrachter. Zur Rezeption von Malerei und Skulptur in der zweiten Hälfte des 18. Jahrhunderts«, in: *Der Betrachter ist im Bild. Kunstwissenschaft und Rezeptionsästhetik,* hrsg. von Wolfgang Kemp, Köln 1985, S. 183-224; erw. Neuausgabe Berlin 1992, S. 237-278

Bätschmann 1993
Bätschmann, Oskar, »Ausstellungskünstler. Zu einer Geschichte des modernen Künstlers«, in: *Kultfigur und Mythenbildung. Das Bild vom Künstler und sein Werk in der zeitgenössischen Kunst,* hrsg. von Oskar Bätschmann und Michael Groblewski, Berlin 1993, S. 1-35.

Barnes 1989
Susan J. Barnes, *The Rothko Chapel. An Act of Faith,* Austin 1989.

Belting 1992
Belting, Hans, »Das Kleid der Braut‹. Marcel Duchamps ›Großes Glas‹ als Travestie des Meisterwerks«, in: *Nach der Destruktion des ästhetischen Scheins. Van Gogh, Malewitsch, Duchamp,* hrsg. von H. M. Bachmayer, D. Kamper, F. Rötzer, München 1992, S. 70-90.

Bois 1987
Bois, Yve-Alain, »Ein pittoresker Spaziergang um ›Clara-Clara‹ herum«, in: Ernst-Gerhard Güse (Hrsg.), *Richard Serra,* Stuttgart 1987, S. 44-64.

Breton 1967
Breton, André, »Devant le rideau«, in: ders., *La clé des champs,* Paris 1967, S. 104-114.

Bruggen 1988
Bruggen, Coosje van, *Bruce Nauman,* Basel 1988.

Burke 1757
Burke, Edmund, *A Philosophical Enquiry into the Origin of our Ideas of the Sublime and Beautiful,* London 1757; dt.: *Philosophische Untersuchung über den Ursprung unserer Ideen vom Erhabenen und Schönen,* übers. von Friedrich Bassenge, hrsg. von W. Strube, Hamburg 1980.

Cabanne 1972
Cabanne, Pierre, *Gespräche mit Marcel Duchamp* (Spiegelschrift, 10), Köln 1972.

Carmean 1982
Carmean, E. A., »The Church Project: Pollocks Passion Themes«, in: *Art in America,* 70, 6, 1982, S. 110-122.

Cogniat 1938 (1)
Cogniat, Raymond, »L'Exposition du Surréalisme«, in: *Beaux-Arts,* 7. Januar 1938, S. 3.

Cogniat 1938 (2)
Cogniat, Raymond, »L'exposition surréaliste«, in: *Beaux-Arts,* 14. Januar 1938, S. 1.

Documenta 1972
documenta 5. Befragung der Realität, Bildwelten heute, Katalog der Ausstellung in Kassel, Neue Galerie und Museum Fridericianum, 30. Juni bis 8. Oktober 1972, Kassel 1972.

Dunlop 1972
Dunlop, Ian, *The Shock of the new. Seven historic exhibitions of modern art,* London 1972.

Freedberg 1989
Freedberg, David, *The Power of Images. Studies in the History and Theory of Response,* Chicago und London 1989.

Gamboni 1983
Gamboni, Dario, *Un iconoclasme moderne, Théorie et pratiques contemporaines du vandalisme artistique* (Jahrbuch Schweizerisches Institut für Kunstwissenschaft 1982-83), Zürich und Lausanne 1983.

Graulich 1989
Graulich, Gerhard, *Die leibliche Selbsterfahrung des Rezipienten – ein Thema transmodernen Kunstwollens* (Kunst, Geschichte und Theorie, Bd.13), Essen 1989.

Groys 1992
Groys, Boris, »Im Dialog mit Ilya Kabakov: ›Rußland auf dem Buckel‹«, übersetzt von Annelore Nitschke, in: *Parkett,* 34, 1992, S. 30-34.

Harlan 1976
Harlan, Volker, Rappmann, Rainer und Schata, Peter, *Soziale Plastik. Materialien zu Joseph Beuys,* Achberg 1976.

Hegel 1966
Hegel, Georg Wilhelm Friedrich, *Vorlesungen über die Philosophie der Religion,* Bd. 1: *Begriff der Religion,* hrsg. von G. Lasson, Hamburg, 2. Aufl. 1966.

Horn 1977
Rebecca Horn. Zeichnungen, Objekte, Fotos, Video, Filme, Katalog der Ausstellung in Köln, Kölnischer Kunstverein, Berlin, Haus am Waldsee 1977, hrsg. von Rebecca Horn und Wulf Herzogenrath, Köln 1977.

Horn 1994
Rebecca Horn, Katalog der Ausstellung in New York, Solomon R. Guggenheim Museum 1993, Eindhoven, Stedelijk Van Abbemuseum 1993/94, Berlin, Nationalgalerie, Wien, Kunsthalle, London, Serpentine Gallery 1994, London, Tate Gallery 1994/95, Stuttgart 1994.

Imdahl 1989
Imdahl, Max, »Barnett Newman: Who's afraid of red, yellow and blue III«, in: *Das Erhabene. Zwischen Grenzerfahrung und Größenwahn,* hrsg. von Christine Pries, Weinheim 1989, S. 233-252.

Jappe 1993
Jappe, Elisabeth, *Performance, Ritual, Prozeß,* München 1993.

Jean/Meze 1959
Jean, Marcel, und Meze, Arpad, *Historie de la peinture surréaliste,* Paris 1959.

Kabakov 1995 (1)
Kabakov, Ilya, *Über die ›totale‹ Installation,* Ostfildern 1995.
Kabakov 1995 (2)
Ilya Kabakov. Installations 1983-1995, Katalog der Ausstellung ›Ilya Kabakov: C'est ici que nous vivons‹ in Paris, Centre national d'art et de culture Georges Pompidou 1995, Paris 1995.
Kamber 1990
Kamber, André (Hrsg.), *Stichworte zu einem sentimentalen Lexikon um Daniel Spoerri und um ihn herum,* Katalog der Ausstellung in Paris, Centre Georges Pompidou, Antibes, Musée Picasso, Wien, Mueseum moderner Kunst – Museum des 20. Jahrhunderts 1990, München, Städtische Galerie im Lenbachhaus 1990-91, Genf, Musée Rath, Solothurn, Kunstmuseum 1991, Solothurn und Paris 1990.
Kauffmann 1988
Georg Kaufmann, *Die Macht des Bildes – Über die Ursachen der Bilderflut in der modernen Welt* (Rheinisch-Westfälische Akademie der Wissenschaften. Geisteswissenschaften, Vorträge G 295), Opladen 1988.
Kemp 1983
Wolfgang Kemp, *Der Anteil des Betrachters. Rezeptionsästhetische Studien zur Malerei des 19. Jahrhunderts,* München 1983.
Kemp 1992
Der Betrachter ist im Bild. Kunstwissenschaft und Rezeptionsästhetik, hrsg. von Wolfgang Kemp, Köln 1985; erw. Neuausgabe Berlin 1992.
Kiesler 1989
Frederick Kiesler, Katalog der Ausstellung in New York, Whitney Museum of American Art 1989, hrsg. von Lisa Phillips, New York 1989.
Kotz 1990
Kotz, Mary Lynn, *Rauschenberg. Art and Life,* New York 1990.
Kramer 1991
Kramer, Mario, *Joseph Beuys. ›Das Kapital Raum 1970-1977‹,* Heidelberg 1991.
Leonardo 1970
Leonardo da Vinci, *The Literay Works,* hrsg. von Jean Paul Richter, 2 Bde., London 1883; neue Ausgabe u. d. T. *The Notebooks,* 2 Bde., New York 1970.
Leonardo 1990
Leonardo da Vinci, *Sämtliche Gemälde und die Schriften zur Malerei,* hrsg. von André Chastel, München 1990.
Lotringer 1989
Lotringer, Sylvère, »Vito Acconci. House Trap«, in: *Flash Art,* 147, 1989, S. 124-128.
Marin 1993
Louis Marin, *Des pouvoirs de l'image. Gloses,* Paris 1993.
Messer 1992
Messer, Thomas M., »Peggy Guggenheim ›Art of this century‹, New York, 57th Street, 20. Oktober 1942 bis Mai 1947«, in: Bernd Klüser und Katharina Hegewisch (Hrsg.), *Die Kunst der Ausstellung. Eine Dokumentation dreißig exemplarischer Kunstausstellungen dieses Jahrhunderts,* Frankfurt am Main 1992, S. 102-109.

Nancy 1988
Du Sublime, hrsg. von Jean-Luc Nancy, Paris 1988.
Nauman 1973
Bruce Nauman. Werke von 1965 bis 1972, Katalog der Ausstellung in Los
Angeles, County Museum of Art 1972/73, New York, Whitney Museum
of American Art, Bern, Kunsthalle, Düsseldorf, Städtische Kunsthalle,
Eindhoven, Stedelijk van Abbemuseum 1973, hrsg. von Jane Livingston
und Marcia Tucker, Köln und Los Angeles 1972.
Nauman 1994
Bruce Nauman. Exhibition catalogue and catalogue raisonné, Katalog der Ausstel-
lung in Madrid, Museo Nacional Centro de Arte Reina Sofía 1993/94,
Minneapolis, Walker Art Center, Los Angeles, Museum of Contemporary
Art 1994, Washington D. C., Hirshhorn Museum and Sculpture Garden
1994/95, New York, Museum of Modern Art 1995, hrsg. von Joan Simon,
Janet Jenkins und Toby Kamps, Minneapolis und Basel 1994.
Newman 1948
Newman, Barnett, »The Sublime Is Now«, in: *The Tiger's Eye,* 6, 1948,
S. 51-53.
Newman 1990
Newman, Barnett, *Selected Writings and Interviews,* hrsg. von John P. O'Neill,
Anmerkungen und Kommentare von Mollie McNickle, Berkeley und Los
Angeles 1990.
Perucchi-Petri 1994
Amerikanische Zeichnungen und Graphik. Von Sol LeWitt bis Bruce Nauman.
Aus den Beständen der Graphischen Sammlung des Kunsthauses Zürich (Samm-
lungsheft 19), hrsg. von Ursula Perucchi-Petri, Zürich 1994.
Petersen 1992
Petersen, Ad, »Dylaby, ein dynamisches Labyrinth im Stedelijk Museum
1962«, in: Bernd Klüser und Katharina Hegewisch (Hrsg.), *Die Kunst der
Ausstellung. Eine Dokumentation dreißig exemplarischer Kunstausstellungen dieses
Jahrhunderts,* Frankfurt am Main 1992, S. 156-165
Pickshaus 1988
Pickshaus, Peter-Moritz, *Kunstzerstörer. Fallstudien: Tatmotive und Psycho-
gramme* (rowohlts enzyklopädie/kulturen und ideen), Reinbek 1988.
Popper 1975
Popper, Frank, *Art – action and participation,* London 1975.
Pouillon 1995
Pouillon, Nadine, »Le musée: temple ou décharge. Ilya Kabakov, entretien
avec Nadine Pouillon«, übersetzt von Galina Kabakova und Karine Lech, in:
Kabakov 1995 (2), S. 20-25.
Pries 1989
Das Erhabene. Zwischen Grenzerfahrung und Größenwahn, hrsg. von Christine
Pries, Weinheim 1989.
Rauschenberg 1980
Robert Rauschenberg. Werke 1950-1980, Katalog der Ausstellung in Berlin,
Staatliche Kunsthalle, Düsseldorf, Kunsthalle, Humlebaek/Kopenhagen,
Louisiana-Museum für moderne Kunst 1980, Frankfurt am Main, Städel-
sches Kunstinstitut 1980/81, München, Städtische Galerie im Lenbachhaus
1981, Düsseldorf und Berlin 1980.

Ray 1983
Ray, Man, *Selbstporträt. Eine illustrierte Autobiographie,* übers. von Reinhard Kaiser, München 1983.
Ritter 1972
Historisches Wörterbuch der Philosophie, hrsg. von Joachim Ritter, Bd. 2, Basel 1972.
Rosenberg 1978
Rosenberg, Harold, *Barnett Newman,* New York 1978.
Rosenblum 1961
Rosenblum, Robert, »The abstract sublime«, in: *Art News,* 59, 10, 1961, S. 38-41, 56-58.
Rosenblum 1975
Rosenblum, Robert, *Modern Painting and the Northern Romantic Tradition: Friedrich to Rothko,* London 1975; dt.: *Die moderne Malerei und die Tradition der Romantik. Von C. D. Friedrich zu Mark Rothko,* München 1981.
Rothko 1947
Rothko, Mark, »Statement«, in: *The Tiger's Eye,* 1, 2, 1947, S. 44; Wiederabdruck in: *Art in Theory 1900-1990. An Anthology of Changing Ideas,* hrsg. von Charles Harrison und Paul Wood, Oxford, UK, und Cambridge, USA, 1992, S. 565.
Schilling 1978
Schilling, Jürgen, *Aktionskunst: Identität von Kunst und Leben?* Eine Dokumentation (Bucher Report 2), Luzern und Frankfurt am Main 1978.
Schmidt 1971
Schmidt, Siegfried J., *Ästhetische Prozesse. Beiträge zu einer Theorie der nichtmimetischen Kunst und Literatur,* Köln und Berlin 1971.
Schneede 1992
Schneede, Uwe M., »Exposition Internationale du Surréalisme, Paris 1938«, in: Bernd Klüser und Katharina Hegewisch (Hrsg.), *Die Kunst der Ausstellung. Eine Dokumentation dreißig exemplarischer Kunstausstellungen dieses Jahrhunderts,* Frankfurt am Main 1992, S. 94-101.
Schneede 1994
Schneede, Uwe M., *Joseph Beuys: Die Aktionen. Kommentiertes Werkverzeichnis mit fotografischen Dokumentationen,* Ostfildern-Ruit 1994.
Schwarz 1969
Schwarz, Arturo, *The Complete Works of Marcel Duchamp with a catalogue raisonné,* London 1969.
Serra 1976
Serra, Richard, »Sight Point '71-'75/Delineator '74-'76« (Radio-Interview von Liza Bear vom 23. Februar 1976), in: Serra 1994, S. 35-43; Erstabdruck in: *Art in America,* 64, 3, 1976, S. 82-86.
Serra 1994
Serra, Richard, *Writings, Interviews,* Chicago und London 1994.
Shearman 1992
Shearman, John, *Only connect…; art and the spectator in the Italian Renaissance,* Princeton N. J. 1992.
Simon 1988
Simon, Joan, »Breaking the Silence: An Interview with Bruce Nauman«, in: *Art in America,* 76, 9, 1988, S. 141-149, 203.

Simpson/Weiner 1989
The Oxford English Dictionary, hrsg. J. A. Simpson und E. S. C. Weiner, 30 Bde., Oxford, 2. Aufl. 1989.

Storr 1991
Dislocations, Katalog der Ausstellung von sieben Installationen in New York, Museum of Modern Art 1991/92, hrsg. von Robert Storr, New York 1991.

Strick 1989
Strick, Jeremy, *Twentieth-Century Painting and Sculpture. Selections for the Tenth Anniversary of the East Building,* Washington D. C. 1989.

Thürlemann 1990
Thürlemann, Felix, »Bruce Nauman – ›Dream Passage‹« in: ders., *Vom Bild zum Raum. Beiträge zu einer semiotischen Kunstwissenschaft,* Köln 1990, S. 139-151.

Tiger's Eye 1948
»The Ides of Art. 6 Opinions on What ist Sublime in Art?« in: *The Tiger's Eye,* 6, Dezember 1948, S. 46-57.

Ullmann 1983
Von der Macht der Bilder. Beiträge des C. I. H. A.-Kolloquiums ›Kunst und Reformation‹, hrsg. von Ernst Ullmann, Leipzig 1983.

Vostell 1987
Vostell. Das plastische Werk 1953-87, hrsg. von Jürgen Schilling, Mailand 1987.

Vostell 1993
Vostell. Leben=Kunst=Leben, Katalog der Ausstellung in Gera, Kunstgalerie Gera 1993, Leipzig 1993.

Winckelmann 1759
Winckelmann, Johann Joachim, *Bibliothek der schönen Wissenschaften und der freyen Künste,* V, 1759.

Winckelmann 1968
Winckelmann, Johann Joachim, *Kleine Schriften, Vorreden, Entwürfe,* hrsg. von Walther Rehm, Berlin 1968.

Wissmann 1970
Wissmann, Jürgen, *Robert Rauschenberg: Black Market* (Werkmonographien zur bildenden Kunst, Nr. 140), Stuttgart 1970.

Wortz 1976
Wortz, Melinda, »The Nation: Los Angeles: Magic and Mysteries«, in: *Art News,* 75, 5, 1976, S. 83-84.

Wyss 1994
Beat Wyss, »Ein Druckfehler«, in: *Erwin Panofsky. Beiträge des Symposions Hamburg 1992,* hrsg. von Bruno Reudenbach, Berlin 1994, S. 191-199.

Zweite 1987
Zweite, Armin, »Evidenz und Selbsterfahrung. Zu einigen raumbezogenen Skulpturen von Richard Serra«, in: Ernst-Gerhard Güse (Hrsg.), *Richard Serra,* Stuttgart 1987, S. 8-27.

Markus Brüderlin

Beitrag zu einer Ästhetik des Diskursiven

Die ästhetische Sinn- und Erfahrungsstruktur postmoderner Kunst

Viele Phänomene der ›postmodernen‹ Kunst scheinen auf einen begleitenden Kommentar angewiesen zu sein, was jenen Vertretern einer Kunsttheorie erneuten Auftrieb gibt, die immer schon ›die absolute Interpretations- und Kommentarbedürftigkeit der modernen Kunst‹ proklamiert hatten. So hat heute die Debatte um Kunst und Kontext, primäres Kunstwerk und sekundären Kommentar, Hochkonjunktur. Während die einen von der postmodernen Kunst den autonomen Werkbegriff in Frage gestellt sehen und vorschnell die Ununterscheidbarkeit von Kunst und Kontext inszenieren, verfallen die anderen dort in eine Kunsttheologie, wo sie sich der Realpräsenz und ›Sagkraft‹ des autonomen Tafelbildes noch gewiß sein können.

Während also die Kontextualisten und Dekonstrukteure jedes Kunstwerk ›zum Vorwand für ihren Kommentar nutzen‹ und ästhetische Erfahrung ein für alle mal disqualifiziert zu haben hoffen, verspielen die Anhänger der Unmittelbarkeit willentlich und leichtsinnig die Kompetenzen einer Theorie ästhetischer Erfahrung für die zeitgenössische Kunst.

Doch die Kunst folgt nicht der Logik akademischer Debatten, sondern ist denen immer ›listenreich‹ voraus, die vorab angeben wollen, wie sie funktioniert. So haben die postmodernen Kunstwerke der Appropriation Art die ›Tendenz entwickelt, die Diskursivität in ihrer eigenen ästhetischen Struktur zu verarbeiten‹, so daß ›das Wechselspiel von diskursiver Reflexion und ästhetischer Erfahrung‹ im Kunstwerk selbst schon angelegt ist. Die Werkkonzeption verarbeitet Diskurse, die man als Betrachter kennen muß, ›in die Phänomenologie des Werkes‹ selbst. Diese Vorstellung, daß Kontext und Reflexion in die Sinnstruktur einer künstlerischen Formulierung eingehen und dort ästhetisch erfahrbar werden, nennt Markus Brüderlin ›diskursive Ästhetik‹.   J.S.

Was bleibt von der Besonderheit und Authentizität ästhetischer Erfahrung, wenn das Kunstwerk nurmehr als begriffsförmige Definition ›zu lesen‹ ist, wenn eine Ausstellung einer aufgeblätterten Enzyklopädie der Kunstgeschichte gleicht oder wenn die abgebildete Kunst nicht mehr von einer Werbeanzeige zu unterscheiden ist? Tatsächlich scheint auf den ersten Blick die Kunst der letzten zehn Jahre in besonderem Maße auf begleitende Kommentare angewiesen zu sein, die sie als Kunst kenntlich machen und die ästhetische Erfahrung von der Alltagserfahrung abgrenzen. Zuvor favorisierte die moderne Abstraktion das autonome, durch keine außerästhetischen Beigaben gestörte Kunstwerk und steigerte im monochromen Tafelbild die Essenz ästhetischer Erfahrung, die nur an diesem selbst und durch nichts außerhalb erfahrbar ist. Was ist passiert? Hat das, was wir ›postmodernes Kunstwerk‹ nennen wollen, mit einem Schlag den modernistischen Finalismus obsolet gemacht oder ist in ihm die Aufforderung enthalten, die enge Auffassung durch eine weitergefaßte Vorstellung von ästhetischer Erfahrung zu ersetzen?

Folgen wir zu Beginn den Begegnungen mit zwei ganz unterschiedlichen Kunstwerken. Die Gegenüberstellung soll die Möglichkeiten und die Grenzen ästhetischer Erfahrbarkeit von auf der einen Seite (spät-)moderner, auf der anderen postmoderner Kunst deutlich machen. Zunächst sei aus dem Versuch einer Eindrucksanalyse zitiert, die Rolf Hengesbach an den schwarzen Bildern von Günter Umberg vorgenommen hat. Der deutsche Künstler produziert seit den siebziger Jahren kontinuierlich monochrome Tafeln, die aus mehreren Schichten von schwarzen, mit Dammar verstrichenen Pigmenten bestehen (Abb. 1) Er gehört zu den konsequentesten Vertretern des Radical Painting, das sich in den Reduktionismus der abstrakten Malerei der Avantgarde einreiht. Anschließend folgt die knappe Besprechung einer Arbeit von John M. Armleder, die in postmoderner Manier verschiedenste Provenienzen abstrakter Malerei spielerisch mit der Alltagsästhetik von Mode und Design koppelt.

»Tritt der Betrachter nun ganz nahe an das Bild heran, so hofft er sich, dem Phänomen auf die Spur zu kommen. Aber wie nahe kann er an das Bild herantreten? […] Der Betrachter wird zunehmend unsicherer, ist er doch sonst in der Lage, in großer Konzentration auf eine Sache, sein Bewegungsverhalten auf das genaueste auf die

1 Günter Umberg, ohne Titel, 1994. Installation in der Ausstellung ›Aura‹, Wiener Secession, 1994

geforderte Entfernung einzustellen.«[1] »Sie [die Fläche] setzt ihm einerseits von ihrer samtigen Oberflächenbeschaffenheit und von dem Fehlen direkter Lichtreflexion keinen Widerstand entgegen, andererseits aber, in ihrem pulsierenden Über-den-Bildrand-Hinausstrahlen, wehrt sie jeden Zugriff ab. Der Betrachter scheint in die Tiefe auszugreifen, dann wieder an eine Oberfläche zurückzukehren und von ihr fortgewiesen zu werden.«[2] »Geht der Betrachter in dem Bestreben, einen anschaulichen Gesamteindruck zu gewinnen, wieder weiter auf Distanz, so wird er, stärker noch als zu Anfang, von dem Verhältnis zwischen Wand und Bild irritiert sein, erhält doch die Wand im Zuge der immer dominierender gewordenen Präsenz des Bildes etwas noch Ungreifbareres. Im Verbund mit dem Weiß ihrer Oberfläche schwindet ihre materielle Substanzialität, indem das Bild sowohl die gleichförmige Erscheinungshaftigkeit der Wand in der Reflexion des auf sie fallenden Lichtes beseitigt, wie gleichzeitig ihre räumliche Präsenz als eine ebene Fläche in Frage stellt.«[3]

»1986 plazierte John M. Armleder zwischen zwei monumentalen, in schwarz-weiß akzentuierten Leinwandflächen eine Elektrogitarre als passendes Emblem für die Hauptstadt der Popmusik,

284

London, wo das Werk erstmals gezeigt werden sollte. (Katalogbezeichnung: *o. T. – For the Love of Daisy,* Abb. 2) Die linke Leinwand zeigte eine Paraphrase auf die monochrome Farbfeldmalerei Barnett Newmans, Platzhalter für den höchsten, metaphysischen Anspruch abstrakter Malerei in diesem Jahrhundert, für das Sublime. Die strengen, vertikalen, schwarzen Randstreifen schauen herab auf das Zupfinstrument und finden ihr Echo in den straff gespannten Saiten der Gitarre, aber auch in dem wild gekurvten Plastikbeschlag des Korpus. Diese Form vermittelt weiter zur rechten Leinwand, die mit einem monumentalisierten Punktmuster, das in der damaligen Saison auch in allen Modejournalen als weitverbreitetes Stoffdessin zu sehen war, übersät ist. *For the Love of Daisy* erscheint als einer der evidentesten Belege für Armleders Umgang mit der ›Kulturökonomie‹. Es ist eines der anschaulichsten künstlerischen Aggregate für das wechselseitige Aufladen und Entleeren kultureller Statuswerte.«[4]

Auch wenn wir uns bei *For the Love of Daisy* noch redlicher um eine Form- und Eindrucksanalyse bemühten, merkten wir rasch, daß diese Anstrengung bald an ihre Grenzen stößt und die Un-

2 John M. Armleder, o. T. (For the Love of Daisy), 1986

mittelbarkeit ästhetischer Erfahrung und ästhetischen Genießens[5] durch den ironischen Hintersinn und das süffisante Spiel mit Querverweisen untergraben wird. Während sich bei Umberg der Sinn der Kunst ganz aus den sinnlich gegebenen Elementen seiner Malerei selbst erschließt – gleichsam aus der Unmittelbarkeit des »wirkenden Sachverhaltes« (Max Imdahl) –, so schaltet sich bei der Betrachtung von Armleders hybridem Werk schnell eine Reflexion über die Absichten und Haltungen seiner künstlerischen Konzeption ein. Sinn organisiert sich hier scheinbar nicht mehr allein sinnlich, sondern entwickelt sich aus einem vielschichtigen Netz von Anspielungen auf alltagskulturelle und historische Gegebenheiten. Während Umbergs Installationen die direkte Beobachtung des sich wandelnden Verhältnisses von Malerei, Umraum und Betrachter herausfordern, liegen Armleders Punkt- und Streifenbilder, die abstrakte Kunst wie Modedesign gleicherweise anverwandeln, jenseits der autonomen Selbstbezüglichkeit des von allen begrifflichen und illusionistischen Werten gereinigten modernen Tafelbildes. »Sie haben«, wie es Dieter Schwarz ausdrückte, »den Charakter von Statements und nicht primär malerisch gedachten Kompositionen.«[6] Die Punkte und parakonstruktivistischen Formen sind Mittel, eine historische Krise zu artikulieren – gemeint ist die Krise der avantgardistischen Fortschrittsdynamik, die bei Umberg gleichsam noch ›weiterläuft‹. »Ich mache nichts anderes, als das andere schon einmal gemacht haben«, lautete in den achtziger Jahren sein provokantes Bekenntnis zur Logik der reproduzierenden Postmoderne, die die schwer zu akzeptierende Tatsache, daß alles schon einmal da war, affirmativ in den Raum stellt.

Diskursive Reflexion und ästhetische Erfahrung als diskursive Ästhetik

Armleder gehört zusammen mit Blinky Palermo, Sherrie Levine und Philip Taaffe zu den prononcierten Vertretern der sogenannten Appropriation Art, die seit den siebziger Jahren durch das Wiederholen und durch das aneignende Rekapitulieren von Positionen der klassischen Avantgarde das Projekt der Moderne zum Gegenstand einer künstlerischen Konzeption machen. Auf diese zuweilen auch als ›Retroavantgarde‹ bezeichnete Kunstrichtung werde ich noch ausführlicher eingehen. Sie wurde hier eingangs erwähnt, weil in dieser Strömung scheinbar am radikalsten die Autonomie des modernen abstrakten Tafelbildes in Frage gestellt wird. In seiner Selbstreferenzialität versuchte das konkrete Bild ästhetische Erfahrung allein als »sehendes Sehen« (Max Imdahl) im Unterschied zum »wiedererkennenden Sehen« des traditionellen mimetischen Kunstbegriffs zu etablieren. Das postmoderne Kunstwerk dagegen setzt in der Multiplizierung von Anspielungen eine Kette von Reflexionen in Gang, die nicht mehr nur von der ästhetischen Erfahrung am Werk getragen werden. (Wenn ich im folgenden vom »postmodernen Kunstwerk« spreche, so wohlwissend, daß es sich um eine unzulässige Verallgemeinerung handelt. Da die Überlegungen aber immer wieder an konkreten Werken und Werkkonzeptionen festgemacht werden, sollte der Geltungsbereich dieser Zusammenfassung klar werden.) Es, das postmoderne Kunstwerk eben, enthüllt seine Sinndimension immer wieder im Verband mit sogenannten ›Diskursen‹. Obwohl schon seit Marcel Duchamp die begriffsförmige Reflexion eine wichtige Rolle spielt – die durch das beredte Schweigen des Meisters gleichsam *ex negativo* unterstrichen wurde – bildet erst die Postmoderne den Dualismus von ästhetischer Erfahrung und diskursiver Reflexion voll aus. Aisthesis und Reflexion sind, ohne ident zu werden, ständig aufeinander bezogen und ergänzen sich gegenseitig.[7] Sinn – und das sei die These dieses Aufsatzes – entsteht im postmodernen Kunstwerk immer nur in diesem Spannungsverhältnis von ästhetischer Erfahrung und diskursiver Reflexion. Wobei es – und das soll dieser Aufsatz ebenfalls zeigen – künstlerische Konzeptionen gibt, die versuchen, diese Dialektik in die Phänomenologie des Kunstwerkes einzuarbeiten. Hinsichtlich dieses wechselseitigen Bedingungsverhältnisses könnte man dort, wo Diskurs in der Kunst anschaulich und umgekehrt Sinnliches diskursiv wird, von einer Art ›diskursiver Ästhetik‹ sprechen.

Es geht dabei nicht um ein neues Subordinationsverhältnis von künstlerischer Praxis und Kommentar dieser Praxis, auch nicht umgekehrt um die Illustration philosophischer Theoreme durch die Anschaulichkeit visueller Konstrukte. Weder überflügelt die Philosophie die Kunst, wie es Hegel konstatiert hatte, noch instrumentalisiert die Kunst die Theorie als Legitimation künstlerischer Kreativität. Tatsächlich verbindet sich mit dem Begriff der ›diskursiven Ästhetik‹ die Vorstellung, den alten Streit, wer stärker ist, das Wort oder das Bild, produktiv aufzulösen. Zwar erleben wir an der Front der Kunstentwicklung zur Zeit eine Art ›Rache‹ der Theorie an der Kunst als Reaktion auf das ›Denkverbot‹, mit dem die wilde Malerei der frühen achtziger Jahre belegt war. Schon Anfang der neunziger Jahre spitzte sich der Konflikt zu, etwa durch Georg Steiners Polemik gegen das »sekundäre, parasitäre Palaver« der Kunstinterpreten, die wie »Wanderheuschrecken« über das primäre authentische Kunstwerk herfallen und mit ihren diskursiven Dekonstruktionen zudecken.[8] Gerade angesichts dieser konservativen Restaurierung der Realpräsenz auf der einen und der Verabsolutierung der Theorie über das Ästhetische auf der anderen Seite scheint die dialektische Behandlung von ästhetischer Praxis und theoretischer Reflexion angezeigt – nicht zuletzt, um dem Umfassenden der Kunst und dem »theoretischen Anspruch der ästhetischen Erfahrung«, wie es schon Paul Valéry gefordet hatte[9], annäherungsweise gerecht zu werden.

Zudem legt die Pluralität der Themen, in die sich das ästhetische Feld der Postmoderne aufsplittert, ein solches neues Verhältnis von Theorie und künstlerischer Praxis nahe. Hatte zuvor die Doktrin der Avantgarde festgelegt, was verbindlich ist, nämlich das jeweils Neueste, so hat sich inzwischen der lineare Entwicklungsstrang in mehrere Themenäste verzweigt. Nichtsdestotrotz gibt es gemeinsame künstlerische und kulturelle Schwerpunkte, Diskurse eben, die sich in einer künstlerischen Einzelposition nicht darstellen lassen und die in ihrer Aktualität einander ablösen. Man stößt etwa auf Diskurse, die sich mehr aus der autonomen Kunst-Entwicklung definieren, wie die neu aufgeflammte Malereidebatte oder die retrospektive Beschäftigung mit dem Projekt der Moderne, worin die schon erwähnte Appropriation Art involviert ist. Ein Gutteil der aktuellen Kunstproduktion muß auch vor dem Hintergrund der Body- und Genderthematik gelesen werden, mit all ihren Verästelungen in die politischen wie auch soziologischen Reflexionen hinein. Man könnte eine ganze Tabelle von solchen manchmal parallellaufenden, manchmal sich vernetzenden Diskursen aufstellen. Wesentlich ist, daß es dabei immer um Wechselwirkungen und nicht um ein illustratives Darstellungsverhältnis von Kunst und Diskurs geht. Die Pop Art in den sechziger Jahren ist vor dem Hintergrund der zunehmend wirklichkeitsbestimmenden Macht der Medien zu sehen. Marshall McLuhans *Understanding Medias* beschrieb diese Vorgänge auf der theoretischen Ebene. Die Simulationstheorie eines Jean Baudrillard erweiterte diesen Diskurs in den siebziger Jahren unter dem Eindruck der hypermodernen Reproduktionstechnologien und der fortgeschrittenen Kulturindustrie, die die ganze Welt einem Prozeß der Ästhetisierung ausliefern. An diesem Diskurs ist die Appropriation Art ebenfalls beteiligt wie auch die Objektkunst der zweiten Hälfte der achtziger Jahre, die gleichsam die warenästhetische Flanke der Simulationstheorie abdeckte. Zur Zeit spielt wieder mehr der kunstspezifische Kontextdiskurs, auf den wir unten noch eingehen werden, eine bestimmende Rolle. Wir merken schon bei diesem sehr unvollständigen Überblick, daß die Diskurse selbst nicht klar abgrenzbar sind und sich wie ein Netz über die Gesamtheit kultureller Phänomenologie ausbreiten. Unser Thema beschäftigt sich nun aber zunächst nicht mit den Diskursen selbst, sondern mit dem Verhältnis der diskursiven Reflexion zur ästhetischen Erfahrbarkeit in der konkreten Kunstproduktion. Wie bildet sich dieses Verhältnis also in der Praxis aus? Zunächst ist man versucht, an eine Parallelität von Begriff und Kunstphänomenen, Text und Werk zu denken. Tatsächlich mag man vieles über die mehr oder weniger evidente Korrespondenz von künstlerischer Praxis und kultur- und kunstphilosophischer Reflexion, wie sie etwa in Zeitschriften oder Katalogtexten aufscheint, erschließen. Ziel dieses Aufsatzes ist es aber, zu zeigen, daß das postmoderne Kunstwerk auch die Tendenz entwickelt, diese Diskursivität in seiner eigenen ästhetischen Struktur zu verarbeiten.

Ästhetischer Diskurs und thematische Ausstellung

Um dahin zu gelangen, möchte ich gleichsam als Vorstufe auf ein Praxisfeld der Kunstvermittlung zu sprechen kommen, das relativ neu ist und in dem ästhetische Erfahrung und Diskurs zweckgebunden in einem Wechselverhältnis aufscheinen – gemeint ist die thematische Ausstellung. In dieser Präsentationsform wird deutlich, daß beide Elemente nicht einfach parallel laufen, sondern in einem wechselseitigen Bedingungsverhältnis stehen. Die Kunstproduktion baut einerseits Diskurse auf, wie umgekehrt Kunstdiskurse auf die ästhetische Praxis Einfluß nehmen, indem Künstler sich auf solche Themenfelder beziehen.
Die Kategorie der ›thematischen Ausstellung‹ ist nicht unproblematisch und hat ebenfalls mit dem scheinbar unversöhnlichen Kon-

flikt zwischen der künstlerischen Einzelleistung und der Theorie zu kämpfen: Auf der einen Seite wird der thematische Titel oft als nachträgliche Zusammenfassung und Legitimation über eine bunt zusammengewürfelte Gruppenausstellung gestülpt. Auf der anderen dominiert die Theorie, und die Kunst wird als bloße Illustration einer These mißbraucht – nach dem Motto: Zwei Kunsttheoretiker treffen sich, und der eine fragt den anderen: »Haben Sie meine Ausstellung schon gelesen«?

Nichtsdestotrotz liefert die thematische Ausstellung auf der Vermittlungsebene ein Modell, künstlerische Einzelpositionen in einen Zusammenhang mit kulturgeschichtlichen, philosophischen, alltagsästhetischen und gesellschaftlichen Diskursen zu stellen, ohne dabei das Einzelwerk als bloßes Belegstück zu mißbrauchen. Die thematische Ausstellung bezieht ihre Bedeutung übrigens aus dem Paradigmenwechsel am Ende der Moderne und ist die kuratorische Reaktion auf den postmodernen Pluralismus. Nachdem die Idee der Avantgarde, die das jeweils Neueste als das Verbindliche absegnete, abgedankt hat, ist es die ›thematische Ausstellung‹, die nach der Verbindlichkeit von künstlerischen Einzelleistungen fragt und die gemeinsame Schwerpunkte, die sich in einer Einzelposition nicht darstellen lassen, herausarbeitet. Konkret geschieht diese Verknüpfung meist über die Beziehbarkeit von Katalogtext, Werkauswahl und Präsentation der Exponate im Ausstellungsraum.

Obliegt es hier noch dem Kurator, diese dialektische Vermittlung in der diskursiven Ästhetik einer Ausstellung herzustellen, so wäre nun zu fragen, ob dieses Wechselspiel von diskursiver Reflexion und ästhetischer Erfahrung nicht auch im Kunstwerk selbst schon angelegt sein müßte. Ich möchte im folgenden einige Modelle künstlerischer Werkkonzeptionen besprechen, die tatsächlich versuchen, Diskurse in der Phänomenologie des Werkes zu verarbeiten. Ich werde kurz auch auf die Inhalte dieser Diskurse eingehen, konkret auf das Historischwerden der Moderne in der Appropriation Art und auf das Ins-Bild-Bringen von Kontextreflexion und Rezeptionsästhetik. Es kommen dabei Qualitäten des postmodernen Kunstwerks zur Sprache, die im ersten Fall inhaltlich als Ornamentalisierung (der Moderne), im zweiten als ›List des Bildes‹ und im dritten als Dialektik des Kunstwerks bezeichnet werden.[10]

Ziel der folgenden Ausführungen wäre die Einsicht, daß Autonomie im Sinne der modernistischen Verabsolutierung der reinen Mit-

290

tel und als letztendliche ästhetische Erfahrung der Komplexität des postmodernen Kunstwerks nicht gerecht werden kann, daß aber deren Sinnerfahrung über die Dialektik mit Diskursen läuft, die gleichwohl an ästhetische Strukturen konkreter, sinnlicher Konstrukte gebunden sind. Andersherum formuliert: Die Relevanz eines ästhetischen Produkts kann an dessen Diskursfähigkeit abgelesen werden.

Damit soll auch deutlich werden, daß der Werkcharakter von Kunst nicht durch Diskurse ersetzt werden kann, was zur Zeit von verschiedenen Theoretikern der sogenannten ›Institutional Critique‹ und den neokonzeptuellen Richtungen behauptet wird. Das Kunstwerk läßt sich nicht zu einem bloßen »Kommunikationsprogramm« entmaterialisieren, wie es Michael Lingner aus seinem systemtheoretischen Ansatz ableitet.[11] Um den »Zwang zur Vergegenständlichung« (Bazon Brock) kommen auch heute die Künstler nicht herum. Gerade in ästhetischen Konstrukten oder Objekten können sich Erfahrungen und Erkenntnisse über komplexe Zusammenhänge der Welt verdichten, die in Ausstellungen mit Zetteln von Statistiken und Publikumsbefragungen an der Wand oder im Katalogtext nicht zu machen sind.

I. Ornamentalisierung der Moderne – ästhetische Erfahrung als historische Erfahrung

Es wurde schon erwähnt, daß die sogenannte Appropriation Art, in deren Kontext die parakonstruktivistische Malerei von John Armleder zu sehen ist, engstens mit der kritischen Reflexion des Projektes der Moderne und deren Historischwerden zu tun hat. Wenn, wie bei Sherrie Levine, existierende Werke der klassischen Moderne wiederholt werden, geht es weniger um die Vergegenwärtigung kompositioneller Eigenheiten des jeweiligen Klassikers als um die Erfahrbarmachung von kunst-, aber auch von kulturhistorischen Vorgängen. Wobei durch den aneignenden und kommentierenden Gestus der Wiederholung nicht einfach eine Art ›angewandte Kunstgeschichte‹ getrieben wird, sondern der Vorgang des Historischwerdens und die historische Differenz selbst ästhetisch werden. Den Diskurs, der diese ästhetische Praxis beschreibt, könnte man als ›Ornamentalisierung der Moderne‹ bezeichnen. Mit der Praxis der

Ornamentalisierung verbindet sich ein komplexes Unternehmen, in dem die Moderne beginnt, gleichsam über sich selbst, über ihre Dynamik der Avantgarde, über ihr Diktat der Reinheit und ihren ästhetischen Utopismus, aber auch über ihre eigene Geschichtlichkeit nachzudenken. Das konzeptionelle Verfahren der ornamentalisierenden Wiederholung antwortet als eine Art ›retrospektive Avantgarde des Alten‹ auf »The Tradition of the New«, wie Harold Rosenberg die mittlerweile in die Jahre gekommene klassische Moderne nannte.[12] Erscheint das Ornament in den gängigen Modernismuskritiken als Zugeständnis eines ästhetischen Utopismus an die Geschichte, des Möglichen an das Wirkliche, so ginge es heute aus aktueller Sicht darum, es als ›kritische Form‹ und als Erinnerung an die Utopie neu zu entdecken.[13]

Der Ausdruck ›Ornamentalisierung der Moderne‹ provoziert zunächst die Frage, inwiefern Geschichte und Vergangenheit im Ornamentalen thematisch werden können und was sich aus diesem Prozeß für das Verständnis der ›gewordenen Gegenwart‹ und die eigene künstlerische Identität heute ableiten läßt. Der angesprochene Wiederholungscharakter des Ornamentalen verweist zunächst auf die Erkenntnis, daß alles, was man tut, schon einmal getan worden ist und konstatiert darin vorderhand den Erschöpfungszustand der Moderne. Die abstrakte Kunst ist seit den fünfziger Jahren – und vielleicht schon früher – selber eine Tradition unter anderen, und das Hantieren mit ungegenständlichen Formen ist zu einem ästhetischen Modell innerhalb vieler Modelle geworden. Das Wiederholen und Aneignen von modernen Stilen seit den siebziger Jahren darf aber nicht als zynische Reaktion auf diesen historischen Umstand mißverstanden werden, auch nicht als frivoles Plündern der ›Kunst-Geschichte nach den abgelaufenen Patentrechten‹. Es kann gezeigt werden, daß Künstler wie Sherrie Levine oder Philip Taaffe, aber zuvor auch schon Blinky Palermo, nicht in beliebigen Raubzügen die Vergangenheit heimsuchten, sondern ganz bestimmte neuralgische Stellen in der Moderne anpeilten und deren Widersprüche und Ungelöstheiten als inhaltliches Substrat für die eigene künstlerische Fragestellung heranzogen. Dieser retrospektiven Avantgarde kann so die Rolle eines Gedächtnisses und Gewissens der Moderne zuwachsen, die im erinnernden Zurückblenden hofft, vergessene Möglichkeiten aufzuspüren und zu aktualisieren.

Blinky Palermo beispielsweise testet in seinen malerischen, oft bildfeldsprengenden Arbeiten die Tragfähigkeit modernistischer Konzepte für eine künstlerische Praxis an der Schwelle zur Postmoderne. In der Aneignung versenkt sich die künstlerische Suche in eine geschichtliche Dimension, um, einem Adorno-Wort zufolge, aufzudecken, »was einst ungelöst blieb«. Sein Rückbezug auf die Moderne erfolgte einerseits als eklektische Aneignung historischer Positionen der Abstraktion (Kasimir Malewitsch, Ad Reinhardt), andererseits als ein nach Medien (Tafelbild, Relief, Wandmalerei, Metallbild, Objekt) geordnetes Durcharbeiten all dessen, was abstrakt heißen und sein könnte. Der Gestus des aneignenden Rekapitulierens, bei dem verschiedene Referenzen – von Malewitsch über Mondrian bis Newman – und Bruchstellen in der Entwicklung der modernen Abstraktion aufgesucht wurden, geschah mit dem ambivalenten Bewußtsein gegenüber der Ausdrucksfähigkeit der rationalistischen Formensprache und ihrer Tragfähigkeit für eine künstlerische Werkkonzeption in den siebziger Jahren. Eine frühe Werkphase von 1963-73 beinhaltet hochformatige Bilder aus horizontal zusammengenähten Stoffbahnen. Einige bezogen sich direkt auf Ad Reinhardts *Black Paintings* aus den fünfziger Jahren und übertrugen dessen absolute, rationalistische Peinture in standardisierte Kaufhausstoffe, um damit die Spannung zwischen ästhetischer Norm und sinnlich-individueller Erlebnisfähigkeit zu testen. Andererseits befragte er in seinen malerischen Rauminstallationen die Utopie eines durch avantgardistische Kunst gestalteten gesellschaftlichen Raumes, in dem er die moderne Funktionalisierung der Malerei, wie sie De Stijl und das Bauhaus vorgegeben hatten, mit der Tradition von Dekoration koppelte.

Palermos zutiefst zwischen ästhetischem Utopismus und kritischem Postmodernismus gespaltener Kunst steht die spielerische Appropriation von Armleder gegenüber. Seine hübschen Punktbilder und parakonstruktivistischen Möbelskulpturen fragen, ob die Avantgarde und ihr Anspruch einer universellen Lebensgestaltung nach Maßgabe abstrakter Formmöglichkeiten nicht gerade in der Ornamentalisierung ihre Erfüllung findet – freilich nicht so, wie sich die Pioniere dies in ihrem missionarischen Eifer vorgestellt hatten: die reine Gegenstandslosigkeit als ästhetischer Katalysator für die Einheit von Kunst und Leben, für die Erziehung »des neuen Menschen der Zukunft«, ja gar für eine neue »Gesellschaft der Gleichgewichtsbeziehungen« (Piet Mondrian). Benjamin Buchloh hat es drastisch ausgedrückt: »Es ist dies eine der dialektischen Eigenschaften des historischen Vermächtnisses der modernen Abstraktion, daß sie als das Zeichensystem einer radikalen, sozialen Utopie begann und im Dienste der totalisierenden Ansprüche der Profitmaximierung endete.«[14]

Gegenüber dieser utopiekritischen Bestandsaufnahme hat Philip Taaffe mit der Verknüpfung von Ornament und klassischer abstrakter Malerei das Aufschließen der Moderne für die Positionierung des eigenen künstlerischen Tuns im Sinn. Der Amerikaner ist bei seinem retrospektiven Gang durch die Kunstgeschichte besonders auf drei Vater- beziehungsweise Mutterfiguren gestoßen: Barnett Newman, Ellsworth Kelly und Bridget Riley, deren Bildkonzeptionen er ornamental bricht.

Ein großformatiges Werk aus dem Jahr 1985 mit dem Titel *Twisted Convenant* zeigt ein bildfüllendes rotes Farbfeld, das von vertikalen Bändern überspannt wird. Taaffe verfremdet die für Newman typischen Zips, indem er diese zu illusionistisch gemalten, geschraubten Streifen verlebendigt. Es geht dem Künstler dabei weder um Wiedererfindung noch um die geschichtsauthentische Rekonstruktion individueller Stilkonzepte, sondern er verwendet diese Bilder als »strukturierendes Mittel«, um sein eigenes Werk auf ihnen zu begründen und zu sehen,« wie sich daraus eine neue Phase dessen ergibt, was Malerei bedeuten kann.«[15] Zu Recht stellt man sich die skeptische Frage, ob diese diskursive Reflexion ohne Rückfragen an den Künstler oder den Theoretiker allein aus dem Bilde selbst heraus zu entwickeln ist. Gleichzeitig wird aber niemand die reflexive, kritische Wirkung, die von der seltsamen Spannung zwischen der erhabenen monochromen Fläche und den geschraubten Bändern ausgeht und die unmißverständlich Barnett Newmans sublime Großfeldmalerei paraphrasiert, bestreiten können. Inwieweit sich daraus im konkreten Betrachter-Bild-Verhältnis ein Nachdenken über die oben skizzierten Zusammenhänge anbahnt, hängt natürlich auch vom Vor- und Kontextwissen des Beschauers ab. Aber selbst wenn man Newman nicht kennt, beinhaltet dieses Gemälde von Taaffe in seiner Anmutungsqualität eine Gebrochenheit, die als Differenz erfahrbar wird und bei der leisesten Ahnung, daß hier klassische abstrakte Malerei zitiert wird, sich in historische Differenzerfahrung übersetzt.

II. Kontextdiskurs und ästhetische Erfahrung

Die Appropriation Art der achtziger Jahre ist also engstens mit dem kritischen Diskurs über das Projekt der Moderne und mit der Infragestellung des Innovationsgedankens der Avantgarde verknüpft. Sie kann nur im Spannungsfeld mit diesem verstanden werden, wobei die postmoderne Kunst dazu tendiert, diesen Diskurs in die Phänomenologie des Kunstwerks einzuarbeiten.

Gegen Ende der achtziger Jahre übernimmt erneut der sogenannte Kontextdiskurs eine Leitfunktion, nicht zuletzt aufgrund des wachsenden Unbehagens an den merkantilen Selbstläufern des aufgeblähten Kunstbetriebs. Marcel Duchamp hatte 1914 erstmals die Problematik von Kunst und Nichtkunst in den Kunstraum eingebracht. In den siebziger Jahren machten Künstler wie Michael Asher oder Laurence Weiner die Befragung der formalen und institutionellen Rahmenbedingung des Erscheinens von Kunst zur zentralen Thematik ihrer zumeist ortsspezifischen Installationen. In den achtziger Jahren erweiterten dann Künstlerinnen und Künstler wie Louise Lawler und später Andrea Frazer, Christian Philipp Müller und Gerwald Rockenschaub, um nur einige zu nennen, das Kontextfeld. Sie brachten das gesamte »Betriebssystem Kunst«[16] auf den Prüfstand und untersuchten nicht nur die formalen, sondern auch die historischen, ökonomischen, rezeptionstheoretischen und soziologischen Rahmenbedingungen für die Herstellung, Verbreitung und Präsentation von Kunst.[17] Die metasprachliche Abhebung und die Beleuchtung des Systems von einem externen fiktiven Beobachtungspunkt aus läßt Formulierungen in materiellen ästhetischen Realisationen oft obsolet erscheinen, so daß viele Künstler in Anlehnung an die Concept Art meinten, auf solche Realisate verzichten zu können. Der ehemals bedeutungsstiftende Kampf um die Form, ja das Kunstwerk als Materialisation formaler und geistiger Prozesse wurde durch Texte und direkte Kommunikation abgelöst, so daß sich am Ende die Frage aufdrängt, wo denn das Ästhetische, das künstlerische Argumentieren mit Form und Farbe, ja die Kunst überhaupt geblieben sei. Vieles, was in diesem Zusammenhang als Kunst angeboten wird, gleicht Illustrationen von theoretischen Abhandlungen und verzichtet auf die dialektische Kraft sinnlicher Erfahrung, die die Kunst als eigenständige Erkenntnisleistung bisher gegenüber der Wissenschaft auszeichnete.

Ästhetische Homöopathie und kritisches Dekor

Dabei bildete sich die Kontextkunst in den frühen siebziger Jahren zunächst ästhetisch aus, was nicht zuletzt auf die Herkunft dieser Künstler von der Malerei her zurückzuführen ist. Wollte man die visuelle Phänomenologie dieser Kunst charakterisieren, so könnte man grob zwei Tendenzen herausarbeiten: erstens, die Neigung zur ›homöopathischen‹ Geste, die visuell über die oft provokativ empfundene Anmutung der Leere lief, die auf unsichtbare kontextuelle Zusammenhänge hinwies, und zweitens der Hang zum Dekor. Neben der Funktionalisierung der expandierenden abstrakten Malerei als raumdefinierende Struktur lieferte der Rückgriff auf diese vormoderne Verwendungsform ein Mittel, um den ort- und kontextlosen Autonomismus der Avantgarde zu kritisieren. Für die erste Tendenz stehen Michael Ashers zum Teil kaum wahrnehmbare Manipulationen des ›White Cube‹ – des weißen Galerieraums, der eine Erfindung der Moderne war und mit der Durchsetzung, aber auch mit der Ideologisierung dieser Moderne zu tun hat. 1974 entfernte der kalifornische Künstler in der Claire Copley Gallery eine ganze Galeriewand und schloß den Ausstellungsraum mit dem Büroraum kurz. Der Präsentationsraum wurde zum erweiterten Office, und umgekehrt verwandelte sich die Administration zum Ausstellungsgegenstand.

Für die zweite Richtung, für das ›kritische Dekor‹, mögen Daniel Burens ortsspezifische Eingriffe, in denen stereotyp immer wieder das gleiche Streifenmuster auftaucht, stehen. Tatsächlich könnte man auf der Ebene der Malerei die Kategorie des ›Dekors‹ als formale Entsprechung zu dem bezeichnen, was auf der Ebene der Objektkunst seit Duchamp als Kategorie des Kontextes fungiert. So wie der Kontext die Bildung von Bedeutungen durch Plazierung eines Objekts in verschiedenen Zusammenhängen beschreibt, so macht das Dekor die Grenzen zwischen den unterschiedlichen gesellschaftlichen, ontologischen und historischen Bereichen sichtbar und stellt Beziehungen zwischen ihnen her. So wie der Text zum Kontext wurde, so transformiert heute das autonome Tafelbild zum Dekor. Eigentlich handelt es sich um zwei einander ergänzende Prozesse, die man am besten im Zusammenhang mit der Kritik und der Neudefinition des ›White Cube‹ beschreiben kann: Während die Konzept-Linie ständig dessen Sprengung durch Intransplantation von artfremden Objekten versucht, kümmert sich die ›Dekor-Kunst‹ um die rahmende Raumgrenze, um deren Leitfähigkeit und Kontaktflächen nach außen zu verändern. Die erste Methode funktioniert durch Positionierung in verschiedenen Trägersystemen, die zweite durch Rahmung. Das strukturelle Element der Rahmung wirkt hier speziell in seiner ›dekorativen Funktion‹ des – wie es Burghard Schmidt ausdrückte –»Vorbeizeigens«. Dekor hat generell die Aufgabe, den Blick und die Aufmerksamkeit durch visuelle Kraftfelder, durch abgrenzende und verbindende Rahmen zu lenken.[18] Dieser Verweischarakter prädestiniert das ›kritische Dekor‹ zum ästhetischen Mittel der Sichtbarmachung des Unsichtbaren kontextueller Zusammenhänge. Es scheint also sinnvoll, die Kategorie des Dekors als Gelenkfunktion zwischen ästhetischer Erfahrung und diskursiver Reflexion neu zu entdecken.

Gleichsam in ›Erbschaft‹ von Ashers ästhetischer Homöopathie stoßen wir in den achtziger Jahren auf den jungen Österreicher Gerwald Rockenschaub, dessen sparsame Raum- und Wandinstallationen den Betrachter an die Grenzen des Kunstraumes – im übertragenen Sinne an die Systemgrenzen der Institution Kunst – führen. Um Unterschied zu vielen kognitiven Kontextreflexionen seiner Kollegen entwickelte er seine Befragungen aus der Konsequenz formaler Methoden. Sie können daher nicht als bloße Illustrationen kontext- und gesellschaftstheoretischer Theoreme vereinnahmt werden. Die Anfänge liegen in der Neuen Malerei, genauer in dem zunächst modisch rezipierten Phänomen von Neo Geo Mitte der achtziger Jahre, wo eine ornamentalisierte moderne Malerei, die die Referenz an die Genußästhetik des Wiener Jugendstils nicht leugnete, mit der visuellen Promiskuität der postmodernen Alltagswelt affirmativ-kritisch gekoppelt wurde. Sukzessive erweiterte der Künstler den Rahmen des Tafelbildes, bis die Wand und schließlich der Ausstellungsraum mitsamt dem Betrachter ins Sichtfeld der Kunst gerieten. Der nächste Schritt führte den Betrachter an die Raumgrenzen und zu erhöhten Standpunkten, von denen aus das ›Betriebssystem Kunst‹ überblickt werden konnte. In der Hamburger Schau *Backstage* von 1993 wurde ein zwischen Fensterfront und Ausstellungssaal eingezogener Korridor mit kleinen Holztreppchen bestückt, die dem neugierigen Besucher wechselweise einen Blick nach draußen, auf die verkehrsreiche Straße und den Hafen, und nach innen, über die Wand hinüber in die eigentliche Ausstellung erlaubten (vgl. Abb. S. 2). Der Betrachter höherer Ordnung, gleichsam backstaged, konnte die Betrachter, die die Kunst im Ausstellungsraum besichtigten, beobachten. Gleichzeitig machte der Blick nach draußen bewußt, daß er selbst Teil der Ausstellung war. Die Qualität dieser systemtheoretischen Erhöhung liegt darin, daß diese unmittelbar an die ästhetische Erfahrung der Eigenwahrnehmung des Betrachters geknüpft ist und diese Wahrnehmung nicht mehr als reines Sehen wie in der Minimal Art, sondern tatsächlich als Wahrnehmung im institutionellen Raum ausgewiesen und reflektiert ist.

Die List des Bildes

Diesen Prozeß der ästhetischen Erfahrbarmachung von Kontext könnte man als Rahmenwerdung des Bildes bezeichnen. Die expansive Tendenz, die vom Tafelbild über die wandgreifende Malerei zur quasiarchitektonischen Rauminstallation führt, setzt die avantgardistische Eroberung des Raums unter postmodernen Vorzeichen fort. Gleichsam die Umkehrung, nämlich die Bildwerdung des Rahmens, können wir in den Fotografien von Louise Lawler verfolgen, die in den achtziger Jahren im Zusammenhang mit der Appropriation Art und der ›Institutional Critique‹ bekannt wurde. Die Abbildungen zeigen Kunstwerke von anderen Künstlern an anderen Orten. Die Amerikanerin sucht solche Kunstwerke an allen möglichen Plätzen auf, vom Atelier über die Privatsammlung in der Wohnung bis zum Depot (Abb. 3). Sie ›zeichnet‹ mit dem Fotoapparat eine fast vollständige Topographie von öffentlichen und privaten Aufenthaltsorten von Kunst nach und legt damit das vernetzte System von Produktion, Distribution, Konsumption und Endlagerung offen.[19] Dabei richtet sie ihren Fotoapparat auf Stellen zwischen den Kunstwerken, um die Differenz von Form und Hintergrund als Kontext zu thematisieren.[20] Niklas Luhmann hat kürzlich die Figur-Grund-Relation als Alternativformulierung für die soziologische System-Umwelt-Dichotomie eingeführt.[21] Sie läßt sich auf Lawlers Untersuchungen übertragen, die die Kunst als ein soziales System der Kommunikation bearbeiten.

Diese bildinterne systemtheoretische Sichtbarmachung von Grenzen durch den ästhetischen Mechanismus der Figur-Grund-Differenz wird außen durch den formalen Vorgang der Rahmung

3 Louise Lawler, Installation ›Das Bild der Ausstellung‹, Heiligenkreuzer Hof, Wien 1993

ergänzt und gespiegelt. Der Raum, der Kontext samt Kunstwerk wird durch den fotografischen Ausschnitt gerahmt und ›schlüpft‹ ins Bild. Bemerkenswert ist nun, daß das Bild, das den Kontext ›geschluckt‹ hat, sich selbst wieder als ›Kunst im Rahmen‹ einem Kontext, nämlich einer Umgebung, in der das Lawler-Foto aufgehängt wird, einfügt. Hier offenbart sich eine bestimmte Qualität des postmodernen Kunstwerks, die ich, frei nach Hegel, mit ›List des Bildes‹ bezeichnen möchte. Sie beschreibt die komplexe, wechselseitige Verschachtelung von Kunst und Kontext, die sich, um auf unsere Thematik zurückzukommen, auch als Dialektik von ästhetischer Erfahrung und diskursiver Reflexion verstehen läßt.[22]

Die ›List des Bildes‹ bezeichnet auch einen historischen Vorgang, nämlich eine Umkehrung in der Entwicklung der autonomen Kunst. Nachdem die Malerei durch die Abstraktion immer flacher geworden ist, bewegte diese Krise des Tafelbildes die Künstler in den dreißiger Jahren zum Ausstieg aus dem Bild in den Raum. Die ›List des Bildes‹ zeigt den genau entgegengesetzten Prozeß, nämlich wie die Kunst vom Raum ins Bild, in den Rahmen, ›zurückschlüpft‹. Das Einzel-Bild wurde in der Moderne durch die Installation verdrängt, taucht nun aber auf einer anderen Ebene als ›Bild der Installation‹ plötzlich wieder auf.

III. Die Rückkehr des Betrachters: kontextuelle Rezeptionsästhetik

Diese Bildwerdung des Rahmens, als postmoderne Gegenbewegung zur avantgardistischen Realexpansion der Malerei in den Raum, bringt nicht nur den Kontext ins Bild, sondern auch den Betrachter, welcher in den modernen Dokumentationsfotos vom White Cube kategorisch ausgeschlossen blieb. Thomas Struth konfrontiert uns in einer Serie von Großfotos mit Ansichten von Ausstellungsräumen in bekannten Museen mit berühmten Gemälden und mit den dazugehörigen Besuchern, die die Meisterwerke betrachten (Abb. 4). In der Betrachtung von Menschen, die ihrerseits Bilder betrachten, wird man sich auf manchmal beklemmende Weise der eigenen Betrachtersituation bewußt. Über eine merkwürdige Ambivalenz zwischen gleichzeitiger Nähe und Distanz ist man aufgefordert, die eigenen emotionalen und kognitiven Erfahrungen beim Besuch solcher Museen zu rekonstruieren und über den eigenartigen Kult des Bilderbetrachtens und dessen individuelle wie gesellschaftliche Motive, ja über dessen institutionelle Bedingungen nachzudenken. Die eigentümliche, simultane Bildwirkung von Distanz und Nähe erreicht Thomas Struth durch zwei formale, miteinander verschränkte Mittel. Die Verteilung und die Gestik der Personen im abgebildeten Museumsraum — wie etwa im Rubens-Saal des Kunsthistorischen Museums in Wien — ist so gewählt, daß eine Analogie zu der kompositorischen Konzeption der abgebildeten Gemälde entsteht. Die zum starren ›Bild der Ausstellung‹ geronnene Konstellation kann von uns als neues, in sich geschlossenes, fotografisches Gemälde erfaßt werden. Nun wird aber diese Einheit gestört durch eine kompositorische Leerstelle, die auf die Position des Fotografen hinweist und die im Moment der Betrachtung durch den Beschauer selbst, durch dessen subjektive Anteilnahme ausgefüllt werden muß. Durch dieses partielle Vakuum wird auch der Betrachter Teil des Bildes und kann das Werk als Formung der eigenen Wahrnehmung von Kunst in solchen Museen begreifen. Thomas Struths Arbeiten nehmen damit am Diskurs der ›Rezeptionsästhetik‹ teil. Nicht nur das – sie vergegenständlichen diesen auch in ihrer mehrfach reflexiven Struktur. Hauptansatzpunkt der Rezeptionsästhetik ist die erstmals von Alois Riegl in seinem Aufsatz über »Das Holländische Gruppenporträt« 1902 ausgeführte Einsicht, daß jedes Gemälde von Rang den Betrachter als potentiellen Vollender des Kunstwerks impliziert, ja ihn voraussetzt. Jauß hat mit Bezug auf Paul Valéry diese dynamische Beziehung zwischen Autor, Werk und Betrachter als »poetisches Können« beschrieben. Damit hebt sich das moderne Kunstwerk vom traditionellen ab, das noch an eine aus »säkularer Tradition überkommene, paradigmatische Bindung an Kosmos, (gottesgeschaffenen) Natur und Idee« und an »präexistente Wahrheit«[23] geknüpft ist. Die Betrachtung erweist sich

4 Thomas Struth, Installation ›Aperto‹, Biennale, Venedig, 1990

so als ein aktiver Prozeß der Mitschöpfung. Diese Ansicht führt dazu, die Rezeption zunehmend als gleichwertigen Anteil an der Bedeutungskonstitution von Kunst anzuerkennen, ja die Rezeption der Produktion gleichzusetzen.

Wolfgang Kemp hat die Rezeptionsästhetik erweitert um »eine Geschichte der Kunstbetrachtung«, die aus der »Geschichte der Institutionen« zu entwickeln ist.[24] Die im engsten Zusammenhang mit der Wahrnehmungspsychologie entwickelte Rezeptionsästhetik soll, nach Kemp, praktische Auswirkungen in einer neuen »Betrachtungsforschung« haben, die ebenfalls »die Einwirkungen der Kunstinstitutionen auf das ästhetische Verhalten der Rezipienten«[25] untersucht. Unschwer lassen sich beide Aspekte, die reine wie die kontextuelle Rezeptionsästhetik, in Struths Museumsbildern wiederfinden. Was sie nun aber von der traditionellen ›Ikonographie der Kunstbetrachtung‹, die bis ins 19. Jahrhundert existiert hatte, abhebt, ist ihre komplexe, mehrfach reflexive Struktur, die, wie schon erwähnt, nicht nur im Spannungsfeld zum Diskurs der ›Rezeptionsästhetik‹ steht, sondern diesen aktiv vergegenständlicht im Sinne der in diesem Aufsatz entwickelten ›diskursiven Ästhetik‹.

Die Dialektik des postmodernen Kunstwerks

Diese erweist sich hier als eine bestimmte dialektische Qualität, die sich nur in der ästhetischen Struktur des Kunstwerks und nicht im diskursiven, analytischen Text entfalten kann. Gemeint ist in diesem Fall die doppelte Perspektive von Distanz und Nähe und die Simultaneität von Kommentar und Bewußtsein, gleichzeitig ein Teil der kommentierten Situation zu sein. Man kann diese kunsttheoretisch komplexe Verschränkung von verschiedenen Orientierungen des Kunstwerks am besten mit folgender Frage an die neue Kontext- und Rezeptionskunst klarmachen: Gelingt es ihr, künstlerische Werke (sowohl Bilder als auch Objekte) zu schaffen, die die Fähigkeit haben, etwas über die Welt auszusagen, die aber gleichzeitig ebenso als konkrete Objekte in der Welt verankert sind und die zudem etwas über die Bedingungen dieser Dialektik und deren Rezipierbarkeit sichtbarmachen können? Die ersten beiden Qualitäten kommen in jedem ›guten Kunstwerk‹ vor, und die Theorie beneidet die Kunst um diese Möglichkeit. Sie muß ja die Subjekt-Objekt-Beziehung immer auf eine höhere Metaebene transponieren, um nicht dem Kurzschluß der Tautologie zu erliegen, während die Reflexivität der Kunst Subjekt und Objekt so verschränken kann, daß beide Sphären in ein und demselben Konstrukt korrelieren. Durch ihren Objektcharakter sind Kunstwerke selber Teil der Welt, während der sprachliche Diskurs sich doch immer mehr von ihr distanziert, obwohl die Poststrukturalisten versuchen, genau diese Fähigkeit der Kunst auf den Text-Diskurs zu übertragen. Mit den beiden letzten Beispielen, Louise Lawler und Thomas Struth, sind zwei Bildkonzeptionen genannt, die das können. Wobei zwei spezifische Techniken des Mediums Fotografie, nämlich Ausschnitt und Rahmung, dem entgegenkommen. Lawlers Fotos zeigen Kunstwerke von anderen Künstlern an anderen Orten, in anderen Ausstellungen und sind selbst gleichzeitig wieder Werke mit eigenen ästhetischen Qualitäten in einer spezifischen Ausstellung, ohne dabei ihre Kritikfähigkeit preiszugeben – im Gegenteil, gerade in dieser neuerlichen Einordnung in den Kontext, der reflektiert wird, in der umgekehrten Verschränkung von Rahmen steigert sich die inhaltliche Brisanz. Das gilt bei Thomas Struths Museumsbildern, die Haltungen und Positionen des Betrachters von Kunstwerken als Kunst verarbeiten, in noch größerem Maße. Man kann das auch an dem merkwürdigen Effekt überprüfen, daß man beim Betrachten des Betrachtens nicht – wie zu erwarten wäre – von der Kunst zurücktritt, sondern sich unter Umständen den Rubensbildern viel näher fühlt, als wenn man im Kunsthistorischen Museum zu Wien real davorsteht.

Durch die komplex-reflexive Struktur unterscheidet sich das postmoderne Kunstwerk ganz wesentlich von dem selbstreflexiven der Moderne. Es ist sogar zu fragen, ob ersteres den Betrachter nicht stärker in seiner rezeptiven Kreativität zu aktivieren vermag als etwa eine Installation der Minimal Art, die den Besucher zur physischen Selbstwahrnehmung antreibt, um darin eine Einheit von Struktur und Sehen zu erzwingen. Tatsächlich scheint das postmoderne Kunstwerk in seiner eben skizzierten Dialektik, in der Verschachtelung von Rahmen, in seiner ›List des Bildes‹ und in seiner Einlagerung von Diskursen eine komplexe Struktur von Reflexivität anzustreben, die mehr ist, als die Reflexivität, welche die moderne Selbstreferenz des autonomen Kunstwerks hervorbrachte. Die Begriffskonstruktion ›diskursive Ästhetik‹ meint, daß ästhetische Erfahrung im Hinblick auf das postmoderne Kunstwerk eine Stufe weitergefaßt werden muß, wie zuvor in der modernen Kunsttheorie das Visuelle vom rein Retinalen auf den »sinnlich organisierten Sinn« (Gottfried Boehm) und auf die Erkenntnisfähigkeit der »inneroptischen Intelligenz des Auges« (Egon Rüden) ausgedehnt wurde.

Schlußbemerkung

Abschließend eine Rekonstruktion der Überlegungen: Die Gegenüberstellung eines spät- und eines postmodernen Kunstwerks hat gezeigt, daß die Eindrucksanalyse bei letzterem schnell an ihre Grenzen stößt. Die Unmittelbarkeit ästhetischer Erfahrung wird durch eine Reflexion über Absichten und Haltungen abgelöst und mündet in ein vielschichtiges Netz von Anspielungen und Mehrfachkodierungen. Das postmoderne Kunstwerk enthüllt seine Sinndimension im Unterschied zum (spät-)modernen nicht mehr allein in der Selbstreferentialität der unmittelbar sinnlich gegebenen Wahrnehmungsgegenstände, sondern mehr und mehr im Verband mit sogenannten ›Diskursen‹. Es wurde behauptet, daß ästhetische Erfahrung und diskursive Reflexion, Aisthesis und Kognition sich gegenseitig ergänzen. Darin bahnt sich die Überwindung des alten Konkurrenzverhältnisses von Theorie und künstlerischer Praxis, Begriff und Anschauung an. Die thematische Ausstellung, die die vermittlungspraktische Konsequenz auf den postmodernen Pluralismus darstellt, wurde behelfsweise als Erklärungsmodell für diese Dialektik herangezogen. Daran schloß die Frage an, ob es nicht künstlerische Konzeptionen gibt, die versuchen, diese Dialektik in die Phänomenologie des Kunstwerkes einzuarbeiten. Wo solches gelingt, wo ästhetische Erfahrung und diskursive Reflexion in die Sinnstruktur einer künstlerischen Formulierung eingehen, könnte man von ›diskursiver Ästhetik‹ sprechen. Beispielhaft wurden sodann verschiedene Diskursfelder angesteuert, erstens die Retroavantgarde der Appropriation Art, zweitens der Kontextdiskurs und drittens die Rezeptionsästhetik, um anhand konkreter künstlerischer Konzeption dem Ästhetischwerden solcher Diskurse nachzugehen. Die ästhetische Phänomenologie oder besser die ästhetische Methode dieser Vorgänge wurde behelfsweise auf Begriffe gebracht wie ›Ornamentalisierung der Moderne‹, ›kritisches Dekor‹, ›List des Bildes‹ und ›Dialektik des (postmodernen) Kunstwerks‹. Am Schluß

304

stand die Einsicht, daß das postmoderne Kunstwerk entgegen seinem schlechten Ruf als elektizistisches Machwerk und oberflächliche Augenreizkunst durchaus eine komplexe Erfahrungsstruktur ausbilden kann – eine strukturelle Komplexität, die im Unterschied zur modernen Autonomie an Diskurse gebunden ist. Voraussetzung für die Erfahrbarkeit dieser Komplexität ist die Anerkennung der prinzipiellen Unabgeschlossenheit der künstlerischen Formulierung, die seit Umberto Ecos »offenem Kunstwerk« und entsprechend der Vernetzung der Systeme eine neue Stufe erreicht hat. Welche Konsequenzen diese Perspektive einer diskursiven Ästhetik für die Kunstwissenschaft haben könnte, ist nicht abzuschätzen. Unbestreitbar ist, daß, nachdem sie sich nicht mehr auf die Selbstreferentialität und die »ästhetische Intensität« (Jürgen Stöhr) des modernen abstrakten Tafelbildes stützen und bei ihrer Interpretation schon längst nicht mehr auf eine ›reproduktive Semantik‹, auf Ikonik und auf symbolische Formen zurückgreifen kann, die kunstphilosophische Reflexion um neue Theoriemodelle bemüht sein muß. Was hier als ›diskursive Ästhetik‹ skizziert wurde, könnte aber lediglich eine Richtung andeuten.

Ein solches kunstwissenschaftliches Modell hätte zu berücksichtigen, daß ästhetisches Handeln sich nicht mehr als Hervorbringen von gestalteten Bildern und Objekten, sondern als ein behendes Koppeln von verschiedenen Sprachsystemen und als ein gezieltes Einklinken in bestehende Netze von Diskursen versteht. Was daraus an ästhetischen Produkten hervorgehen kann, gleicht vielleicht manchmal mehr temporären Verdichtungen von Energien und Bedeutungssuggestionen als der Materialisation von geistigen Prozessen. Vielleicht muß solche Reflexion auch auf die Definitionsfrage von Kunst und Nichtkunst verzichten, um dem Umfassenden ästhetischer Erfahrung, wie sie für das nächste Jahrhundert wirksam wird, nicht im Wege zu stehen.

Anmerkungen

1   Rolf Hengesbach, »Distanzverlust und Selbstgewinnung – G. Umberg und die Herausforderung der Malerei«, in: Kat. *Günter Umberg,* Staatl. Kunsthalle Baden-Baden 1991/92, S. 22.
2   Ebd., S. 25.
3   Ebd., S. 29.

4 Markus Brüderlin, »Ironie und Fundamentalismus, zum Schicksal der abstrakten Malerei am Anfang der 90er Jahre«, in: Kat. *John M. Armleder, Wiener Secession* 1993, S. 40.

5 Zunächst erfüllt *For the Love of Daisy* als typisch postmodernes Kunstwerk die Kategorie des Genießens, die, nach Hans Robert Jauß, als leistungsfähige Perspektive der ästhetischen Erfahrung rehabilitiert werden müßte. Doch zielt die Verweisstruktur an den, um bei Jauß zu bleiben, drei Aspekten ästhetischer Erfahrung – Poiesis, Aisthesis und Katharsis – vorbei. Dennoch solidarisiert sich Jauß' Rehabilitierung des Genußes auf eigentümliche Weise mit dem sogenannten postmodernen Kunstwerk gegen die Moderne, die sich aus lauter Abgrenzungszwang gegenüber der »Konsumentenkultur und den modernen Massenmedien« auf das Asketische und die »Ästhetische Negativität« (Theodor W. Adorno) beschied. Vgl. Hans Robert Jauß, *Kleine Apologie der ästhetischen Erfahrung,* Konstanz 1972, S. 10, wiederabgedruckt in diesem Band, S. 15 ff.

6 Dieter Schwarz, »Un point peut en cacher un autre«, in: Kat. *John M. Armleder,* Kunstmuseum Winterthur 1987, S. 102.

7 Wobei ›Diskurs‹ nicht nur eine begriffliche Beschäftigung meint. Auch die Tradition der abstrakten Malerei bildet einen Diskurs, einen formalen, bei dem über Formen und Bildlösungen ein ästhetisches Wissen weitergereicht wird.

8 Vgl. *5. Freiburger Kulturgespräche:* »Das Kunstwerk im Zeitalter seiner ästhetischen Kommunizierbarkeit«. Auszüge abgedruckt in: Kat. *Aura – Die Realität des Kunstwerks zwischen Autonomie, Reproduktion und Kontext,* Wiener Secession, 1994, S. 78-92.

9 Vgl. Jauß (wie Anm. 5), S. 27.

10 An manchen Stellen mag die Frage auftauchen, ob die Kunst nicht zuweilen durch die Interpretation überformt werde und ob der Künstler das auch so beabsichtigt oder gedacht habe. Doch gerade der Umstand, daß postmoderne Künstler – und das hat nicht nur mit spekulativer Unbestimmtheit zu tun – selten festlegende Rezeptionsanleitungen liefern, steigert die Bedeutung des Betrachters, der sich zunehmend als emanzipiertes, aktives Element an der Konstitution von Kunst beteiligt. Dieser rezeptionsästhetische Aspekt ist ja ein zentraler in der Theorie der ästhetischen Erfahrung. Vgl. Jauß (wie Anm. 5).

11 »Kunst lebt heute nicht mehr in den Werken, sondern durch die Kommunikation über die Produktionen, die Werke genannt werden.« Michael Lingner, »Die Krise der ›Ausstellung‹ im System der Kunst«, in: *Kunstforum International,* Bd. 125, 1994, S. 185.

12 Das geschichtsphilosophische Modell, das mit dieser rekapitulierenden Praxis der abstrakten Malerei korrespondiert, ist weniger die Hermeneutik als Michel Foucaults »Archäologie des Wissens«. »Sie [die archäologische Analyse] ist nicht mehr und nicht weniger als eine erneute Schreibung; das heißt in der aufrecht erhaltenen Form der Äußerlichkeit eine reguläre Transformation dessen, was bereits geschrieben worden ist. Das ist nicht die Rückkehr zum Geheimnis des Ursprungs; es ist die systematische Beschreibung eines Diskurses als Objekt [...] jener Diskurse als bestimmten Regeln gehorchende Praktiken.« Michel Foucault, *Archäologie des Wissens,* Frankfurt am Main 1986[7], S. 200. Der Diskurs der Appropriation Art ist also auch ein Diskurs über die Regeln der modernen Kunst, über deren Sinn, aber auch deren Erweiterung.

13 An dieser Stelle muß erwähnt werden, daß generell die neue Abstraktion der achtziger Jahre in eigentümlicher Weise darangegangen ist, das dynamisch-kompositorische Formenvokabular der Moderne anhand ornamentaler Formmentalitäten anzueignen und zu brechen. Mit dem ›Hang zur Symmetrie‹ oder zur geometrischen Musterbildung wären nur äußere Indizien dafür angeführt. Man kann dieses Phänomen nicht zusammenfassend unter der Appropriation Art subsumieren, da nicht bei allen Positionen der Aneignungscharakter entscheidend ist. Doch macht sich in dieser ornamentalen Brechung ein prinzipieller Zweifel an dem Projekt der Moderne bemerkbar, auch wenn dieser nicht thematisch wird.

14 Benjamin Buchloh, »Knight's Moves: Situation of the Art/Object«, in: Kat. *John Knight*, New York, Marian Goodmann Gallery 1986, S. 14. Zit. nach Schwarz (wie Anm. 6), S. 105.

15 Philip Taaffe (Interview), in: Kat. *The Binational*, Düsseldorf/ Boston 1988/89, S. 200.

16 Vgl. *Kunstforum International*, Bd. 125, 1994.

17 Vgl. *Kontext-Kunst – Die Kunst der neunziger Jahre*, Köln 1994.

18 Hans-Georg Gadamer schrieb zum Wesen des Dekors: »Das Wesen der Dekoration besteht eben darin, daß sie jene zweideutige Vermittlung leistet, die Aufmerksamkeit des Betrachters aufsichzuziehen, seinen Geschmack zu befriedigen und doch auch wieder von sich wegzuweisen in das größere Ganze des Lebenszusammenhanges, den sie begleitet.« Hans-Georg Gadamer, »Wahrheit und Methode«, zitiert nach Herbert Köhler, *Strukturale Bildlichkeit – Studien zum Begriff Struktur in der Kunstgeschichte*, München 1984, S. 150.

19 In diesem Punkt stellen Lawlers Arbeiten eine Erweiterung von Duchamps Ready Mades dar, die im Prinzip nur nach dem Unterschied von Kunst und Nichtkunst fragen.

20 Etwa wenn sie den Fotoapparat *zwischen* zwei Bilder von Jasper Johns hält und die Hängewand bei Christie's und das Auktionslabel zum Bildgegenstand macht. Moderne Kunst erscheint hier nicht als kunsthistorisches Wertobjekt vor der neutralen Ausstellungswand, sondern als Tauschobjekt vor dem Hintergrund wechselnder Besitzer.

21 Hans-Dieter Huber, Interview mit Niklas Luhmann, in: *Texte zur Kunst*, Nr. 4, 1991, S. 121.

22 Diese Wechselwirkung von Werk und Kontext und nicht das Ausspielen des einen durch das andere wird bei den radikalen Konstruktivisten Maturana und Varela als »Strukturelle Determiniertheit« thematisiert. Es ist nicht so, daß der Kontext das Lebewesen oder das künstlerische System, das wir Werk nennen, instruiert oder determiniert; es ist vielmehr die Struktur des Lebewesens oder Werkes, welche bestimmt, zu welchem Wandel es infolge der Interaktion mit dem Kontext kommt. Vgl. Wolfgang Kemp, »Kontexte – für eine Kunstgeschichte der Komplexität«, in: *Texte zur Kunst*, Nr. 2, 1991, S. 95.

23 Jauß (wie Anm. 5), S. 26.

24 Vgl. Wolfgang Kemp, »Kunstwissenschaft und Rezeptionsästhetik«, in: ders., *Der Betrachter ist im Bild*, Köln 1985.

25 Ebd., S. 22.

Jürgen Stöhr

›Das Geistige in der Kunst‹ oder wo die Zeitgeister sich scheiden

Zum Bewußtsein historischer Distanz:
Wie ein nachmodernes ›creative misreading‹ auf die
ästhetische Erfahrung des Modernismus zurückwirkt

Die Basisprämisse einer modernen Ästhetik, daß ein Kunstwerk aus sich selbst heraus verständlich zu sein habe und der Betrachter an diesem eine kommunikative, erkenntnisvermittelnde ästhetische Erfahrung machen kann, ist seit Marcel Duchamps ›Fountain‹ und spätestens seit Brian O'Dohertys Essay »Die weiße Zelle und ihre Vorgänger« in Frage gestellt. Seitdem hat der Verdacht, der ›White Cube‹, der museale oder galeristische Kontext, transformiere a priori alles zum Kunstwerk, was man in die ›Auratisierungs-kiste‹ trage, neue Kunstformen wie die ›Institutional Critique‹ hervorgebracht. Mit dieser Entmythologisierung der Institutionen geht auch die Kritik an der modernen Kunst und mithin die Infragestellung einer Theorie ästhetischer Erfahrung einher, die Gefahr läuft, nachhaltig disqualifiziert zu werden. Heute zeigt die zeitgenössische Kunstproduktion massiven Zweifel am Verstehenskanon der modernen Kunst und stellt den ästhetischen Modernismus, seine Wirksamkeit und Verständlichkeit ernsthaft in Frage. Denn mit dem Auszählen der ästhetischen Moderne, auf die die Gegenwartskunst heute retrospektiv ›das Gesetz der Verständlichkeit‹ kritisch anwendet, soll nicht nur das anschauliche Vergegenwärtigungsvermögen ihrer Kunstwerke annulliert werden, sondern erscheint auch der Glaube an ihr gesellschaftsveränderndes Potential gebrochen.

Weil heute der ästhetische Modernismus als abgeschlossen gilt, haben wir erstmals die Gelegenheit, seine mit den nachmodernen Revisionen eingetretene Ferne und Fremdheit produktiv zu nutzen und die ästhetische Moderne in den für sie selbst noch unabsehbaren Bedeutungsdimensionen neu zu verstehen. Wie diesen Gegenwartstendenzen im Horizontwandel ästhetischer Erfahrung gerecht zu werden ist, soll hier untersucht werden.

J.S.

»Man fordert von einem jeden Kunstwerke, daß es ein Ganzes für sich ausmache, und von einem Werke der bildenden Kunst besonders, daß es sich selbst ganz ausspreche. Es muß unabhängig sein, die vorgestellte Handlung, der Gegenstand muß, im Wesentlichen, ohne äußere Beihilfe, ohne Nebenerklärung, die man aus einem Dichter oder Geschichtsschreiber schöpfen müßte, gefaßt und verstanden werden. So wie wir ein Gedicht tadeln würden, dessen Fabeln und Motive nur aus hängenden Noten verständlich werden könnten, so haben wir Ursache mit Gemälden oder Statuen unzufrieden zu sein, deren Bedeutung nicht vor unserem Auge liegt, sondern erst nachgelesen oder erzählt werden müßte.«[1]

I.

Vor fast zweihundert Jahren formulierten Johann Wolfgang von Goethe und Joachim Heinrich Meyer das Diktum, (autonome) Kunstwerke hätten verständlich zu sein. Die prekäre postmoderne Diagnose, die heute gern gestellt wird, wendet gegen das vollkommene, in sich ruhende und aus sich selbst heraus verständliche Kunstwerk ein, die moderne Kunst sei gerade zu einer effizienten kommunikativen Leistung nicht fähig. In der Nachmoderne haben sich die Vorzeichen zu dem Verdacht verdichtet, die heute konstatierte realgesellschaftliche Wirkungslosigkeit des ästhetischen Modernismus hänge damit zusammen, daß dieser seine Botschaften und Bedeutungen nicht hat erfüllen können und mithin der ›sinnlich organisierte Sinn‹ seiner Werke weit weniger verständlich sei, als die ästhetische Moderne dies selbst stets prästabilisierend vorausgesetzt hatte.

Die fundamentale Modernismuskritik geschieht gegenwärtig jedoch nicht auf der Theorieebene, sondern im Medium der Malerei selbst und wendet sich einer malerischen Neureflexion des modernen Avantgardismus zu, um von dort die Ressourcen für eine Neubegründung der Kunst ausloten zu können. Von besonderem Interesse ist hier die Appropriation Art, die nach dem so verstandenen Scheitern des ästhetischen Modernismus das Vokabular der modernen Kunst durch konzeptuelle Verfahren wie Rekapitulation, Ornamentalisierung oder Reinszenierung ›wiedermalt‹, um sich im

309

›Sprechen über die Sprache der Kunst‹, im Malen des Malens, über ihre Konstitutionsbedingungen und ihre Geschichtlichkeit neu zu orientieren.[2]

Die Indizien zur Diagnose eines Endes der ästhetischen Moderne sind im Erfahrungshorizont der Retroavantgarde vielfältig: Zum einen habe sich diese in einem Prozeß zunehmender Negation und Innovation von innen heraus erschöpft, weil mit dem Erreichen maximaler Strukturdurchbrechung im Happening und minimaler Differenz zum Leben die Entwicklungslogik ausgereizt (Thorsten Scheer) und der Moment, da die Avantgarde nicht weitergehen kann, weil die Leinwand zerrissen, verbrannt oder – im Falle der Monochromie – nur noch weiß ist (Umberto Eco), erreicht schien. In Teilbereichen stellten sich zudem korsetthaft dogmatische Tendenzen ein, welche die ursprünglich plural gefächerte Szene der historischen Avantgarde in eindimensionalen Einheitsprogrammen und Ismen erstarren ließen (Wolfgang Welsch, Heinrich Klotz). Demnach hatte sich der klassische Modernismus auf seinem Höhenkamm etabliert und durch sein Assimiliert- und Integriertwerden seinen Anspruch und seine Fähigkeit verloren, effektive Gegenkultur zu sein (Andreas Huyssen).[3]

Die ästhetische Moderne erschien dabei in dem Maße zunehmend suspekt, wie einerseits die mit der Aufhebung der Kunst in Lebenspraxis verbundenen Hoffnungen auf eine revolutionäre Dynamik in der Lebenswelt realgeschichtlich offenbar enttäuscht wurden und der hoffnungsfrohe Utopismus und die Fortschrittsteleologie sich als Kunstmetaphysik zu enttarnen begannen. Andererseits erschien die metaphysische Wesenssuche und das damit verbundene »notwendige Sich-Einlassen der abstrakten auf die unsichtbaren energetischen Kräfte in der Welt […] den anderen nicht ohne Grund als ein von aller Geschichtlichkeit befreites, unverbindliches Spiel mit schönen Formen«.[4] Zusammen steigerte sich dies zu der Klage, das eigentliche Dilemma der Avantgarde liege in der Verknüpfung von Utopie und Abstraktion, mithin in dem Problem, überhaupt inhaltliche Aussagen an konkrete Formen binden zu wollen.

Als senke sich heute das Damoklesschwert einer wirkungslos gebliebenen Avantgarde endgültig auf die ästhetische Moderne herab, scheint sich nun also zu bewahrheiten, was auf der Produktionsseite Barnett Newman (und vor ihm Wassily Kandinsky und viele andere) von Anbeginn an befürchtete: daß zwar »der neue Maler (fühlt), daß man abstrakte Kunst nicht um ihrer selbst Willen liebt, sondern daß sie eine Sprache ist, mit der man bedeutende visuelle Ideen ausdrückt«. Daß es aber zugleich »das gegenwärtige Gefühl zu sein (scheint), daß der Künstler es mit Form, Farbe und räumlicher Anordnung zu tun habe. Diese objektive Einstellung der Kunst gegenüber reduziere sie auf eine Art Ornament. So hat die ganze Haltung zur abstrakten Malerei sie zum Ornament degradiert. Nun ist sie eine auf dem Slogan des Purismus gegründete Dekorationskunst.«[5]

In eventu, aus dem Nochnicht der Erkennbarkeit der fünfziger Jahre, blieb Newman die Einsicht verwehrt, daß gerade das Gespenst der Ornamentalisierung der Malerei in den achtziger Jahren zu einer rettenden konzeptionellen Strategie transformieren sollte. Sie sollte dreißig Jahre später notwendig erscheinen, weil es jetzt gerade keine Ironie »of the history of art (is) that the abstract idiom which its founders intended as a vehicle for communicating an essential content actually came to be regarded as a play with forms, that ›inhaltslose Spiel mit Formen‹, which Kandinsky dreaded.«[6] Es ist deswegen augenblicklich keine bloße Ironie, weil die Nachmoderne der modernen gegenstandslosen Malerei diagnostiziert, die Semantisierbarkeit, das Problem des Formwerdens einer Idee, das Aufladen oder Koppeln eines intendierten Inhalts an eine individuelle formale Setzung scheine faktisch gescheitert.

Weil sich – gleichsam als Folgewirkung des dem Avantgardismus immer schon inhärenten Selbstzweifels – mit der heute konstatierten Krisensituation der ästhetischen Moderne die Diskussion um diese Semantisierbarkeit und Kommunikationsfähigkeit der modernen gegenstandslosen Kunst in die Kunst selbst hineinverlagert hat und diese intermedial ihre eigenen Voraussetzungen auf den Prüfstand schickt – weil also heute der kunsttheoretische Zweifel Gegenstand der Kunst selber geworden ist, kann die gegenwärtige Rezeption der modernen Kunst davon nicht unbetroffen bleiben. Wie also wirkt der Wechsel des Erfahrungshorizontes vom modernen zum postmodernen Denken auf die Rezeption des ästhetischen Modernismus in dem Moment zurück, wenn eine nachmoderne Kunst bereits die Verfahren der modernen Malerei als ihren eigenen historischen Inhalt neu aktualisiert hat? Weche Konsequenzen hat der durch die Ornamentalisierung der Moderne eingetretene Horizontwandel auf die ästhetische Erfahrung der neureflektierten, revidierten oder korrigierten modernen Werke und welche ästhetische Erfahrung der Moderne ist vorzuschlagen, die sich zugleich des spezifisch eigenen Standpunktes außerhalb des Modernismus und innerhalb des fortlaufenden Projekts der Moderne eingedenk ist? Die Aneignungen, die eine nicht mehr durch »die Brille des Modernismus gesehene Moderne« (Wolfgang Welsch) augenblicklich erfährt, sind zwar vielfältig, aber nicht alle gleich fruchtbar. Es soll zwischen denjenigen ›Rückstrahleffekten‹ unterschieden werden, die sich bei näherer Prüfung als diffus erweisen und denjenigen, die ein legitimes Neu-Verstehen der ästhetischen Avantgarde initiieren können. Dabei werden am Beispiel der modernen gegenstandslosen Kunst folgende Positionen voneinander abzuheben sein:

Erstens: Mit der Krtik an einem zu seinem krisenhaften Ende gekommenen Modernismus stellen die Protagonisten der Nachmoderne auch die ästhetische Erfahrung als exponierte Theorie dieser Moderne in Frage, weil offenbar weder die Kunst noch die Theorie ihrer Aufnahme, ihres Verstehens und ihrer Vermittlung die ihnen zugedachten kommunikativen Funktionen effektiv zu erfüllen vermochten. Die kunstwissenschaftliche Theorie ästhetischer Erfahrung hat dabei auf ihren drohenden Kompetenzverlust – wenn überhaupt – in zweifacher Hinsicht falsch reagiert: Insistiert die Rezeptionsästhetik auf einer unveränderten Erfahrung der gegenstandslosen Malerei, verleugnet sie ihr eigenes Prinzip der Horizontstruktur von Verstehen und liefert sich einem falschen Konservatismus aus. Versucht sie ihrerseits eine der Anschauungserfahrung unevidente, konkret inhaltliche Semantisierung, verrät sie sich selbst.

Zweitens: Eine ›Ikonologie des Unsichtbaren‹, die eine Sinnrettung der gegenstandslosen Kunst des ästhetischen Modernismus gegen ihre nachmoderne Kritik intendiert, scheitert dagegen methodologisch. Nennt sie sich ›Ikonologie‹, muß sie als solche exakt und effizient sein. Das kann sie aber in der Konsequenz nicht leisten. Mit der Wiederentdeckung der Mystik der modernen Avantgarde geht zwar eine Apologie der modernen gegenstandslosen Kunst einher – nicht nur gegen deren Bedeutungsverlust, sondern auch gegen den Uniformitäts- und Universalismusvorwurf. Indem man zu zeigen versucht, daß die ästhetische Moderne nie uniform oder totalitär gewesen sei, sondern via Mystizismus immer schon einen immanenten Pluralismus besessen hat, der lediglich unterdrückt wurde, will eine Ikonologie des Unsichtbaren das Verdrängte und Vergessene dieser Moderne wieder ans Licht bringen. Sie übersieht dabei allerdings, daß dieser Mystizismus nie verdrängt und vergessen war, sondern eher noch selbst als universell dargestellt werden sollte.[7] Die sinnrettende Respiritualisierung der Moderne betrifft also nicht die bisher verleugnete Seite der Avantgarde, wie die Ikonologen glauben, sondern nur diejenige, die sich in der Werkerfahrung am wenigsten erweisen läßt. Eine unangepaßte Rezeptionsästhetik wie auch eine orakelnde Ikonologie des Unsichtbaren werden sich im einzelnen gleichermaßen als unhaltbar wie inadäquat erweisen und der modernen Malerei eher schaden als ihren Sinn zu konservieren.

Drittens: Erst eine ästhetische Erfahrung der Differenz, die eine illusionslose Einsicht in Brüche und Übergänge ist, hat Aussicht auf eine erfolgreiche Aktualisierung der heutigen Sinndimensionen, die die moderne gegenstandslose Kunst einem Anders-Verstehen bietet. Allerdings wird dies eine Erfahrung sein, die sich nicht mehr unhinterfragter Deutungsdepots und eines wie auch immer verbürgten Bildsinns sicher sein kann, sondern sie wird erst dann und dadurch zu einer spezifisch neuen und fruchtbaren Vergegenwärtigung, wenn sie sich der Differenz positiv als Bereicherung unseres Wissens bewußt wird.

Mit Rücksicht auf Barnett Newman (vgl. Abb. Seite 261) (ergänzt durch Mark Rothko), der das ›Endspiel der internationalen Avantgarde‹ und ein Paradestück ästhetischer Erfahrung zugleich darstellt, und anhand seines nachmodernen ›Wiedermalers‹, John M. Armleder (vgl. Abb. Seite 285), der sich malerisch auf die Originalwerke Newmans bezieht, soll diese Debatte um den künftigen Status der modernen Malerei rekonstruiert und weiter entfaltet werden.

Daß in der Konsequenz zu einer Ästhetik der Erfahrung nicht zurückgekehrt werden kann ist dabei sowohl für die moderne als auch für die nachmoderne Kunst eine radikale Fehleinschätzung. Denn wie sonst als durch ein historisch distanziertes, neues und Wieder-Anders-Erfahren moderner Kunstwerke sollen diese in ihrer zunehmenden Andersheit neu erprobt werden; und wie sonst sollen Vorgriffe einer einsetzenden Modernismuskritik nun als verstehenskonstitutive Vorverständnisse transparent gemacht werden; und noch einmal: wie sonst als durch ein erneutes Ins-Spiel-Bringen

313

des eigenen, um das postmoderne Wissen erweiterten Erfahrungshorizonts soll man sich Kunstwerken nähern, die zuallererst Kommunikationsangebote sind und bleiben und die Bedeutungspotentiale bereithalten, die es dialogisch zu entfalten gilt. Entgegen einer traditionellen Kunstgeschichte, die lange schon dazu aufgerufen ist, »den Mut zu einer Aktualisierung der Kunstgeschichte zu finden«, hat sich die ästhetische Erfahrung nie gescheut, »in die unabgeklärte Erhitzungszone der unmittelbaren Gegenwart hineinzugeraten« (Heinrich Klotz) und sich in Aktualität zu verwickeln. Daher war die Theorie ästhetischer Erfahrung an der Erforschung dessen, »was sich der Anschauung als nichtsubstituierbare sinnenfällige Erfahrung« (Max Imdahl) in der modernen Kunst offenbart, auch in besonderem Maße beteiligt. – Und sie ist damit zugleich in dem Maße besonders betroffen, wie die künstlerische Modernismuskritik der Appropriation Art das Leistungsvermögen einer unvordenklichen Erkenntnisstiftung durch eben jene moderne Malerei zu dekonstruieren begonnen hat.

II. Die Erforschung der Sichtbarkeit: zur ästhetischen Erfahrung des Modernismus

Es ist ein Phasenmoment des Verstehens, im folgenden den (historischen) Horizont der ästhetischen Erfahrung der Moderne an deren Vorzeige-Interpretationen erneut zu entwerfen, um von daher die Einholung des vergangenen Verstehenshorizonts im gegenwärtigen zu erproben.

Bei den Bildern von Barnett Newman handelt es sich um konkrete Kunst, Nonrelational Art. Es handelt sich insofern um konkrete Kunst, als das Bild nichts außer sich selbst bezeichnet und mit sich selbst identisch ist. Und es handelt sich insofern um Nonrelational Art, als das Bild jede Struktur der Integration wie auch jede Ganzheitsvorstellung verweigert und letztlich »Welt als ein nicht zu bewältigendes, unabschließbares und unfaßliches zur Erfahrung bringt«.[8] Für eine moderne Theorie ästhetischer Erfahrung wird das Bild Newmans so aufgrund seiner *Selbstreferentialität* und seiner *Selbstevidenz* zu einer Quelle rein visueller Information. Die Selbstbezüglichkeit konkreter Kunst ist dabei für die Ikonik die Bedin-

gung, welche die Erfahrungsstruktur eines autonomen, konkretisierenden Sehens (zum Beispiel im Gegensatz zu einem wiedererkennenden Sehen) ermöglicht, das sich auf das Tatsächliche, die konkrete Gegebenheit von Farbe und Leinwand als selbst Reales,
richtet. Insofern ist Anschauung im Falle Newmans die Erfahrung
von etwas Realem, das darüber hinaus vermöge der Farbe in dem
Maße selbstevident ist, wie es *unmittelbar* ästhetisch gegenwärtig
werden kann. Daß die großformatigen Bilder Newmans damit »hinter jede mitgebrachte oder vorgeprägte begriffliche Ordnung
zurückgreifen auf den Fundus der absoluten Emotion als auf ein elementares menschliches Vermögen, ferner den Betrachter überwäl-
tigt als alle formalen Orientierungshilfen ausschließende außer Fassung gesetzte Phänomene und daß diese Überwältigung darin
gründet, daß der Sehende dem zu Sehenden ortlos gegenübersteht
und unausweichlich ausgeliefert ist« (Max Imdahl), verdankt sich
einer Bildanschauung, in der der Rezipient erfährt, »was die Bilder
als sie selbst hervorbringen«.[9]
    Indem das Bild als unergründliche, unausmeßbare und uneinhol-
bare Erscheinung erfahren werden kann und es vermöge dieser
Erfahrung zum Erlebnis der absoluten Emotion nötigt, den Betrachtenden mit seiner eigenen Identität konfrontiert und sein Selbst aus
allen konventionellen Mechanismen befreit und damit eine Besin-
nung auf das eigene Prinzipium auslöst (Max Imdahl), wird nicht nur
deutlich, »was es heißen könnte, wenn die Auslegung ihren Gegenstand nicht im Sinn, sondern im Bild findet«. »Die Erkenntnis der
spezifischen Produktivität der Bilder« ist hier die Veranlassung einer
unvordenklichen Erfahrung, die ohne das Bild nicht zu haben wäre.
Aus der Aufforderung nach »Enthaltung von der Suche nach Bedeutung, die jenseits des Bildes liegt, Enthaltung auch davon, im jenseitigen das ›Eigentliche‹ des Bildes zu sehen«,[10] geht für eine Theorie
ästhetischer Erfahrung die umgekehrte Zielsetzung als Erkenntnis
der Präsentierung von Sinn im Kunstwerk hervor. In dem Maße wie
somit der Beschauer selbst als der mit seiner eigenen Identität sich
Identifizierende zum Thema des Bildes wird und sowohl zu einer
neuen Wahrnehmung der Dinge als auch seiner selbst gelangen
kann,[11] erhält die Farbfeldmalerei Newmans potentiell lebenspraktische Relevanz für den Rezipienten.
    Obwohl man bei der Analyse der Werke Newmans nur die
Apperzeptionsituation erzeugen kann, ohne aufgrund der subjek-

tiven Verschiedenheit angeben zu können, was im einzelnen beim individuellen Betrachter in der Anschauung der Farbflächen initiiert wird, besteht doch die Appellstruktur des Bildes in ebender bildbewirkten Überwältigungserfahrung eigener Betroffenheit. Und:»... das sind zunächst einfach einmal, meine Damen und Herren, schlichte Erfahrungen. Denn sehen Sie mal, wenn hier jemand von Ihnen sagt: Wenn ich so nah davor stehe (vor dem Bild Newmans), dann verschlingt mich das Bild, dann ist diese Aussage eine eigene Erfahrung. Ob nun der Maler sagt, Du sollst verschlungen werden oder Du sollst nicht verschlungen werden, ist relativ piepe.«[12]

Weil also das, was die konkrete Kunst zur Erfahrung bringt, ›nicht zu malen, sondern nur in der Ereignishaftigkeit der Anschauung selbst zu ermöglichen‹ ist, könne man sich, so Imdahl, zu dem Bild auch nicht ästhetisch verhalten, sondern müsse bildprovoziert als eigene Person Kräfte gegen die Elementarität des Erlebnisses mobilisieren. Die Anschauung der Bilder Newmans ist somit hier noch ›die Erfahrung von etwas Realem‹, von etwas ›Unformulierbarem am Beispiel des selbst Unformulierbaren‹.

III. Armleders Ornamentalisierungen Newmans

Nach Newman standen Kunstwerke der Appropriation Art in der Kategorie der erinnernden Wiederaneignung. Dieses nachträgliche Behandeln des schon Dagewesenen, das gefördert wurde»von dem Zweifel, ob die subjektiven Anstrengungen (der ästhetischen Moderne) noch adäquaten Niederschlag in den einzelnen Ausdrucksformen und schließlich in den Ausdrucksmodellen finden könnten«, fragte danach,»wie verbindlich ihre Mittel noch diesen eigenen ästhetischen Horizont zum Ausdruck bringen könnten«. Dies geschieht unter dem Verdacht, daß»die scheinbar gesicherten Verständigungskonstanten als zeitbedingte Übereinkünfte nur anzusehen sind«.[13] Die rekapitulierende Wiederholung des Avantgardismus als Stil- oder Bildzitat hat dabei die Malerei selbst zum Thema, so daß es nicht um ein inhaltliches Zitieren der sichtbaren Werke geht, sondern diese funktional der Selbstreflexion über die Bedingungen der Möglichkeit von Kunst dienen. So prüft der Retroavantgardismus malend die Gültigkeit der Regeln und die Struktur der ›Sprache und des Sprechens‹ der modernen Kunst. Im

Sinne einer Ornamentalisierung der gegenstandslosen Kunst sucht auch Armleder die Bruchstellen in der sublimen Farbfeldmalerei Newmans auf. Dabei handelt es sich um eine Formalisierung des klassischen Formenpotentials, die – wie Bürderlin analysierte – eintritt, wenn Form und formgewordene Idee auseinandertreten und eine ambivalente Einschätzung der Ausdrucksfähigkeit der modernen Formensprache und ihrer Tragfähigkeit einsetzt.

So kulminieren auch die Newmans Farbfeldmalerei rekapitulierenden Werke Armleders in der Sinn- und Funktionsfrage der gegenstandslosen Kunst und machen die Vorreiterschaft des Newmanschen Avantgardismus unversehens zur Nachhut des ästhetischen Modernismus. Die Ornamentalisierungen des Österreichers nehmen den Platz der Bilder Newmans ein, indem sie sie zitieren und zu Zeichen werden, die die Malerei Newmans bezeichnen, zu Bildern, die über die Malerei Newmans ›sprechen‹, und zu real anwesenden Zeichen für die real abwesenden Bilder des Amerikaners. Armleder nimmt mit der Wiederholung der Werke Newmans so eine Position ein, in der die Aufmerksamkeit verschoben ist: zum einen wird sie von der subjektiven Immanenz des zitierten Werkes, von der unmittelbaren ästhetischen Erfahrung der genuinen Bildbedeutung und der optischen Eigenschaften des Einzelwerks auf die Bedingungen der Bedeutungserzeugung gelenkt, zum anderen wird durch Banalisierung auf die ästhetische Erfahrung des Gemachtseins der Bilder Newmans verwiesen. So entsteht die Erfahrung einer wahrnehmbaren Diskrepanz zwischen der Mindesterfüllung der Erwartung, die die Werke Armleders hervorrufen, und ihrer Enttäuschung durch das Fehlen jeder bildimmanenten Bedeutung, die sie nur zu erzeugen vorgeben. Denn das Formeninventar, aus dem sich die Newman-Wiederholungen des Österreichers speisen, ist als banales sowohl formal wie ikonographisch beliebig, so daß sich seine Formalisierungen aufgrund ihrer Ähnlichkeit mit den Originalwerken Newmans lediglich als deren Platzhalter erweisen, die in immer neuen Wiederholungen die sinnliche Erlebbarkeit von Anschauungsangeboten testen, neu sondieren und in Frage stellen. In dem Maße, wie die Arbeiten Armleders die Erwartung in die kommunikative bedeutungsstiftende Funktion von Kunst untererfüllen, indem sie Wirkungen erzeugen, die sinnentleert sind, bezweifeln sie die ästhetische Erfahrbarkeit von unvordenklicher Bedeutung und ihrer Wirkung. In dem Maße, wie damit die Werke Newmans stellvertretend sinnentleert werden, erhalten die Werke Armleders als Sinnentleerungen ihrerseits Sinn. Denn in dem Moment, da der Rezipient den wiedergemalten Newman als Banalisierung erfährt, muß er sich fragen, weshalb er die individuellen formalen Setzungen des Modernismus bisher gerade nicht im Sinne von Ornamentalem verstanden hat – warum er mithin den Kampf der modernen Avantgarde für eine inhaltliche Überwindung des Ornaments als erfolgreich ansah.[14] Armleder verweist so die konkrete Kunst Newmans auf den Platz eines dekorativen Wandfüllers zurück, entmythologisiert sie damit über die Strategie der Wiederwiedergabe und fragt nach dem für die Nachmoderne ungelösten Problem, wie man mit der ungegenständlichen Kunst überhaupt Ideen verbindlich kommunizieren können soll.

Indem das Kunstschaffen des Retroavantgardisten so subversiv gegenüber der modernen Gegenstandslosigkeit ist und ihr Formenangebot auf diese Weise auf Tautologien und Selbstreferentialitäten minimalisiert, generieren Armleders Newman-Variationen auf einem höheren Komplexitätsgrad wieder Bedeutung und erhalten selbst erkenntnisstiftende Funktion im Sinne einer Neureflexion. Wenn die Funktion der Ornamente Armleders darin besteht, zu diagnostizieren, es gäbe keine ästhetisch erfahrbare Botschaft im Horizont des Modernismus, sondern nur einen ›Leerlauf der Formen‹ – weil sie ebenso nur Ornament seien wie ihre nachgemalten Nachbilder –, dann werden aber die Wanddekorationen à la Armleder gerade in ebendieser erkenntniskritischen Funktion wieder zu Kunstwerken, deren Bedeutung als eine solche der Bedeutungsdekonstruktion ästhetisch erfahrbar wird. Alleine im Modus und vermöge ihrer bestimmten Negation der Erkenntnisfunktion der autonomen Malerei des Modernismus werden sie selbst wieder zu autonomen erkenntnisstiftenden Werken. Genau hierin wirkt jene ›List der Aura‹ und jene Dialektik, wonach diejenigen Werke von der Aura heimgesucht werden, die sich am entschiedensten davon losgesagt haben.[15]

Die Aporie der Werke Armleders liegt darin, daß die Kritik am Vergegenwärtigungsvermögen der modernen Kunst und am bildnerisch vermittelbaren Erkenntnisgehalt überhaupt nur zu formulieren ist und überhaupt nur dann gelingt, wenn die kritisierenden Werke genau diese Kritik selbst ästhetisch erfahrbar vergegenwärtigen können. Und spätestens damit müssen sie sich als bloßes Ornament widerlegen, wie sie sich zugleich wieder als bedeutungsgenerierende Kunstwerke inaugurieren. Sie sind so Ornament und ihre Selbstwiderlegung als bloß Dekorativ-Ornamentales in einem.

Diese Hypothek, die auf der konkreten Kunst lastet, daß nämlich jede Bedeutungsstiftung durch ein ungegenständliches Formenvokabular mehr als problematisch ist,[16] nimmt die Appropriation Art malerisch auf. Sie erhält durch Künstler wie Armleder mit der künstlerischen Selbstthematisierung und der malerischen Reflexion der eigenen Bedingungen der Möglichkeit visueller Kommunikation die neue Dimension anschaulicher Präsenz.

Indem das System Kunst selbst über seine eigenen, internen und impliziten Voraussetzungen nachdenkt, sein ›Betriebssystem‹ (Thomas Wulffen) thematisiert und so ein vormals methodologisches Problem nunmehr malerisch vergegenständlicht, ist seine Brisanz nicht länger auf eine rein kunsthistorisch-elitäre Methodendiskussion einzuschränken oder zu verharmlosen, sondern sie betrifft nun offen und öffentlich die kommunikative Funktion der Kunst insgesamt.

Es ist davon auszugehen, daß die nachmodernen Vorgänge eines Entleerens und eines Aufladens der künstlerischen Zeichen der ästhetischen Moderne auf die heutige Rezeption der gegenstandslosen Malerei des Modernismus entscheidend zurückwirken müssen.

IV. Konservatismus ästhetischer Erfahrung

Die Ornamentalisierungen Armleders rückten die ästhetische Erfahrung der Malerei Newmans aus dem ›Paradies der Unmittelbarkeit‹ heraus und verlangen nach einer eigenständigen Deutung. Wie könnte eine dialektische Vermittlung der geschichtlichen Horizonte erfolgen, die einerseits anerkennt, daß die Wiederaufführungen Armleders darauf aufmerksam machen, daß der Horizont der ästhetischen Erfahrung der Farbfeldmalerei Newmans sich nicht in der Kontinuität kultureller Tradition im Jetzt der Gegenwart bruchlos fortsetzt, daraus aber nicht einen neuen Alleingeltungsanspruch der nachmodernen Kunst ableitet und schlußfolgert, die transformative Funktion der Kunst für die Gesellschaft sei wohl grundsätzlich überschätzt worden?[17]

Voraussetzung ist zunächst die Anerkennung des Horizontwandels. Ignoriert ihn die Theorie ästhetischer Erfahrung, läuft sie bald Gefahr, zu einem ridigen Konservatismus zu erstarren und somit an Kompetenz einzubüßen. Denn dem in der Appropriation Art geäußerten »Unbehagen an der Moderne steht neuerdings ein Unbehagen an der Hermeneutik zur Seite«[18] – man könnte auch paraphrasieren: ein Unbehagen an einer Theorie ästhetischer Erfahrung, die zum einen Gefahr läuft, ein ›Wiedermalen‹ der modernen Kunst nicht mehr adäquat rezipieren zu können, weil sie konzeptionalistische Malstrategien zugunsten eines traditionellen Werk- und Anschauungsbegriffs disqualifiziert und so die nachmoderne Kritik an der ästhetischen Moderne abzuwehren versucht. Und zum anderen, weil sie in bezug auf den ästhetischen Modernismus auf einer unmittelbaren Evidenzerfahrung beharrt und diese zu einer ehrfurchtgebietenden ›Sagkraft‹ des autonomen Werkes verklären könnte[19] oder durch eine rein subjektivistische, quasi frei angeleitete Assoziation immer noch den Nachweis einer scheinbar geglückten Aufhebung der ›Widersprüchlichkeit von Form und Inhalt‹ erbringen will.[20] Der schleichende Konservatismus eines eigensinnigen Insistierens auf der ungebrochenen weltverändernden und erkenntnisermöglichenden Funktion der Newmanschen Farbfeldmalerei wäre die schlechteste Apologie ästhetischer Erfahrung.

V. Historisierung der Erfahrung und Remythologisierung der Avantgarde

Ebenso ungeeignet erscheinen andererseits jene Impulse, die eine weiterreichende Sinnrettung der modernen Avantgarde durch den Versuch einer Respiritualisierung und einer Historisierung der Theorie ästhetischer Erfahrung zu erreichen versuchen. Es ist ein Phasenmoment der eingetretenen Verunsicherung, daß der nachmoderne Rezipient moderner Kunst auf die jetzigen Zweifel an der kommunikativen Leistungsfähigkeit reiner Formen mit dem Versuch reagiert, jenen Sinnverlust der gegenstandslosen Kunst des Modernismus zu kompensieren. Weil vielleicht die Skeptiker mitunter Recht hatten und von Fall zu Fall eine »nichtsubstituierbare Sichtbarkeitsoffenbarung von Sinn« vermißt wurde, erscheint es heute als *ultima ratio,* die gegenstandslose Kunst an den Tropf einer

»Ikonologie des Unsichtbaren« zu hängen.[21] Ich verstehe auch dies als Perspektiveffekt, den die Kritik der Retroavantgarde heute auf die Rezeption des Modernismus hat, und sehe die Ikonologie des Unsichtbaren im Problemkreis einer Delegitimierung ästhetischer Erfahrung.

Um einen remystizierenden und remythologisierenden Nachvollzug der okkulten Kontexte der ästhetischen Avantgarde zu ermöglichen, müssen aus Sicht der Unsichtbarkeitsstrategen zunächst jene »Fehler des Formalismus« (Thomas McEvilley) revidiert werden, die einer Rehabilitierung des modernen Mystizismus offenbar noch im Wege stehen. In der Absicht, nach dem ›Ende‹ der ästhetischen Avantgarde heute zugleich auch deren Kunsttheorie durch Historisierung liquidieren zu können, wird der Kunstgeschichte der Nachkriegszeit vorgeworfen, die ›esoterische Seite der Avantgarde verdrängt und die Moderne als rational und aufgeklärt (uniformistisch) festgeschrieben‹ zu haben. Die spiritualistische Umkehrung der Vorzeichen wird darin deutlich, daß das ›stehende Jetzt des Kunstwerks als eine Vorwegnahme des verheißenen eschatologischen Zustands nach dem Ende der Geschichte‹ wiedererweckt werden soll, während der Kunstgeschichte der Nachkriegszeit zur Last gelegt wird, aus der Erfahrung einer ›enttäuschten Gnosis‹ heraus nicht mehr an die Heilserwartungen der Avantgarde erinnern zu wollen.

Soweit sich dies auf die immanente ästhetische Werkerfahrung bezieht, die das reine Sehen forderte, unterliegt diese Aussage bereits hier selbst einem Reduktionismus. Denn das den Bildern als selbständige Realitäten adäquate konkretisierende Sehen ist zwar ein sehendes – formales oder syntaktisches – aber mit einer Einschränkung: Wo eine versuchte Ikonologie der Gegenstandslosigkeit die spirituellen Kontexte eines ›Geistigen in der Kunst‹ braucht, um die Methode nicht ins Leere laufen zu lassen, war für die phänomenologische ästhetische Erfahrung genau umgekehrt diese Selbstbezüglichkeit und Dinglichkeit des Bildes die Bedingung, um überhaupt Einsicht in das Vergegenwärtigungsvermögen dieser konkreten Kunst erlangen zu können. Tatsächlich hat insofern »die Kunstautonomie die spirituellen Bande hinter sich gekappt« (Beat Wyss). – Aber nur um die mögliche Verweisfunktion der konkreten Kunst in der erkenntnisstiftenden ästhetischen Erfahrung der Bildprozesse selbst, das heißt als Momente der Bilder selbst, inaugurieren zu können. Im Verzicht auf die Erklärbarkeit von Kunst, in dem heute schon wieder »eine Art metaphysischen Trotzes und eine nihilistische Askese entzifferbar scheint« (ders.), war gerade ein Zugang zur spezifischen Produktivität des bildlichen Visualisierungs- und Vergegenwärtigungsvermögens konkreter Kunst angelegt, »die weder durch die bloße Wissensvermittlung historischer Umstände noch durch irgendwelche Rückversetzungen in diese historischen Umstände einzuholen ist«.[22]

Tatsächlich aber gibt eine ikonologische Um- oder Zurückdeutung der konkreten Kunst als eine nach wie vor abstrakt-darstellende, deren ›geistiger Inhalt‹ durch Nachvollzug wieder erreichbar sein soll, nur vor, das Aufräumen mit den reduktionistischen Sichtweisen autonomer Werkerfahrung vom vermeintlich objektivistischen Standpunkt der ursprünglichen Absicht der Künstler betreiben zu können. Daher bringt sie sich selbst um das bewußte Transparentmachen ihrer eigenen Parteilichkeit und postmodernen Erfahrungslage, die als ein Resultat gegenwärtigen Bewußtseins faßbar gemacht werden muß:

Wie auch der angloamerikanische New Historicism bereits vertraute Probleme aufrollt, »für die hier schon Antworten gefunden und Lösungen konzipiert waren«, so will auch eine Ikonologie des Unsichtbaren von dem ausgehen, »was bei der Kanonisierung einer offiziellen Kultur an ihre Ränder gedrängt oder aus ihrer Herrschaft ausgegrenzt wurde und am ehesten noch aus unkanonischen Quellen erschlossen werden könne.«[23] Zu dieser ›unassimilable otherness‹ des New Historiscism – der Subversion marginaler Kulturen – zählt für diese Ikonologen auch die spiritualistische Seite der modernen Avantgarde.

Wer den Erwartungshorizont der Kunsttheorie des ästhetischen Modernismus als reduktionistisches Konstrukt einer desillusionierten Generation von Nachkriegskunsthistorikern rekonstruieren und damit historisieren will, gerät aber in ein Dilemma: Die Schizophrenie der neuen Ikonologie des Unsichtbaren besteht darin, im Namen des postmodernen Denkens das von gesellschaftlichen Modernisierungsprozessen Unterdrückte und durch Repression Verlorene in Form eines verdrängten Mystizismus der ästhetischen Avantgarde (zugunsten der Vielfalt, Pluralität und Diskontinuität) wieder ans Licht heben zu wollen, andererseits aber als Instrument dazu das Verfahren der Ikonologie zu wählen, das seinerseits von der

Einheit der Epochen ausgeht und fundamental auf einer Weltbild-homogenität basiert. So ist die Ikonologie denkbar ungeeignet, das Heterogene in einer uniformisierten Moderne wiederaufzufinden, weil sie ein veraltetes Instrument aus der Geschichtsphilosophie des 19. Jahrhunderts ist – ein Instrument der Abstrahierung und Verein-heitlichung von Epochen, keineswegs aber vermag es einem post-modern gespeisten Interesse an Diversifikation zu dienen. Zudem will Mystik stets Einheitsstiftung sein und setzt auf die Heilserfah-rung des Ganzen – genau dies aber wäre im Spektrum eines veritab-len postmodernen Denkens nicht mehr zulässig, weil Bedeutungen festgeschrieben wurden, statt die genuine Unausdeutbarkeit der Werke zu wahren.

Die Aporie bei einer Orientierung an der Ikonologie ist, daß sie ihr Motiv, die verdrängte Seite der Avantgarde zu promovieren, eben nur durch den Rückgriff auf eine ›objektive‹ Ganzheit, einen die Einheit der Epoche prägenden Geist herleiten kann. So muß sie zuletzt das Verdrängte zum Dominanten, das Marginale zum Herr-schenden verkehren, weil die ikonologische Erklärung davon aus-geht, daß der spiruelle Geist die ganze Epoche gleichermaßen integrativ durchdrungen hat. Das gegenwärtige Interesse, das zum Neudurchdenken der ästhetischen Avantgarde ermuntert, impli-ziert aber, daß wir heute (wieder) mit einer Vielzahl von Ge-schichten rechnen und retrospektiv danach suchen.

Wie im New Historicism folgt aus dem Motiv, das Ausgegrenzte und Unterdrückte aus der Vergessenheit zu retten auch seitens der neuen Ikonologen»eine provokative Infragestellung der konventio-nellen Grenzlinien zwischen Literatur und Nichtliteratur, Text und Kontext, Vorder- und Hintergrund (zwischen Kunstwerk und Nicht-Kunstwerk)«[24] und die Reanimation des Mystizismus. Was die Ikonologie unter dem Aspekt und der Methodologie einer Kon-textualisierung betreibt, liest sich aus der Perspektive des New Historicism als Aufhebung der Grenze zwischen dem Künstleri-schen und den nicht-künstlerischen Texten, weil die Selbstzeug-nisse als das selbst Künstlerische gesehen und in ihnen nicht das Expositorische, Explanatorische und Lebensweltliche wahrgenom-men wird.

Der Einwand des Zirkulären, der gegen die Ikonologie erhoben wurde, weil auch sie den Hintergrund zum Vordergrund macht, hat in der Logik des Historicism sein Gegenstück in der Kritik, daß eine

Theorie, für die Künstlerisches und Gesellschaftliches letzten Endes identisch sind, für die es keine Differenz mehr zwischen Fiktion und Nicht-Fiktion gibt, auch die kommunikative, subversive, negierende und transzendierende Funktion des Ästhetischen für die Gesellschaft nicht mehr wahrnehmen kann. Genau dies widerfährt den Ikonologen der gegenstandslosen Kunst, weil sie die Kunstwerke nicht mehr brauchen, wenn sie nur den Kontext besitzen.

Für eine Ikonologie der gegenstandslosen Kunst scheint die Zeit fast abgelaufen und die Bedingungen sind nicht gerade günstig, um der ›abstrakten‹ Kunst auch weiterhin noch einen unsichtbaren Inhalt zuschreiben zu können – der von der Retroavantgarde der achtziger Jahre erst recht kritisch bestritten wird. Eine Ikonologie des Unsichtbaren reagiert auf den gegenwärtigen Auslegungsstand mit dem Reflex, die Geschichte zurückdrehen zu wollen. Sie stellt das Bild in den »Dienst einer gegebenen Idee [...] mit dem Ziel, ihr Anschaulichkeit zu verleihen«.[25] – Eine Anschaulichkeit von dem Bilde vorauslaufenden Ideen, die man nie wird sehen können, obschon sie zwar prätendiert sind und in der Sprache ein Substitut haben, gleichwohl aber als verborgene Signifikate in einer semantischen Hinterwelt hinter den Bildern zu suchen sind und nicht davor.[26]

Daß sich der Sinn sinnhaltiger Formen zur Sichtbarkeit offenbart, wird von den zeitreisenden Ikonologen selbst bezweifelt, wenn sie als Ausgangspunkt ihrer Bemühungen die These von den Werken als Dokumente für etwas anderes als sie selbst setzen. Denn gerade die Sorge, daß die Form ihr verhülltes Bedeutungsprogramm nicht kommunizieren kann, motiviert nicht nur eine versuchte Ikonologie der gegenstandslosen Kunst, sondern auch die dazu notwendige Umdeutung konkreter Kunst in darstellende und die Diskreditierung ästhetischer Erfahrung. Aber entweder kann die reine Form ihre Inhalte kommunizieren oder sie kann es nicht; und dann ist die Ikonologie des Unsichtbaren die Prothese der Kunst. Was aber aporetisch anmutet, ist eine Haltung, die die Erfahrbarkeit eines genuinen Sinns reiner Formen bezweifelt und das Bild »erst einmal als [...] den Inhalt von Begriffen oder als eine Art von Ding bestimmt«, von dem sich »auch außerhalb des Bildes – letztlich ohne das Bild – sagen lassen (würde), was doch in seiner Eigenart nur unter den Bedingungen der Bildlichkeit und nur an einem jeweiligen Artefakt zu erfahren ist«[27] – mithin eine Haltung, die einer Anschaulichkeit des Dargestellten mißtraut und zugleich an der Inhaltsträchtigkeit der Formen festhält, die sie uns orakelnd erklären will.[28] Der konkretisierenden Kunstanschauung und der ästhetischen Erfahrung wird so zu Unrecht die Schuld am ›Verdampfen der spirituellen Energie‹ aus den gegenstandslosen Bildern der ästhetischen Moderne gegeben. Die Ausbildung der Appropriation Art geht nicht auf das Konto eines gegenstandslosen, sehenden Sehens, das die ›abstrakte‹ Kunst ihrer Inhalte beraubt und schließlich ihr künstlerisches Gegenstück in einem simplen oder zynischen Aushöhlen der Ideale der Abstraktion oder im eklektizistisch-dekorativen Neohistorismus der achtziger Jahre gefunden hätte.

Die neuen Ikonologen des Unsichtbaren verbindet mit der ›Neuen Abstraktion‹ der achtziger Jahre, die Bekanntes wiederholt, um das Unbekannte am Bekannten erkennbar zu machen, eine gegenstrebige Neubewertung des ästhetischen Modernismus. Dabei hat die Selbstreflexion der zeitgenössischen Malerei die Theorie der gegenwärtigen Ikonologie bereits überholt und unmöglich gemacht. Künstler wie John Armleder vermitteln der modernen Kunst kein Wiedererweckungspathos, sondern stellen statt dessen die Frage, was zum Beispiel eine Ornamentalisierung gegenstandsloser Kunst über den ›Sinn‹ gegenstandloser Kunst aussagt, während noch die Ikonologie genau deren ursprünglichen Sinn rehabilitieren will.

VI. Die Historisierung der Ikonologie am Scheideweg

Wie sich zeigte, findet jede heutige Reanimation des Spiritualismus – etwa des ursprünglichen »Grundgedankens der Gnosis, daß Wissenschaft und Mystik im Grunde eines seien und daß der Mensch als Mikrokosmos in sich den Makrokosmos des Alls wiederfände«[29] – zeitgleich statt mit der kunstimmanenten Kritik an der faktischpraktisch Uneinlösbarkeit der avantgardistischen Utopien. In dem Moment, in dem sich der Glaube an die effektive, weltbewegende und -verändernde Kraft des ästhetischen Modernismus als Mythos einer verdeckten Fortschrittsteleologie zu erweisen scheint und sich der avantgardistische Versuch, von der Kunst her ein neues Leben zu organisieren,[30] zu erschöpfen droht, läßt sich die moderne gegenstandslose Kunst nicht mehr durch eine Respiritualisierung retten. Denn das Rad der Geschichte besitzt keinen Rückwärtsgang – auch keinen geistigen. Der gesellschaftsverändernde Impuls, der den Werken verlorenzugehen droht, läßt sich nicht erklärend ›nachkarten‹, so wenig wie der Kunsthistoriker als Jünger die Rolle des Künstlers nach ihm einnehmen kann. Denn es soll genau dort eine Ursprünglichkeit von mystischer Nähe und spirituellem Gleichklang beschworen werden, wo heute das Bewußtsein von der ästhetischen Moderne als Vergangenheit bereits voll ausgebildet ist. So will die Ikonologie des Unsichtbaren als Krücke der Kunst einen Wechsel des Erfahrungshorizonts unterlaufen und kann ihm dabei nur hinterherhinken. Statt dessen gilt es, die Moderne anders zu sehen, als sie sich selbst gesehen hat.

Eine Ikonologie des Unsichtbaren muß ein Bewußtsein ihrer eigenen Gegenwartsbedingtheit erlangen, indem sie auch den historischen Charakter ihres Subjekts mitreflektiert. Was für den *Gegenstandsbereich* der Ikonologie gilt – das Modell historischer Erklärung nämlich – muß sie auch auf sich selbst als *Methode* anwenden. Das heißt, sie muß sich als Methode selbst historisieren und ihr eigenes erkennendes Subjekt historisch relativieren.[31] Sie will nicht nur die ›abstrakte‹ Malerei aus der ihr zugrunde liegenden Weltanschauung erklären, sondern zugleich auch die historisch erfolgten Nachkriegsinterpretationen der ›konkreten‹ Kunst durch die Rekonstruktion ihrer historischen Umstände als inadäquate Reduktionismen neutralisieren. Zugleich muß sie sich selbst erklären.

Die Ikonologie hat damit zwar ihren Gegenstandsbereich potentiell inflationär vervielfacht, indem nicht nur das Kunstwerk, sondern zudem die historisch bedingten Dispositionen der erklärenden Subjekte ihrerseits erklärt werden sollen. Wenn sich nicht nur die weltanschaulichen Entstehungsbedingungen eines Werkes als rekonstruierbar erweisen sollen, sondern auch die Erklärungen selbst aus den ihnen zugrundeliegenden historischen Umständen ableitbar geworden sein sollen, stellt sich das nunmehr historische Subjekt der Ikonologie zwar zuletzt unter die Bedingung einer ikonologischen Selbstanalyse. Daß die Ikonologie sich so ihrer objektivistischen Basis entledigt und ihre eigenen Ergebnisse historisch relatviert, stellt den richtigen Impuls dar. Die methodologische Altlast liegt jedoch darin, daß mit der Historisierung des Subjekts das Modell der Erklärung wissenschaftstheoretisch unhaltbar wird.[32]

Glaubt die Ikonologie also, sie könne sich auf diese Weise retten, täuscht sie sich über sich selbst. In Wirklichkeit hat eine vitalisierte

Ikonologie ihre Affinitäten zur ästhetischen Erfahrung bereits zu sondieren, wie auch die Rezeptionsästhetik nun ihren gemeinsamen Nenner und wechselseitige Kooperationsfelder mit einem Begriff von Ikonologie suchen kann, von dem Panofsky gegen Ende seines Lebens sagte »wir brauchen ihn nicht mehr«. Die Ikonologen der Unsichtbarkeit fliehen »in die falsche Burg« eines »Geistigen in der Kunst« statt zur »Geistesgegenwart der Ikonologie« (Andreas Beyer) und zur Erforschung der Sichtbarkeit zurückzukehren.

VII. Ästhetische Erfahrung als ›Arbeit an der Differenz‹

Auch wenn Newman selbst an einer spiritualistisch-mystischen Semantisierung der ungegenständlichen Malerei der New York School grundsätzlich gelegen gewesen sein mag, weil er selbst von Anfang an »außerbildlich motivierte, inhaltliche Selbstbegründung der Form publizierte«, so sind doch demgegenüber »Weltentzug und Weltzerfall [...] nicht mehr rückgängig zu machen. Die Werke sind nicht mehr die, die sie waren. Sie selbst sind es zwar, die uns da begegnen, aber sie sind die Gewesenen. [...] Ihr Entgegenstehen ist zwar noch eine Folge jenes vormaligen Insichstehens, aber es ist nicht mehr dieses selbst. Dieses ist aus ihnen geflohen.«[33]

Dem nachmodernen Kunstschaffen geht es nicht mehr um eine Transzendenz- oder Erhabenheitserfahrung – wie noch Newman, der damit schon einer ›verlorenen Metaphysik‹ nachhängt. Statt die »transzendentale Erfahrung in die Präsenz, in die unmittelbare Erlebbarkeit des Absoluten« zu setzen,[34] geht es Künstlern heute darum, selbstreflektiv hinter die unmittelbare ästhetische Erfahrung zurückzugreifen und zu zeigen, wie Erhabenheitserfahrung gemacht wird. Die neue Bedingung der Möglichkeit religiöser Erfahrung ist zunächst und zuallererst die Einsicht in ihre Verunmöglichung und daraus folgend die Präsentation ihres wahrnehmungspsychologischen und bildtechnischen Gemachtseins.[35] Dies ist der heute unhintergehbare Erfahrungshorizont, den die Appropriation Art durch Armleder bei Newman einklagt. Von hier erst hat die ästhetische Erfahrung Newmans neu auszugehen. Das gegen jede rein historische Rekonstruktion eines Fursprünglichen Sinns gerichtete hermeneutische Diktum, daß »das Werk nicht ohne seine Wirkung verstanden werden kann« (Hans Robert Jauß), bedeutet heute jedoch, daß die moderne gegenstandslose Kunst nicht ohne diejenigen Wirkungen verstanden werden darf, die ihr ornamentalisierendes Wiedergeschriebenwerden auf sie hat.

Der nachmoderne Erfahrungshorizont stellt dabei eine von den Kompensationsstrategen und Sinnrettern geleugnete Einsicht neu in Rechnung: Ganz unabhängig von den hier methodisch geltend gemachten Einwänden gegen eine thematisch hergeleitete oder ikonologisch erklärte Versinnlichung eines Mystizistischen in der gegenstandslosen Kunst, fernab davon, ob Newmans Künstlertheorie oder die herrschende Geistesgeschichte den Kontext des Colorfield-Painting darstellt oder nicht – eine religiöse Erfahrung hätte all die Kunstgriffe des Kommentars nicht nötig, wäre sie nicht bloß erborgt. Die kultische Betrachtung erfährt die Realpräsenz, die reale Gegenwart des Spirituellen oder Heiligen im Bild, die in der Verkörperung gegebene Ununterscheidbarkeit und Identität von Versinnlichtem und Übersinnlichem oder sie ist keine.[36] Alle sekundären Maßnahmen einer Sakralisierung oder Respiritualisierung der gegenstandslosen Kunst gegen ihren Bedeutungsverlust suspendieren gerade eine sakrale Erfahrung und spirituelle Betroffenheit, die reanimiert werden soll. Bildexterne Vermittlung kann die fehlende Präsenz des Heiligen nicht kompensieren, und die Realpräsenz das Sakralen im kultischen Bild ist grundsätzlich etwas anderes als die ästhetische Erfahrung eines modernen gegenstandslosen autonomen Tafelbildes.[37] Der für die religiöse Erfahrung konstitutive magische Bildzauber ist endgültig verhindert. Das Religiös-Kultische ist in dem Maße immer schon eine verlorene Bilderfahrung, wie die Präsenz des autonomen Tafelbildes grundsätzlich nicht mit der Realpräsenz eines Transzendenten im Bild verwechselt werden darf.

Im Falle der ornamentalisierenden Wiederholung Newmans moniert die Retroavantgarde genau die Möglichkeit dieser Verquickung und zweifelt diese kommunikative und sinnstiftende Potenz der modernen Avantgarde an. Unabhängig von der Aufrichtigkeit und Wahrhaftigkeit eines Newman oder eines Rothko, ›den Grund des Seins als das große und einzige Thema‹ ihrer Bilder veranschaulichen zu wollen, und unabhängig davon, daß sie noch daran glauben konnten, daß es gelingt, diesen Grund erfahrbar zu machen als »eine Erfahrung des Numinosen« (Heinrich Lützler), besteht der entscheidende Horizontwandel von der Moderne zur Nachmoderne darin, daß an die bruchlose Kommunizierbarkeit einer solchen Botschaft, an die Möglichkeit einer Visualisierung des Numinosen und an die Darstellung des Undarstellbaren keine Hoffnungen mehr geknüpft werden können. Statt dessen ist an die Stelle des Versuchs einer bildveranlaßten Gottesschau und eines ›ocular desire‹ eine Thematisierung der diesbezüglichen Konstitutionsbedingungen der Kunst selbst getreten. Dies ist der eine Pol einer zu eröffnenden dialektischen Erfahrung.

Die Verbindlichkeit der Erfahrung der Nonrelational Art als Phänomen des nicht zu Bewältigenden gilt andererseits weiterhin und ist auf der Ebene der unmittelbaren Wahrnehmung nicht tangiert; die Verweigerung der Selbstgewißheit des Subjekts bleibt auch dann gültige Erfahrung, wenn sich Rezeptionshorizonte verschieben. Insofern trifft noch zu:»a painting is not a picture of an experience, it is an experience«[38]. Allerdings hält sie nicht an, sondern wird relativiert: Jede neue Verschmelzung der Horizonte des modernen gegenstandsfreien Werks und seiner gegenwärtigen Erfahrung trifft in der ›entzauberten‹ Welt auf den Widerstand des ›postmodernen Wissens‹, das mit dem Verlust der großen ›Metaerzählungen‹ auch die Verbindlichkeit und Geltung der Anschauungserfahrungen für fragwürdig hält und verloren hat.

Weil»das Kunstwerk ein Sehangebot (ist), daß alle mitgebrachten Seherwartungen oder alle sprachlich mitzuteilenden Ereignisvorstellungen im Ausdruck einer anschaulichen und nur der Anschauung möglichen Evidenz übersteigt«[39], konnte Newmans Malerei unmittelbar evident werden. Die werkhaft begründete, bildimmanente Erfahrung hatte das Werk so tendenziell aus der Geschichte ›exterritorialisiert‹.

Indem der Betrachter in Imdahls Vorstellung den Zeitenabstand scheinbar problemlos überwinden kann, weil mit der eigengesetzlichen Struktur des autonomen Tafelbildes dem Rezipienten eine selbst ursprüngliche Quelle zur Betrachtung vorliegt, war für die Ikonik die Farbfeldmalerei Newmans auch deswegen unmittelbar evident, weil ein Kunstwerk sich vermöge seiner Selbstbezüglichkeit in immer neue Horizonte hineinbewegen konnte und Werk und Betrachter sich damit tendenziell im Status einer überzeitlichen beiderseitigen permanenten Gegenwärtigkeit begegneten.[40] Diesen Standpunkt außerhalb der Geschichte einnehmen zu wollen, der Werkerfahrung als eine Art Offenbarung begreift, ist dem nachmodernen Betrachter heute jedoch in dem Maße unmöglich gemacht, wie das Wissen um die Modernismuskritik auch jede zeitlos gültige Unmittelbarkeitserfahrung bricht.

Die jetzige Unmittelbarkeitserfahrung ist keine Rutschbahn in Transzendentalien, sondern die Ferne und Fremdheit der Welt des ästhetischen Modernismus wird zugleich mitaufgerufen und ist genauso unmittelbar. Damit werden beide Bild- und Weltverständnisse – das gegenwärtig aktuelle wie das Infragegestelltsein der abgerückten Welt der ästhetischen Moderne – reflexionsfähig im Sinne einer neuen Horizontverschmelzung, jedoch nicht im Sinne der Synthetisierung zu einer höheren Einheit.

Es ist zweifellos eines der bedeutensten Resultate einer »veritablen« (Wolfgang Welsch) postmodernen Kunst, daß sie uns die neuralgischen Punkte der ästhetischen Moderne wahrnehmen läßt und daß neue Kunstwerke dazu auffordern, über bekannte Phänomene anders zu denken und – wie hier angedeutet – zu erkennen, daß eine postmodern verwandelte Moderne auch die Erfahrung der alten ästhetischen Moderne ebenso verwandeln muß. Allerdings mißversteht die gegenwärtige Kunstgeschichtsschreibung dies als einen Freibrief, der dazu berechtigt, eine lineare Entwicklungslogik von einer gescheiterten ästhetischen Moderne zu einer revisionistischen postmodernen Ästhetik zu konstruieren und die ästhetische Erfahrung der jeweiligen Einzelwerke zu suspendieren.[41] Das postmoderne Denken läuft hier Gefahr, das Versprechen eines unaufhebbaren Pluralismus nicht einzulösen, sondern den Betrachter zum bloßen Vollzugsbeamten einer zeitgeistigen Befindlichkeit zu degradieren statt ästhetische Erfahrung als ›disseminale Lektüre‹ zu verstehen.

Was auf der Ebene von Geschichtskonstruktionen nur scheinbar gelten mag – das faktisch-realgeschichtliche Scheitern der ästhetischen Avantgarden als ›effektive Gegenkultur‹ –, gilt auf der Ebene der Erfahrung des Einzelwerks keineswegs: Hier gibt es ein faktisches Scheitern und ein ›Endspiel‹ ebensowenig wie ein gradliniges Weiterwirken, sondern es ergibt sich vielmehr die Chance einer Neuinszenierung ästhetischer Erfahrung der konkreten Kunst der Moderne. Die postmoderne Neuerfahrung der ästhetischen Moderne ist die Erfahrung einer »prekären Ganzheit« (Robert Venturi), bei der sich antagonistische Erfahrungen nicht ausschließen, sondern wechselseitig zu kommentieren beginnen. Die verjüngende Erfahrung der Malerei eines Newman ist die eines konflikthaften

Zusammentreffens von Lesarten, die allesamt partial bleiben und wechseln.

Die Postmoderne hat die Kunst von »solch metaphysisch-teleologischen Fesseln befreit« (Andreas Huyssen), die die Moderne ihr angelegt hatte, ohne daß damit allerdings *uni sono* die Destruktion aller modernen Sinnverheißung verbunden wäre (wie es die Ornamentalisierung der gegenstandslosen Kunst in Armleders Revisionen einseitig postulieren will). Daß mit den Augen der Postmoderne und ihrem Wirklichkeitsbegriff alle weiteren Vergegenwärtigungen der modernen konkreten Kunst nichts mehr gelten, ist nur die halbe Wahrheit. Die Überwältigung durch das Erhabene besteht bei Newman weiter, indem der Sehende dem zu Sehenden unausweichlich ausgeliefert ist, und zugleich besteht eine Erfahrungsstruktur weiterhin fort, die den Beschauer selbst thematisiert als einen solchen, »der im Anblick der erhabenen Erscheinung des Bildes seine eigene Erfahrung erfährt und dadurch erhoben wird« (Max Imdahl). Aber auch dies ist nicht das Ganze, sondern der Betrachter wird zugleich und in demselben Maße aus der unittelbaren Bilderfahrung selbst wieder enthoben.

Die neue Bedingung der Möglichkeit ästhetischer Erfahrung ist somit vielmehr die Einsicht, daß ebendiese Erfahrungen transzendentaler Betroffenheit durch die Werke Newmans dem nachmodernen Bewußtsein ebenso verunmöglicht sein können,[42] wie dieselben Werke zugleich die Ermöglichung ebendieser Erfahrungen anregen können, ohne daß das eine das andere ausschlösse oder vollständig negierte.

Ästhetische Erfahrung der modernen Kunst ist so heute Differenzerfahrung. Diese manifestiert sich als Erfahrung von Brüchen und Ambiguitäten: Das Erleben der Leinwände Newmans als ein unermeßlich Großes und Übermächtiges wie zugleich als ein scheinbar Vertrautes und Erforschtes, als ein sowohl Mystisches und dennoch in der Kunsterklärung Rationalisiertes und ein unvordenkliche Erfahrungen Veranlassendes wie auch in ebender Erfahrung Scheiterndes. Wenn die Erfahrungsinhalte der gegenstandslosen Kunst plural geworden sind, besteht die hermeneutische Aufgabe nicht allein in deren Sicherung vor einer vermeintlichen Beliebigkeit, sondern die »Verbindlichkeit der Erfahrung von Kunst (bleibt) in dem Sinne verbindlich, daß sie die Geschichtlichkeit unserer Existenz – gerade unter je verschiedenen Erfahrungshorizonten – engagiert«.[43] Unserer postmodernen Existenz im Plural entspricht heute eine unhintergehbar plurale Struktur ästhetischer Erfahrung, die die unterschiedlichen, allesamt partialen Ansätze aufnimmt, ohne sie aufzuheben. Ästhetische Erfahrung ist damit keine Hypertheorie des Verstehens, sondern Schmelztiegel von Differenzen und damit nur insofern universell, als sie stets auch noch die Meinung des anderen verstehen und in den Verstehensprozeß einbeziehen kann. Hermeneutik und postmodernes Denken koinzidieren explizit in der Idee der Pluralität. Das von der Rezeptionsästhetik genuin reflektierte Immer-wieder-anders-Verstehen kristallisiert sich hier im Betrachter als der Instanz eines synchronen pluralen Erfahrens und in einem sinnerprobenden Sich-Einlassen auf die Diversität und Pluralität möglicher Bedeutungen. Für die Arbeit des Hermeneutikers kann man hier den von Jauß angebotenen Begriff der »vermittelten Unmittelbarkeit« realisiert sehen; und zwar in dem Sinne, daß das nachmoderne Bewußtsein einen eigenen – eben unhintergehbar pluralen – Zugang zum Verstehen beansprucht, der nun sowohl das ästhetische wie das historische Bewußtsein einschließt.[44]

Indem sich Armleders Werk als ›creative misreading‹ auf die Farbfeldmalerei Newmans bezieht, kann diese damit wieder fremd werden. In dem Maße, wie bei Newmans Farbtafeln die Verweisungspotenz auf ein Transzendentes nur noch im Bewußtsein historischer Distanz für eine Ikonologie des Unsichtbaren gültig bleibt – zugleich jedoch als ein ›Erborgen des Kultwertes‹ aus dem Kontext erscheint –, muß der Betrachter nicht länger den individuellen Mythologien und privatistischen Reinszenierungen von Religiosität einer spiriteull inspirierten Avantgarde blind folgen. Newmans Farbfeldmalerei wird so zur Visualisierung des Numinosen unter der kopräsenten entmythologisierenden Bedingung der gleichzeitigen Verunmöglichung dieser Sinnerwartung, die alle Erfahrung abbrechen läßt und zu dem Veto führt: »what you see is what they say«.[45] – Und dieses Veto selbst ist noch integrativer Teil der Bilderfahrung selbst. Eine solche Horizontabhebung ist gänzlich unvergleichbar mit dem ›Überfall‹ einer Remythologisierung der modernen Avantgarde oder deren scheinbarer Depotenzierung durch den Mythos ästhetischer Erfahrung als reiner Sichtbarkeit.

Was wir aus der nachmodernen Neureflexion konkreter Kunst lernen können und was verdient, in die gegenwärtigen Überlegung einer Fortschreibung der Theorie ästhetischer Erfahrung aufgenommen zu werden, ist die (genuin) plurale Verfassung ästhetischer Erfahrung und ihre Fähigkeit, ein Erleben im Plural in der Gleichzeitigkeit initiieren zu können. Der Methodenstreit um die ›richtige‹ Interpretation der ästhetischen Moderne, der sich unter dem Legitimationsdruck eines zwanghaften Sinnverstehens des Modernismus zusehends verfestigt hatte, löst sich so durch den historisierenden und relativierenden Erfahrungshorizont der ästhetischen Nachmoderne auf und läßt ein unverkrampftes spielerisches Sinnerproben wieder zu, das vor allem auch eine Neureflexion der Methoden der Kunstwissenschaft erzwingt. Das nachmoderne Bewußtsein beansprucht insofern einen eigenen Zugang zum Modernismus, als der Betrachter wieder in die Freiheit seiner eigenen Urteilskraft – als reflektierende Urteilskraft zwischen den Sinnen – versetzt wird und sie im Akt der Betrachtung erfahren und sich selbst als plurales Subjekt der Auslegung erfahren kann. Dies macht hier die bleibende Ethik des Ästhetischen aus. Eine solche Erfahrung, die die Pluralität nicht hintergehen oder einseitig aufheben will, aber gleichzeitig ihre ›Gebrochenheit‹ bewußt macht, bleibt eine Leistung anschauender Erkenntnis, die immer noch auf keine andere Art möglich ist, und die unausdeutbar viele Wege parallel offen läßt.

Anmerkungen

1   Johann Wolfgang von Goethe und Johann Heinrich Meyer, »Über die Gegenstände der bildenden Kunst«, in: *Propyläen,* 1,1, 1798, zitiert nach Wolfang Kemp (Hrsg.), *Der Betrachter ist im Bild,* Köln 1985, S. 254. Auch Hegel forderte, »Daß der Inhalt, der zur Kunstdarstellung kommen soll, sich in sich selbst dieser Darstellung fähig zeige.«
2   Vgl. Markus Brüderlin, »Ornamentalisierung der Moderne«, in: *Kunstforum International,* Bd. 123, 1993, S. 140-159.
3   Vgl. etwa die revisionistische Einschätzung bei T. J. Clark, »Zur Verteidigung des Abstrakten Expressionismus«, zitiert nach *Texte zur Kunst,* Nr. 7, 1992, S. 43-55. Bezogen auf das fehlende sinnliche Vergegenwärtigungsvermögen der Malerei Barnett Newmans und Mark Rothkos schreibt Clark: »Daß wir ihre Ominösität auch noch bezogen auf Malerei oder Bedeutung oder ähnliches sehen sollen, macht das Ganze nur noch schlimmer. Jeder mag die großen Rothkos aus den frühen Fünfzigern, diejenigen, die in

den billigen Effekten der neuen Formeln schwelgen, diejenigen, in denen eine prahlerische Absolutheit der Selbstpräsenz im Angesicht des Abwesenden, der Leere, des Nichts, einer alles verschlingenden Einfachheit aufrechterhalten wird.« Vgl. auch Serge Guilbaut, *Wie New York die moderne Kunst stahl,* Amsterdam 1996.

4   Lothar Romain, »Die Moderne nach der Postmoderne«, in: Kat. *Documenta 8,* Kassel 1987, S. 87-96.

5   Newman zitiert nach Maurice Tuchmann und Judy Freeman (Hrsg.), *Das Geistige in der Kunst – Abstrakte Malerei 1890-1985,* Stuttgart 1988, S. 49.

6   Ringbom zitiert nach Beat Wyss, *Mythologie der Aufklärung – Geheimlehren der Moderne, Jahresring* 40, München 1993, S. 16. Zum Bestreben, die Form Mittel zum Zweck sein zu lassen vgl. ebd., S. 24 f.

7   Vgl. etwa die Ausstellungskataloge Tuchmann/Freeman (wie Anm. 5); Wieland Schmied, *Gegenwart Ewigkeit. Spuren des Transzendenten in der Kunst unserer Zeit,* Stuttgart 1990; ders., *Zeichen des Glaubens,* Stuttgart 1980.

8   Max Imdahl, *Bildautonomie und Wirklichkeit,* Mittenwald 1981, S. 75. Zur Nonrelational Art vgl. ders., »Bildbegriff und Epochenbewußtsein«, in: Reinhart Herzog (Hrsg.), *Epochenschwelle und Epochenbewußtsein,* München 1987, S. 221-242, hier S. 237.

9   Oskar Bätschmann, *Einführung in die kunstgeschichtliche Hermeneutik,* Darmstadt 1984, S. 154; vgl. auch ebd., S. 72.

10   Die Zitate vgl. bei Bätschmann (wie Anm. 9), S. 82, 155, 154.

11   Vgl. Hans Robert Jauß, *Kleine Apologie der ästhetischen Erfahrung,* Konstanz 1972, S. 15; 38 ff.; Max Imdahl, ebd., S. 72; vgl. auch den Wiederabdruck in diesem Band, S. 15 ff.

12   Max Imdahl, *Arbeiter diskutieren moderne Kunst. Seminare im Bayerwerk Leverkusen,* Berlin 1982, S. 68. Vgl. auch den auszugsweisen Wiederabdruck in diesem Band, S. 191 ff.

13   Zitate in Romain (wie Anm. 4), S. 91, 89.

14   Vgl. Brüderlin (wie Anm. 2). Aus seiner Arbeit ist auch die Gegenüberstellung der Abbildungen übernommen, allerdings mit gegensätzlichem Vorzeichen und umgekehrtem erkenntnisleitendem Interesse: Brüderlin will den Iterativismus als neues Phänomen verstehen. Dies ist aber nur die eine Seite des Dialogs zwischen moderner und postmoderner Kunst. Mir geht es darum, zu zeigen, daß der Blickwinkel des Iteratisvismus zwar effektiv auf die Erfahrung der modernen Avantgarde zurückwirkt, daß aber gleichwohl seine Diagnose nicht das letzte Wort der ästhetischen Erfahrung der modernen gegenstandslosen Kunst ist.

15   Vgl. Boris Groys in: Markus Brüderlin, »Die List der Aura«, in: Kat. *Aura. Die Realität des Kunstwerks zwischen Autonomie, Reproduktion und Kontext,* Wiener Secession 1994, S. 54-77.

16   Vgl. z. B. Richard Hamann, der am Beispiel Kandinskys ausführt, »daß mit bewußter Kunst die höchste Sinnlosigkeit erreicht ist […] ein Trümmerhaufen hat mehr Sinn und Gestalt. […] Hier kann nur der Künstler selbst die Bedeutung entschleiern: denn jeder Versuch, selbst sich in eine sinnvolle, geistige Auslegung hineinzutasten, müßte willkürlich und deshalb auch wieder sinnlos ausfallen.« Zitiert nach Gottfried Boehm, »Die Krise der Repräsentation«, in: Lorenz Dittmann (Hrsg.), *Kategorien und Methoden der deutschen Kunstgeschichte 1900-1930,* Stuttgart 1985, S. 122.

17 Vgl. Andreas Huyssen, »Postmoderne – Eine amerikanische Internationale«, in: ders. (Hrsg.), *Postmoderne. Zeichen eines kulturellen Wandels,* Reinbek 1989.

18 Hans Robert Jauß, *Wege des Verstehens,* München 1994, S. 359.

19 Vgl. hierzu etwa Heinz Liesbrock, (Hrsg.), *Fragen an vier Bilder,* Münster 1993. Hier wendet sich Imdahls Apologie der modernen Kunst und einer sinnstiftenden Anschauung zu einer spirituellen Ontologisierung des autonomen Kunstwerks und steigert sich zu einem blinden ›Vertrauen in das Bild als Instanz‹ und in ›die ästhetische Intensität des Werkes‹ als einer ›seelischen Einstimmung auf ein Fest für das Auge‹. Daß mit der Stilisierung der modernen Kunst zum klassischen Ideal genau jene Position eines falschen Konservatismus ausgefüllt wird, vor der Huyssen noch warnte, wird in der »Gewißheit über die Beglückung einer tiefen, wortentzogenen Übereinkunft mit dem Kunstwerk« (Michael Brötje) nicht bemerkt. Doch der eigentliche Konservatismus befindet sich dort, wo eine klassische Hochmoderne als unerreichbares Ideal genommen wird, um Gegenwartskunst *per se* zu disqualifizieren. Allein, eine solche Moderne disqualifiziert sich nur selbst und wird ihrerseits antimodern (so Huyssen [wie Anm. 17], S. 30). Die ästhetische Erfahrung erringt dabei allenfalls einen Pyrrhussieg. Vgl. zu Hinweisen auf eine zu erweiternde Theorie ästhetischer Erfahrung: Jürgen Stöhr, »Ein Unverständnis in Bochum 1982?«, in: *Zeitschrift für Ästhetik und allgemeine Kunstwissenschaft,* Bd. 39/1, 1994, S. 91–129.

20 Während sich der Retroavantgardismus längst mit Fragen nach der Gültigkeit, dem Sinn und der Funktion ›listig‹ in die ursprüngliche Situation zwischen Sender, modernem Kunstwerk und Empfänger eingeschleust hatte, geht es einigen Nachfolgetheoretikern ästhetischer Erfahrung dagegen noch um eine konkret-inhaltliche, sprich religiöse, Semantisierung. So wurde angesichts des Bilderkanons *The Stations of the Cross* zu zeigen versucht, daß es Newman hier gelänge, das biblische Thema des Kreuzwegs Jesu im Medium der konkreten Kunst zur Anschauungsevidenz zu versinnlichen. Vgl. Raimund Stecker, *The Stations of the Cross – lema sabachthaini von B. Newman. Untersuchung über die Aufhebung der Widersprüchlichkeit von Form und Inhalt,* Bochum 1993. Auf die durch die nachmoderne Kunst ausgelöste Sinn- und Kommunikationskrise und der Kritik am ästhetischen Modernismus reagiert die ästhetische Erfahrung somit selbst mit einer Symptombildung im Sinne einer Überkompensation, das heißt mit einem übersteigerten Insistieren auf einer erzwungenen Inhaltlichkeit der konkreten Kunst, um ›der Anschauung auf die Sprünge zu helfen‹. Während die Farbfeldmalerei für die Väter ästhetischer Erfahrung ein »von Grund auf erfundenes Anschauungsmodell« blieb, wird heute etwa Newmans *Stations of the Cross*-Zyklus inhaltlich umgedeutet zu einem EKG oder Seismogramm der psychischen Befindlichkeit auf dem Passionsweg, indem in den Rhythmus der Farbflächen etwas hineingesehen wird, das vorher bereits ebenso gewußt werden muß, wie es das Beispiel der ›kämpfenden Neger im Tunnel‹ ironisiert.

21 Vgl. hierzu Wyss (wie Anm. 6), S. 11 ff., S. 85–89. Robert Rosenblum, der Kronzeuge einer Ikonologie des Unsichtbaren, die von neuem nach dem ›Geistigen in der gegenstandslosen Kunst‹ fahndet, hatte bereits in den sechziger Jahren eine Ausdehnung oder Übertragung der Ikonologie auf die gegenstandslose Kunst versucht, während Erwin Panofsky schon jede Ent-

fernung vom gegenständlichen Inhalt als Verweigerung der Sinnkonstitution konzipiert hatte. Panofskys Sorge um das Kunstwerk, dessen Sinn mit fortlaufender historischer Distanz verlorenzugehen drohe, wurde im Falle der Zeitgenossenschaft Rosenblums mit den Künstlern des Abstract Sublime zur Sorge um die Verstehbarkeit der gegenstandslosen Kunst selbst. Die ikonographische Analyse der ungegenständlichen Kunst à la Rosenblum antwortet darauf mit einer Umdeutung der gegenstandslosen Farbflächen zu Darstellungsfaktoren von etwas Dargestelltem. Den in den Augen der Ikonographen begangenen Rezeptionsfehler – der eine Inhaltsdeutung gegenstandsloser Bilder bisher verhindert hatte – einer Verwechslung von Inhalt im Sinne von Abbildung mit einem statt dessen dargestellten ›geistigen Inhalt‹ (Thomas McEvilley), versucht die Ikonographie der gegenstandslosen Kunst nun dadurch zu bereinigen, daß sie das Formale *in toto* zum Inhaltlichen einer Welt- und Naturdarstellung umdeutet. – Der Text, den die Farbflächenmalerei für ihre Inhalts- und Wesensdeutung suchen soll, ist der Kontext in einem umfassenden Sinne. Weil jedes Werk *sui generis* einen Kontext besitzt, soll auch die Ikonologie als kontextualisierendes Verfahren perpetuierbar sein. Eine fortgesetzte Ikonologie glaubt so, die Farbtafeln eines Newman oder Rothko als Darstellung, Dokument, Symbol oder Symptom für etwas anderes, für eine jeweils den Werken zugrundeliegende Weltanschauung, Kultur- oder Geistesgeschichte ›deuten‹ zu können. Über die ästhetische Erfahrung hinaus können die gegenstandslosen Farbflächen allerdings nur das ›preisgeben‹, was der Erklärende schon vorher weiß. Genau dieses Wissen nehmen die Ikonologen des Unsichtbaren aus dem Versuch der Rekonstruktion dessen, »was für eine bestimmte Zeit der Fall zu sein scheint« (Wyss [wie Anm. 6], S. 9). Jede schlichte Parallelisierung der gegenstandslosen Kunst mit »umwälzenden Erkenntnissen in der Weltanschauung« (ebd.) bleibt jedoch oberflächlich. Zu den allgemeinen wissenschaftslogischen Inkonsistenzen der Ikonologie vgl. Bätschmann (wie Anm. 9), ferner Lorenz Dittmann, »Zur Kritik der kunstwissenschaftlichen Symboltheorie«, in: Ekkehard Kaemmerling (Hrsg.), *Ikonographie und Ikonologie,* Köln 1984, S. 341 ff.

22   Max Imdahl, *Giotto. Arenafresken,* München 1980, 2. erw. Aufl. 1988, S. 97.

23   Hans Robert Jauß, »Alter Wein in neuen Schläuchen«, in: *Wege des Verstehens,* München 1994, S. 304-323.

24   Ebd., S. 314.

25   Gottfried Boehm, »Bildsinn und Sinnesorgane«, in: *Neue Hefte für Philosophie,* Heft 18/19, 1980, S. 118-132, hier S. 120; vgl. den Wiederabdruck in diesem Band, S. 148 ff.

26   Die Prämisse, von der die Ikonologen der gegenstandslosen Kunst ausgehen und die zugleich die Umdeutung der konkreten Kunst in eine abstrakt darstellende berechtigt erscheinen läßt – daß nämlich »die reine Form sich offenbar nicht aus sich selbst legitimieren (kann)« (Wyss [wie Anm. 6], S. 10) –, wendet sich paradoxerweise gegen eine Ikonologie des Unsichtbaren selbst: Wenn also offenbar die gegenstandslose Kunst aus sich selbst heraus keine erfahrbare Bedeutung mitteilen kann, dann ist umgekehrt auch keine hinzugewußte und verborgene Bedeutung an einer Farbfläche Malewitschs, Kleins, Newmans oder Rothkos festzumachen. Daher ist mit Recht von einer ›Ikonologie des Unsichtbaren‹ zu sprechen. Und auch nur dann, wenn man

336

einzuräumen bereit ist, daß die Ikonologie schon lange keine Ikonologie mehr ist, sondern lediglich Ikonographie. – Denn die ›literarischen Quellen‹ – die vorgschlagene parallele Lektüre von Geheimlehren und Künstlerschriften, die die innere Verwandtschaft von prophetischer Rede und avantgardistischem Programm bezeugen sollen – versagen erst dann nicht mehr als ikonologisches Interpretament, wenn das, was früher zum Bereich des Bedeutungssinns gehört hätte – eben die Kenntnis der literarischen Quellen – nun als Wesenssinn abgehandelt wird. Es wäre erst dann wieder ikonologisch »aufschlußreich, die Geheimbünde der Rosenkreuzer und Freimaurer zu analysieren« (Beat Wyss), wenn schon der Bedeutungssinn – das vermeintliche Programm – der eigentliche Wesenssinn des ungegenständlichen Kunstwerks ist. Das heißt,»wenn es ›hinter‹ dem Bedeutungssinn nichts mehr zu suchen gibt« (Lorenz Dittmann), befördern die Ikonologen kurzerhand den Bedeutungssinn zum Wesenssinn. – Weil das Kunstwerk ein intentional entworfener Gegenstand sei, sei das Vorhandensein der Künstler-Ideen im Bild auch dann garantiert, wenn man sie nicht sieht, denn eine Ikonographie der konkreten Kunst tappt im dunkeln: Die ›Nabelschnur‹ zwischen Text und Bild ist nicht nur eine Einbahnstraße von den bezeugten Erfahrungen und Absichten der Maler zu den Bildern, sondern in dem Maße, wie die wiedererkennbare Nachprüfbarkeit des intendierten Themas im Bild *sui generis* nicht länger gegeben sein kann, kann die Darstellungsfunktion der ungegenständlichen Bilder nur dann perpetuiert werden, wenn man sie letztlich zu rein indexikalischen Zeichen degradiert, die nur noch auf ihren Text verweisen dürfen wie Rauch auf Feuer. Vgl. eklatant bei Bazon Brock,»Zur Ikonographie der gegenstandslosen Kunst«, in: *Ikonographie,* München 1990, S. 314. Nur dann, wenn als letzte Gemeinsamkeit der gegenständlich-narrativen und der gegenstandslosen Kunst ihre gleichermaßen indexikalische Verweisfunktion auf einen Text postuliert wird,»kann nicht nur, sondern muß jedes Gemälde – das schwarze Quadrat von Malewitsch ebenso wie die Kühe auf der Weide von Rubens – im Sinne der Panofskyschen Unterscheidung sowohl im Hinblick auf die primäre wie die sekundäre, wie die intrinsische Bedeutung angesehen werden«. Ebd., S. 314.

27 Boehm (wie Anm. 25).

28 Vgl. hierzu neuestens Andreas Beyers Krtik in: Wyss (wie Anm. 6), S. 211.

29 Wyss (wie Anm. 6), S. 11.

30 Huyssen (wie Anm. 17), S. 34

31 Vgl. Irving Lavin,»Ikonographie als geisteswissenschaftliche Disziplin. Die Ikonographie am Scheideweg«, in: Andreas Beyer (Hrsg.), *Die Lesbarkeit der Kunst,* Berlin 1992, S. 9.

32 Das heißt, was als relevanter ›weltanschaulich‹ determinierender Kontext eines Bildes angesehen wird – so die Einsicht der neueren Ikonologie –, ist selber kontextabhängig über das jeweils rezipierende Subjekt, so daß sich das, was als der eigentlich zugrundeliegende objektive Gehalt benannt wurde, als dasjenige darstellt, was historische Subjekte aus ihrer eigenen Kontextabhängigkeit heraus jeweils für die Erklärung gehalten haben. Das, was Panofsky mit Mannheim als Weltanschauungslehre thematisiert hatte, ist nichts anderes als die rezeptiv vermittelte Annahme eines selbst historischen Subjekts über das, was als Weltanschauung in einer jeweiligen Epoche geherrscht haben soll.

33 Martin Heidegger, *Der Ursprung des Kunstwerkes,* Stuttgart 1960, S. 36.

Allerdings hätte eine kunstimmanente Rekonstruktion des Erfahrungshorizontes viel früher schon zeigen können, daß jede simple inhaltlich-spirituelle Semantisierung der Malerei Newmans scheitern muß, weil die historische Entwicklung der Abstraktion bereits 1918/19 mit Kasimir Malewitschs *Weißem Quadrat auf weißem Grund* ›implodiert‹ war: Mit diesem ›letzten Gemälde‹ nämlich bricht die idealistische Vorstellung einer kommunizierbaren Hinterwelt zusammen. Vgl. hierzu Johannes Meinhardt, »Ende der Malerei und Malerei nach dem Ende der Malerei«, in: *Kunstforum International,* Bd. 131, 1995, S. 203-246.

34 Bernhard Kerber, »Die ökomenische Kapelle in Houston«, in: Schmied (wie Anm. 7), S. 65-70.

35 Vgl. etwa zu Gerhard Merz: Beat Wyss, »Parrahasius' Vorhang«, in: Kat. *Gerhard Merz. Archipittura,* Graz 1992.

36 Vgl. hierzu auch die antagonistischen Statements von T. J. Clark (wie Anm. 3), S. 50 vs. Boehm zu Rothko. Zuerst Boehm: »Nimmt man einen Gedanken lang die Metapher vom Numinosen wörtlich, so meint sie jedenfalls einen gestaltlosen, fast atmosphärischen Gott, der sich im Wehen der Farbe bekundet. Er ist damit so ungreifbar und verborgen wie Jahwe, im Unterschied zu ihm besitzt er zugleich aber eine sinnliche, ästhetische Existenz.« Gottfried Boehm, »Die Bilderfrage«, in: ders. (Hrsg.), *Was ist ein Bild,* München 1994, S. 342. Dagegen Clark: »Jeder mag die großen Rothkos aus den frühen Fünfzigern; diejenigen, die in den billigen Effekten der neuen Formel schwelgen, diejenigen, in denen eine prahlerische Absolutheit der Selbst-Präsenz im Angesicht des Abwesenden, der Leere, des Nichts, einer alles verschlingenden Einfachheit aufrechterhalten wird; wobei das Vulgäre – eine vulgäre Scheußlichkeit von Rot-, Violett-, Orangetönen, Zitronengelb, Lindgrün, Puderquastenweiß – als Schaltstelle zwischen den beiden Lesarten dient.«

37 Vgl. Hans Belting, *Bild und Kult. Eine Geschichte des Bildes vor dem Zeitalter der Kunst,* München 1990; ferner Jauß (wei Anm. 18), S. 350 ff.

38 Kerber (wie Anm. 34).

39 Max Imdahl, »Giotto«, Vortrag, Siemensstift, München, 5. 3. 1979.

40 Zur theorieimmanenten Kritik an der ›Ikonik‹ vgl. Jürgen Stöhr, *Yves Klein und die ästhetische Erfahrung,* Essen 1993, S. 78-104.

41 Sie tut dies auch dort noch, wo explizit die Frage danach gestellt wird, »wie man die Avantgarde-Bewegungen heute so denken könnte, daß sie uns noch etwas zu sagen haben«. Denn selbst hier wird ihr fruchtbarer Punkt in der »Multiplizität der Perspektiven« der Avantgarde als Ganzer, nicht in der veritablen Erfahrung von Einzelwerken aufgesucht. Vgl. Gianni Vattimo in: Wolfgang Welsch, *Unsere postmoderne Moderne,* 4. Aufl., Berlin 1993, S. 138.

42 Vgl. als neuesten Beleg zum Beispiel Stephan Schmidt-Wulffen: »Stellen wir uns in Gedanken einen Barnett Newman vor, der ebenfalls das Erhabene, einen Moment der Begriffslosigkeit und des Empfindens anstrebt und Grenzen überwinden will. [...] Ich frage mich, wie ich auf das, was er an Begriffen benutzt, reagieren soll? Diese Begriffe haben, da sie einer überkommenen Sprachform angehören, keinen Sinn mehr. [...] Weder kann ich den utopischen Aspekt akzeptieren noch diese Haltung zur Welt. [...] Kann ein Yves-Klein-Blau wirklich noch dazu ermuntern, den Alltag zu vergessen, seine Identität zu übersteigen und in eine Welt jenseits er Wirklichkeit abzudriften?

[...] Wer heute ins Museum geht, ahnt vor einem monochromen Bild längst nichts mehr von einer anderen Dimension der Existenz, sondern wundert sich über die historisch gewordenen, verquasten Ideen von 1963«. Stephan Schmidt-Wulffen,»Der Filter der Malerei«, in: *Kunstform International,* Bd. 131, 1995, S. 277. Allerdings vollzieht Schmidt-Wulffen nicht den letzten Schritt zu einer pluralen Erfahrung der konkreten Kunst. Vgl. auch schon Hegel:»Die eigentümliche Art der Kunstproduktion und ihrer Werke füllt unsere höchsten Bedürfnisse nicht mehr aus.« – Unter ›Resignationsbedingungen‹ enttäuschen die Werke dabei vielleicht nicht zuallererst unsere Erwartungen, sondern unsere Erwartungen enttäuschen heute die Werke. Oder anders: Wir nehmen nicht mehr nach der Erfahrung der Kunst die Welt anders wahr, sondern wir nehmen aus der Erfahrung unseres heutigen Weltbegriffs die Werke anders wahr und lassen ihre lebenspraktische Relevanz zunächst kaum noch zu.

43 Vgl. Hans-Georg Gadamer,»Zur Fragwürdigkeit des ästhetischen Bewußtseins«, in: Dieter Henrich und Wolfgang Iser (Hrsg.), *Theorien der Kunst,* Frankfurt am Main 1982, S. 59-69.

44 Daß»die Skala veritabler Möglichkeiten beträchtlich breiter geworden ist, (bedeutet) nicht Beliebigkeit, sondern Wahrnehmungsvielfalt.« Welsch (wie Anm. 41), S. 197.

45 Tom Wolfe,»The painted Word«, zitiert nach Hans Robert Jauß, *Ästhetische Erfahrung und literarische Hermeneutik,* Frankfurt am Main 1982, S. 124:»Modern art has become completly literary: the paintings and other works exist only to illustrate the text.«Was Jauß noch lediglich für eine rein ›ironische Beschreibung‹ der Entwicklung der modernen Kunst hielt, wird heute von der Appropriation Art für möglich gehalten und von der Allianz aus Ikonologen, Kontextualisten und Intentionalisten durch externe Semantisierungen unfreiwillig bestätigt. Vgl. auch Norbert Bolz, in: Kat. *Aura* (wie Anm. 15), S. 79-89. Wenn Bolz die»absolute Interpretations- und Kommentarbedürftigkeit moderner Kunst« postuliert und sich zu der These versteigt, daß keiner der großen Künstler der Moderne»überhaupt existieren (würde), hätte nicht die adäquate Interpretation einen Raum für sie geschaffen«, dann muß er sich selbst *ad absurdum* führen. Denn es wäre ernsthaft zu fragen, warum sich der Kunsthistoriker einer Malerei widmet, also einen Gegenstandsbereich untersucht, von dem er von vornherein offen angibt, daß er sinnleer, das heißt sinnlos sei.

Andreas Beyer

Künstler ohne Hände – Fastenzeit der Augen?

Ein Beitrag zur Ikonologie des Unsichtbaren

Was geschieht, wenn der ästhetischen Erfahrung ihr Gegenstand fehlt – wenn das Kunstwerk unsichtbar bleibt? Gibt es nur die positive ästhetische Erfahrung der Präsenz oder auch die negative der Unsichtbarkeit oder Abwesenheit des Sichtbaren? Und wie kann eine Theorie des Visuellen auf das Nicht-Sinnliche reagieren, wie kann sie es noch erfahren, wenn es um eine ›Kunst der Kunstlosigkeit‹ geht?

Die Untersuchung von Andreas Beyer handelt von der ›Sichtbarkeitsverweigerung‹ und ihren Konsequenzen. Für eine Theorie ästhetischer Erfahrung deutet sich dabei zweierlei an: Auch wenn eine Geschichte des unsichtbaren Kunstwerks noch nicht geschrieben ist, jedoch absehbar wird, daß sie vom Kultbild bis zur Concept Art und wohl bis zur aktuellen Kontextkunst reicht, so ist doch die Dialektik von Ideenwerk und Werksein unaufhebbar. Die Idee muß Werk werden, um als Idee zur Kenntnis genommen zu werden, und die Thematisierung des Unsichtbaren kann nur im Medium des Sichtbaren formuliert werden.

Daß ästhetische Erfahrung auf die Abwesenheit – nicht des Erfahrbaren, aber doch des Wahrnehmbaren – gefaßt sein muß, erscheint so zwar einerseits als der blinde Fleck einer Theorie visueller Kommunikation. Er ist jedoch zugleich immer auch dadurch beleuchtet, daß die Abwesenheit des Sinnlichen ebenso immer nur im Sinnlichen gegenwärtig sein kann, wie auch die Aufhebung des Werks stets dessen Negation und gleichzeitig seine letzte Bestätigung ist. Auch noch die Verflüchtigung des klassischen Werks in ›Idea‹, Concept oder Kontext ist als solche Werk und Aufhebung des Werks in einem. Auch das Abwesende kommt so doch nicht ohne den Betrachter aus. Ihm aber ist noch eine ›adäquate Theorie der Betrachtung zur Seite zu stellen‹. J.S.

Daß Kunstwerke oftmals erst dann wirkungsvoll ins öffentliche Blickfeld geraten, wenn sie unsichtbar bleiben – oder es wenigstens gerade geworden sind – ließ sich jüngst, ganz eklatant, am Raub der beiden Gemälde William Turners *Schatten und Dunkelheit* und *Licht und Farbe* aus der Ausstellung ›Goethe und die Kunst‹ in der Frankfurter Schirn beobachten: Der Zustrom von Besuchern stieg seit dem Tag des Diebstahls noch einmal merklich an, und zur unumstrittenen Protagonistin der Schau avancierte die Wand, an der beide Gemälde vormals hingen. Sie war zwar der beiden Bilder, offenbar aber nicht ihrer eigentlichen Aura verlustig gegangen.

Das Halbrund, mit dem das Frankfurter Ausstellungsitinerar schloß, geriet so zum eindrucksvollen Beispiel der besonderen Wirkkraft des Unsichtbaren; und gerade die mit Goethe so eng verknüpfte ›Gedankenkunst‹, die das Primat der ›Idee‹ über die Ausführung postuliert, erhielt so – ungewollt, unverhofft und natürlich auch ungebeten – einen sinnfälligen Abschluß. So wie in den Farbstrudeln der Turnerschen Gemälde Goethes Farbenlehre expansiv und radikal weitergedacht worden ist, so verhalf auch die kriminelle Energie der Täter zu prospektivem Erkenntnisgewinn – ließ doch die leere Apsis am Ende des Ausstellungsrundgangs über eine ›Theologie der Kunst‹ nachdenken, zu der Goethes Kunstlehre, denkt man sie bis heute fort, nicht unerheblich beizutragen hätte.

In der von Michael Fehr im Hagener Karl Ernst Osthaus-Museum 1988 eingerichteten Eröffnungsausstellung ›Silence‹, die drei Tage lang das von all seinen Beständen freigeräumte Museum präsentierte, hat die Institution Museum ja bereits selbst einen solchen reflexiven Akt vollzogen – wenngleich dabei vielleicht weniger ein Museums-Konzept als vielmehr ein ›Concept‹-Museum vorgestellt wurde. Und Joseph Kosuth endlich verwandelte in seinem *Passagenwerk,* der ›Verhängung‹ der Kasseler Sammlungsbestände während der documenta IX, die Säle der Neuen Galerie zu wahren Aussegnungshallen der Sichtbarkeit.

Nun ist die Nicht-Sichtbarkeit ein altes Thema der bildenden Kunst – weniger eines der Kunstgeschichte – und durchaus nicht Ausdruck einer etwaigen zeitgenössischen Aporie von Wissenschaftlern und Künstlern gleichermaßen.

Das unsichtbare Kunstwerk, verhüllt oder verdeckt, ist in jener Epoche, die wir mit Hans Belting als die Ära vor dem Zeitalter der Kunst zu beschreiben gelernt haben, Ausdruck eines religiösen Bildkultes, der die Wirkkräfte – auch oder besonders die magischen – des Bildes oder des Bildwerks sicherte. Aber schon der *Englische Gruß* des Veit Stoß von 1517/18 macht einen markanten Qualitätswechsel des Unsichtbaren deutlich: Die Skulpturengruppe sollte vor allem als Kunstwerk, und als solches namentlich seiner Nicht-Sichtbarkeit wegen, berühmt werden. Der legendäre ›Sack‹, der das Werk in der Nürnberger Sankt-Lorenz-Kirche – wie die Flügel eines Wandelaltars den Schrein – den Blicken entzog, wurde nur an ganz hohen kirchlichen Festtagen, vor allem solchen der Gottesmutter, abgenommen; und noch der Entschluß des städtischen Rats, nach Einführung der Reformation in Nürnberg 1529, die Figurengruppe ganz im Sack verschwinden zu lassen, ist in seinem Ikonoklasmus Ausdruck eines ›vorkünstlerischen‹ Kultwerts. Wann immer aber in den folgenden Jahrhunderten die Verhüllung für wenige privilegierte Besucher abgenommen wurde, kennzeichnete das bereits den gesteigerten ›Ausstellungswert‹, der die kultische Qualität des Werks übertraf und ablösen sollte.

Am Ursprung von Verschleierung und Unsichtbarkeit standen also religiöse und liturgische Gründe. In der Forderung Leonardo da Vincis aber, Kunstwerke zu verhüllen, ist der Kultwert des Kunstwerks, der sich namentlich in seiner – wenigstens temporären – Unsichtbarkeit artikuliert, zu einem Kult um die Kunst selbst geworden. In seinem ›Trattato della pittura‹ unterstreicht Leonardo die Einmaligkeit des gemalten Kunstwerks: »... und diese Einzigartigkeit macht sie hervorragender als jene, die überallhin verbreitet werden. Sehen wir nicht die großmächtigsten Könige des Orients verschleiert und verhüllt einhergehen, weil sie glauben, sie minderten ihren Ruhm und Ansehen, indem sie ihre Gegenwart öffentlich und vulgär machen? Nun wohl, sieht man nicht (ebenso) die Malereien, welche Bilder heiliger Gottheiten darstellen, fortwährend verhüllt gehalten, mit Decken von sehr hohem Preis verhüllt?« Keinen Zweifel läßt Leonardo daran, daß es nicht etwa der nachgeahmte Gegenstand, sondern allein die Kunstfertigkeit des Malers ist, die solche Schonung vor abnützenden Blicken verdiene. Im umgekehrten Falle »[...] könnte sich ja der Geist der Leute genug tun, indem sie im Bette blieben, und sie brauchten nicht in Pilgerschaften nach beschwerlichen und gefahrvollen Orten hinzuwandern, wie man sie doch fortwährend tun sieht«. Die Idee, nicht der »nachgeahmte Gegenstand«, braucht demnach ›Verdinglichung‹, also Sichtbarkeit. – Um deren Wirkungsmöglichkeit zu steigern, muß das Werk aber gleichwohl vorübergehend unsichtbar gemacht werden, was die Dialektik der Erscheinungsbedingungen des Kunstwerks beschreibt. Zudem ist hier der appellative Charakter der Unsichtbarkeit noch eindeutig benennbar, und ihr Adressat niemand anderes als der Betrachter.

Wenn Vasari uns aber daran erinnert, Leonardo habe keines seiner Werke je beendet, »denn es dünkte ihm, die Hand könne niemals zu jener künstlerischen Vollendung in den Dingen, die er sich vorstellte, etwas hinzutun«, verweist das auf jene ›Unsichtbarkeit‹, wie sie sich im ›Disegno‹-Prinzip und letztlich im ›Idea‹-Begriff artikuliert und die sich jetzt zuallererst an den Künstler selbst richtet. Die Beurteilung und stetige Aufwertung der Zeichenkunst über die Jahrhunderte ist dafür sinnfälliger Ausdruck. Als Dokument des transitorischen künstlerischen Prozesses stand sie lange hinter dem vollendeten Werk zurück. In der Florentinischen Disegno-Lehre der Jahrhundertmitte des Cinquecento jedoch verdichtet sich die schon im 15. Jahrhundert einsetzende Umwertung, die zur Annäherung von Idee und Ausführung, Idea und Disegno führt: »Die Zeichnung (disegno), der Vater unserer drei Künste, Architektur, Bildhauerei und Malerei, geht aus dem Intellekt hervor und schöpft aus vielen Dingen ein allgemeines Urteil, gleich einer Form oder Idee aller Dinge der Natur, die in ihren Maßen überaus regelmäßig ist. [...] Und da aus dieser Erkenntnis eine bestimmte Vorstellung (concetto) entspringt, und ein Urteil, das im Geiste die später mit der Hand gestaltete und dann Zeichnung genannte Sache formt, so darf man schließen, daß diese Zeichnung nichts anderes sei als eine anschauliche Gestaltung (espressione) und Klarlegung (dichiarazione) der Vorstellung (concetto), die man im Sinne hat, und von dem, was ein anderer sich im Geiste und in der Idee hervorgebracht hat.«

Was bei Vasari noch vorsichtig und begrifflich unsicher formuliert ist, radikalisiert sich bei seinem Zeitgenossen Antonfrancesco Doni in dessen Traktat »Il Disegno« (1549). Er verfolgt die Erhebung des Disegno in den Rang des Ursprungs und Beginns aller Kunst. Wolfgang Kemp hat den Übertritt des Disegno-Prinzips von der Seite der reinen ›Forma‹ und ›Pratica‹ auf die Seite des ›Concetto‹ oder der ›Idea‹ beschrieben als den Wandel vom Disegno als Ausdruck praktischer Fähigkeiten und als Ins-Werk-Setzen der ›Invenzione‹ hin zur ›Industria dell'intelletto‹. Doni erhebt den Disegno zur ›speculazione divina‹ und ›speculazione di mente‹ – eine Nobilitierung, die dem künstlerischen Gedanken den Primat einräumt und ihn letztlich von jeder Umsetzung in eine sichtbare Form befreit.

Es ist spätestens Giovanni Pietro Bellori, der in seiner 1664 gehaltenen römischen Akademierede – die später als Einleitung seiner

Viten-Sammlung vorangestellt werden sollte – die Gefahr erkannte, daß zuletzt jene Idee, die den Künstler beherrscht, metaphysische Geltung erlangen könnte, daß, um es mit Leonardo zu sagen, sich »der Geist der Leute genug tut, indem sie im Bette blieben«, und dadurch, wie Panofsky es formuliert hat, »der verwerflichen Ansicht, laut welcher der Künstler der Anschauung des sinnlichen Gegebenen entweder gar nicht oder doch nur zur Klärung und Belebung seines inneren Bildes bedarf, Türen und Tore geöffnet« wären. Nach Bellori nämlich entstammt die künstlerische Idee selbst der sinnlichen Anschauung: »entsprungen aus der Natur, überwindet sie ihren Ursprung und macht sich zum Vorbild der Kunst.« Gegen die bei Bellori erörterte These Ciceros, daß die sichtbaren Werke auf ein gedachtes inneres Bild bezogen werden, und damit die Idee jegliche sinnliche Anschauung ausschaltet, verbindet sie sich bei Bellori mit ihr, ähneln sich die Naturobjekte einem imaginierten Bilde an. Der Begriff der Idee, der, wenigstens bis zu den Positionspapieren der Concept Art hier seine »letzte und in gewissem Sinne endgültige Formulierung erhalten hat« (Panofsky) ist Bellori zufolge nichts anderes als eine »vollkommene Ding-Vorstellung, die in der Anschauung der Natur ihren Ursprung hat.«

Bellori beruft sich dabei vor allem auf die »naturbejahenden« Theoretiker der Renaissance, also auch auf Raffael. Gleichwohl lehrt gerade dessen Beispiel – so der berühmte, ihm zugeschriebene Brief über seine *Galathea,* in dem er von einer »certa idea«, einer »gewissen Idee« also, spricht, die als inneres Schönheitsbild zur Darstellung gelangt. In der Wirklichkeit finde er zwar Schönheit, aber niemals in ausreichendem Maße – »non tanto che basti« –, daß die Verdinglichung der Idee durchaus nicht die letzte Konsequenz des künstlerischen Gedankens darstellen muß. Der Stich seines Schülers Marcantonio Raimondi, der Raffael, in einen Mantel gehüllt, mit verborgenen Händen vor einer leeren Leinwand und neben unberührten Farbtöpfen sitzend darstellt, präludiert das Idea-Prinzip in seiner radikalen Auslegung. Es ist ein Piktogramm seines Primats, das auf wirkliche Anschaulichkeit verzichtet und der Entmaterialisierungstendenz der Kunst entgegengeht. In der dokumentierten Unsichtbarkeit macht es das schöpferische Selbstbewußtsein, das zwischen ›concetto‹ und ›invenzione‹, Bilderfindung und deren Durchführung also, unterscheidet, zum Thema. Das Kunstwerk bleibt unsichtbar: es wird hier durch den Künstler selbst verkörpert, durch seinen schöpferischen Gedanken. So läßt Lessing, der weder Raimondis Stich, noch die Selbstbildnisse Raffaels, auf denen er, mit einer Ausnahme, immer ohne Hände dargestellt ist, vor Augen gehabt haben muß, den Hofmaler Conti in *Emilia Galotti* fragen: »Oder meinen Sie, Prinz, daß Raffael nicht das größte malerische Genie gewesen wäre, wenn er unglücklicherweise ohne Hände geboren wäre?« Wenn Raffael auf die Abbildung seiner Hände verzichtete, dann weil er sie als Verweis auf das Handwerk unterdrücken und die Betonung der künstlerischen Geistesarbeit unterstreichen wollte. Dieser kunstsoziologische Aspekt darf aber nicht hinwegtäuschen über die kunsttheoretischen Dimensionen dieser Geste. Das Kunstwerk als Ideenwerk – dieses dynamische Selbstverständnis künstlerischen Entwerfens und Konzipierens, wie es sich seit dem 16. Jahrhundert ausgebildet und fortentwickelt hat, läßt die Traditionskette der künstlerischen Selbstthematisierung bis heute reichen, vielleicht bruchlos.

Als gewiß prominenteste Relaisstationen dieses Prozesses dürfen Nicolas Poussins *Selbstporträt* für Paul Fréart de Chantelou von 1650 und die *Meninas* von Diego Velázquez aus dem Jahre 1656 gelten. In Poussins Pariser Selbstbildnis erscheinen, hintereinander gereiht, vier gerahmte Leinwände, an die Rückwand gelehnt: die vorderste ist nicht bemalt, sondern nur – mit der vom Schatten des Malers berührten Signatur – beschriftet. Die folgende Leinwand ist bemalt, wird aber nur in einem Ausschnitt, in dem die Allegorie der Malerei erkannt worden ist, sichtbar. Eine dritte Leinwand erscheint überhaupt nur in Form ihres Rahmens; ein großer, mit der Rückseite zum Betrachter gewendeter, bespannter Keilrahmen endlich beschließt das künstlerische Inventar des Bildes. Nur partiell sichtbar, sich gegenseitig verstellend, sind diese Bilder von Wolfgang Kemp interpretiert worden als ein Verweis Poussins auf die Erscheinungsweisen der Kunst insgesamt, und seiner eigenen Werke im besonderen – als ›Grundsatzerklärung‹ eines reflektierten Künstlertums und als gemalte Kunsttheorie. Dabei ist in unserem Zusammenhang wichtig, daß die Leinwände entweder unsichtbar bleiben oder aber ohne sichtbaren Gegenstand auskommen; und dort, wo er doch sichtbar wird, allenfalls die Malerei selbst wieder zum Thema hat. (Auf die Nähe von Kosuths Installation auf der Documenta IX zu dieser Arbeit Poussins – vor allem in der Gegenüberstellung von Schrift und Bild – sei hier nur am Rande verwiesen.)

1 Nicolas Poussin,
Selbstporträt, 1650

Weniger explizit, dafür aber nicht minder programmatisch artikuliert sich in *Las Meninas* des Diego Velázquez die Frage der Sichtbarkeit. Schon Théophile Gautier hat, unübertroffen sentenziös, den Kern der *Meninas* getroffen, als er ausrief: »Où est donc le tableau?« Und Carl Justi meinte, daß ungeachtet des Überflusses von Rahmen und Bildern im Bilde wohl kein Bild geeigneter sei, »das Bild vergessen zu machen.« Denn kein anderes Bild zieht darin mehr Aufmerksamkeit auf sich, als das unsichtbar gebliebene, dessen rückwärtiger Teil in der linken Bildhälfte angeschnitten erscheint. Sein Gegenstand ist allenfalls im Ausschnitt im an der Rückwand befestigten Spiegel angedeutet – aber selbst das ist, in der langen Rezeptionsgeschichte des Gemäldes, umstritten geblieben. Nicht kontrovers dagegen ist die Behauptung, den eigentlichen Darstellungsgegenstand bilde sein Umraum – das Atelier des Künstlers, die königliche Sammlung, das höfische Ambiente. Damit verhandelt

346

das Bild das Thema des höfischen Künstlers, und die jüngste Interpretation des Werks betont, es würde zurecht als Hauptwerk gefeiert, weil es als eine der brillantesten Studien zum Thema gelten dürfe, was Malerei alles noch kann und noch ist, außer dem Malen von höfischen Bildnissen. Die dem Blick entzogene Leinwand steht mithin für die künstlerische Idee und die Vielfalt dessen, was sie generieren kann. Ein Manifest der Teleologie der Malerei hat Wolfgang Kemp das Bild treffend genannt. Für diese progressive Vielfalt, für die nicht endlichen Möglichkeiten der Kunst, steht hier das unsichtbare Werk: es ist das Tableau, auf dem die Kunst zu sich selbst kommt, sich selbst reflektiert – und doch nicht ohne Betrachter auskommt.

Velázquez' Stern scheine sich augenblicklich in seiner größten Erdnähe zu befinden, er sei der einzige Meister, dem man nicht mit historischen Erwägungen entgegenkommen müsse, schrieb Heinrich Wölfflin 1899 – und noch in der 1957 entstandenen *Meninas*-Serie von Pablo Picasso hat sich die unverminderte Erdnähe des Spaniers, hat sich vor allem die Aktualität dieses Gemäldes, als vielleicht eloquentestes Referenzstück der Malerei selbst, eindrucksvoll behauptet.

(Der explizite Rekurs von Picasso auf Velázquez erlaubt es, hier entscheidende Phasen zu überspringen, so etwa die von den Romantikern anvisierte Transzendierung der materiellen Welt, aufgehoben in der Forderung Caspar David Friedrichs, das leibliche Auge zu schließen, um ein Bild mit dem geistigen Auge zu fassen. Beat Wyss hat zudem jüngst den okkulten Kontext der Avantgarde, namentlich im Umfeld von ›Blauem Reiter‹ und ›Bauhaus‹, rekonstruiert, der das Kunstwerk als eine auf Leinwand festgehaltene Gedankenform des Künstlers begreifen läßt, deren abstrakte Formen auf eine ›Unsichtbarkeit‹ hinauslaufen, die als ästhetisches Erlebnis der Form den hermeneutischen Zirkel in Bewegung bringen.)

Möglicherweise reicht die intensive Beschäftigung Picassos mit den *Meninas* noch vor die Entstehung der Serie selbst zurück, und ist sein ein Jahr zuvor, also 1956 vollendetes *Atelierbild* bereits ein expliziter Verweis auf das Meisterstück aus dem Prado. Auch dieser Raum ist mit Bildern oder Leinwänden möbliert, die meisten sind rückwärtig zum Betrachter gewendet – ein Panorama der Spannrahmen. Wie in den *Meninas* des Velázquez, wo die kaum sichtbaren Gemälde an den Wänden nur als Verweis auf die Kunst und die

2 Diego Velázquez, Las Meninas, 1656

Sammlungskultur fungieren, ist es auch hier die Selbstthematisierung des Künstlers, die den Gegenstand des Gemäldes bildet – das Atelier des Hofkünstlers im ›cuarto bajo del Principe‹ des Alcazar ist hier vertauscht mit dem Atelier der Villa ›La Californie‹, oberhalb von Cannes, die Picasso im Jahr zuvor bezogen hatte. Im Bild ist die Gartenseite des Raumes dargestellt, mit ihren hohen Fenstern und einer Glastür (rechts im Bild), die einen Ausblick in den von Palmen bestandenen Garten gewährt. Die Fensterflächen, in schwarz, weiß und Grautönen gehalten, sind bemalt, also undurchsichtig. Hermann Ulrich Asemissen und Gunter Schweikhart haben darin wohl zu Recht Picassos Verurteilung jeder mimetischen Funktion der Kunst erkannt und das Bild interpretiert als eine malerische Absage an jede »physiokratische Ästhetik« (Beat Wyss), als Ausdruck seines Kampfes, den er nach eigenem Bekenntnis unausgesetzt »zwischen meinem inneren Sein und der äußeren Welt« führte.

Die im Zentrum und Bildvordergrund aufgerichtete Staffelei, die eine leere, weiße Leinwand trägt, ist aber vielleicht doch mehr als nur das »Sinnbild der jeweils nächsten Aufgabe«, die den Maler in seinem Atelier erwartet, wie Asemissen und Schweikhart sie gedeutet haben. Deren Lesart des gesamten Bildes würde es im Gegenteil unterstützen, wenn man die frontal zum Betrachter gestellte leere Leinwand als künstlerischen Selbstverweis liest, im Sinne von Malerei als Thema der Malerei, und deshalb auch als »unsichtbares« Kunstwerk. Wie die leere Tafel im Stich Marcantonio Raimondis oder die rückwärtige Seite von Velázquez' Leinwand stellt sie die Summe aller Bilder dar und zugleich den angestrebten Suprematismus, die Reduktion aller bildkünstlerischen Unternehmungen. Wenn in Velázquez' *Meninas* aber die unsichtbare Leinwand Ausdruck aller künstlerischen Möglichkeiten, Sinnbild schöpferischer Entgrenzung ist, dann steht die leere Leinwand hier – dem Betrachter schonungslos zugewendet, vom Maler verlassen – vielmehr als Zeichen künstlerischer Unmöglichkeiten und Verweigerung. Die umgebende Natur gelangt nicht mehr zur Abbildung, worin sich die moderne Skepsis hinsichtlich der Abbildbarkeit der Welt überhaupt artikuliert: Das unsichtbare Kunstwerk kommentiert so die Unsichtbarkeit der Welt/Natur. Versteht man aber unter dem ›Begriff‹ Natur, mit Beat Wyss, die allgemeine Weltanschauung einer Zeit, dann ist sie auch von dieser Leinwand nicht verschwunden; Picassos weltaufschließende Idee artikuliert sich nur anders.

Die Ungleichheit des Gleichzeitigen, aber auch des Gleichartigen manifestiert sich eindrucksvoll in einer wenige Jahre vor Picassos *Atelierbild* entstandenen Arbeit Robert Rauschenbergs. Dieser trat 1953 mit einem Werk hervor, das wohl zurecht als eines der Hauptwerke der unsichtbaren Kunst betrachtet werden darf. Es handelt sich um eine ausradierte Zeichnung de Koonings, das *Erased de Kooning Drawing*. Indem Rauschenberg das Werk eines der prominentesten Vertreter des Abstrakten Expressionismus ›austilgte‹ und dadurch zum eigenen Werk deklarierte, beging er durchaus keinen

Akt des Vandalismus. Auch handelte es sich wohl weniger um eine »außerkraftsetzende Ablösung von Kunst durch Kunst« (so wurde das Werk noch im Ausstellungskatalog der ›Westkunst‹ apostrophiert), obwohl diese Geste zunächst so anmuten mußte, als solle damit das Monopol des Abstrakten Expressionismus gebrochen und der Weg frei gemacht werden für die Pop Art – wie es sich ja dann auch mehr oder weniger erfüllen sollte.

Vor allem scheint mir dieser Akt ein Beispiel jener Kunst zu sein, die Kunst zu verlernen, von der Werner Hofmann jüngst gehandelt hat. Das ›Verlernen‹ und der Verzicht auf den Gestaltungsakt bedeuten demnach nicht nur Abgrenzung und Zurückweisung. Nach Hofmann, der in den verschiedenen Strategien des Verlernens das zentrale Merkmal der Künste erkennt, die wir die modernen nennen, unterscheiden sie sich in ihren Motivationen und in ihrer Praxis von den geschichtlich immer wieder auftretenden Ablehnungen, die notwendig sind, damit in der Kunst Neues möglich wird. Rauschenbergs *Erased de Kooning Drawing* steht daher vielmehr für einen jener Prozesse, die sich nicht »auf eine reine Verzichtsästhetik reduzieren lassen und einen Paradigmenwechsel darstellen. An ihrem Ende steht die Kunst der Kunstlosigkeit, also der Verzicht auf die Praktiken des Erfindens und Machens zugunsten des bloßen Vorzeigens« (Hofmann) – und sei es des Nicht-Sichtbaren.

Als Forderung tritt das ›Verlernen‹ erstmals Ende des 18. Jahrhunderts auf. In seiner von Werner Hofmann wieder zu aktueller Kenntnis gebrachten Akademierede vom Dezember 1770 proklamierte Sir Joshua Reynolds die »real simplicity« und setzte als oberstes Studienziel die Erlangung »des Geheimnisses des einfachen Ausdrucks«. Dabei erkannte er in der Überwindung der angehäuften Bild-Traditionen die Hauptschwierigkeit dieses Prozesses: »Ich werde die Vermutung nicht los, daß es die Alten in diesem Punkt leichter hatten als die Modernen. Sie hatten wahrscheinlich nichts oder nur wenig zu verlernen, denn ihre Art kam der gewünschten Einfachheit ziemlich nahe, während der moderne Künstler, ehe er die Wahrheit der Dinge erkennen kann, den Schleier entfernen muß, mit dem die Moden der Zeiten sie zu bedecken beliebten.« Dieses Entschleiern ist zunächst ein Wegnehmen, Entfernen – es wird aber auch ein Ausradieren sein dürfen.

Der Verlernprozeß kann einmal als reines Entschleiern verstanden werden, als Freilegung der Wahrheit oder Wirklichkeit von allem Kunstballast, ganz im Sinne Reynolds' also, als eine Archäologie der reinen Kunst – deren Endpunkt, dort, wo nichts mehr zu verlernen ist, freilich allein in der Idee liegen kann. Das Verlernen signalisiert aber auch die Überwindung aller akademischen Tradition und den bewußten Verzicht auf jede Abbildfunktion der Kunst, einen schöpferischen Ikonoklasmus also – und man wird den von Hofmann in diesem Zusammenhang aufgerufenen Malern Arp und Mondrian auch den frühen Robert Rauschenberg als Protagonisten einer so verstandenen Kunst des Verlernens zur Seite stellen dürfen. Er ›verläßt‹ das Medium, weil er es dem Blick entzieht und ›zerstört‹. Gerade dadurch aber emanzipiert er es folgreich. Im *Erased de Kooning Drawing* sind alle Anfänge der Malerei noch einmal möglich, und es artikuliert sich zugleich jene aufklärungsskeptische Komponente, die dem Bild als Abbild nicht mehr traut: Velázquez und Picasso kommen auf diesem Blatt zu kunsthistorischer Symbiose.

Daß aber diese Prozesse des Verlernens vornehmlich auf das Staffeleibild beschränkt blieben, wie Hofmann vermutet – weil es als Ausschnitt unserer alltäglichen Erfahrung am nächsten komme –,

3 Pablo Picasso, Das Atelier ›La Californie‹ in Cannes, 1956

gilt nur, solange überhaupt noch etwas zu sehen ist. Die Unsichtbarkeit, als höchste Stufe des Verlernens, bedarf keines besonderen Formats mehr. Vielleicht stellt das *Erased de Kooning Drawing* das offizielle Ende dieser sehr speziellen Karriere des ›Staffeleibilds‹ dar. Die strikte, freilich uneinlösbare Forderung nach gänzlicher Immaterialität durch die Konzeptkunst endlich befördert die unsichtbaren Kunstwerke zur eigenen Gattung.

Als Robert Barry im Jahre 1969 Ausstellungen in Galerien in Turin und Düsseldorf plante, teilte er, nur vordergründig widersprüchlich, schriftlich vorab mit: »All the shows will consist of closing the galleries during the exhibitions.« Barrys Werke machen die Unsichtbarkeit zum Thema und zur Kunst: so etwa in der kalifornischen Mojave-Wüste das Helium in *Inert Gas Series: Site being occupied by Helium 2 cu. ft. to Indefinite Expansion* (März 1969) oder die Radioaktivität im New Yorker Central Park in *0.5 Microcurie Radiation Installation [...] Barium – 133, air-supported hardware* (5. Januar 1969).

Joseph Kosuth aber hat Robert Barry wohl zu Recht vorgeworfen, sich nicht mit konzeptueller Kunst zu befassen. Er, wie etwa auch Lawrence Weiner, seien eher zufällig mit der Concept Art assoziiert worden. Barrys Arbeiten scheinen nach Kosuth allenfalls ›konzeptuell‹, weil das Material unsichtbar ist, dagegen aber spreche, daß sie physisch vorhanden seien. Das läßt Barrys Arbeiten in die Nähe von Yves Klein rücken, der zu Beginn der sechziger Jahre in seinen *Kosmogonien* versucht hat, ›Luft-gestützte‹ Arbeiten zu schaffen, der Immaterialität der Luft ungeachtet deren physische Existenz sichtbar zu machen *(Blaurosa Kosmogonie mit Windspuren,* 1961, und *Vent du voyage,* 1960).

Im Unterschied dazu, behauptet Kosuth in seinem Manifest »Art after Philosophy«, trenne er die Kunst von ihrer Präsentation: Objekte in konzeptueller Hinsicht seien für die Bedingung von Kunst irrelevant. Zur Ironie von Kosuths Werk freilich gehört, daß auch er gezwungen ist, es immer wieder matereiell zu realisieren, und sei es allein, um es zu dokumentieren – nicht anders als Barry –, etwa in Photographien. Der sepulkrale Charakter seines Kasseler *Passagenwerks* verführt geradezu dazu, das Werk als Totenmaske der Konzeption (Walter Benjamin) zu erkennen, die wohl nirgendwo gnadenloser zurückfeixt.

Soweit ich sehe, ist es während der unter den Vertretern der Konzept-Kunst lange und heftig geführten Auseinandersetzung um

Immaterialität versus Unsichtbarkeit nicht wirklich gelungen, die Nichtdinglichkeit als Voraussetzung der Ideenkunst einsehbar zu machen. Wohingegen ihre Unsichtbarkeit, seit Raffael, ihre reinste Manifestation bleibt.

Lange schon gehören unsichtbare Kunstwerke zum zeitgenössischen Repertoire. Nichts unterstreicht deren öffentliche ›Institutionalisierung‹ deutlicher, als das *Mahnmal gegen Rassismus* oder *2146 Steine,* das von Jochen Gerz in der inneren Auffahrt des Saarbrücker Schlosses, heute ›Platz des unsichtbaren Denkmals‹, gemeinsam mit Kunststudenten der örtlichen Akademie ins Werk gesetzt wurde. Man kommt bei der Betrachtung dieses Monuments durchaus ohne allfällige Bemerkungen zur Mahnmalskultur im Allgemeinen und solcher zum Holocaust im besonderen aus. Denn entstanden ist die Arbeit aus einem an der Kunsthochschule Saarbrücken im April 1990 mit Studenten erarbeiteten Studien-Thema zur ›Abwesenheit‹. Gerz ging es um die Problematisierung der tradierten Modelle, die die Kunst in den Dienst der Repräsentation stellen, und auch eine augenfällige Opposition gegen den Zwang zur Sichtbarkeit. Daß sich im Innern des Schlosses eine ehemalige Zelle der Gestapo befand und der Ort nicht nur Zeugnis aristokratischer Residenzkultur sondern zugleich auch Sitz der Gauleitung war, entpuppte sich erst im Laufe der Vorarbeiten – er ließ freilich Themen- und Ortswahl besonders sinnfällig aufeinander beziehen.

Die Auffahrt zum Schloß ist mit 8000 Steinen gepflastert. Auf der Unterseite von 2146 dieser Steine sind jeweils die Namen einzelner jüdischer Friedhöfe eingraviert, die in Deutschland bis zum Machtantritt der Nazis existierten – versehen allein mit dem Datum, an dem die Arbeitsgruppe die Bestätigung der einzelnen Stadtverwaltungen erhielt. Indem er sie vergräbt, unterläuft Gerz die gängige Denkmalsrhetorik, die stets auf Illustration abzielt – er begnügt sich damit, den Ort nur noch zu bezeichnen, und legt offen, indem er verbirgt. In der Verweigerung der Sichtbarkeit ist eine Allusion auf das biblische Bildverbot, auf das jüdische Denken und die jüdische Religion erkannt worden. Dabei mag es sich aber eher um zufällige Analogien handeln. Gelten dagegen muß, daß Gerz mit seiner Verweigerung zu zeigen die ›Verdrängung‹ mit ihren eigenen Mitteln schlägt.

Vor allem aber realisiert Gerz hier seine selbstgesetzten ästhetischen Maximen: seine Weigerung sichtbar darzustellen ist die Weigerung, das Kunstwerk als Surrogat von Geschichte oder Wirklichkeit zu betrachten. Wie schon in dem 1986 in Hamburg-Harburg gemeinsam mit Esther Shalev-Gerz errichteten *Mahnmal gegen den Faschismus* – der 12 Meter hohen, quadratischen, mit Blei beschichteten Säule, auf der Passanten sich mit Namen, Grafitti etc. eintrugen, an der sie aber auch ihre Zerstörungswut auslebten, und die, wenn die erreichbare Fläche voller Signaturen war, um diesen Teil in den Boden versenkt wurde, um schließlich ganz zu verschwinden – wie in Hamburg also, so hat auch die Saarbrücker Arbeit zuallererst mit Unsichtbarkeit zu tun, mit der Einsicht in die erloschene Darstellungs- und Abbildungsfunktion der Kunst. Die Aporien, in die der Wettbewerb um die Errichtung eines ›Holocaust-Denkmals‹ im Zentrum von Berlin Künstler und Jury gleichermaßen getrieben hat, ließe eigentlich nur die lakonische Bemerkung zu: »Wir waren schon mal weiter.« Allein der von Renata Stih und Frieder Schnoock eingereichte Entwurf *Busstop* – eine Haltestelle und aggiornierte Fahrpläne zu den Tatorten – erwies sich auf der Höhe einer zeitgenössischen Denkmalskultur.

Um die Frage von (stadt-)geschichtlicher Illustration ging es auch, als man sich in Frankfurt am Main der siebziger Jahre daran begab, der Stadt, die sich zunächst nur wirtschaftlich, nicht urbanistisch von den Kriegs- und Nachkriegsschäden erholt hatte, ein repräsentatives Stadtbild zu verleihen. Vor eine fast unlösbare Aufgabe waren die Stadtbildplaner freilich bei der Neumöblierung von Frankfurts historischem Zentrum gestellt, und das namentlich auf dem Römer, mit seiner einzigartigen Platzgeschichte, den die Zerstörungen des Zweiten Weltkriegs wie eine offene Wunde hinterlassen hatten.

Der Wettbewerb, unter internationaler Beteiligung, führte aber nicht nur das Scheitern von Stadtplanung und Architektur an historisch ›besetzten‹ Orten vor. Denn unter den eingereichten Entwürfen befand sich einer, der geeignet ist, auch die Architektur als Feld wirkungsvoller Sichtbarkeitsverweigerung einzuklagen. Die sogenannte ›Römerberghalle‹ des Florentiner Architekten Adolfo Natalini ist eine ironische Überhöhung des historischen Anspruchs dieser urbanen Inkunabel. Die Kaiserkrönungszeremonien waren für ihn dabei ebenso Kennzeichen des Ortes wie die Bombennächte des Zweiten Weltkriegs, die den Platz zur Lücke, zur leeren Fläche verwandelt hatten – die zu füllen dieser Wettbewerb angetreten war. Oswald Matthias Ungers hat Natalinis Beitrag ein »Architekturge-

354

dicht« genannt – und die Tatsache, daß Natalini seinen Beitrag außer Konkurrenz einreichte, und damit dessen Ausführung von vornherein ausschloß, verleiht ihm programmatischen Charakter. Er zog damit die Konsequenz aus jener Irritation, die ihn an diesem Ort ergriffen hatte, und die sich in seinen Entwurfszeichnungen nicht weniger deutlich manifestiert als in dem sie begleitenden Text, einer Tagebuchaufzeichnung: »Michelangelo fand die Statue bereits im Marmorblock vor. Die Bildhauerkunst stellte für ihn nichts weiter dar, als die Kunst, das Überflüssige zu entfernen. So ist vielleicht auch die Architektur bereits in den Orten selbst – wir müssen sie nur wiederfinden. […] Der Platz«, so fährt Natalini fort,»war voller Erscheinungen und Stimmen: der archäologische Garten mit Steinen der Römer und Karolinger, die Überreste der mittelalterlichen Stadt, die viele nach den Zerstörungen des Krieges wieder aufleben sehen wollten (vielleicht um sich vorzumachen, daß nichts geschehen sei) […] Es war bereits so viel Architektur an diesem Ort, daß es absurd erschien, weitere hinzuzufügen. Und schließlich spürte man in diesem Leer ein subtiles Gefühl des Todes und der Zerstörung, ganz so wie in einem Haus mit einem Toten unter dem Boden, mit zerborstenen Säulen und unbedeckt – sein Dach abgetragen von einem Orkan oder aber auch nie vollendet, von seinen Erbauern geflohen.«

Natalinis Entwurf führt den Beweis dafür, daß dieser Ort nicht von der»Neutralität des Nichtssagenden« beherrscht war, wie die Befürworter seiner Bebauung behaupteten, sondern daß seine Leere, seine Unsichtbarkeit, von einer Fülle von Zeichen und Bedeutungen gekennzeichnet war, die Natalini nicht durch Überformung der Wahrnehmbarkeit zu entziehen bereit war. Sein Verzicht zu bauen, um sichtbar zu machen und zu lassen, ist wohl eines der monumentalsten Beispiele der Komplexität des Unsichtbaren.

Die Leiche im Frankfurter Keller zuzumauern blieb schließlich der kunsthandwerklichen Schließung der sogenannten ›Ostzeile‹, des Samstagbergs, vorbehalten – die nur vordergründig Geschichte im Fassadenbild ›restituiert‹, tatsächlich aber sich an ihre Stelle setzt.

Dennoch wird eine ganz andere, weitere Dimension des Unsichtbaren gerade auch durch Hinzufügung erreicht – nicht durch Entfernen also, sondern durch Verdecken. Kein Künstlername steht dafür wohl prominenter als der Arnulf Rainers, Ikonoklast und Ikonodule in einer Person. Seine seit 1953/54 entwickelte Technik der

Übermalungen, Überzeichnungen und Zumalungen hat auf ihre Weise, in Umkehrung von Rauschenbergs Bewegung, die Unsichtbarkeit in der Bildwelt heimisch gemacht – spektakulär in der frühen, sogenannten ›Wolfsburger Affäre‹, als Rainer die preisgekrönte Graphik einer Ausstellung übermalte. Wenn die frühesten Übermalungen auch aus der puren Notwendigkeit heraus entstanden, alte Bilder als Malgrund zu benutzen, entdeckte Rainer in diesem Palimpsest selbst bald, nach eigenem Bekunden, »Liebe und Vervollkommnungsdrang«. Er betonte allerdings: »Ich wollte noch schönere Kunstwerke daraus machen, alles andere sind Gerüchte«, und erklärte die Übermalungen selbst zum künstlerischen Akt: »Inzwischen merkte ich, daß es mit den schlechten Stellen kein Ende nimmt, auch wenn das Bild ganz schwarz ist, denn die Übermalung bildet eine neue, eigene, visuelle Struktur, und wieder gibt es schwache Stellen, schwarz in schwarz. So höre ich nie auf, meine eigenen Bilder zu bearbeiten. Ein ewiges Ungenügen plagt mich, während die glücklichen Kunstfreunde sich noch an den darunterliegenden unsichtbaren Partien delektieren können.« In seinem Aufsatz über »Kontemplative Malerei«, hatte er noch formuliert: »[...] gedankenleere Anbetung bedeutet in der Malerei Verschwiegenheit, Langsamkeit und Abtötung samt Dunkelheit des Geistes und des Verzichtes auf eine Ausdruckshaltung.« – Was namentlich dazu beigetragen hat, daß seine Arbeiten mit christlicher Spiritualität überfrachtet und zu meditativen Ikonen wurden: »Das Überdecken und Auslöschen, Abkehr und Askese, die Mortifikation in den Übermalungen waren ausschlaggebend für die sakrale Einvernahme« (Ernst-Gerhard Güse).

Dagegen dürften seine Arbeiten wirkungsvoller als Ideenwerke über die Malerei gelesen werden, als Ikonographien der Kunst, so wie es Ad Reinhardt in seinem berühmten Essay »Art as Art« bemerkt: »Das eine, was über die beste Kunst zu sagen ist, ist die Atemlosigkeit, Leblosigkeit, Todlosigkeit, Inhaltslosigkeit, Formlosigkeit, Raumlosigkeit und Zeitlosigkeit. Das ist stets das Ziel der Kunst.« Vielleicht hat die inhaltliche, vor allem spirituelle, Aufladung von Rainers Gemälden diesen ihren elementaren Charakter geraubt und ist die von ihm zu immer größerer Perfektion geführte Struktur der Übermalung, die zum Eigenleben und letztlich zur ›Erzählbarkeit‹ der Oberfläche geführt hat, ein selbstzerstörerischer Verstoß gegen die Prinzipien von Konzept und Unsichtbarkeit.

Zwischen dem 3. und 8. September des Jahres 1994, so die Ermittlungen der Wiener Kriminalpolizei, verschaffte sich ein bislang unbekannter Täter Zugang zu dem in der Wiener Akademie der Künste gelegenen Atelier Arnulf Rainers und übermalte 38 seiner Gemälde mit schwarzer Farbe – die meisten davon Arbeiten, die zuletzt in der monographischen Werkschau des Künstlers im New Yorker Guggenheim Museum zu sehen waren. Sichtbar blieb allein Rainers Signatur, die der Täter um ein rätselhaftes Zeichen, ein Monogramm, ergänzte. Der Akt als solcher soll in seiner kriminellen, vandalistischen Qualität nicht verharmlost werden. Wie der Kunstraub in der Frankfurter Schirn freilich regt auch er zum Nachdenken an. Vielleicht verdankt das Œuvre Arnuld Rainers dem Wiener Monogrammisten einen kaum mehr erhofften Akt der Erfüllung und Vollendung. Die Verselbständigung, das Eigenleben, die Rainer bis zuletzt immer wieder ›plagten‹, sind damit erfolgreich zurückgedrängt – dem Künstler öffnet sich so der Weg zurück, zu dem von ihm 1952 in der Frankfurter Ausstellung unter dem Titel »Malerei um die Malerei zu verlassen« verfaßten Pamphlet, in dem er ausrief: »Am Beispiel der Malerei diese Art Welt zu verlassen, ihre Kultur, ihre Malerei zu enthüllen durch sie selbst, ohne sich mit ihr zu vermischen, zu enthüllen als Ersatz für die mangelnde und verlorengegangene metaphysische Bindung, […] sie zu enthüllen als bloße Verbindung zwischen dem Ästhetischen und Metaphysischen. Künstler sein und die Kunst verachten.«

Sollte es sich bei dem Täter weder um den Künstler selbst (eine gehandelte Hypothese), noch um jenen von Rainer verdächtigten Schädlinger Genremaler und also reaktionären Bilderstürmer handeln, dann dürfte unstrittig sein, daß der Wiener Kunstskandal nicht nur die Kriminalpolizei, sondern zugleich auch die Aufnahmekommission der Akademie der Bildenden Künste beschäftigen sollte.

Der Täter, der auf einer übermalten Leinwand selbst als »Aktionist« firmiert hat, hätte schließlich die Akademierede Reynolds ebenso beherzigt wie die »Zwölf Regeln für eine neue Akademie«, die Ad Reinhardt Anfang der sechziger Jahre aufgestellt hat, darunter: »Keine Textur. Keine Pinselführung. Keine Formen. Keine Gestaltung. Keine Farben. Kein Licht. Kein Thema«. Mit vitalem Elan hätter er den Kanon der Moderne aktualisiert.

Die Kunstgeschichte ist dabei freilich in der Pflicht, diesen gar nicht so neuen visuellen Theoremen eine adäquate Strategie der

Betrachtung und Kommentierung zur Seite zu stellen. Sie würde vergeblich versuchen, sich selbst unsichtbar zu machen und vor Balzacs Frenhofers Meisterwerk zum Schweigen zu bringen – wenngleich Werner Hofmann meint, zunächst müsse auch sie das Verlernen lernen, denn asketischer Verzicht könne einüben in die Nomenklatur einer Kunst, der die Selbstreflexion zum Selbstverständnis geworden sei. Gegen die von ihm ausgerufene Fastenzeit der Augen stünde die Forderung nach dem Erlernen von Verlerntem – Beat Wyss hat der gängigen Meinung, die abstrakte Moderne etwa sei mit den herkömmlichen Mitteln und Methoden der Kunstgeschichte nicht zu fassen, wirkungsvoll widersprochen und eine Ikonologie des Unsichtbaren eingefordert. Daß Kunst nicht spricht ist eine der raren unumstrittenen Behauptungen über sie. Über das Nicht-Sichtbare, über ›IDEA‹ und ›concept‹ freilich, könnten sich Künstler und Betrachter, in einer stets erneuerbaren Stunde Null einander angenähert, durchaus unterhalten.

Literaturhinweise

Hermann Ulrich Asemissen/Gunter Schweikhart, *Malerei als Thema der Malerei,* Berlin 1994.

Hans Belting, *Bild und Kult. Eine Geschichte des Bildes vor dem Zeitalter der Kunst,* München 1990.

Giovanni Pietro Bellori, *Le Vite de'Pittori, Scultori e Architetti Moderni* (hrsg. von Evelina Borea), Turin 1976 (vgl. auch G. P. Bellori: *Die Idee des Künstlers,* Berlin 1939).

Andreas Beyer, »Apparitio operis«. Vom vorübergehenden Erscheinen des Kunstwerks«, in: Michael Diers (Hrsg.), *Mo(nu)mente. Formen und Funktionen ephemerer Denkmäler,* Berlin 1993.

Jack Burnham, *Great Western Salt Works. Essays on the meaning of Post-Formalist art,* New York 1974 (zu Robert Barry).

Jochen Gerz, *2146 Steine: Mahnmal gegen Rassismus Saarbrücken,* Stuttgart 1993.

Laszlo Glozer, *Westkunst. Zeitgenössische Kunst seit 1939,* Köln 1981 (zu Robert Rauschenberg).

Ernst-Gerhard Güse, *Arnulf Rainer. Malerei 1980–1990,* Stuttgart 1990.

Werner Hofmann, *Die Kunst, die Kunst zu verlernen. Wiener Vorlesungen im Rathaus 27,* Wien 1993.

Wolfgang Kemp, »DISEGNO. Beiträge zur Geschichte des Begriffs zwischen 1547 und 1607«, in: *Marburger Jahrbuch für Kunstwissenschaft,* 19/1974, S. 219-240.

Ders., »Teleologie der Malerei. Selbstporträt und Zukunftsreflexion bei Poussin und Velázquez«, in: Matthias Winner (siehe unten), S. 407-433.

Joseph Kosuth, »Art after Philosophy«, in: Gerd de Vries (Hrsg.): *Über Kunst. Künstlertexte zum veränderten Kunstverständnis nach 1965,* Köln 1974, S. 136-175.

Erwin Panofsky: *IDEA. Ein Beitrag zur Begriffsgeschichte der älteren Kunsttheorie,* Berlin 1975.

Gianni Pettena, *Superstudio 1966 – 1982. Storie, figure, architettura,* Florenz 1982 (zu Adolfo Natalini).

Arnulf Rainer, *Retrospektive 1950 – 1977,* Hannover 1977.

Jutta Schütt, *Arnulf Rainer – Überarbeitungen,* Berlin 1994.

Giorgio Vasari, *Leben der ausgezeichnetsten Maler, Bildhauer und Baumeister* (Ausgabe von Ludwig Schorn und Ernst Förster, 1832-1849), Worms 1988.

Matthias Winner (Hrsg.), *Der Künstler über sich selbst in seinem Werk. Internationales Symposium der Biblioteca Hertziana, Rom 1989,* Weinheim 1992.

Beat Wyss, *Mythologie der Aufklärung – Geheimlehren der Moderne, Jahresring 40,* München 1993. Vgl. auch den Beitrag von Beat Wyss im vorliegenden Band.

Der vorliegende Beitrag ist die Skizze einer umfangreichen Arbeit zum »Unsichtbaren Kunstwerk«, die vor dem Abschluß steht.

Beat Wyss

Ikonographie des Unsichtbaren

Wie weit trägt eine Phänomenologie ohne Kontext im Fall der gegenstandslosen Kunst? Als Sixten Ringbom zuerst in den sechziger Jahren den Zusammenhang von Esoterik und Avantgarde untersuchte, hatte er an verschiedene Tabus der wohl im wesentlichen Greenbergschen modernen Ästhetik gerührt. Beat Wyss greift dies auf und nutzt seinerseits die Gelegenheit, mit Tabus der ästhetischen Erfahrung zu brechen. Ist also etwa im Falle der monochromen Malerei Yves Kleins das sekundäre Wissen die Voraussetzung für die Bildanschauung? Hätte man dieselbe ästhetische Erfahrung auch dann machen können, wenn man Beat Wyss' Kontextrekonstruktion zum Mystizismus der Moderne nicht gekannt hätte? – Wohl kaum.

Was Wyss daher vorschlägt, ist eine Kunstgeschichte als Kontextgeschichte, die nach der Mentalität, der kollektiven Verfaßtheit und den unbewußt vorausgesetzten Grundüberzeugungen einer Zeit, sucht. Was sich dabei zeigt, ist die Verwobenheit der Moderne im Spirituellen. Mit dem Insistieren auf einer phänomenologischen ästhetischen Erfahrung leiste dieselbe Moderne dagegen einen ›Analysewiderstand gegen ihre eigene Mythologie, der sie sich verdankt‹.

Bleibt die Frage, ob die Frage an sich sinnvoll so gestellt ist: Sehen wir nur was wir wissen? Oder wissen wir, wenn wir wissen, etwas, das wir im Bild dennoch nicht werden sehen können, weil der okkulte Kontext im wahrsten Sinne des Wortes ›unsichtbar‹ dahinter bleibt. Worin besteht der ›doppelte Boden‹ der Moderne eigentlich: in einem innovativ-gegenstandslosen Formenvokabular, unter dem gleichwohl verborgen ein zutiefst okkulter ›narrativer Untergrund raunt‹, den der Kunsthistoriker dem Betrachter in die Gegenwart zurückholt, indem er ihn quasi selbst in einen Initiationsritus verstrickt? Oder besteht er in der unaufhebbaren Crux, daß die ästhetische Moderne inhaltliche Botschaften überhaupt an konkrete Formen zu binden versuchte – mit nicht immer überzeugendem Resultat? Für die Theorie ästhetischer Erfahrung handelt es sich dann allerdings nicht um einen doppelten Boden, sondern um einen nicht minder problematischen Drahtseilakt mit Netz – mit dem Netz von Künstlertheorie und Selbsterklärung. Bilder allerdings sollten wohl ohne Netz und doppelten Boden funktionieren können. J.S.

>Man sieht nur, was man sucht,
aber man sucht auch nur, was
man sehen kann.«[1]

Man sieht, was man weiß

Um zu erkennen, ob dieses Lichtbild da (Abb. 1) den photographierten Ausschnitt einer Markise zeigt oder den Probeanstrich eines Flachmalers, zwei blaue Streifen von Daniel Buren oder Barnett Newmans *The Profile of Light,* müssen wir ein Vorwissen haben, das dem Gesehenen zugeschrieben werden kann. »Painted Words« lautet der Titel einer witzigen Analyse von Tom Wolfe[2], die zeigt, wie die Entwicklung von Hard Edge über Pop zu Minimal Art präzis begleitet wird von einem Sprachspiel kunstkritischer Wortschöpfungen und Auffassungen über Kunst. Wer in diesem Diapositiv tatsächlich Barnett Newman wiedererkennt, ist ein Betrachter, der – mit Wolfgang Kemp gesprochen – »im Bild« ist[3].

Ich gehöre zu den Kunsthistorikern, die ihren eigenen Augen nicht ganz trauen und sich nötigenfalls auf das Wissen verlassen. Im vorliegenden Fall weiß ich, daß ich einen Barnett Newman sehe, weil das Lichtbild aus der Bochumer Diathek mit diesem Namen und Titel beschriftet ist. Der Schule Max Imdahls entspricht auch die Rahmungsregie: Der Umraum des photographierten Kunstwerks ist mit schwarzem Klebstreifen abgedeckt. Das Diapositiv erlaubt keine Seitenblicke und Einfälle, die nicht zum Bild gehören. Ästhetische Erfahrung soll nicht gestört werden durch den banalen Anblick von Spotlampen, Steckdosen und beigefarbenen Parkettböden.

Nehmen wir ein anderes Monochrom: Es hängt in einem Treppenhaus, dessen Gewöhnlichkeit uns zwar ablenkt von der hermeneutischen Tiefe der Kunst, dafür aber umso einfacher zu beschreiben ist: »Die blau pigmentierte Leinwand hängt an einer weißen Wand und ist gerahmt.« Der Satz enthält den Hinweis, daß dieses blaue Monochrom nicht von Yves Klein sein kann. Yves Klein hat seine Monochrome nicht gerahmt. Allerdings übersieht den Rahmen als dekoratives Beiwerk, wer nicht weiß, was die Rahmung eines blauen Monochroms bedeutet. Die »Zone reiner Sensibilität«

361

1 Barnett New-
man, The Profile
of Light, 1967

in ein Messinggehege zu sperren hätte Yves Klein in heiligen Zorn
versetzt. In den fünfziger Jahren, im Künstlerkreis der Gruppe Zéro,
galt ein Bilderrahmen als Inbegriff bildungsbürgerlich überkomme-
ner Kunstpflege.

Das Monochrom ist von Gerhard Merz. Mit dessen Rahmung
wollte ein Künstler der achtziger Jahre eine ästhetische Haltung der
fünfziger Jahre durchkreuzen. Eine plane, blaue Fläche kann viel
Verschiedenes meinen. Die Differenz erschließt sich der Betrachtung erst mit dem unsichtbaren Diskurs, der die Werke verbindet.
Den Ariadnefaden der »gemalten Worte« aufzunehmen ist die Aufgabe von Kunstgeschichte als Kontextgeschichte. In diesem Un-

sichtbaren, das unser vorgefaßtes Wissen immer schon mit in Betracht zieht, manifestiert sich die ästhetische Mentalität. Sie sei Gegenstand der nachfolgenden Gedanken.

»Gedankenformen«. Ästhetische Mentalität

Den Titel meines Aufsatzes habe ich bei Hyppolite Baraduc, einem Pariser Arzt und Parapsychologen, geborgt. 1896 erschien sein Buch über *L'iconographie de l'invisible fluidique.* Darin versucht Baraduc den Nachweis der Seele mit technisch-experimentellen Mitteln zu erbringen. Als Gerät diente ihm ein sogenannter Biometer, welcher die Strahlung menschlicher Lebensenergie mißt. Der Ausschlag von Zeigern macht die Kräfte sichtbar, welche von der Hand auf das Meßgerät einwirken, »en donnant ainsi la formule du tempérament vital«[4]. Vom Materialisieren, Messen und Sichtbarmachen unsichtbarer Phänomene war die Jahrhundertwende besessen. Eine wichtige Rolle kam dabei der Photographie zu. Als unbestechliche Linse hielt sie wissenschaftlich genau fest, was dem menschlichen Auge entging: der Bewegungsablauf des Vogelflugs, die Strahlung von Radium, aber auch der Geist verstorbener Personen, herbeigerufen durch ein Medium in Trance. Das letztere Sujet gehörte zur Gattung der »Transzendentalphotographie« – besonders beliebt, da es dem Leser einschlägiger Journale den angenehmen Schauer vermittelte, scheinbar unerklärliche Vorgänge im technisch avanciertesten Medium der Zeit festgehalten zu sehen.

Es ist nicht bekannt, ob Kandinsky Baraduc aus erster Hand studiert hat, sicher aber kannte er dessen Ikonographien in der Zeitschrift *Die übersinnliche Welt,* die sich 1908 mit dem Thema der Transzendentalphotographie beschäftigte. Kandinsky verstand seine Malerei parallel zur paranormalen Photographie als Versuch, Geistphänomene sichtbar zu machen. In *Dame in Moskau* (Abb. 3), einem theosophisch inspirierten Gemälde, malte er die beiden unsichtbaren geistigen Hüllen des Menschen. Da ist die Astralsphäre zu sehen, die Abstrahlung der animalischen Leibnatur, an der Dame sichtbar als blaugrüne Aura, die über ihre Gesundheit Auskunft gibt. Unter und über ihr schweben ein rosa und ein schwarzer Fleck: Erscheinungen der Mentalsphäre, der energetischen Absonderungen des Menschen als Geistwesen, von den Theosophen »Gedankenformen«[5] genannt.

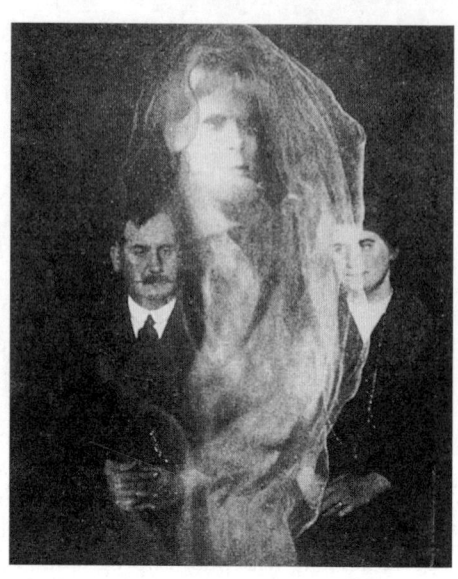

2 Spiritistische Sitzung,
um 1900

Damit sind wir beim Thema der »Mentalitäten«. So alltäglich er uns heute über die Lippen geht – der Begriff ist eine neulateinische Wortschöpfung, die um 1900 im Englischen auftaucht mit jenem esoterischen Beigeschmack, wie er dem Zeitgeist entspricht. Verweltlicht im heutigen Verständnis wurde das Wort im Forschungszusammenhang der Annales-Historiker; mit seinem 1924 erschienenen Buch *Les rois thaumaturges* – die magische Heilkraft handauflegender Könige behandelnd – begründete Marc Bloch Geschichte als Mentalitätengeschichte. Vermittelnd zwischen esoterischer Abkunft und der geschichtswissenschaftlichen Ausnüchterung des Begriffs wirkten etwa das Werk des Anthropologen Lucien Lévy-Bruhl und die Lebensphilosophie Henri Bergsons. »Mentalität« bezeichnet seither die allgemeine Geisteshaltung, die gewissermaßen als Gedankenform, als fluidales Gewölk, über einer Person, einer Gruppe oder einer Epoche schwebt.

Unter einer ästhetischen Mentalität im besonderen verstehe ich die unbewußt vorausgesetzten Grundüberzeugungen, die das Erkennen und Schaffen bestimmen. Die Mentalität, innerhalb derer ich lebe, ist der blinde Fleck meines Erkennens; als kollektives Unbewußtes einer Zeit bleibt sie den Zeitgenossen selbst in wesent-

3 Wassily Kandinsky, Dame in Moskau, 1912

lichen Teilen verborgen. Darin besteht der Unterscheid zur politischen Ikonografie, wie sie Martin Warnke vertritt. In die mentale Landschaft sind wir hineingeworfen, die politische können wir, im günstigen Fall, mitgestalten[6]. Politische Ikonographie und mentaler Kontext verhalten sich wie der manifeste und der latente Trauminhalt bei Freud. Eine ästhetische Mentalität bezeichnet die mythologische Bilderwelt des kollektiven Unbewußten einer Zeit, auf deren Wogen und Weben die bewußt gesetzten Zeichen schaukeln wie vertäute Schiffe bei bewegter See. So vag der Topenschatz latenter Bilder, so unstabil die manifesten Inhalte bildnerischen Denkens.

Der Phänomensinn und das Monochrom. Zu Yves Klein

Der finnische Kunsthistoriker Sixten Ringbom hat bereits in den sechziger Jahren den Zusammenhang von Esoterik und Avantgarde untersucht mit den Mitteln ikonologischer Kontextforschung. Seine Ergebnisse wurden bis vor kurzem kaum wahrgenommen,

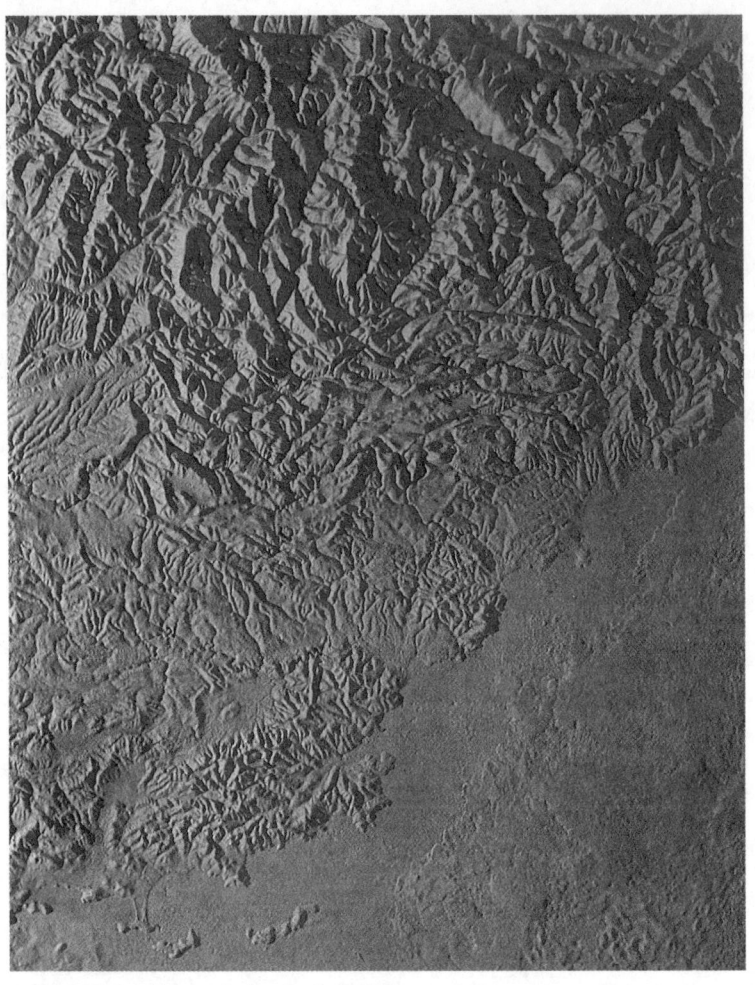

4 Yves Klein, Planetarisches Relief, 1961

denn Ringbom hatte sich zwischen die Stühle der Kunstgeschichte gesetzt. Es war vertrackt: Sein grundlegender Aufsatz »Art in the Epoch of the ›Great Spititual‹. Occult Elements in the Early Theory of Abstract Painting« erschien im *Warburg Journal*[7], das nicht gerade als Plattform moderner Themen gilt; dieses moderne Thema wiederum war Warburg-mäßig behandelt, womit Ringbom die Spezialisten der Moderne gegen sich aufbrachte. Denn das Verfahren der Ikonologie rührt an verschiedene Tabus modernistischer Ästhetik. Neben dem Postulat der künstlerischen Evidenz, der ›Reinen Sichtbarkeit‹, welche die Kontextforschung verletzt, widerstrebt dem absolut Modernen der Grundsatz der *longue durée,* von der die Forschung ästhetischer Mentalitäten ausgeht: Denn Avantgarde sollte strikt nur Neues verkünden. Doch die Quellen des modernen Mythenschatzes gehen ins 18. Jahrhundert und weiter zurück.

In diesem Sinne möchte ich, als Fallbeispiel, das Werk Yves Kleins zurückverfolgen in die Zeit der Illuminaten. Die ikonographische Methode sei lehrbuchmäßig nach Panofsky angewandt im Dreisprung vom Phänomensinn über den Textsinn zum Wesenssinn – wohl wissend, daß wir schon beim Phänomensinn in Teufels Küche kommen. Was vermöchte Panofskys australischer Buschmann, der angesichts von Leonardos Abendmahl doch immerhin noch eine »erregte Tischgesellschaft«[8] zu entziffern vermochte – angesichts von Yves Kleins IKB 83 erkennen? Nicht das Evangelium, sondern die Zeitungslektüre und eine verinnerlichte Sicht auf die Wetterprognosen vom Fernsehsatelliten bilden die kulturellen Voraussetzungen für das Verständnis eines blauen Monochroms. Ein naher Blick macht den rauhen bis verschorften Farbauftrag erfahrbar, der bei einer Serie von Arbeiten, die um 1961 entstanden sind,die Form von geografischen Oberflächenreliefs aufnimmt (vgl. Abb. 4). Das Datum ist keineswegs zufällig: 1961 ereignete sich der »Sputnikschock«. Am 12. April jenes Jahres hatte Juri Gagarin als erster Mensch die Erde mit einer »Wostok«-Raumkapsel umkreist und kam zurück mit der Botschaft, daß, vom Weltraum aus gesehen, die Erde blau sei.

In der Sputnik-Assoziation gründet der Phänomensinn eines blauen Monochroms, das auf zeitgenössischem Mitwissen beruht. Die Überwindung der Schwerkraft durch Raketentechnik war eines der wohl populärsten Themen der sechziger Jahre.

Die ikonogrphische Enthüllung künstlerischer Konzepte ist nicht immer im Sinne der künstlerischen Strategie. Yves Klein wollte seine esoterischen Quellen durchaus verschleiert haben: »Un initié ne se déclare pas rosicrucien. Nul parmi nos véritables frères ne le fait publiquement [...] ni ses amis les plus intimes, ni sa famille doivent connaître l'appartenance d'un homme à l'ordre.«[9] Erkenntnisse der Kunstgeschichte, Rezeptionsangebote des Kunstbetriebs und Verwertungsinteressen des Kunstmarkts stehen nicht unbedingt parallel zueinander. Leider vermischt die zeitgenössische Kunstkritik oft die Stimmlagen von Panegyrik und Analyse. Hochzuhalten wäre das Ideal einer Gewaltentrennung zwischen Kunstbetrieb und Kunstgeschichte. Unser Fach wäre demgemäß weder eine akademische Fluchtburg noch ein bloßer Dienstleistungsbetrieb von Kunstvermittlung zu Händen des Kunstmarkts; Kunstgeschichte wäre eine Form der Einmischung in die visuelle Kultur der Gegenwart aus historischer Sicht.

Der Kontext geheimer Gesellschaften

Im Rahmen eines Aufsatzes ist der Zusammenhang von esoterischen Lehren und moderner Kunst – mit Yves Klein als Fallbeispiel – nicht erschöpfend zu behandeln. Die Ausführungen skizzieren ein ikonographisches Forschungsprogramm, das den doppelten Boden der Moderne untersucht. Die Geschichtswissenschaft, die Soziologie und die Kulturphilosophie haben sich den Geheimgesellschaften und ihren Zeichen schon länger zugewandt.[10] Die Kunstgeschichte findet hier einen Steinbruch an Mythen und Emblemen. Im Topenschatz, den die Freimaurerei hinterlassen hat, raunt der narrative Untergrund der Moderne.

Nun hat die Überwindung der Schwerkraft aber auch eine Bedeutung *ad usum hermeticum* – damit komme ich auf die versteckten Bedeutungsfelder von Kleins Kunst zu sprechen und überschreite zugleich die Grenze vom Phänomensinn zum ikonographischen Kontext. Thomas McEvilley hat minutiös nachgewiesen, daß Yves Klein sich seit Ende 1947, in seinem 19. Lebensjahr, intensiv mit einem einzigen Buch auseinandersetzte: *La Cosmologie des Rosecroix* von Max Heindel, dem Großmeister der Rosenkreuzer-Gesellschaft von Oceanside, Kalifornien.[11] 1956 wurde der Künstler von der Rosenkreuzerloge Saint-Sebastian in Paris aufgenommen. Nach dem Brauch wird der Initiand als Toter auf den ›Arbeitsteppich‹ gelegt. Nach einer rituellen Ansprache erweckt der Großmeister den Kandidaten zu neuem Leben, indem er ihn an sich hochzieht und ihm das Meisterwort zuflüstert. In einer künstlerischen Aktion von 1961, betitelt: *Hier ruht der Raum* (Abb. 5), stellte Yves Klein in verschlüsselter Weise das Ritual der Meistererhebung nach. Er legte

5 Yves Klein, Hier ruht der Raum, 1961

sich auf den Boden der Galerie Iris Clert. Den Körper des Künstlers
bedeckte ein mit Blattgold beschichtetes Monochrom. Die darauf
gestreuten drei Rosen: eine weiße für Weisheit, eine rote für Stärke,
eine rosa für Schönheit, gehören zum Begräbnisritus der Maurer.
Die vergoldete Leinwand als ›Grabplatte‹ symbolisiert die alchemi-
stische Umschmelzung des sterblichen Yves Klein in die Natura
naturans in Wertform: Gold. Gold ist der allgemeinste Wert, der
sich in alle Werte verwandeln läßt. Yves Kleins oft zitierter Satz:
»La monochromie est une sorte d'alchimie«[12] ist also wörtlich im
Sinne rosenkreuzischer Initiationssymbolik zu verstehen.

Was die platonischen Akademien für die Renaissance, waren die
Geheimgesellschaften für die Zeit der Aufklärung. Eine Mehrzahl
von Künstlern und Intellektuellen des ausgehenden 18. Jahrhun-
derts gehörten einer Loge an. In der Freimaurerei offenbart sich der
humanistische Synkretismus der Moderne als Mythopoesie. Das
Geheimnis wird da, wo es nicht mehr kanonisch von der Institution
Kirche verwaltet wird, zur Keimzelle moderner Subjektivität. Im
Labyrinth von selbst gesetzten Ritualen entwickelt der Maurer das

369

Bedürfnis nach Metaphysik als erhabene Form der Selbstsorge. Esoterische Regeln und Zeichen beschreiben – mit Foucault gesprochen – eine Ästhetik der Existenz, die uns, wie Kinderspiel den
Ennui überlanger Nachmittage, die Angst des Sinnfragens vor dem
Nichts vertreibt. Die Einweihung in die Riten bildet das lernbare
Gerüst der Übung, die anleitet zum Abheben in den Himmel subjektiver Unendlichkeit. Mit der modernen Kunst und ihrer Vermittlung verhält es sich parallel. Der Kunsthistoriker kann die
künstlerischen Rituale erklären und den Betrachter einweihen in
das Regelwerk des Sehens. Doch diese Aufklärungsarbeit ist nur
Bedingung der Möglichkeit ästhetischer Erfahrung, innerhalb derer
der Betrachter seine divinatorische Freiheit entfalten soll.

Die moderne ästhetische Erfahrung ist das Resultat von
Geheimnis und Aufklärung.

Zu den Emblemen des Maurertums gehören die beiden ehernen
Säulen Jachin und Boas, die Salomon nach dem Buch der Könige[13]
vor dem Tempel in Jerusalem aufstellen ließ. In den Riten der Loge
vollzieht sich die Unio mystica von Bibeltreue und naturphilosophi-
scher Spekulation. Mit der Annahme einer prästabilen Harmonie
von Glauben und Wissenschaft wurde das mentale Fundament für
den modernen Fortschritt gelegt. Die Loge verstand sich als Haus
Salomonis, das Wissen und Weisheit beherbergt wie die gleichna-
mige Gesellschaft in Francis Bacons *Nova Atlantis*[14]. Sie war der verborgene Eckstein, der begraben werden mußte, damit sich ihre
Bestimmung erfülle: das Haus der erneuerten Gesellschaft zu tragen.
»Des Maurers Arbeit [...] zwar jetzt unter freiem Himmel geschieht,
wo nicht immer im Verborgenen, doch zum Verborgenen«, läßt
Goethe in den *Wahlverwandtschaften* den Maurer bei der Grundsteinlegung des Neuen Hauses sagen, einem Roman, der dem Logenwe-
sen ein literarisches Denkmal gesetzt hat.[15]

Die Loge war der ideale Bau, der als Funke von Gottes Vollkom-
menheit unter der Asche einer unvollkommenen Schöpfung ver-
steckt weiter glimmte.

Exkurs I: die Dollarnote

Noch heute winkt das Arkanum der
Moderne in verschlüsselten Zeichen in
unseren Alltag hinein als vergessene Erinnerung an die Versprechen auf eine vollendete Zukunft. Im Rahmen des New Deal
wurde 1934 in den Vereinigten Staaten die
Eindollarnote ausgegeben. Ihre Rückseite
ist versehen mit dem Great Seal, dem Pen-
dant-Siegel der Vereinigten Staaten von
Amerika.[16] Die Dollarnote gleicht dem Stein der Weisen; sie ist uns
zwar allen – mehr oder weniger – zur Hand, doch nur der Einge-
weihte erkennt den geheimen Werttitel, der dem offiziellen »One
Dollar« eingeschrieben ist. In der Pyramide, deren unvollendete
Spitze vom Dreieck des göttlichen »All-Seeing-Eye« vorweggenom-
men wird[17], erkennen die Maurer das Zeichen für den Großen
Architekten des Universums. Dem Emblem sind zwei Motti beigegeben; das obere, »Annuit coeptis«, ist gebildet aus der Kontraktion
einer Verszeile von Vergils Äneis: »Juppiter omnipotens, audacibus
annue coeptis.«[18]

Mit diesen Worten erbittet sich Julus-Ascanius, der Sohn von
Aeneas, die Hilfe von Zeus, während er den Pfeil auf Remulus richtet, einen Anführer der Rutuler, der Ureinwohner von Latium, wo
die Trojaner nach dem Fall von Ilion gelandet sind. Das Motto auf
der Dollarnote erhebt die Siedler in Nordamerika zu Nachfolgern
des Aeneas, die das ›trojanische‹ Europa verlassen haben, um Neu-
land zu finden, das sie, ähnlich wie Aeneas, den Indianern abjagen
müssen. Die US-Amerikaner, als neue Rom-Gründer, sehen eine
neue Zeit anbrechen: »Novus ordo seclorum« lautet das untere
Motto. Auch hier stand Vergil Pate mit einer Verszeile aus der
berühmten vierten Ekloge: »Magnus ab integro seclorum nascitur
ordo.«[19]

Am Fuß der Pyramide steht das Jahr der Amerikanischen Unab-
hängigkeitserklärung: 1776. Es gehört zum dialektischen Geist der
Moderne, die Verkündung des Neuen im Grabmal zu symbolisie-
ren. Im utopischen Kostüm kündigt die Zukunft sich an als schon
vergangene.[20] Das Motiv vom ›Grabmal des Neuen‹ auf der Dollarnote entspricht dem Topos des ›Stirb-und-Werde‹, einem Kernge-

danken esoterischer Initiation. Die Meistererhebung besteht in einem dialektischen Durchgang durch den Tod zur Auferstehung, von »putrefactio« zu »resurrectio«. Der Kandidat sterbe als alltäglich-leiblicher Mensch und werde als geweihtes Ordensmitglied wiedergeboren.

Der Orden der Rosenkreuzer, dem Yves Klein angehörte, bildete sich aus dem Hochgradsystem der Freimaurerei im letzten Drittel des 18. Jahrhunderts heraus als reaktionäre Verkehrung des maurerischen Freigeists, dem sie entsprang.[21] Eines der einflußreichsten Mitglieder war der preußische Minister Wöllner, der 1788 ein Religions- und Zensuredikt erließ. Seine Berüchtigtheit bis heute bewahrt zu haben, verdankt Wöllner dem Umstand, daß er den größten deutschen Aufklärer, Immanuel Kant, für seine »freidenkerischen Schriften« maßregelte.

Das Verhältnis von Freimaurerei und Rosenkreuzerorden entspricht einer Dialektik der Aufklärung, wie sie etwa – um einen aktuellen Vergleich zu treffen – zwischen einem SED-Basismitglied und einem Stasi-Beamten auftritt. Innerhalb des mentalen Programms einer Partei können die manifesten Inhalte in verschiedene praktische Richtungen kippen. Ästhetische Mentalitäten sind politisch unspezifisch. So läßt sich maurerische Topik etwa umsetzen in Freidenkertum, Emanzipation und eine altruistische Sozialethik, so gut wie in mystische Alchemie und Totalitarismus im Dienst der Gegenaufklärung.

Solche Widersprüche zu analysieren schlage ich eine methodische Unterscheidung zwischen manifester und latenter Ebene von Bildinhalten vor. Die Kontextforschung ästhetischer Mentalitäten würde in diesem Sinne die politische Ikonographie ergänzend unterstützen.

Exkurs II: die Taube im Vakuum

Putrefactio – resurrectio im Reagenzglas: Eine abendliche Gesellschaft folgt der Vorführung eines Wissenschaftlers, der die Wirkung des Vakuums auf ein Lebewesen erklärt. Aus einer Glasglocke wird die Luft abgepumpt. Eine Taube ist darin gefangen; das Bild hält den Moment fest, wo der Vogel auf dem Grund des Gefäßes flattert, da seine Flügel ohne Luft ihn nicht mehr tragen. Er würde jetzt sterben

6 Joseph Wright of Derby, Das Experiment mit der Luftpumpe, 1768

im Dienst der Wissenschaft; doch eine Minute Vakuum hält die
Kreatur wohl aus und schon gibt der Herr links am Tisch mit der
Taschenuhr in der Hand Zeichen, daß es so weit ist. Der Scholar
öffnet oben das Ventil, Luft strömt wieder ein, die Taube hat das
Experiment noch einmal überlebt.

   Joseph Wright of Derbys Gemälde entstand 1768, ein Jahr bevor
James Watt die Dampfmaschine zum Patent anmeldete. Werner
Busch sieht im Bild die Mentalität eines aufgeklärten Deismus ver-
anschaulicht. Die dargestellten Personen siedelt er an im Milieu von
Handelsbürgern und Fabrikanten, die als Dissenter im ländlichen
England ihr religiöses Gemeindeleben außerhalb der Staatskirche
aufbauten und sich in wissenschaftlichen Zirkeln zusammenschlos-
sen.[22] Das gesellschaftliche Umfeld, in dem der Maler selber auch
lebte, scheint mir zutreffend. In demselben gesellschaftlichen Umfeld gediehen aber auch die geheimen Gesellschaften. Ich halte *Das
Experiment mit der Luftpumpe* für ein maurerisches Programmbild –
eine These, die sich stützen kann auf die Tatsache, daß Joseph
Wright einer Loge angehörte.

Das Gemälde ist in den Farben Weiß und Rot gehalten; im alchemistischen Sinn entsprechen sie der ›Tinctura Alba‹, dem göttlichen Geist, und der ›Tinctura Rubra‹, dem rot geschriebenen Gesetz. Die Figurengruppe um den Tisch ist kompositorisch angeordnet nach dem Pentagramm, gebildet aus der Durchdringung des stehenden Dreiecks, das ›Gott‹ bedeutet, und des liegenden Dreiecks, das ›Mensch‹ bedeutet.

Schon Busch verwies darauf, daß der Scholar mit der Taube in der runden Glasglocke auf christliche Darstellungen von Gottvater und dem heiligen Geist im Himmelsglobus verweist. Das Motiv gehört zum Zeichenprogramm der geheimen Gesellschaften. Gott als Pantokrator ist der Große Architekt der Maurer; Schautafeln esoterischer Schriften stellen ihn dar mit dem gläsernen Globus in der Hand, assistiert von zwei Engeln. Diese verkörpern die beiden Gesellen, die dem Opus Magnum des Großen Baumeisters beiwohnen. Im Initiationsritus entsprechen sie den beiden Paten, die den Kandidaten zur Meistererhebung begleiten. Im Gemälde erscheinen sie in Gestalt der Rückenfiguren, welche die Komposition links und rechts einfassen.[23]

Der Versuch mit der Luftpumpe gehörte zu den beliebten Darbietungen wissenschaftlicher Unterhaltung. Haarscharf an der Grenze von Leben und Tod, versetzte der Experimentator das Publikum in den Augenblick des Schöpfungsaktes, da Gott der Materie die Luft des Lebens einhauchte – die der Mensch im nachahmenden Experiment der Kreatur allerdings zuerst abschneiden mußte.

Der Wesenssinn oder:
Wenn Phrasen verkörpert werden

Zurück zum blauen Monochrom! Mit dem esoterischen Hintergrund Yves Kleins überschreiten wir die letzte Schwelle von Panofskys Dreistufenbau des Erkennens: vom ikonographischen Kontext zum Wesenssinn. Wir sehen nicht mehr bloß die geschmackvolle Opazität einer einfarbig pigmentierten Fläche, sondern »Le vide«: die Leere, in der wir vergehen sollen, um uns zu erneuern. Das Blau Yves Kleins und das Vakuum Joseph Wrights verbindet eine ikonologische Wahlverwandtschaft: In beiden vollzieht sich der Übergang von putrefactio zu resurrectio, vom Tod zum neuen Leben.

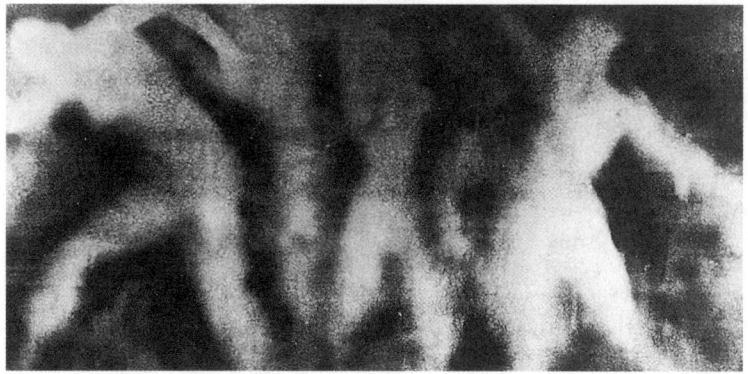

6 Yves Klein, Anthropometrie (ANT) 79, »Hiroshima«

Yves Kleins Ausruf der »Epoca Blu« 1957 in der Mailänder Galerie Apollinaire war nicht einfach modisches Stiletikett, sondern historischer Neubeginn. Im selben Jahr hatte das Festival von San Remo einen Schlager Domenico Modugnos prämiert: »Nel blu dipinto di blu«. Der Künstler deutete es als prophetisches Zeichen jenes Heils, das seine Kunst unter die Menschen bringen sollte. Jetzt sehen wir die Geister, die sich im Fluidum der Farbe zu regen scheinen. Wie die Taube zwischen Tod und neuem Leben sehen wir in Kleins Anthropometrien – Abdrucken von Körpern auf Leinwand – die Schatten von Menschen, die im Begriff sind, ihre sterblichen Hüllen abzulegen. Yves Klein träumte vom Bau eines »technischen Eden« unter der Erde, der künstlichen Klimatisierung ganzer Landstriche mit einem Luftdach, das die natürlichen Witterungsströme verdrängen sollte, sowie der Aufhebung der Schwerkraft durch riesige elektromagnetische und hydraulische Maschinen. Ganz im Sinne rosenkreuzischer Gnosis verband Yves Klein das Mystische mit der Euphorie einer neuen technischen Revolution von Luftmenschen, die sich mit der Leere des monochromen Blaus vermählen.[24]
Schattenrisse von Frauen erzielte Yves Klein, indem er sie nackt vor die Leinwand stellte und sie mit einer Farbspritzpistole absprühte. Der Titel: *Hiroshima*. Die Bombardierung der Stadt hatte Schatten von Menschen geworfen, die heller waren als das Schwarz der Mauern, die der Atomblitz belichtet und verkohlt hatte. Eine

375

andere Anthropometrie heißt: *Eden*. Auch hier mischt sich Katastrophisches bei. Sehen wir den Lichtschimmer des Heils oder eine Explosion? Walter Benjamins *Wind vom Paradiese her* scheint die Palmen des Bikini-Atolls zu kämmen. Fata Morgana von Engeln oder die Öffnung eines Massengrabs? Die Anthropometrien bilden eine mentale Kippfigur, die wir unter dem Aspekt einer Euphorie oder des Grauens sehen können. Sie bezeichnen kein Entweder-Oder, sondern Identität. Die moderne Dialektik von putrefactio – resurrectio enthüllt sich als der fatale Zirkelschluß, als der er von Beginn her schon angelegt war.

Drastischer könnte der unfreiwillige Zynismus sich nicht äußern, dem Yves Klein aufsaß mit all jenen, die unmittelbar nach dem Krieg die Dialektik von Fortschritt und Katastrophe nicht durchschaut hatten. Ohne sich seiner Geschmacklosigkeit bewußt zu sein – Yves Klein hatte schließlich als Judoschüler zwei Jahre in Japan gelebt – vermengte er die Hiroshimametapher mit der zenbuddhistischen Meditationstechnik shunyata, »den Staub vom Spiegel wischen«. Aufgabe dieser Übung ist, beim Betrachten seiner Umgebung sich die Figuren vom Grund wegzudenken.

Es wundert nicht, wenn es Zeitgenossen gab, die seine künstlerischen Verfahren als faschistisch brandmarkten. Es gab andere, die zur gleichen Zeit über die Wahlverwandtschaft von Hölle und Himmel tiefer und luzider dachten, unter ihnen Paul Celan in seiner Todesfuge, die uns Auschwitz als Ort einer gespenstischen Verheißung benennt: »… der Tod ist ein Meister aus Deutschland / er ruft streicht dunkler die Geigen dann steigt ihr als Rauch in die Luft / dann habt ihr ein Grab in den Wolken da liegt man nicht eng / Schwarze Milch der Frühe wir trinken dich nachts / wir trinken dich abends und morgens wir trinken und trinken / der Tod ist ein Meister aus Deutschland sein Auge ist blau …«[25]

Yves Klein hat in Deutschland den größten Erfolg gehabt – vielleicht gerade, weil er in einem Akt von künstlerischem Wiederholungszwang das Trauma des Kurzschlusses zwischen Fortschritt und Katastrophe ästhetisch noch einmal durchlebte. Den blinden Fleck dieses Zwangs zu erkennen und öffentlich zu machen, war erst in den sechziger Jahren im Rahmen dessen möglich, was nach Sigmund Freud »Trauerarbeit« zu nennen wäre. Der Wesenssinn, den sich Künstler und Zeitgenossen selber stiften, ist die Sphäre der Kunst, die am schnellsten veraltet. Yves Kleins intendierte Botschaft kann heute nur noch symptomatologisch gewürdigt werden: als Ausdruck der fünfziger Jahre, welche mit Alexander Mitscherlich in der »Unfähigkeit zu trauern« verharrten und noch einmal bedenkenlos den Verheißungen des technischen Fortschritts aufsaßen, dessen katastrophischen Nebenwirkungen man soeben entronnen war. Anläßlich einer Aktion vom 9. März 1960 in der Galerie Internationale d'art contemporain ließ Yves Klein drei nackte Modelle auftreten. Sie tauchten sich als lebende Pinsel in blaue Farbe und preßten ihren Körperabdruck auf bespannte Leinwand, wobei der Künstler, im Smoking, mit weißen Glacéhandschuhen, Regie führte. Im Hintergrund führte ein Männerorchester Yves Kleins monochrome Symphonie auf: ein zwanzig Minuten durchgehaltener Ton, gefolgt von zwanzig Minuten Stille.

Rekonstruiert als Idee und 1996 betrachtet, entdecken wir das Verfallsdatum einer künstlerischen Botschaft, gegen die sich jetzt ein Widerstand aufbaut. Eine Mentalität von 1960, die in meinen Augen zur Ästhetik von Herrenmagazinen abgesunken ist, stößt sich mit meiner Mentalität der neunziger Jahre, die zwischen konventionell-männlicher Sozialisierung und Political correctness schwankt. Mochten die handverlesenen Zeitgenossen des Happenings das provokant Neue und Libertäre genossen haben, so bemerken wir mit zeitlicher Distanz darin die solide Tradition eines Künstlertums, das die Frau als Matrize männlicher Schöpferkraft benutzt.

In seinen Feuerbildern hat Yves Klein die rosenkreuzische Dialektik von putrefactio – resurrectio mit industriellen Mitteln umgesetzt. An der Gasflamme schätzte er das Blau, dessen Farbe seinen blauen Monochromen nahekam. Er betrachtete das Gas als eine Emanation der Prima materia, der heißen Kraft des schöpferischen Chaos. Eine dokumentierende Photographie legt dem Betrachter die Aktion mit dem Koksgasbrenner als Zeugungsakt nahe. Der künstlerische Experimentator erzeugt die Auferstehung des Leibes als Lichtgestalt. Der Hiroshima-Effekt kommt zustande durch das Besprühen eines weiblichen Modells mit Wasser, was auf dem Bildträger – schwedischer Karton, mit Asbest versetzt – eine trockene Schattenfigur zurückläßt, die von der blauen Flamme des Koksgasbrenners schneller erfaßt wird, als der feuchte Grund. »Mes images sont les cendres de mon art«, sagt Yves Klein und macht so die Kunst zur Paraphrase maurerischer Initiation.

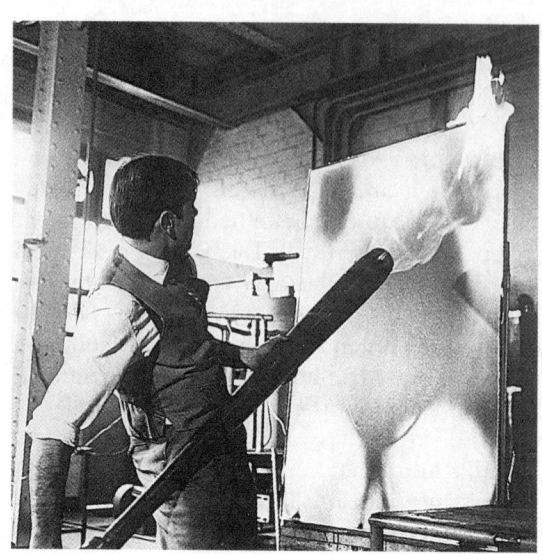

7 Yves Klein beim
Herstellen eines
Feuerbildes, 1961

Die Moderne ist alt geworden, ihr Stirb-und-Werde zum Cliché
verkommen. Dem Topos vom Phönix, der aus der Asche steigt, sei
ein Satz Georg Büchners entgegengehalten, der seinen Danton aus-
rufen läßt: »Geht einmal euren Phrasen nach bis zum Punkt, wo sie
verkörpert werden.« Die skeptische Widerrede auf den modernen
Idealismus ist vordringliche intellektuelle Aufgabe geworden.

Nun – eigentlich wollte ich einen methodischen Grundsatz vor-
führen und kam dabei ins Räsonnieren. Meine Mentalität ist mit
mir politisch durchgebrannt – ganz vermeiden läßt sich das nicht.
Meine Parteinahme gelte als praktisches Experiment ästhetischer
Erfahrung, wonach der Historiker immer mit zwei Ausprägungen
von Mentalität zu rechnen hat: seiner eigenen zunächst und jener,
die er beschreiben will. Die Rekonstruktion von Geschichte geht
durch den blinden Fleck unseres Betrachtungsinteresses; Alois Riegl
hat diese unbewußte Kraft das »Kunstwollen« genannt; es gilt auch
für die Wissenschaften. Unsere aktuelle Mentalität bestimmt, was
für uns im Hinblick auf die Vergangenheit von Interesse sei. Die
Mentalitäten vergangener Epochen sind erloschen mit dem Leben
derer, die sie hegten. Überliefert sind sie nur in Form kultureller
Zeugnisse: Literatur, Kunst, Musik, Architektur der Vergangenheit
sind Hohlräume der Überlieferung, denen wir den Atem unseres

378

Sinnbedürfnisses eingeben, sie mit unserem Wissenwollen ausgießen, wie die Archäologen die Körperformen der Verschütteten in der Asche über Pompeji. Die grundsätzliche mentale Vorgefaßtheit hat sich die Historik als Ignorabimus bewußt zu halten.

Anmerkungen

1   Heinrich Wölfflin, *Kunstgeschichtliche Grundbegriffe. Das Problem der Stilentwicklung in der neueren Kunst,* München 1915, S. 245.

2   Tom Wolfe, *The Painted Word,* London 1975.

3   Wolfgang Kemp, *Der Betrachter ist im Bild. Kunstwissenschaft und Rezeptionsästhetik,* Köln 1985.

4   Hyppolite Baraduc, *L'âme humaine, ses mouvements, ses lumières et l'iconographie de l'invisible fluidique,* Paris 1896, S. 5.

5   Annie Besant und C. W. Leadbeater, *Thought-Forms* (1901), Adyar 1978.

6   Martin Warnke, *Politische Landschaft, zur Kunstgeschichte der Natur,* München 1992.

7   Sixten Ringbom,»Art in the Epoch of the ›Great Spiritual‹. Occult Elements in the Early Theory of Abstract Painting«, in: *Journal of the Warburg & Courtauld Institutes,* vol. XXIX (1966), S. 386-418.

8   Erwin Panofsky,»Ikonographie und Ikonologie«, in: ders., *Sinn und Deutung in der bildenden Kunst,* Köln 1975, S. 45.

9   Zit. nach Thomas McEvilley,»Yves Klein et les rose-croix«, in: Kat. *Yves Klein,* Centre Georges Pompidou, Paris 1983.

10   Eine einführende Darstellung bietet James Stevens Curl, *The Art and Architecture of Freemasonry. An Introductory Study,* London 1991.

11   McEvilley (wie Anm. 9). Die ikonographische Deutungsweise wird von den Vertretern der hermeneutischen Schule angefochten. So hat Jürgen Stöhr die Relevanz der esoterischen Quellen zum Werkverständnis von Yves Klein bestritten. Siehe Jürgen Stöhr, *Yves Klein und die ästhetische Erfahrung. Beiträge zu einer Theorie ästhetischer Erfahrung mit Rücksicht auf das Kunstschaffen Yves Kleins,* Essen 1993.

12   Zit. nach McEvilley (wie Anm. 9), S. 237.

13   1 Könige 7/15.

14   Die Architektursymbolik der Freimauerloge findet sich vorgeprägt in den Wunderkammern der Renaissance, die emblematisch als Tempel der Weisheit ausgezeichnet waren. Siehe Horst Bredekamp, *Antikensehnsucht und Maschinenglaube. Die Geschichte der Kunstkammer und die Zukunft der Kunstgeschichte,* Berlin 1993.

15   Johann Wolfgang von Goethe, *Wahlverwandtschaften,* erster Teil, neuntes Kapitel, zit. nach der Hamburger Ausgabe in 14 Bänden, hrsg. v. Erich Trunz, Band IV, München 1973, Seite 299 f:»Ein wohlgeputzter Maurer, die Kelle in der einen, den Hammer in der andern Hand, hielt in Reimen eine anmutige Rede, die wir in Prosa nur unvollständig wiedergeben können.« Die Gründung sei»des Maurers Angelegenheit und, daß wir es nur keck heraussagen, die Hauptangelegenheit des ganzen Unternehmens. Es ist ein ernstes Geschäft, und unsere Einladung ist ernsthaft; denn diese Feierlichkeit wird in

der Tiefe begangen. Hier innerhalb dieses engen, ausgegrabenen Raums erweisen Sie uns die Ehre, als Zeugen unseres geheimnisvollen Geschäftes zu erscheinen. Gleich werden wir diesen wohlzugehauenen Stein niederlegen, und bald werden diese mit schönen und würdigen Personen gezierten Erdwände nicht mehr zugänglich, sie werden ausgefüllt sein. [...] Des Maurers Arbeit [...] zwar jetzt unter freiem Himmel geschieht, wo nicht immer im Verborgenen, doch zum Verborgenen.«

16 Die Vorderseite trägt das Porträt von George Washington, der 1793 der Grundsteinlegung des Kapitols im Freimaurerschurz beiwohnte.

17 Zur Emblematik des Auges in der Französischen Revolution siehe Klaus Herding, »Robespierre und die Magie der Zeichen. Zum Augensymbol unter der Revolution«, in: *Bildfälle. Die Moderne im Zwielicht. Festschrift Adolf Max Vogt,* hrsg. von Beat Wyss, Zürich/München 1990, S. 38-54.

18 Aeneis IX/621–625.

19 Vergil, Ekloge IV/5. Die beiden Akaziensträucher zu Füßen der Pyramide erinnern an den Baumeister des Salomonischen Tempels, Hiram, der nach der Legende ermordet wurde. Auf seinem Grab wuchsen Akazien, das Zeichen der Meistererhebung.

20 Ieoh Ming Pei empfand absolut modern, wenn er den neuen Eingang des Louvremuseums als *architecture ensevelie* gestaltet. Die Protestwelle von 1985 gegen den Eingriff am Louvre reiht sich in die Geschichte des öffentlichen Aufbäumens gegen die wirklichen und vermeintlichen Geheimgesellschaften und ihre Zeichen, die zwischen Verdrängung und Dämonisierung schwankt. Ich sehe darin den Analysewiderstand der Moderne gegen ihre eigene Mythologie, der sie sich verdankt.

21 Ihre Berufung auf die *Rosa Crucis* von Valentin Andreae ist ebenso obskur wie der ganze Stammbaum des Ordens, der von einem gewissen Christian Rosenkreutz (1388–1494 [sic!]) begründet wurde, dessen Stammbaum auf den Gesetzesvater Moses zurückgeht. Dazu siehe Helmut Reinhalter (Hrsg)., *Freimaurer und Geheimbünde im 18. Jahrhundert in Mitteleuropa,* Frankfurt am Main 1986.

22 Werner Busch, *Joseph Wright of Derby, Das Experiment mit der Luftpumpe: eine heilige Allianz zwischen Wissenschaft und Religion,* Frankfurt am Main 1986.

23 Das Vakuumglas als Emblem eines Pantokrator ad usum alchimicum? Daß ›Pantokrator‹ als christlicher Begriff mit maurerischer Bedeutung aufgeladen war, belegt das Frontispiz des Lehrbuchs von Johann Bernhard Basedow mit dem Titel: *Agathokrator: oder von der Erziehung künftiger Regenten* (Leipzig 1771). Basedow leitete das Philanthropinum zu Dessau, der Hauptstadt eines Fürstentums, dessen Regent das Land im aufgeklärt-maurerischen Geist regierte. Der Kupferstich zeigt Basedow als ›Agatokrator‹, der durch die Vermittlung seiner Wissenschaft aus Prinzen die künftigen Wohltäter ihrer Untertanen heranbildet. Hier ist es ein Kaninchen, das für die Segnungen des Fortschritts den Atem anhalten muß.

24 »Nous deviendrons tous des hommes aériens, nous connaîtrons la force d'attraction vers le haut, vers l'espace, vers rien et tout à la fois.« Kat. *Yves Klein* (wie Anm. 9), S. 235.

25 Zit. nach Paul Celan, *Ausgewählte Gedichte, Zwei Reden,* Frankfurt am Main 1968, S. 18–19.

Herta Wolf

Ein kleiner Versuch über das Sehen

Zu einer Geschichte der Kunst gehört eine Geschichte des Sehens, und die Geschichte dieses sich emanzipierenden ›Gesichtssinns‹ ließe sich schließlich als erkenntnisvermittelnde Tätigkeit der Anschauung beschreiben. Bei allen Fragen zu optischen Erfahrungen wurde dabei eine selbstverständliche Voraussetzung gemacht: daß das Subjekt mit seinen eigenen Augen sieht.

Daß es eine Konstellation mit dem Begriffspaar ›Augenwirt‹ und ›Augenschmarotzer‹ geben könnte, daß man sich ›in andere Augen einschaltet und man hinter den Augen eines anderen sitzt‹, erscheint dabei so undenkbar neu, daß sich möglicherweise eine Epochenschwelle des Sehens abzuzeichnen beginnt, die eine Theorie ästhetischer Erfahrung bisher nicht einmal zur Kenntnis genommen hat, geschweige denn auf sie reagieren konnte.

Was ist das für ein Sehen, das einen Menschen mit einem Computer vernetzt, ihn körperlos macht und ihn Bilder wahrnehmen läßt über ein Cyberspace-Programm, das er mit den Augen einer anderen, simulierten, Person durchläuft?

In Herta Wolfs Untersuchung zum Cyberspace-Sehen begegnet diese Wahrnehmung nicht auf der Basis einer konkreten Erfahrung virtueller Realität, sondern bezeichnenderweise als literarische Form. Es ist das beschriebene Sehen des Romanhelden von William Gibson und dessen Fiktion eines Sehens. So wird das Sehen unter Bedingungen der Simulation in der literarischen Fiktion einer Cyberspace-Welt thematisiert.

Warum? Erst die literarische Fiktion treibt das Faktische ins Mögliche und eröffnet neben der wirklichen Welt mögliche Welten. Welten, die erst im Abstand der Fiktion bewußt machen, was in der konkreten Simulation unbemerkt bleibt: daß der Betrachter hinter dem Cyberspace-Helden blind ist. Eine künstliche Welt mit den Augen eines anderen zu sehen führt hier nicht dazu, sich selbst verändert wahrzunehmen. Die ästhetische Beschreibung eines künftigen Sehens in einer ›Mensch-Maschine-Synergie‹ macht erst ästhetisch erfahrbar, was den Cyberspace-Welten noch fehlt. Gegenwärtig erscheint ein Sich-Selbst-Verstehen in anderen und eine Selbsterfahrung im Horizont des anderen nicht programmierbar, sondern als ein Vermögen, das alleine die Kunst bereithält.   *J.S.*

»Case schloß die Augen. Fand den geriffelten EIN-Schalter. Und in der blutgeschwängerten Dunkelheit hinter den Augen wallten silberne Phosphene aus den Grenzen des Raums auf, hypnagoge Bilder, die wie ein wahllos zusammengeschnittener Film ruckend vorüberzogen. Symbole, Ziffern, Gesichter, ein verschwommenes, fragmentarisches Mandala visueller Informationen.«[1]

Mit diesen Wörtern beginnt der Science-fiction-Roman *Newromancer* von William Gibson. Daß der Titel das Programm des Romans absteckt, indem er nicht nur die Begriffe ›Neuromanschreiber‹ oder ›Neuphantast‹ oder auch ›Neuaufschneider‹[2] bedeutet, die Vorstellungsfelder *neu*-romantisch und *neuro*-romantisch aber aufruft, ist nur insofern interessant, als damit die mit dem neuesten der neuen Medien, nämlich mit dem Cyberspace, verbundenen meist nicht explizierten Konnotationen genannt werden. Wenn ich einen Text über das Sehen mit einem Zitat aus einem Science-fiction-Buch beginne, dann nicht, weil es dieses Buch war, das die Fictions der Scientists der neuen Medien teilweise begründete beziehungsweise das die Theoreme der Wissenschaftler der neuen Medien als auf den Roman oder das Romantische rekurrierende ausweisen läßt.[3] Was mich faszinierte, ist ein in den *Neuromancern* erzähltes Sehdispositiv, das alle abendländischen Konzeptionen des Sehens und damit die Modelle für die Subjekt-Objekt-Konstitution oder aber für das Verhältnis von Bild und Abbild aus den Angeln zu heben scheint.

Bevor ich aber auf dieses Dispositiv zu sprechen komme, möchte ich das Eingangszitat meines Aufsatzes, weil es die Prädisposition der Sichtapparatur darstellt, nachzeichnen. Die Passage bildet zum einen, als Dedikation verkleidet, den Vorspann des Buches, zum anderen erzählt sie, in den Lauf der Narration eingebunden, das Glücksgefühl des Hackers Case, das dieser nach der erfolgreichen Entfernung einer chemischen Blockade, die ihn an der Partizipation an »Kyberspace« gehindert hatte, in dem Augenblick empfindet, in dem er sich wieder in »seine[r] distanzlose[n] Heimat, in sein[em] Land,« dem »transparenten Schachbrett in 3-D«[4] als Mensch-Maschinen-Synergie bewegen kann. An sein »Kyberspace«-Deck angeschlossen, empfängt der 24jährige Cowboy Traum-Bilder, die, weil nach McLuhan jedes Medium ein anderes Medium zum Inhalt zu haben hat, Filmbildern gleich an ihm vorbeiziehen. Nachdem diese Bilder nicht nur als hypnagoge, sondern auch als Mandala –

382

also wiederum als Traumbilder – apostrophiert werden, scheint es naheliegend, sie als Verwandte der Freudschen Traumbilder zu lesen: zumal sie den diese auszeichnenden Bearbeitungsmechanismen, den Verschiebungen – die Bilder ziehen ruckend vorbei – und Verdichtungen – sie stellen ein »verschwommenes, fragmentarisches Mandala visueller Information« dar – gleich organisiert sind. Und wie Freud die Galtonschen Kompositphotographien zur Illustration der Verdichtungsarbeit des Traums heranzieht, so findet sich auch bei Gibson eine Allusion an die Photographie: Die aus den Grenzen des finiten Raumes hinter die Augen beziehungsweise die aus den Grenzen des finiten Raums hinter den Augen, also des Gehirns, sich repräsentierenden Bilder sind »silbern«, silbern wie die die Photoschicht sensibilisierenden Silbersalze, die Silberhalogene. Wobei sie als Phosphene – also als subjektiv wahrgenommene Lichterscheinungen, wie Ophthalmologen die sich einer Reizung oder Störung der Sehbahnen verdankenden Lichtempfindungen nennen – einzig flüchtig sind.

Diese Phosphene, die das Case genannte »Computer aided software engineering«[5] sieht, sind sich einem Reiz, also einem Stimulus, verdankende halluzinogene Erscheinungen. Halluzinogen meint, daß es keiner auf die Netzhaut einfallender Photonen bedurfte, um den mit geschlossenen Augen blickenden Case sehend zu machen. Aber als sich einzig subjektiv manifestierende Lichtempfindungen evozieren die Phosphene die bis zum 16. Jahrhundert von Theoretikern des Lichts gemachte Unterscheidung zwischen Lux und Lumen. Descartes bezeichnete sowohl die Aktion, also Bewegung innerhalb des Lichtes wie das in die Augen der Betrachter fallende Licht, also die vom menschlichen Auge erblickten Schatten und Farben als Lux. Mit Lumen hingegen meinte er den abhängig von einem Betrachter sich vollziehenden Durchgang des korpuskular gedachten Lichtes durch transparente Flächen.[6] Dieses unabhängig von der menschlichen Perzeption existierende Licht, das theologisch als ursprüngliches Licht mit Gott affiziert worden war, bildete den eigentlichen Gegenstand der Descartesschen Katoptrik und Dioptrik, also der Lehre von der Reflexion und der Refraktion der Sehstrahlen. Denn analog der postulierten natürlichen Geometrie des menschlichen Geistes glaubt man, die Spiegelung und die Brechung der Lichtstrahlen geometrisieren und somit berechnen, also in Daten überführen zu können.[7]

Der Aspekt des Lux, der sich nicht auf die Materialität des »Luce«, sondern auf den menschlichen Perzipienten und somit auf die Subjektivität des Sehens bezog, wurde im ersten Drittel des 19. Jahrhunderts mit der physiologischen Optik zum Gegenstand wissenschaftlicher Forschung. Für letztere war der menschliche Körper nicht mehr mittelbarer Teilhaber beim Akt der Vision, sondern ein aktiv die Erfahrungen des Sehens steuernder. Erst nachdem man zu erkennen und untersuchen begonnen hatte, daß und wie die menschlichen Augenbilder – also die Perzeption von Lichtstrahlen über die Nervenbahnen im Gehirn – prozessiert werden, war man in der Lage, das Perzeptum mit dem perizipierenden Subjekt rückzukoppeln. Und so wiesen die Physiker und Physiologen des 19. Jahrhunderts, weil sie in ihren Studien das Sehen als neurophysiologischen Vorgängen und externen Stimuli verdankt begriffen, auf die produktive Rolle des Betrachters beim Sehen hin. Es war die Wahrnehmungsphysiologie, die mit ihren Untersuchungen der nicht von äußeren Reizen stimulierten Augenbilder oder aber der sich einer zeitlichen Kluft verdankenden Nachbilder zur Wegbereiterin all der medientechnologischen Revolutionen wurde, denen sich auch die Vorstellungswelten des Cyberspace verdanken.

Die Aufgaben der auf das Lumen rekurrierenden Optik waren also die einer physikalischen Optik, während die den Lux-Aspekt des Lichtes untersuchende Disziplin als physiologische Optik bezeichnet werden könnte. Bleiben wir noch einen Augenblick bei der von Martin Jay formulierten Genealogie »geometrischen Konzeption des Geistes« und Katoptrik beziehungsweise Dioptrik. Man könnte nun sagen, daß sich das Modell der Descartesschen Lichtberechnungen nicht so sehr einer projektiven Analogiesetzung von menschlicher Vernunft und Funktionsweise des Lichtes als vielmehr der deduktiven Inbezugsetzung des Lichtes mit der optischen Apparatur der Camera obscura verdankte. Letztere korrespondierte mit einem einzigen mathematisch zu definierenden Punkt, von dem aus die Welt logisch deduziert und repräsentiert werden konnte.[8] Nicht nur, daß die Camerae nach den Gesetzen der physikalischen Optik konstruiert worden waren – hatten sie, wie Jonathan Crary ausführt, vor allem deren Formulierung maßgeblich bestimmt. Und weil sie wiederum den Gesetzen der Geometrie analog funktionierten, schienen sie einen unfehlbaren Aussichtspunkt auf die Welt zu liefern, auf eine Welt, die einen regelmäßigen, homogenen, vollständig lesbaren Raum einnimmt. Die den Fotoapparat vorwegnehmende Apparatur skizzierte damit ein Set von Beziehungen, das sich unter anderem durch eine unfehlbare Distinktion von innen und außen auszeichnete, durch die der Betrachter als Subjekt – also als perzeptive Entität – instituiert wurde, der die Geschlossenheit einer einzig an ihrer Oberfläche abtastbaren Objekt- bzw. Erscheinungswelt als radikal anderes gegenübersteht. Der Trennung von Subjekt- und Objektwelt entsprach auch die Konstruktion der Zentralperspektive, die den Sehakt als bipolaren in das abendländische Wissen einschrieb. Nicht nur das oppositionelle Begriffspaar von ›Lumen‹ und ›Lux‹, auch die zentralperspektivischen Antipoden ›Blickpunkt‹ und ›Augenpunkt‹ bestimmen implizit die philosophischen und psychoanalytischen Reflexionen über das Sehen bis ins 20. Jahrhundert.

Kommen wir zum Sehdispositiv, von dem in den *Neuromancern* erzählt wird: Der Hacker oder Cyber-Cowboy Case hing seit spätestens seinem 22. Lebensjahr als ›Aktiver‹ »an einem handelsüblichen Kyberspace-Deck, das sein entkörpertes Bewußtsein in die reflektorische Halluzination der Matrix projizierte.«[9] Nicht nur, daß die »silbernen Phosphene aus den Grenzen des Raums« blind gesehen werden, werden sie auch unter Absehung eines perzipierenden Körpers rezipiert: Denn »die Elite der Branche« der Hacker zeigt »eine gewisse Gelassenheit und Verachtung gegenüber dem Fleisch«[10]. Sein zweites Leben als ›Aktiver‹ hat Case allerdings unter anderen apparativen Voraussetzungen zu beginnen: Sein Ono-Sendai Kyberspace 7, das teuerste Computermodell des nächsten Jahres (selbst in den futurologischen Welten gelten also die den PC-Markt beherrschenden Innovationsexplosionen beziehungsweise Marktstrategien) wird mit einer Schaltung verdrahtet, die ihm Zugriff gewährt auf »Simstim, live oder aufgezeichnet«.[11] Simstim, das die Cyberboys nicht schätzen, »weil es im Grunde ein Fleischspiel ist«,[12] vermag seinen Betreiber an das Sensorium einer anderen Person anzudocken. Was Simstim von »Kyberspace« unterscheidet, ist seine größere Komplexität: Bedeutet das Programm »Kyberspace« – wie uns im Roman erklärt wird – »eine starke Vereinfachung des menschlichen Sensoriums zumindest im Hinblick auf seine Darstellung«, multipliziert Simstim die »Fleisch-Eingaben«.[13] Mittels Simstim vermag Case, sich an die spannendste Mensch-Maschinen-Konstruktion beziehungsweise Invention des Romans anzudocken: An Molly, den weiblichen Krieger[14] mit den künstlichen Augen.

»Wandelndes Messer« Molly trägt als äußerste Schicht ihrer Sehapparatur verspiegelte Gläser. Diese sind wiederum einem in ihre Augenhöhlen eingesetzten Linsenimplantat vorgesetzt, das zinnverspiegelt[15] in »leere Linsen«, also in scheinbar augenlose Augen blicken läßt. In Augen, die immer nur den betrachtenden Blick reflektieren. Das optische Chip, das in das Implantat eine digitale Zeitanzeige projiziert, verzeitlicht Mollys Perzeption. Die hinter den optischen beziehungsweise elektronischen Instrumenten verborgenen menschlichen Augen bekommt niemand jemals zu sehen, selbst dann nicht, wenn die Kriegeraugen mit einem Faustschlag zertrümmert, die blutigen, offenen Augenhöhlen zu sehen geben. Hinter diese elektronischen Implantate, die selbst von der Trägerin als Monitore[16] gesehen werden – Mollys Blickfeld erscheint somit digitalisiert – vermittelt das Programm Simstim Cases Blick: Er wird damit zum ihre Augen benutzenden »Reiter«[17] – wie es im Buch heißt – zum ›Augenreiter‹. Simstim vermittelt nicht nur den Wechsel in ein anderes »Fleisch«, es zwingt dem Augenschmarotzer auch das durch den Träger, also Besitzer des Schauens vorgegebene Blickfeld auf: »Einige bange Sekunden lang kämpfte er [Case] hilflos um die Kontrolle über ihren Körper. Dann fügte er sich und wurde zum passiven Passagier hinter ihren Augen. Die Brille hielt offenbar kein Sonnenlicht zurück. Er fragte sich, ob die eingebauten Bildverstärker automatisch für Ausgleich sorgten.«[18]

Eine der Konstellation ›Augenwirt‹ und ›Augenschmarotzer‹ ähnliche Disposition findet man – wenn auch unter anderen Vorzeichen und mit ganz anderen Schlußfolgerungen – in einem Text, dessen Autor[19] ein Buch geprägt hat, das wie kein anderes die Reflexion über die Charakteristika des Mediums Photographie ventilierte und bis heute ventiliert: Mit dem Buch meine ich *La chambre claire* von Roland Barthes und mit dem Text die zwischen dem November 1939 und dem März 1940 aufgezeichneten *Carnets de la drôle de guerre* von Jean-Paul Sartre. In den Fronttagebüchern findet sich, eingebettet in philosophische Reflexionen, eine Passage, die davon erzählt, wie einer der Mitsoldaten Sartres, Keller, aus dem in Paris verbrachten Urlaub, in den Elsaß, die Etappe, zurückkommt: Der Aufenthalt in Paris läßt sich am Zurückkehrenden nicht mehr ausmachen: Ohne eine Spur zu hinterlassen, ist der Urlaub von Keller abgefallen. Der freudig erregte Sartre – hat Keller doch gesehen, was er gerne gesehen hätte: man denke an Barthes' »Ich sehe die Augen,

die den Kaiser gesehen haben«[20] – ist gleichzeitig verärgert, Keller zu
sehen. Denn hinter dem ›Wirt‹ oder ›Träger‹ Keller ist ihm der
eigene Blick auf Paris verstellt:»Er ist dort gewesen, er hat *gesehen,* er
hat alles gesehen, wie ich hätte sehen können, er war in unmittelbarer Berührung mit der Pariser Luft, mit den Straßen, dem Licht.«[21]
Dort gewesen zu sein, gesehen zu haben, alles gesehen zu haben, was
der Autor auch hätte sehen können, wird Keller vorgeworfen: Aber
es ist einzig Keller, der über die blickenden Augen verfügt hat. Der
von ihnen und von Paris entfernte Sartre vermag zwar vor Keller stehend, vis à vis von Keller stehend, sich vorzustellen, gesehen zu
haben, aber sich doch nur vor-zustellen, ver-stellt Keller ihm doch
die Sicht auf Paris. Denn die durch Keller vollzogene ›Berührung‹
mit der Stadt ist dem Keller gegenüberstehenden Sartre nicht möglich: Und das nicht nur, weil ›er nicht gesehen hat‹. Ihm ist die von
diesem – dank dessen anderer Wahl – in Paris gemachte ›Erfahrung‹
nicht nachvollziehbar; sie ist ihm unbrauchbar: Auch wenn sie
gewesen ist.

Von der Welt durchdrungene Bewußtseine versteht Sartre in seinen auf Husserl und Heidegger bezugnehmenden Notizen als Prädisposition von Berührung, also Kontiguität ›in der Welt‹. Doch
auch wenn die Berührung per se eine der ergreifenden Hand mit
dem ergriffenen Gegenstand ist, bleibt zwischen Hand und Gegenstand, wiewohl sie aneinanderstoßen, aufeinander treffen, eine Leerstelle (Nichts). Diese macht die ergreifende Hand zu einer sekundären Struktur, der eine primäre Totalität gegenübersteht:»Diese
Totalität kann nur die Transzendenzbeziehung des Bewußtseins zur
Welt sein. Das Bewußtsein ist in Berührung *mit* der Welt.«[22] Das
Bewußtsein, den mentalen Zuständen im Cyberspace vergleichbar,
ist distanzlos: Damit besteht zwischen Welt und Individuum ein
Verhältnis der Berührung. Ein Blick aber, dessen Intentionalität das
Auge des Ich nicht zu erfahren vermag, ist ein der Berührung des
Bewußtseins mit der Welt sekundärer. Er unterbindet, weil er nicht
erfahrbar ist, die zwischen Welt und Bewußtsein existierende Kon-
tiguitätsbeziehung.»Ganz Paris ist ihm [Keller] geschenkt worden,
nur hat er anders gewählt als ich, und das reicht aus, daß diese ganze
ungeheure Erfahrung, die sein ›In-sein‹ in Paris war, hinter ihm
bleibt, unbrauchbar, verloren. Und dennoch ist es gewesen.«[23]
Nicht nur, daß dieser Satz Sartres die Barthessche»mathesis singularis«, die ihm die Photographie darzustellen vermag, anklingen läßt,

oder aber die dem Index eigene Beweiskraft, existentiell gewesen zu sein, in einer existentiellen Kontiguität zum Referenten gestanden zu haben, weist er auf ein dem menschlichen Sehen wesentliches Moment hin: auf die aktive Interaktion mit der Welt.

Was ist aber nun ein Blick, der zwar Erfahrungen vermittelt, dies aber unter Absehung des eigenen Ich tut? Case sieht mit Mollys Augen, er sieht, was ihre Augen gesehen haben, mittelbar tritt er über ihre Augen, ›hinter‹ denen er sieht, mit der Welt in Berührung. Doch wie dem Sartreschen Ich Kellers ist ihm ihr Sehen nicht erfahrbar. Zwar ist ihm mit ihr, ›hinter‹ ihr der ganze »Sprawl« geschenkt, doch ist es sie, die wählt. Aber weil sie es ist, die wählt, sind ihm ihre Erfahrungen unbrauchbare oder auch verlorene. Man könnte anhand der in den *Neuromancern* angeführten zwei Sichtmaschinen – oder besser gesagt Sichtprogramme – die unterschiedlichen, in der abendländischen Episteme zum Sehen formulierten Thesen, Theoreme oder auch Erkenntnisse durchdeklinieren: Denn immer wieder werden im Rezipienten des Buches Assoziationen wachgerufen, die sich, wie gerade ausgeführt, doch nicht ganz bestätigen lassen. Wenn und wie – um noch einmal auf Sartre zurückzugreifen – dieser in *Das Sein und das Nichts* zwischen Blick und Auge unterscheidet, scheint das Simstim-Dispositiv des Romans aufgerufen: Das nicht als Sinnesorgan, sondern als Träger des Blicks aufgefaßte Auge[24] – wäre es hier nicht naheliegend, an Molly als Auge, als Trägerin des Caseschen Blicks zu denken – basiert allerdings auf der Annahme, daß das »Vom-Anderen-gesehen-werden« als die Wahrheit des »den-Anderen-Sehens« fungiert; daß es also eines Vis à Vis, eines Anderen bedarf, der seine Augen auf mich wirft, um mich selbst perzipieren zu können. »Erfasse ich aber den auf mich gerichteten Blick, nehme ich die Augen nicht mehr wahr: Sie sind da, sie verbleiben in meinem Wahrnehmungsfelde als reine ›Darbietungen‹, aber ich mache von ihnen keinen Gebrauch, sie sind neutralisiert, nicht mit im Spiele.«[25] Mollys Augen sind zwar neutralisiert, vermitteln sie Case die Informationen, allein die Grundannahme der abendländischen Theorien über das Sehen, daß es eines Gegenübers, eines außens bedarf, um sehen zu können und um sich – vermittelt über diese Konstruktion des Von-außen-gesehen-werdens – als Subjekt überhaupt konstituieren zu können, wird beständig in Frage gestellt oder aber gestört. Denn wenn sich Case über Simstim in Mollys Augen einschaltet, befindet er sich hinter ihr: in ihr und hinter ihr. In dem Moment, in dem seine Sensorien von den ihren überlagert werden, könnte man schließen, wird er zu einem Teil von ihr: Oder besser: werden beide zu einem, sich in zwei Körpern realisierenden Wesen, dessen einer Teil das Wahrnehmen aktiv steuert, während der andere Teil zum hinter einer Serie von Bildschirmen inaktivierten Perzeptor geworden ist.

Die Visualisierung über das »Kyberspace« genannte Programm ist eine des Lux. Die Visibilität generierenden Daten werden nur innerhalb der den Menschen mit der Maschine vernetzenden Kabel hin- und hergeschickt: Das menschliche Gehirn und die Matrix der Maschine — wobei mit Matrix vielleicht auch das der Mensch-Maschinen-Synergie verdankte ›neue‹ neuronale Netz gemeint sein mag — sind miteinander rekusiv verkoppelt: Die Datenströme bringen Halluzinationen hervor, die unter Absehung des Körpers in die Matrix von »Kyberspace« projiziert werden. Das Paradoxe an der Roman-Konstruktion »Kyberspace« ist, daß in ihr Bilder halluziniert werden, also Bilder einzig mittels des Körpers — nämlich der neuronalen Datenverarbeitung — ohne Stimulation von Photonen produziert werden, die doch das Fleisch, also den perzipierenden Körper subtrahieren.

Die mittels des Simstim-Programms gesehenen Bilder aber, die Case über die Sensorien einer anderen Person vermittelt wahrnimmt, sind zwar Bilder des Fleisches, aber einzig über den Körper des anderen übertragene Visionen. Der sie wahrnehmende Hacker kann ihre Datenströme nicht steuern, kann sie weder aktiv generieren noch ihren Empfang manipulieren. Simstim ist, weil es sowohl live wie aufgezeichnet zu empfangen ist, eine maschinelle Sichtapparatur, die den Foto- oder Videokameras zu vergleichen wäre. Doch ist der prinzipielle Unterschied zwischen der Informationsverarbeitung des sehenden Auges — also Gehirns — und der Kamera, daß ersteres nicht nur Dinge zu sehen in der Lage ist, die nicht existieren, sondern auch die eintreffenden Informationen reduziert, während eine Videokamera die eingehenden Informationen »identisch« wiedergibt. Denn während eine Videokamera vier Millionen Bit pro Sekunde aufnimmt und auf den Monitor übermittelt, erzeugen die Sinneszellen unserer Netzhaut ungefähr zwei Milliarden Bit pro Sekunde, die, weil unser Bewußtsein nur in der Lage ist, 25–40 Bit zu verarbeiten, »auf diesen Betrag reduziert werden« müssen.[26] »Eine Kamera schafft eine *Reproduktion* der Außenwelt, unser Ich hingegen eine *Rekonstruktion*. Die visuelle Informationsverarbeitung führt zu einer enormen Informationsreduktion, zu Begriffen. Dabei wird Wesentliches betont und Unwesentliches unterdrückt. Die Entscheidung wesentlich/unwesentlich ist abhängig von der jeweiligen Interessenlage des Ich.«[27] Das perzipierende Auge manipuliert die eintreffenden Informationen je nach der Wahrscheinlichkeit des Blickumfeldes und nach den »gespeicherten Informationen«. »Dabei folgen die Verarbeitungskanäle bestimmten anatomischen Strukturen, die vorgegeben sind und dem Prozeß eine bestimmte Hierarchie aufzwingen: vom einfachen Entscheid Licht ja/nein über Formsymbole zu Figuren, Szenerien und schließlich zum Begriff. Dieser Begriff dominiert seinerseits die ganze Hierarchie und wirkt auf sie zurück.«[28] In der Ophthalmologie heißt diese Interaktion Rückkopplung.

Beide, »Kyberspace« und Simstim, basieren auf einer Reduktion: Ihre Adjektivierung Fleisch beziehungsweise Körper ja/nein widerspricht der Funktionsweise sowohl der maschinell-elektronischen wie der menschlichen Informationsverarbeitung. Aber nicht nur die Kenntnisse der Neurophysiologie, auf denen futurologische Vernetzungen von Mensch und Maschine einzig basieren können, werden in den Blick und Auge trennenden neuromantischen Konzeptionen nicht berücksichtigt. Sie vermögen auch nicht einzulösen, was die Phänomenologie eines Maurice Merleau-Ponty etwa im Sehen auszumachen glaubte, und was einem ›wahrhaften‹ Cyberspace-Erlebnis entspricht. Wiewohl von einem Ich aus – also von einer der Camera obscura oder der Perspektive analogen Konstruktion aus – wahrgenommen, denkt Merleau-Ponty dieses Ich als in den Raum eingeschlossenes, das als im Raum und in den Gegenständen eingefangenes, nicht begrenzt von der Oberfläche der Dinge, teilhat am Raum. Denn: »Schließlich ist die Welt um mich herum, nicht vor mir.«[29] Mittels des Sehens vermag der Mensch die fFerne auf sich zukommen zu lassen. Nicht für die Betonung einer einzig durch Kontakt erstellten Nähe steht das Licht dem Phänomenologen, sondern für die »Einwirkung aus der Entfernung«, die selbst dem Augenlosen, also Blinden, perzipierbar ist: das blinde Sehen bedarf letztlich weder der Augen noch des Lichtes, um die Sensationen der den Menschen umgebenden Welt auf diesen einwirken lassen zu können. Das Sehen, um Merleau-Ponty mit Gibson zu lesen, das »sein fundamentales Vermögen« zurückgewinnt,

»mehr als es selbst zu manifestieren und zu zeigen«[30] kommt einer reflektorischen Halluzination gleich, die auf die Sein genannte Matrix projiziert wird.

Wenn Roland Barthes in seiner »mathesis singularis« vom Foto sagte, daß es ihn träfe, daß es ihn animiere, dann rekurriert er auf die von der phänomenologischen Philosophie ventilierte Nicht-Übertragbarkeit und das meint Nicht-Objektivierbarkeit von Erfahrung. In der Terminologie der heute populären Wissenschaftsfiktion trifft man die Vorstellung der vom Bild oder besser gesagt von den Medien ausgehenden den Betrachter animierenden Kraft wieder: Jetzt allerdings anders begründet und in andere Zusammenhänge gebracht – als Synergie von Mensch und Maschine, in den Definitionen der Hypermedien, des Hypertextes. Wobei sich die Vorstellung der ›belebenden‹ Potenz der elektronischen Medien der McLuhanschen Theorie der sechziger Jahre verdankt, die das Fernsehen als ›kaltes‹ und damit die Zuschauer aktivierendes Medium beschrieben hatte. Im Cyberspace verkehrt sich das dem Status der Photographie als Index – der sich in der Barthesschen »mathesis singularis« zum Stifter präzisiert – verdankte Zeigen beziehungsweise Hinweisen auf mich: Nun sind es wieder meine Indizes, meine zeigenden Finger, die über den Dataglove sich die Welt visuell zu erschließen suchen. Diese aber ist hinter den digitalen Datenströmen erblindet: Denn im geschlossenen, also finiten Universum des Cyberspace vermag sie nicht mehr auf mich zurückzuweisen, sondern ist sie zu einem von mir ihren Ausgang nehmenden Vektorfeld geworden. Dem nicht mehr in Interaktion mit Lichtstrahlen operierenden blinden Individuum erlaubt die Mensch-Maschinen-Synergie des Cyberspace einzig hinter den Augen eines anderen, mit dessen Augen zu schauen. Mit Augen, die einer Mise en abyme gleich von rektangulären optischen Instrumentarien gerahmt werden. Trotz des sensoriellen Gewinns – wenn man die Ersetzung oder besser die Überlagerung der eigenen Sensorien durch die einer anderen Person denn als solchen bezeichnen kann – hat Case keine Möglichkeit, mit Molly zu kommunizieren. Denn – wie in den *Neuromancern* zu lesen ist – »die Verbindung war einseitig« und »Die Passivität störte ihn allmählich.«[31]

1   William Gibson, *Neuromancer,* Science Fiction Roman, Deutsch von Reinhard Heinz (engl. [1]1984; dt. [1]1987), München 1990, o. S.

2   Vgl. das Langenscheidt Handwörterbuch, das als Bedeutungen von »romancer« Romanzendichter, Romanschreiber, Phantasten, Aufschneider anführt.

3   Vgl. dazu den Text von Niels Werber, »Neue Medien, alte Hoffnungen«, in: *Merkur,* Heft 8/10/ 1993, S. 887–893.

4   Gibson (wie Anm. 1), S. 77

5   Norbert Bolz, »Wer hat Angst vorm Cyberspace? Eine kleine Apologie für gebildete Verächter«, in: *Merkur,* Heft 9/10/1993, S. 897–904, S. 898.

6   Vgl. Svetlana Alpers, *Kunst als Beschreibung. Holländische Malerei des 17. Jahrhunderts,* Köln 1985 (engl. [1]1983); »Unter dem Gesichtspunkt des Lichtes könnte man sagen, daß der Künstler des Südens mit Licht im Sinne von *lux* (Licht, das von den Augen ausgesandt wird, um die Welt zu erkunden) und der des Nordens im Sinne von *lumen* (von den Gegenständen ausgehendes Licht) zu tun hat (Ernst H. Gombrich: »Light, Form and Texture in Fifteenth Century Painting North and South of the Alps«, in: *The Heritage of Apelles,* Oxford 1978, S. 19–35). Neuere Untersuchungen haben jedoch gezeigt, daß die Unterscheidung der beiden Theorien des Sehens – die sogenannte Extramissions- und Intromissionstheorie des Lichtes, die bei Ronchi eine so große Rolle spielt – nicht einmal für die Auffassung des Sehens im Mittelalter eine grundlegende Rolle spielt«, (S. 396). Vgl. David C. Lindberg, *Theories of Vision from Al-Kindi to Kepler,* Chicago und London 1976.

7   Vgl. Martin Jay, *The Rise of Hermeneutics and the Crisis of Ocularcentrism,* unveröffentlichtes Typoskript.

8   Vgl. Jonathan Crary, »Modernizing Vision«, in: Hal Foster (Hrsg.), *Vision and Visuality.* Seattle 1988 (= Discussions in Contemporary Culture 2), S. 29–49; Jonathan Crary, *Techniques of the Observer. On Vision and Modernity in the Nineteenth Century,* Cambridge, MA und London 1990; Jonathan Crary, *Techniken des Sehens,* in: Herta Wolf (Hrsg.), *Skulpturen Fragmente. Internationale Fotoarbeiten der 90er Jahre,* Zürich und Wien, Wiener Secession, S. 8–40.

9   Gibson (wie Anm. 1), S. 14.

10   Ebd., S. 15.

11   Ebd., S. 79.

12   Ebd.

13   Ebd.

14   Nicht als Kriegerin, sondern als Krieger bezeichnet Maelcum sie im Roman: Die Frau Molly wird im Roman durchgängig männlich konzipiert.

15   Gibson (wie Anm. 1), S. 48.

16   Vgl. »Ein rotes Moiré zuckte durch ihr Blickfeld« (S. 279). Aus der Anmerkung des Übersetzers erfahren wir, daß Moiré als »störendes Muster im Fernsehbild« zu lesen ist. Die Protagonistin sieht sich nach der Zerstörung des linken Linsenimplantats selbst, d. h. ihr Gesicht aus zehn Zentimetern Entfernung, aber auch einen rot flimmernden Bildschirm.

17   Gibson (wie Anm. 1), S. 82.

18   Ebd., S. 80.

19   Vgl. Jacques Leenhardt, »Présence du sujet dans la photographie«, in: *La Recherche Photographique*, Nr. 12, Juni 1992, S. 27-29.

20   Roland Barthes, *Die helle Kammer. Bemerkung zur Photographie,* Frankfurt am Main 1989 (frz. [1]1980; dt. [1]1985), S. 11.

21   Jean Paul Sartre, *Tagebücher. Les carnets de la drôle de guerre, November 1939 – März 1940,* Reinbek bei Hamburg 1984 (frz. [1]1983), S. 241.

22   Ebd., S. 264.

23   Ebd., S. 241.

24   Vgl. Jean-Paul Sartre, *Das Sein und das Nichts. Versuch einer phänomenologischen Ontologie,* Hamburg [1]1952 (erste vollständige dt. Ausgabe [1]1962; frz. [1]1943) S. 344.

25   Ebd., S. 344.

26   Vgl. Georg Eisner, »Wege zwischen Auge und ich. Zur Physiologie des Blicks«, in: Gerhard Johann Lischka (Hrsg.), *Der entfesselte Blick,* Bern 1993, S. 49–86; S. 53.

27   Eisner, ebd., S. 85.

28   Eisner, ebd.

29   Maurice Merleau-Ponty, »Das Auge und der Geist«, in: ders., *Das Auge und der Geist,* hrsg. von Hans Werner Arndt, Hamburg 1984 (frz. [1]1935), S. 13–43; S. 31.

30   Merleau-Ponty, ebd., S. 31.

31   Gibson (wie Anm. 1), S. 80.

Kurzbiographien der Autoren

Oskar Bätschmann, geb. 1943, Studien an der Accademia di Belle Arti in Florenz und an der Universität Zürich; Promotion 1975; Habilitation 1981. 1984 Professor für Kunstgeschichte an der Universität Freiburg i. Br., 1988 Lehrstuhl für Kunstgeschichte an der Universität Gießen, 1991 Ordinarius für Kunstgeschichte an der Universität Bern. Hauptarbeitsgebiet: Malerei und Graphik vom 15. bis zum 20. Jahrhundert (mit Schwergewicht auf Frankreich), insbesondere Rezeption und Interpretation.

Andreas Beyer, geb. 1957, Studium der Kunstgeschichte, Literaturwissenschaften und klassischen Archäologie an den Universitäten München, Florenz und Frankfurt am Main. Promotion 1985 mit einer Studie zum Ausstattungsprogramm der Kapelle des Palazzo Medici in Florenz. Habilitation 1994 mit einer Arbeit zur städtischen Ikonographie von Neapel in der Renaissance. Seit 1994 Professor für Neuere Kunstgeschichte an der Friedrich-Schiller-Universität Jena.

Gottfried Boehm, geb. 1942, Studium der Kunstgeschichte, Philosophie und Germanistik in Köln, Wien und Heidelberg, Promotion in Philosophie 1969, Habilitation in Kunstgeschichte, seit 1986 Ordinarius für Neuere Kunstgeschichte an der Universität Basel. Zahlreiche Publikationen zu Fragen der Moderne.

Markus Brüderlin, geb. 1958, Studium der Kunstgeschichte, Kunstpädagogik, Philosophie und Germanistik; Publizist und Ausstellungsmacher, Kunstkurator des österreichischen Bundesministers für Wissenschaft, Forschung und Kunst. Gründer des Kunstraums Wien und der Zeitschrift SPRINGER Hefte zur Gegenwartskunst (Springer Verlag Wien/New York). Seit 1996 Kurator der Beyeler Fondation Riehen/Basel. Promovierte zum Thema Ornament und Abstrakte Kunst im 20. Jahrhundert.

Umberto Eco, geb. 1932, nach dem Studium der Philosophie an der Universität von Turin (Promotion 1954) arbeitete er zunächst für verschiedene Zeitschriften und das italienische Fernsehen. Von 1962 an Vorlesungen an mehreren italienischen Universitäten, 1966 bis 1969 ordentlicher Professor für visuelle Kommunikation an der Universiät von Florenz. Seit 1971 ordentlicher Professor für Semiotik an der Universität von Bologna. Seine Forschungsschwerpunkte sind Ästhetik und Semiotik.

Stefan Hesper, geb. 1962, Studium der Germanistik und Philosopie in Bochum und Berlin, Promotion über die Literaturästhetik von Deleuze und Guattari, Aufsätze und Vorträge zur Ästhetik der Gleichzeitigkeit in Literatur, Film und Kunst der Gegenwart, Arbeit an der Habilitation zu diesem Thema.

Michael Hesse, geb. 1951, studierte Kunstgeschichte, Archäologie, Geschichte und Philosophie in Bochum und Paris. 1979 Promotion, 1986 Habilitation. 1979 Wissenschaftlicher Assistent, 1986 Professor in Bochum. Seit 1991 Professor für Neuere Europäische Kunst und Architektur an der Universität Heidelberg. Zahlreiche Veröffentlichungen zu Architektur, Städtebau und bildender Kunst vom 17. Jahrhundert bis zur Gegenwart.

Adolf von Hildebrand (1847 – 1921), Bildhauer, studierte in Nürnberg und München, verbrachte mehr als zwanzig Jahre seines Lebens in Italien. Von entscheidender Bedeutung für seine Entwicklung zum führenden deutschen Bildhauer seiner Zeit war die Begegnung mit Hans von Marées in Rom und der Kontakt zu Conrad Fiedler, dessen ästhetische Theorien Hildebrand in seinem Buch ›Das Problem der Form in der bildenden Kunst‹ auf die Skulptur übertrug.

Richard Hoppe-Sailer, geb. 1952, Studium der Kunstgeschichte an der Ruhr-Universität Bochum, 1980 Promotion, heute wissenschaftlicher Mitarbeiter am kulturwissenschaftlichen Institut des Landes Nordrhein-Westfalen in Essen und Lehrbeauftragter für Kunstgeschichte an der Universität Basel.

Max Imdahl (1925 – 1988), Habilitation 1960 in Münster, ab 1965 Professor für Kunstgeschichte an der Ruhr-Universität Bochum; befaßte sich vor allem mit systematischen und philosophischen Fragen der modernen, aber auch der älteren Kunst.

Hans Robert Jauß, geb. 1921, emeritierter Professor für Literaturwissenschaft der Universität Konstanz, wo er seit 1966 lehrte. 1959 Professor in Münster, 1961 Professor in Gießen. Zahlreiche Gastprofessuren im In- und Ausland.

Jürgen Stöhr, geb. 1964, studierte Kunstgeschichte, Germanistik und Philosophie in Münster und Bochum, promovierte 1992 über postmoderne Kommunikationsstrategien bei Yves Klein. Er betreut heute im Vorstand des ›Kulturraum Niederrhein e. V.‹ den Arbeitskreis für bildende Kunst.

Michael Wetzel, Literatur- und Medienwissenschaftler sowie Übersetzer zahlreicher Texte und Bücher von Derrida; Mitarbeiter am Wissenschaftlichen Zentrum II der Gesamthochschule Kassel und Programmdirektor am Collège International de Philosophie, Paris. Arbeitsschwerpunkte: Text und Bild, Ethik der Gabe, Geschlechtsbilder und Phantasmen des Begehrens, Photographie und Film.

Herta Wolf, geb. 1954, Studium an der Universität Wien, 1986-1990 erst Redakteurin, dann Herausgeberin von ›Der *kairos* der Fotografie‹; Professorin für Geschichte und Theorie der Photographie an der Universität Essen.

Beat Wyss, geboren 1947 in Basel. Studium der Kunstgeschichte, Philosophie und deutschen Literatur in Zürich. Seit 1991 Professor für Kunstgeschichte an der Ruhr-Universität Bochum. 1996 Gastprofessur an der Cornell University, New York. Vielfältige Publikationen zur Geschichte der Kunst, der Architektur und Ästhetik.

Verzeichnis der Abbildungen

Umschlag
Piet Mondrian, Komposition mit Rot, Gelb und Blau, 1927
Öl auf Leinwand, 61 x 40 cm, Stedelijk Museum Amsterdam
© 1996 ABC/Mondrian Estate/Holtzman Trust, Amsterdam

Frontispiz
Gerwald Rockenschaub, Installation ›Backstage‹
Kunstverein Hamburg, 1993
Photo: courtesy Georg Kargl, Wien

Seite 101 (von o. l. nach u. r.)
Vincent van Gogh, Stilleben mit Tontopf, Flasche und Holzschuhen, 1885
Öl auf Leinwand auf Holz, 39 x 41,5 cm, Kröller-Müller Museum, Otterlo

Vincent van Gogh, Ein Paar Holzschuhe, 1888
Öl auf Leinwand, 32,5 x 40,5 cm, Rijksmuseum Vincent van Gogh, Amsterdam

Vincent van Gogh, Drei Paar Schuhe, 1886
Öl auf Leinwand, 49 x 72 cm, Fogg Art Museum, Cambridge (Mass.)

Vincent van Gogh, Ein Paar Schuhe, 1887
Öl auf Papier auf Karton, 33 x 41 cm
Rijksmuseum Vincent van Gogh, Amsterdam

Vincent van Gogh, Ein Paar Schuhe, 1886
Öl auf Leinwand, 37,5 x 45 cm, Rijksmuseum Vincent van Gogh, Amsterdam

Vincent van Gogh, Ein Paar Schuhe, 1888
Öl auf Leinwand, 44 x 53 cm, S. Kramarsky Trust Fund, New York

Vincent van Gogh, Ein Paar Schuhe, 1887
Öl auf Leinwand, 37,5 x 45,5 cm, Sammlung Emil Schumacher, Brüssel

Seite 106 o.
Paul Cézanne, La Montagne Sainte-Victoire (Die große Pinie), 1885 - 1887
Öl auf Leinwand, 67 x 92 cm, Courtauld Institute Galleries, London

Seite 106 u.
Paul Cézanne, La Montagne Sainte Victoire vue des Lauves, 1904 - 1906
Öl auf Leinwand, 54 x 73 cm, Privatbesitz, Schweiz

Seite 107 o.
Paul Cézanne, La Montagne Sainte-Victoire, 1904 - 1906
Öl auf Leinwand, Philadelphia Museum of Art, George W. Elkins Collection,
Philadelphia

Seite 107 u.
Paul Cézanne, La Montagne Sainte-Victoire, 1900 - 1902
Öl auf Leinwand, 54,6 x 64,8 cm, National Gallery of Scotland, Edinburgh

Seite 132
David Hockney, Chair, Jardin du Luxembourg, Paris 10th August 1985
Photocollage, 110,5 x 80 cm, Besitz des Künstlers
© Tradhart Ltd., Slough, Berkshire, England

Seite 133
David Hockney, The Chair, 1985
Öl auf Leinwand, 121,9 x 91,4 cm, Besitz des Künstlers
© Tradhart Ltd., Slough, Berkshire, England

Seite 134
David Hockney, Pearblossom Highway, 11. - 18. April 1986 # 2
Photocollage, 198 x 282 cm, Besitz des Künstlers
© Tradhart Ltd., Slough, Berkshire, England

Seite 135
David Hockney, Pearblossom Highway, Palmdale, California, 1986
Farbphotographie
© Tradhart Ltd., Slough, Berkshire, England

Seiten 194, 195
Josef Albers, Strukturale Konstellation, 1957
Ausführung in verschiedenen Größen
© VG Bild-Kunst, Bonn 1996

Seite 207
Piet Mondrian, Komposition mit Rot, Gelb und Blau, 1927
Öl auf Leinwand, 61 x 40 cm, Stedelijk Museum Amsterdam
© 1996 ABC/Mondrian Estate/Holtzman Trust, Amsterdam

Seite 217
François Morellet, Deux Trames Superposées, 1975
Öl auf Leinwand, 180 x 500 cm
© VG Bild-Kunst, Bonn 1996

Seite 220
François Morellet, ohne Titel, 1975
Öl auf Holz, 40 x 40 cm
© VG Bild-Kunst, Bonn 1996

Seite 223
François Morellet, Trames Superosées, 1958
Öl auf Holz, 80 x 80 cm
© VG Bild-Kunst, Bonn 1996

Seite 233
Andrea Palladio, Villa Emo, Fanzolo di Vedelago, um 1565
Photo: Archiv Kunsthistorisches Institut der Universität Heidelberg

Seite 235
Claude-Nicolas Ledoux
Pavillon Guimard, Paris, 1770
Photo: Archiv Michael Hesse, Heidelberg

Seite 238
Andrea Palladio, Loggia del Capitanitato, Vicenza, 1571 - 1582
Photo: Archiv Kunsthistorisches Institut der Universität Heidelberg

Seite 240
Victor Louis, Häuser am Palais-Royal, Paris, 1781 - 1783
Photo: Archiv Michael Hesse, Heidelberg

Seite 242
Michael Graves, Crown American Building, Johnstown, Pennsylvania, 1986
Photo: Archiv Kunsthistorisches Institut der Universität Heidelberg

Seite 244
Claude-Nicolas Ledoux, Entwurf einer Maison de l'education, 1804
Aus: ders., L'Architecture considerée sous le rapport de l'Art, des Moeurs
et de la Législation, 1804

Seite 245
Philip Johnson, University of Houston College of Architecture, 1982 - 1985
Photo: Archiv Kunsthistorisches Institut der Universität Heidelberg

Seite 250
Rebecca Horn, Die chinesische Verlobte, 1976
Schwarz lackiertes Holz, Metallkonstruktion, Motor, Tonband mit
chinesischen Frauenstimmen, 248 x 238 cm, Privatsammlung
© VG Bild-Kunst, Bonn 1996

Seite 251
Bruce Nauman, Dream Passage, 1983
Holzpaneele, 2 Stahltische, 2 Stahlstühle, Leuchtröhren, Korridor,
1200 x 106,5 cm, im zentralen Raum 286,5 x 246 cm, Höhe variabel
Hallen für Neue Kunst, Schaffhausen
© VG Bild-Kunst, Bonn 1996

Seite 253
Robert Rauschenberg, Black Market, 1961
Combine Painting; Öl, Papier, Holz, Metall, Seil, vier Schreibklemmen und
Koffer mit Gummistempeln und verschiedenen Objekten, 152 x 127 cm
Museum Ludwig, Köln, Photo: Rheinisches Bildarchiv, Köln
© VG Bild-Kunst, Bonn 1996

Seite 257
Exposition Internationale du Surréalisme, Galerie des Beaux Arts, Paris, 1938
Photo: Denise Bellon

Seite 258
Daniel Spoerri, Raum III der Ausstellung ›Dylaby‹ im Stedelijk Museum,
Amsterdam, 1962
Photo: Ed van der Elsken

Seite 261
Barnett Newman, Vir heroicus sublimis, 1950 - 1951
Öl auf Leinwand, 244 x 548 cm, Museum of Modern Art, New York
© VG Bild-Kunst, Bonn 1996-

Seite 264
Richard Serra, Delineator, 1974-1975
Zwei Stahlplatten, je 2,5 x 305 - 792 cm,
installiert in Venice (Kalifornien), Ace Gallery, Februar 1976
© VG Bild-Kunst, Bonn 1996

Seite 267
Ilya Kabakov, Gemeinschaftsküche, 1991
Zeichnung der Installation, in: Katalog Ilya Kabakov. Installations 1983-1995,
Paris 1995, Fondation Dina Vierny, Musée Maillol, Paris
© VG Bild-Kunst, Bonn 1996

Seite 284
Günter Umberg, ohne Titel, 1994
Pigment und Damar auf Aluminium, 87 x 81 cm
Photo: Markus Brüderlin, Wien

Seite 285
John M. Armleder, o. T. (For the Love of Daisy), 1986
Elektrogitarre ›Washburn‹ und zwei Bilder
Acryl auf Baumwollstoff, 300 x 150 cm und 300 x 170 cm
Musée d'art et d'histoire, Genf

Seite 299
Louise Lawler, Installation ›Das Bild der Ausstellung‹, Heiligenkreuzerhof,
Wien 1993, links: Alligator, 1985 (Judd over chair), Collection Slegten &
Toegemann, Brüssel; rechts: (Bought from Leo Castelli in 1963 and bought
from Martha Jackson around 1960) Bought from Count Panza di Biumo in
1985, 1989, Louise Lawler und Metro Pictures, New York
Photo: Elisabeth Kohlweiss, Wien

Seite 301
Thomas Struth, Installation ›Aperto‹, Biennale Venedig 1990
links: National Gallery, London, 1989
rechts: Rijksmuseum, Amsterdam, 1990

Seite 346
Nicolas Poussin, Selbstporträt, 1650
Öl auf Leinwand, 98 x 74 cm, Musée du Louvre, Paris

Seite 348
Diego Velázquez, Las Meninas, 1656
Öl auf Leinwand, 318 x 276 cm, Museo del Prado, Madrid

Seite 351
Pablo Picasso, Das Atelier ›La Californie‹ in Cannes, 1956
Öl auf Leinwand, 114 x 146 cm, Musée Picasso, Paris
© VG Bild-Kunst, Bonn 1996

Seite 362
Barnett Newman, The Profile of Light, 1967
Acryl auf Leinwand, 305 x 191 cm
Sammlung Annalee Newman, New York, © VG Bild-Kunst, Bonn 1996

Seite 364
Spiritistische Sitzung, um 1900, Photo: Archiv Beat Wyss, Köln

Seite 365
Wassily Kandinsky, Dame in Moskau, 1912
Aquarell, Gouache und Bleistift auf Papier, 31,5 x 27,9 cm
Städtische Galerie im Lenbachhaus, München
© VG Bild-Kunst, Bonn 1996

Seite 366
Yves Klein, Planetarisches Relief, RP 10, Gegend um Grenoble, 1961
Pigment auf Kunstharz auf Gips, 86 x 65 cm
© VG Bild-Kunst, Bonn 1996

Seite 369
Yves Klein, Hier ruht der Raum, 1960
Blattgold auf Holz, blau gefärbter Schwamm, künstliche Rosen, 125 x 100 cm
Musée National d'art moderne, Centre Georges Pompidou, Paris
Photo: Harry Shunk, © VG Bild-Kunst, Bonn 1996

Seite 373
Joseph Wright of Derby, Das Experiment mit der Luftpumpe, 1768
Öl auf Leinwand, 182,9 x 243,9 cm, The Tate Gallery, London

Seite 375
Yves Klein, Anthropometrie (ANT) 79, Hiroshima, 1961
Pigment auf Kunstharz auf Papier auf Leinwand, 139,5 x 280,5 cm
The Menil Collection, Houston, Texas
© VG Bild-Kunst, Bonn 1996

Seite 378
Yves Klein beim Herstellen eines Feuerbildes, Photo: Pierre Joly/Vera Cardot